プリント形式のリアル過去問で本番の臨場感！

長崎県

青雲高等学校

2025年春受験用

解答集

本書は，実物をなるべくそのままに，プリント形式で年度ごとに収録しています。
問題用紙を教科別に分けて使うことができるので，本番さながらの演習ができます。

■ 収録内容

・解答集(この冊子です)

書籍ＩＤ番号，この問題集の使い方，最新年度実物データ，リアル過去問の活用，解答例と解説，ご使用にあたってのお願い・ご注意，お問い合わせ

・2024(令和６)年度 ～ 2020(令和２)年度　学力検査問題

・リスニング問題音声《オンラインで聴く》　詳しくは次のページをご覧ください。

○は収録あり　年度	'24	'23	'22	'21	'20	
■ 問題(一般入試)	○	○	○	○	○	
■ 解答用紙	○	○	○	○	○	
■ 配点(大問ごと)	○	○		○	○	
■ 英語リスニング音声・原稿	○	○	○	○	○	

全教科に解説
があります

注)国語問題文非掲載:2024年度の二

問題文の非掲載につきまして

著作権上の都合により，本書に収録している過去入試問題の本文の一部を掲載しておりません。ご不便をおかけし，誠に申し訳ございません。

本文の一部を掲載できなかったことによる国語の演習不足を補うため，論説文および小説文の演習問題のダウンロード付録があります。弊社ウェブサイトから書籍ＩＤ番号を入力してご利用ください。

なお，問題の量，形式，難易度などの傾向が，実際の入試問題と一致しない場合があります。

教英出版

■　書籍ＩＤ番号

リスニング問題の音声は，教英出版ウェブサイトの「ご購入者様のページ」画面で，書籍ＩＤ番号を入力してご利用ください。

入試に役立つダウンロード付録や学校情報なども随時更新して掲載しています。

書籍ＩＤ番号　108342

（有効期限：2025年9月30日まで）

【入試に役立つダウンロード付録】

「ラストチェックテスト（標準／ハイレベル）」

「高校合格への道」

【リスニング問題音声】

オンラインで問題の音声を聴くことができます。

有効期限までは無料で何度でも聴くことができます。

■　この問題集の使い方

年度ごとにプリント形式で収録しています。針を外して教科ごとに分けて使用します。①片側，②中央のどちらかでとじてありますので，下図を参考に，問題用紙と解答用紙に分けて準備をしましょう（解答用紙がない場合もあります）。

針を外すときは，けがをしないように十分注意してください。また，針を外すと紛失しやすくなりますので気をつけましょう。

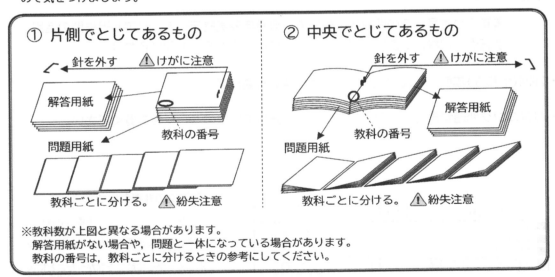

① 片側でとじてあるもの

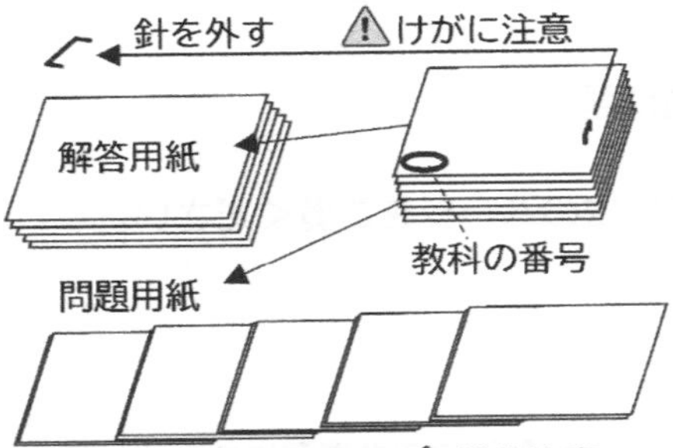

② 中央でとじてあるもの

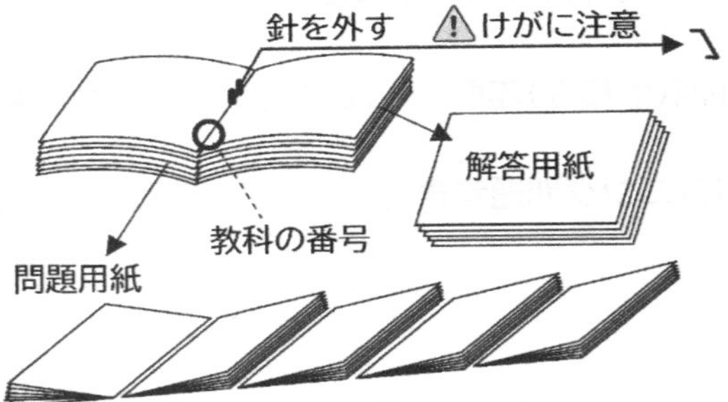

※教科数が上図と異なる場合があります。
　解答用紙がない場合や，問題と一体になっている場合があります。
　教科の番号は，教科ごとに分けるときの参考にしてください。

■　最新年度　実物データ

実物をなるべくそのままに編集していますが，収録の都合上，実際の試験問題とは異なる場合があります。実物のサイズ，様式は右表で確認してください。

問題用紙	Ｂ４片面プリント
解答用紙	Ｂ４片面プリント

リアル過去問の活用

～リアル過去問なら入試本番で力を発揮することができる～

本番を体験しよう！

問題用紙の形式（縦向き / 横向き），問題の配置や余白など，実物に近い紙面構成なので本番の臨場感が味わえます。まずはパラパラとめくって眺めてみてください。「これが志望校の入試問題なんだ！」と思えば入試に向けて気持ちが高まることでしょう。

入試を知ろう！

同じ教科の過去数年分の問題紙面を並べて，見比べてみましょう。

①　問題の量

毎年同じ大問数か，年によって違うのか，また全体の問題量はどのくらいか知っておきましょう。どのくらいのスピードで解けば時間内に終わるのか，大問ひとつにかけられる時間を計算してみましょう。

②　出題分野

よく出題されている分野とそうでない分野を見つけましょう。同じような問題が過去にも出題されていることに気がつくはずです。

③　出題順序

得意な分野が毎年同じ大問番号で出題されていると分かれば，本番で取りこぼさないように先回りして解答することができるでしょう。

④　解答方法

記述式か選択式か（マークシートか），見ておきましょう。記述式なら，単位まで書く必要があるかどうか，文字数はどのくらいかなど，細かいところまでチェックしておきましょう。計算過程を書く必要があるかどうかも重要です。

⑤　問題の難易度

必ず正解したい基本問題，条件や指示の読み間違いといったケアレスミスに気をつけたい問題，後回しにしたほうがいい問題などをチェックしておきましょう。

問題を解こう！

志望校の入試傾向をつかんだら，問題を何度も解いていきましょう。ほかにも問題文の独特な言いまわしや，その学校独自の答え方を発見できることもあるでしょう。オリンピックや環境問題など，話題になった出来事を毎年出題する学校だと分かれば，日頃のニュースの見かたも変わってきます。

こうして志望校の入試傾向を知り対策を立てることこそが，過去問を解く最大の理由なのです。

実力を知ろう！

過去問を解くにあたって，得点はそれほど重要ではありません。大切なのは，志望校の過去問演習を通して，苦手な教科，苦手な分野を知ることです。苦手な教科，分野が分かったら，教科書や参考書に戻って重点的に学習する時間をつくりましょう。今の自分の実力を知れば，入試本番までの勉強の道すじが見えてきます。

試験に慣れよう！

入試では時間配分も重要です。本番で時間が足りなくなってあわてないように，リアル過去問で実戦演習をして，時間配分や出題パターンに慣れておきましょう。教科ごとに気持ちを切り替える練習もしておきましょう。

心を整えよう！

入試は誰でも緊張するものです。入試前日になったら，演習をやり尽くしたリアル過去問の表紙を眺めてみましょう。問題の内容を見る必要はもうありません。どんな形式だったかな？受験番号や氏名はどこに書くのかな？…ほんの少し見ておくだけでも，志望校の入試に向けて心の準備が整うことでしょう。

そして入試本番では，見慣れた問題紙面が緊張した心を落ち着かせてくれるはずです。

※まれに入試形式を変更する学校もありますが，条件はほかの受験生も同じです。心を整えてあせらずに問題に取りかかりましょう。

2024 解答例 青雲高等学校

令和６年度

《国　語》

一　問１．a．用途　b．苗　c．開拓　d．日陰　e．地鎮　問２．ウ　問３．オ　問４．エ
問５．ア　問６．イ　問７．人は名前や肩書きにとらわれて、その下にある身体の芽吹こうとする力、生きようとする力のことを忘れているということ。

二　問１．a．ウ　b．オ　c．ア　問２．エ　問３．オ　問４．ア　問５．エ　問６．イ

三　問１．a．エ　b．エ　問２．オ　問３．イ　問４．Ⅰ．視界の悪い　Ⅱ．弓矢の技術の高さ　問５．ウ

《数　学》

1　(1)$-\frac{7}{60}$　(2)$-2x^4y^5$　(3)3　(4)$24\sqrt{6}$　(5)2　(6)$\frac{3}{2}$　(7)②，③　(8)50°　(9)$5:\sqrt{6}$　(10)90π

2　(1)25　(2)38160　(3)$x=84$　$y=36$

3　(1)$6\sqrt{3}$　(2)$6\sqrt{13}$　(3)$126\sqrt{3}$　(4)△ACF，△ACD，△ACE

4　(1)A(4，8)　B(−2，2)　(2)6　(3)200π　(4)$\frac{1}{4}$

5　(1)(ア)8　(イ)13　(ウ)21　(2)44

《英　語》

1　(1)b　(2)a　(3)c　(4)b　(5)c

2　問１．(A)How can we get tickets?　(B)What are you talking about?　(C)You said that you wanted to watch sumo.　(D)I don't mind watching it alone.　(E)You know a lot about sumo.　問２．①Only people 16 years old and over can use Ringside Seats.　②If we buy one 6 Kids / Seniors Box and one Chair Seat, we only have to pay 41500 yen.

3　問１．do anything for the family they belong to　問２．イ　問３．オ→イ→ウ→エ→ア
問４．悲しいことに，その犬は走ることで，とても疲れたので倒れて死んでしまった。　問５．エ
問６．(a)drinking　(b)got　(c)lay　(d)made　(e)giving

4　問１．夜や雲に覆われた際には使用できず，また，季節によって時間が変動し人々に混乱を招いた点。
問２．水の代わりに砂が上のボウルから小さい穴でつながっている下のボウルへ流れ，下のボウルに刻まれている目盛りで時間を測る方法。　問３．彼はドアを開けたりベルを鳴らしたりする歯車を回すために落ちる水を使用しました。　問４．minutes　問５．エ

《理　科》

1 (1)ア　(2)オ　(3)ウ　(4)エ　(5)ア　(6)ウ　(7)キ　(8)イ　(9)エ　(10)イ

2 問1．エ，カ　問2．(1)黄色…Ｙｙ　黒色…ｙｙ　(2)２：１　問3．(1)140　(2)50　(3)224　(4)54

3 問1．A．エ　B．イ　C．ア　問2．①マグマ　②溶岩ドーム　問3．(1)a．エ　b．ア　c．オ　d．カ
(2)か，き　(3)お．はんれい岩　か．石灰岩　き．チャート
(4)X．火山　Y．深成　問4．イ，ウ，オ

4 問1．①O_2　②H_2　③CO_2　問2．接触面積が大きくなる
問3．ウ　問4．右グラフ　問5．イ　問6．再結晶
問7．24.4

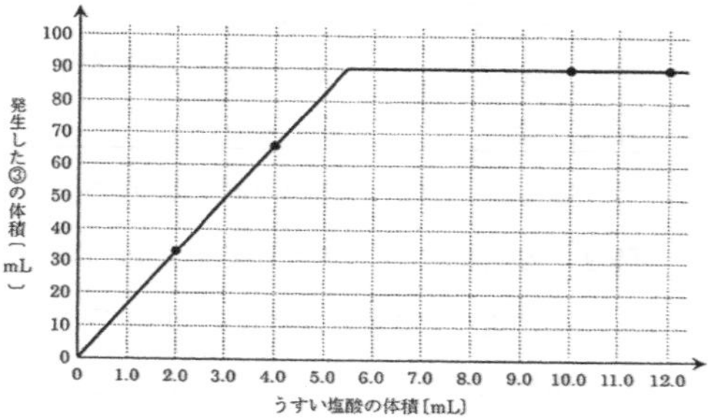

5 問1．ス　問2．ス　問3．(1)カ　(2)オ
問4．(1)ウ　(2)カ　問5．(1)イ　(2)オ　(3)サ

《社　会》

1 問1．エ　問2．イ　問3．パークアンドライド　問4．オ　問5．A．中国　D．アメリカ　F．インド
問6．サトウキビ　問7．X．京都　Y．パリ　問8．(1)イ　(2)イ

2 問1．A．名古屋　B．仙台　問2．ア，オ　問3．ウ　問4．A．イ　D．オ

3 問1．18　問2．ア　問3．(1)公職選挙法　(2)性別　問4．エ　問5．イ　問6．イ
問7．罪刑法定主義　問8．エ　問9．法テラス〔別解〕日本司法支援センター

4 問1．エ　問2．エ　問3．大日本史　問4．建武の新政　問5．X．倭寇　Y．朝貢　Z．勘合
問6．ウ　問7．大阪府　問8．エ　問9．ア　問10．人名…ニュートン　世紀…17
問11．征夷大将軍　問12．水産加工品の俵物と銅を主な輸出品として，金と銀の輸入をさかんにした。

5 問1．ア　問2．ウ　問3．(1)イ　(2)ムッソリーニ　問4．エ　問5．川端康成　問6．イ
問7．ア　問8．ア　問9．(1)オ　(2)ウ　(3)(対華)二十一カ条の要求

6 問1．ア　問2．ウ　問3．エ　問4．エ　問5．リデュース　問6．a．オゾン　b．文化
問7．ウ　問8．イ

2024解説 令和6年度 ▶ 青雲高等学校

《2024　国語　解説》

一　問２　直後に「なるべくパワーを使いたくない。だが、もし実際に無制限に実りを収穫され続けた場合、なんらかのルールを設けざるを得ないかもしれない」とある。ここに書かれている、「パワーを使」うことや、「なんらかのルールを設け」ることは、権力を発揮するということである。筆者は、場合によってはこうした「ルールを設け」なければならないという権力を持っていることに「居心地の悪さを覚える」、つまり戸惑いを覚えている。よってウが適する。イは「野菜は自然のものであるという考えにもとづいて」が誤り。

問３　２行前の「政治というものは日常生活の中に常にあるのだ」や、同じ段落の「僕は『食える公園』に持ちこんだ政治を、『表層の政治』と呼んでいる。政治とは本来、表層程度にすぎない～政治は自分たちの手で創造していく事柄なのだということを、関わる人々と共に確信していきたい」より考える。筆者は、政治は日常生活の中にあり、本来表層程度にすぎず、みんなで考えて創っていくものだと考えている。そして、「食える公園」の政治についても、自分たちで考えて維持していこうと考えている。すると、日常生活の中にあり、みんなで考えて創っていくものという点では、国の政治も「食える公園」の政治も同じなので、両者は根本では大きく違わないと言えるのである。よって、オが適する。

問４　ここで話題にしているのは、「食える公園」に残されたたくさんの木である。筆者にはこれらの「木々が先住者のように思えた」。そして「切らなければずっと成長を続けていく」木々を前に、「この偶然の産物の時間を自分が切断してもいいものだろうか」と考え、「切り倒すべきかどうかを三年間悩み続けている」。つまり、これらの木々をどうするべきか答えを出せないことを、傍線部Cのように表現している。よって、エが適する。

問５　「食える公園」に生えている木は、「なんらかの偶然でこの土地に種が落ち、芽吹き、この時まで成長を続けた」ものである。傍線部Dの２～３行前に「一本の木があることで、どれほどの生き物が暮らしていくことが可能なのかを、僕はよくわかっていない。多様な生きものがいるということが、その土地を豊かにしているのであれば」とある。傍線部Dは、偶然そこに生えて成長してきた一本の木と、そこに集まった多様な生き物が土地を豊かにしさまざまなものが育ってきたという連なりである。よって、アが適する。

問６　直後に「表層の政治が地へと至る時、そこには土や木に対するなんらかの手続きが要る」とある。「表層の政治が地へと至る」とは、人間の都合で木を切ったり、家を建てるために土を占有したりすることである。また、「なんらかの手続き」とは、次の段落に書かれている「地鎮祭」のような「スピリチュアリティに関する行ない」である。木を切れば、多様な生き物が集まって土地を豊かにし、さまざまなものが育ってきたという連なりを切断してしまう。また、土地を占有して家を建ててしまえば、その土からは何も芽吹くことがない。地鎮祭を行うことの背景には、「芽吹こうとする力を内包」する土の働きを奪うことへのうしろめたさがあるのではないかと筆者は考えている。これと同様のうしろめたさや罪悪感から、筆者は、木を切る前に「スピリチュアリティに関する行ない」が必要だと感じたのである。また、筆者は、「食える公園」に生えている草や低木を躊躇《ちゅうちょ》せずに切っている。それなのに、木を切ることに対して三年間悩み続けているのは、木には筆者と「対等、もしくはそれ以上の時間の流れがある」からである。こうした感覚も「『祈る』というような行為が必要」だと思い始めたことにつながっている。これらをふまえると、ここでの「祈る」というような行為は、その働きを奪ってしまう土や木に対する誠意ある対応だと考えられる。よって、イが適する。

問７　同じ段落に「表層には名前や肩書きがあり、その時々の役割を持つが、その下には身体があり、身体には固有の力がある。それは土と同じく、芽吹こうとする力、生きようとする力に満ちている」とある。傍線部Fは、人は表層の名前や肩書きに意識が向き、その下にある、土と同様の「芽吹こうとする力、生きようとする力」の存在を忘れているということを述べている。

二 著作権上の都合により文章を掲載しておりませんので、解説も掲載しておりません。ご不便をおかけし、誠に申し訳ございません。

三 問２　ここより前で、御所の上で鵺《ぬえ》が鳴いたのを「不吉なことだ」ということで、どうすればよいかという話になり、頼政に射させることになったということが説明されている。よって、オが適する。

問３　直前で、頼政は、「自分は、すでに弓矢の御加護が尽きた」と思っている。それでも、勅命に従って鵺を射なければならないので、源氏の氏神である八幡大菩薩《はちまんだいぼさつ》の力に頼ろうとしたのである。よって、イが適する。

問４Ⅰ　ここより前に、空は暗く雨まで降って、何とも言いようがないということが書かれており、視界が悪く、弓を射るには厳しい条件であったことがわかる。　Ⅱ　傍線部Cの直前に「あやまたずあたりにけり」とある。そこにいた人々は、頼政がねらいたがわず射当てたことに驚き、その技術の高さに感心したのである。

問５　後徳大寺左大臣の詠んだ「郭公《ほととぎす》雲居《くもい》に名をもあぐるかな」は、頼政の功績を称えた巧みな句である。これに対して頼政はすぐに「弓張月《ゆみはりづき》のいるにまかせて」という句をつけている。この句もまた、「弓張月」に「月」と「弓」、「いる」に「入る」と「射る」が掛けられた巧みなものである。このことを「いみじかりけり」と述べているので、ウが適する。

【古文の内容】

高倉院の御治世のこと、御所の上で鵺が鳴いたのを、「不吉なことだ」ということで、「どうしたらよいだろうか」ということになったのを、ある人が、頼政に射させなさるのがよいという旨を、申したところ、「それがよかろう」ということで、(頼政は)召し出されて参上した。この旨を仰せになると、(頼政は)かしこまって宣旨を承って、心の中で思ったのは、「昼でさえも、小さな鳥であれば捕まえにくいのを、五月の(梅雨)空は暗く、雨まで降って、何とも言いようがない。自分は、すでに弓矢の御加護が、尽きた」と思って、(氏神の)八幡大菩薩にお祈り申し上げて、鳴き声をたよりにして、矢を放った。手応えがあったように思えたので、近寄って見ると、ねらいたがわず射当てていた。帝の御機嫌をはじめとして、(そこにいた)人々の、驚きは言うまでもなかった。

後徳大寺左大臣は、その時、中納言であって、ほうびをかけ与えられた時に、このように(詠まれた)、

ほととぎすは雲のある場所まで高く飛んで声を上げ、お前は宮中で名をあげた

頼政は、すぐに、

弓張月(＝上弦の月または下弦の月)が雲に入るように、弓が射るのにまかせただけです

と(句を)つけたのは、見事であった。

《2024　数学　解説》

1 (1)　与式$=0.3-\frac{1}{4}-\frac{2}{3}\times\frac{1}{4}=\frac{3}{10}-\frac{1}{4}-\frac{1}{6}=\frac{18}{60}-\frac{15}{60}-\frac{10}{60}=\mathbf{-\frac{7}{60}}$

(2)　与式$=-(-32x^5y^{10})z^2\div16x^4y^6z^2\times(-x^3y)=-\frac{32x^5y^{10}z^2\times x^3y}{16x^4y^6z^2}=\mathbf{-2x^4y^5}$

(3)　両辺に30をかけて，$150-10(2x-3)=15(3x-1)-6(3-x)$　　$150-20x+30=45x-15-18+6x$

$71x=213$　　$\mathbf{x=3}$

(4)　$9x^2-4y^2=(3x+2y)(3x-2y)$　　$x=\frac{3\sqrt{2}+2\sqrt{3}}{3}$，$y=\frac{3\sqrt{2}-2\sqrt{3}}{2}$を代入すると，

$\{(3\sqrt{2}+2\sqrt{3})+(3\sqrt{2}-2\sqrt{3})\}\{(3\sqrt{2}+2\sqrt{3})-(3\sqrt{2}-2\sqrt{3})\}=6\sqrt{2}\times4\sqrt{3}=\mathbf{24\sqrt{6}}$

(5) 両辺に2をかけて，$(x+2)(x-2)=2x(x-2)$　　$(x+2)(x-2)-2x(x-2)=0$

$\{(x+2)-2x\}(x-2)=0$　　$-(x-2)(x-2)=0$　　$(x-2)^2=0$　　$x=$ **2**

(6) $y=\frac{a}{x}$に$x=-3$，$y=4$を代入すると，$4=\frac{a}{-3}$より，$a=-12$

$y=-\frac{12}{x}$に$x=2$を代入すると，$y=-\frac{12}{2}=-6$，$x=4$を代入すると，$y=-\frac{12}{4}=-3$となる。

よって，求める変化の割合は，$\frac{-3-(-6)}{4-2}=\mathbf{\frac{3}{2}}$

(7) ①70点が最頻値ならば正しいがそうではないので，正しいとは限らない。

②合計点は70×35＝2450(点)だから，正しい。

③18位の生徒の点数が中央値となるが，中央値は不明なので，18位が70点とは限らない。しながって，正しい。

④平均値だけでは点数の分布の様子はわからないので，正しくない。

以上より，②，③を選ぶとよい。

(8) **【解き方】ABが直径で$\overset{\frown}{AE}=\overset{\frown}{ED}=\overset{\frown}{DB}$だから，$\overset{\frown}{AE}$，$\overset{\frown}{ED}$，$\overset{\frown}{DB}$に対する中心角はいずれも180°×$\frac{1}{3}$＝60°，円周角はいずれも60°×$\frac{1}{2}$＝30°である。**

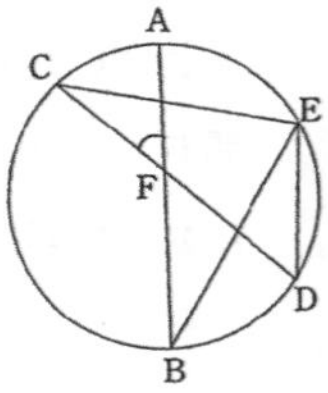

∠ABE＝∠BED＝30°だから，錯角が等しいので，AB//ED

$\overset{\frown}{AE}:\overset{\frown}{CE}=3:(2+3)=3:5$だから，$\angle CDE=\frac{5}{3}\angle ABE=\frac{5}{3}\times30°=50°$

平行線の同位角は等しいから，∠CFA＝∠CDE＝**50°**

(9) YとZの面積比は，$5^2:2^2=25:4$だから，X，Y，Zの面積比は，$2:3:(3\times\frac{4}{25})=50:75:12$

よって，XとZの面積比は，50：12＝25：6だから，相似比は，$\sqrt{25}:\sqrt{6}=$ **$5:\sqrt{6}$**

(10) **【解き方】三平方の定理より，母線の長さは，$\sqrt{5^2+12^2}=13$(cm)**

したがって，展開図は右図のようになる。

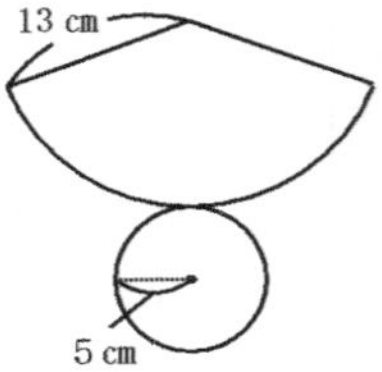

円すいの側面積は，(底面の半径)×(母線の長さ)×πで求めることができるので，

側面積は，5×13×π＝65π(cm²)

底面積は$5^2\pi=25\pi$(cm²)だから，表面積は，65π＋25π＝**90π**(cm²)

2 (1) 計画では，売り上げ総額が100×500＝50000(円)，利益が37500円だったから，

仕入れ値の総額は，50000－37500＝12500(円)である。よって，1個あたりの原価は，12500÷500＝**25**(円)

(2) **【解き方】実際の利益が計画上の利益より何円下がったかを考える。**

定価の2割引きは，$100\times(1-\frac{2}{10})=80$(円)，定価の4割引きは，$100\times(1-\frac{4}{10})=60$(円)で，いずれも原価よりは高い。したがって，実際の利益と計画上の利益の差額分だけ，売り上げも計画より低くなった。

実際の利益は計画より37500－25660＝11840(円)低いから，3日間の売り上げ総額は，50000－11840＝**38160**(円)

(3) 1日目は1個100円でx個売れた。

2日目は，午前に1個100円でy個売れ，午後に1個80円で$2x$個売れた。

1日目と2日目の売れた個数の関係について，$y+2x=x+120$より，$x+y=120$…①

3日目は，1個60円で$500-x-y-2x=500-3x-y$(個)売れた。

したがって，売り上げ総額について，$100x+100y+80\times2x+60(500-3x-y)=38160$

これを整理すると，$2x+y=204$…②　　①と②を連立方程式として解くと，$x=$ **84**，$y=$ **36** となる。

3 (1)　**【解き方】正六角形は右の図Ⅰのように６つの合同な正三角形に分けることができる。**

図Ⅰ

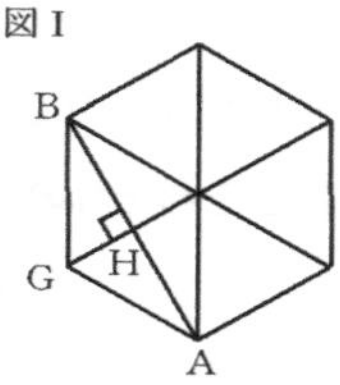

図Ⅱ

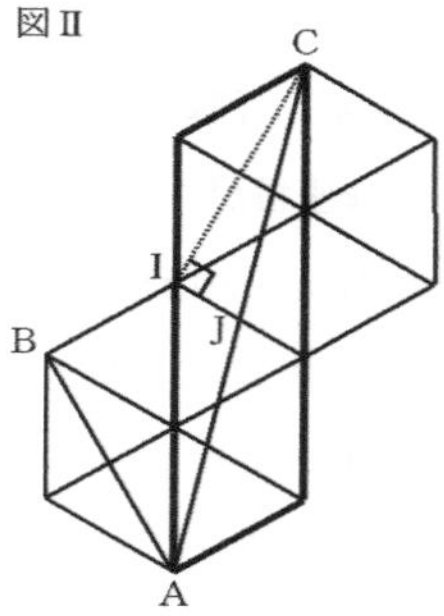

△ＡＧＨは３辺の比が１：２：$\sqrt{3}$の直角三角形なので，

ＡＨ＝$6\times\frac{\sqrt{3}}{2}=3\sqrt{3}$(cm)

よって，ＡＢ＝２ＡＨ＝$2\times3\sqrt{3}=$ **$6\sqrt{3}$(cm)**

(2)　**【解き方】ＡＣは図Ⅱの太線の平行四辺形の対角線にあたり，Ｊは ＡＣの中点である。**

ＣＩ＝ＡＢ＝$6\sqrt{3}$cm，ＩＪ＝$\frac{6}{2}=3$(cm)だから，三平方の定理より，

ＣＪ＝$\sqrt{(6\sqrt{3})^2+3^2}=3\sqrt{13}$(cm)　　よって，ＡＣ＝２ＣＪ＝$2\times3\sqrt{13}=$ **$6\sqrt{13}$(cm)**

(3)　**【解き方】△ＡＣＤの底辺をＡＤとしたときの高さは，右図のＣＫである。**

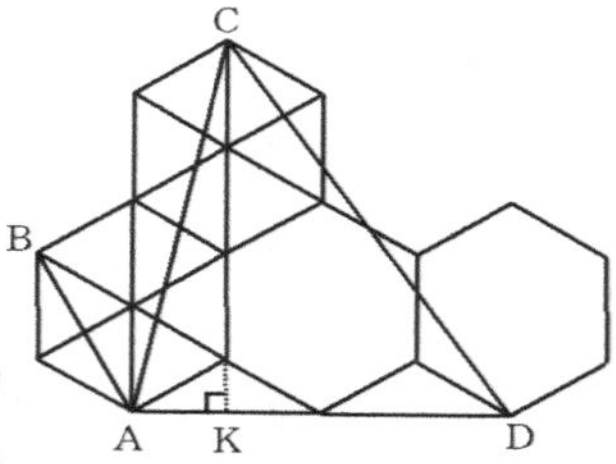

ＡＤ＝２ＡＢ＝$2\times6\sqrt{3}=12\sqrt{3}$(cm)

ＣＫ＝６×３＋３＝21(cm)

よって，△ＡＣＤ＝$\frac{1}{2}\times12\sqrt{3}\times21=$ **$126\sqrt{3}$(cm²)**

(4)　**【解き方】△ＡＣＤ，△ＡＣＥ，△ＡＣＦの底辺をすべてＡＣとし，高さを考える。**

(3)の図の直角三角形ＡＫＣを参考に，Ｅ，Ｄ，Ｆそれぞれを通るように直線ＡＣと平行な直線を引くと，右図のようになる。

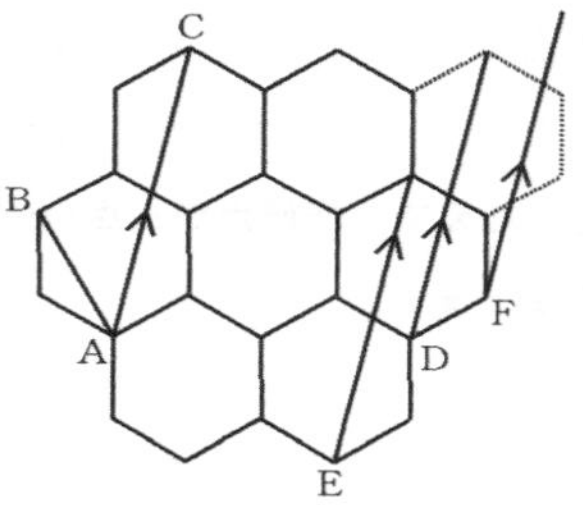

よって，面積が大きい順に，**△ＡＣＦ，△ＡＣＤ，△ＡＣＥとなる。**

4 (1)　①と②の式を連立させてyを消去すると，$\frac{1}{2}x^2=x+4$　　これを解くと，$x=4$，-2となる。

よって，Ａ，Ｂのx座標はそれぞれ４，－２であり，y座標はそれぞれ４＋４＝８，－２＋４＝２だから，

Ａ(４，８)，Ｂ(－２，２)である。

(2)　**【解き方】Ａ，Ｂからx軸に引いた垂線をそれぞれＡＥ，ＢＦとする。△ＡＥＰと△ＰＦＢについて考える。**

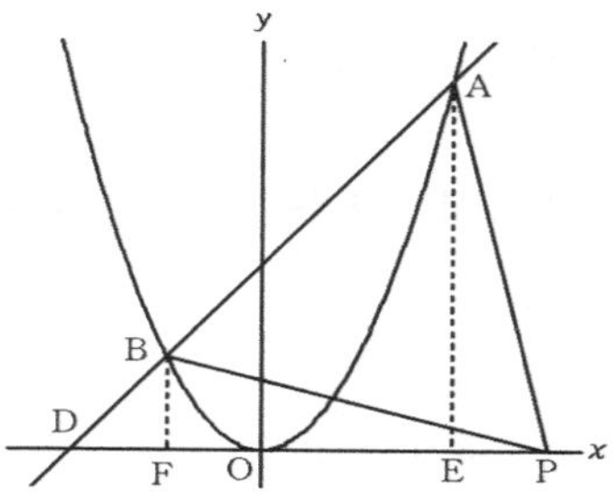

傾きが１の直線はx軸，y軸と45°で交わるから，

△ＡＤＥは直角二等辺三角形である。

△ＰＡＢはＰＡ＝ＰＢの二等辺三角形だから，∠ＰＡＢ＝∠ＰＢＡ…㋐

∠ＰＡＥ＝∠ＰＡＢ－∠ＥＡＤ＝∠ＰＡＢ－45°…㋑

∠ＢＰＦ＝∠ＰＢＡ－∠ＰＤＢ＝∠ＰＢＡ－45°…㋒

㋐，㋑，㋒より，∠ＰＡＥ＝∠ＢＰＦだから，

直角三角形の斜辺と１つの鋭角が等しいので，△ＡＥＰ≡△ＰＦＢ

よって，ＦＰ＝ＥＡ＝８だから，Ｐのx座標は，(Ｆのx座標)＋８＝－２＋８＝**６**

(3)　**【解き方】(2)の図において，△ＡＤＰの回転体から，△ＢＤＰの回転体を除いた立体ができる。**

△ＡＤＰの回転体の体積は，底面の半径がＡＥ＝８で高さがＤＰ＝ＡＥ＋ＥＰ＝８＋(６－４)＝10の円すいの体積と等しく，$\frac{1}{3}\times8^2\pi\times10=\frac{640}{3}\pi$

△ＢＤＰの回転体の体積は，底面の半径がＢＦ＝２で高さがＤＰ＝10の円すいの体積と等しく，$\frac{1}{3}\times2^2\pi\times10=\frac{40}{3}\pi$

よって，求める体積は，$\frac{640}{3}\pi-\frac{40}{3}\pi=200\pi$

(4)　**【解き方】Ａのx座標が４なので，１≦ｐ≦３の範囲で考える。**

x座標が１，２，３のときそれぞれの，①と②のｙ座標を調べる。

x座標	1	2	3
②のｙ座標	5	6	7
①のｙ座標	$\frac{1}{2}$	2	$\frac{9}{2}$

①と②のｙ座標について右表のようにまとめられる。したがって，Ｃが①と②で囲まれた部分に含まれるのは，ｐ＝１ならば，ｑ＝１，２，３，４のとき，ｐ＝２ならば，ｑ＝３，４，５のとき，ｐ＝３ならば，ｑ＝５，６のときである。

以上より，求める確率は，$\frac{9}{6\times 6}=\frac{1}{4}$

5　(1)　総得点が１点になるパターンは，１通りである。

総得点が２点になるパターンは，１点を２回または２点を１回の，２通りである。

総得点が３点になるパターンは，それまでの得点が１点の状態から２点を入れる場合と，それまでの得点が２点の状態から１点を入れる場合があるので，(総得点が１点になるパターンの数)＋(総得点が２点になるパターンの数)＝１＋２＝３(通り)ある。

総得点が４点になるパターンは，(総得点が２点になるパターンの数)＋(総得点が３点になるパターンの数)＝２＋３＝５(通り)ある。

このように考えると，総得点が５点になるパターンは３＋５＝**8**(通り)，総得点が６点になるパターンは５＋８＝**13**(通り)，総得点が７点になるパターンは８＋13＝**21**(通り)ある。

(2)　**【解き方】(1)の考え方に加えて，総得点がｎ点(ｎ≧４)になるパターンとして，それまでの得点が(ｎ－３)点の状態から３点を入れる場合を考える。**

総得点がｎ点(ｎ≧４)になるパターンは，{総得点が(ｎ－３)点になるパターンの数}＋{総得点が(ｎ－２)点になるパターンの数}＋{総得点が(ｎ－１)点になるパターンの数}で求められる。

総得点が１点になるパターンは１通り，総得点が２点になるパターンは２通りある。

総得点が３点になるパターンは，(1)のときと比べて３点を１回入れた場合が加わるから，３＋１＝４(通り)ある。

総得点が４点になるパターンは，１＋２＋４＝７(通り)，総得点が５点になるパターンは，２＋４＋７＝13(通り)，総得点が６点になるパターンは，４＋７＋13＝24(通り)あるから，総得点が７点になるパターンは，７＋13＋24＝**44**(通り)ある。

《2024　英語　解説》

1　【放送文の要約】参照。(1)　「ＡＩが私たちの生活をより便利にする方法のひとつは何ですか？」…ｂ「時間を節約し，私たちのために仕事をすることによって」が適当。　(2)　「私たちの生活におけるＡＩの利便性と関連した心配事は何ですか？」…ａ「それは私たちのプライバシーを侵害する」が適当。　(3)　「医療データをすばやく分析することで，ＡＩが重要な役割を果たす分野はどこですか？」…ｃ「医療」が適当。　(4)　「ＡＩと仕事について考えられる心配事は何ですか？」…ｂ「ＡＩは労働者を失業させる可能性がある」が適当。　(5)　「特に交通機関では，ＡＩはどのようにして安全性を向上させますか？」…ｃ「道を案内し事故を防止するためにＡＩを使用することによって」

【放送文の要約】

人工知能(ＡＩ)は私たちの世界を大きく変えるスマートで強力な技術です。ＡＩをより深く理解し，私たちの生活にどのような影響を及ぼすのかを調べるために，ＡＩの長所と短所を見てみましょう。

ＡＩの素晴らしい点のひとつは，それが私たちの生活をいかに便利にしているかということです。Siri や Google Assistant のような，携帯電話のアシスタント機能について考えてみてください。(1)b それらはあなたに思い出させたり，質問に答えたり，好きな音楽を流したりするなど，多くの仕事をすることができます。これにより，あなたは時間を節約し，日々の作業をすばやく行うことができます。

しかし，この便利さには問題があります。役立つようにするには，ＡＩが私たちの習慣や私たちが何を好きかを学ぶ必要があります。(2)a このことが私たちのプライバシーを侵害するのではないかと心配する人もいます。私たちのプライバシーを守るために，ＡＩと共有する情報に注意することが大切です。

(3)c ＡＩは医療にも役立ちます。それは多くの医療情報を高速で見ることができ，医師が患者のどこが悪いのかをより正確に発見し，命を救うのを助けます。しかし，ＡＩが他の分野の人間から仕事を奪う可能性があると心配する人もいます。例えば，工場ではＡＩロボットが人と同じような仕事をすることができます。(4)b これは企業がお金を節約するのに役立ちますが，人々を失業させる可能性があります。

(5)c ＡＩは，特に交通機関において，さまざまなことをより安全にします。自動運転車は安全運転のためにＡＩを使用します。これは人間のミスによる事故を防ぎます。しかし，ＡＩの安全性に対する心配もあります。例えば，ハッカーが交通事故を引き起こすなど，ＡＩを悪用する可能性があります。これは大きな心配事であり，ＡＩが安全であることを確認する必要があります。

ＡＩは私たちの惑星にとっても役立ちます。気候変動を理解するために，多くの地点から気象情報を見ています。これは私たちが地球を救うための正しい選択をするのに役立ちます。しかし，ＡＩは私たちのために倫理的な選択もします。例えば，自動運転車では事故が起こった時にＡＩが何をすべきかを決定します。このような場合，誰が責任を負うのか理解するのは難しいです。

ＡＩは娯楽を楽しいものにしてくれます。ストリーミングサービスの中には，私たちが好きな映画を見るためにＡＩを使うものもあります。これは素晴らしいショーや映画を見るのに役立ちます。しかし，これには問題があります。ＡＩは，私たちが好きだと思っているものだけを示してくれます。これは，私たちが新しいものや異なるものを見ることができず，「filter bubble(見たい情報だけが優先的に表示される状況)」に陥る可能性があることを意味します。

このように，ＡＩにはポジティブな面とネガティブな面があります。使いやすく便利で，健康に良く，私たちを安全に保ち，地球を救います。しかし，私たちはプライバシー，仕事，安全，難しい決断についても考える必要があり，見たい情報の中だけにとどまっていてはいけません。ＡＩを慎重に賢く使用することが大切です。

2 問1．(A)　「チケットの手配はどうしたものかな？」→「私たちはどのようにしてチケットを手に入れることができるかな？」のように日本語を変換すると英語にしやすい(以下同じ)。「私たちはどのようにして～できるか？」＝How can we ～？　(B)　「みんなで何の相談かしら？」→「あなたたちは何について話しているの？」＝What are you talking about?　(C)　「見に行きたいっておっしゃっていたじゃありませんか」→「あなたは見に行きたいと言っていた」　「あなたは～したいと言っていた」＝You said that you wanted to ～　(D)　「わしは一人でも構わん」＝「私は一人で相撲を見ることが気にならない」　「～することが気にならない」＝don't mind ～ing　(E)　「おとうさんは相撲にもお詳しいですし」＝「あなたは相撲についてよく知っている」＝You know a lot about sumo.　「～についてよく知っている」＝know a lot about ～

問2．①　直後のタラオの発言と表の１番上のタマリ席の備考欄より，タマリ席は16歳以上が対象である。

②　話の流れと表より，買おうとしているチケットはマス席Ｂ６人キッズ／シニアマス(6 Kids / Seniors Box) 6人

マスで，６人分の料金が36000円とわかる。あと１人分のチケットを表の一番下のいす席(Chair Seat)にすると，１人分の料金が5500円，合計で36000＋5500＝＝41500(円)となり，予算の４万円を少し超えるだけで済む。

3 【本文の要約】参照。

問１　〈省略された関係代名詞(＝which/that)と語句(＝they belong to)〉が後ろから名詞(＝family)を修飾する形にする。肯定文で使うanythingは「何でも」という意味になる。

問２　直前のlife「命」に着目する。「自分自身の死(＝death)を受け入れて男性の命を救う」となる。

問４　・so … that＋主語＋動詞「とても…なので～」

問５　〈what＋a/an＋形容詞＋名詞＋主語＋動詞〉または〈How＋形容詞＋主語＋動詞〉の語順で「(主語)はなんて…でしょう」の意味を表す。

問６(a)　・be used to ～ing「～することに慣れている」(toは前置詞で，後ろに動詞が続く場合は動名詞にする)

(b)　・get very drunk「ひどく酔いが回る」　(c)　・lie down「横になる」　・lie-lay-lain

(d)　・make＋もの＋状態「(もの)を(状態)にする」　(e)　・give up「あきらめる」

【本文の要約】

犬は属する家族のために何でもしたい生き物なので，ペットとして飼う価値があります。彼らは家を守り，新聞を取り，子どもたちとたくさん遊びます。有名な話もあり，韓国では珍島犬は最も賢く忠実な犬として知られています。この話によると，珍島犬はたとえ自分自身の(2)イ死(＝death)を招いたとしても，男性の命を救いました。

昔，ある男性が友達を訪ねて他の町に行きました。その男性は森の中の小道を通って歩いて別の町へ行かなければなりませんでした。その男性はひとりで歩くのが嫌いだったので，犬を連れて行きました。

その男性が友人の家に着いたとき，大規模な宴会が行われていました。友人は彼を歓迎し，ワインを持ってきましたとてもおいしかったので，たくさん飲みました。彼はワイン(a)を飲むこと(＝drinking)に慣れていたので，飲み過ぎの心配はしていませんでしたが，すぐにその男性は(b)ひどく酔いが回りました(＝got very drunk)。(ここだけの話，その男性は飲酒に問題があったと思います。) ついに，男性は酒を飲むのをやめて家に帰る決心をしました。彼はパーティーから抜け出して犬を連れて家に帰りました。

途中で男性は疲れを感じ始めました。彼は休憩するために座りましたが，飲んだワインのせいですぐに眠ってしまいました。犬は男性のそばに(c)横になり(＝lay down)，彼が起きるのを待ちました。突然，犬は煙の匂いを感じ取りました。森で火事が起きたのです！弱い風が吹いていましたが，火は消えませんでした。風によって(d)火がますます大きくなりました(＝made the fire bigger)！

犬は吠えて男性を起こそうとしましたが，その男性はひどく酔いが回っていました。彼は決して起きませんでした。(3)オ犬は小道の近くで小さな川の音を聞きました。イ犬は男性を川に引き寄せようとしましたが，男性は大きすぎましたウ犬は川へ向かって走り，飛び込みました。エそして，犬は男性のところに走って戻り，体を震わせました。ア周りの人と草が少し濡れました。犬は何度も行ったり来たりしました。そして，男性も地面もずぶ濡れになりました。火は彼の周りを焼き尽くしましたが，男性に害はありませんでした。(4)悲しいことに，その犬は走ることで，とても疲れたので倒れて死んでしまいました。

男性は目を覚まして犬が死んでしまったのを見たとき，号泣しました。彼は自分の犬が命を(e)あきらめること(＝giving up)によって自分の命を救ったことがわかりました。彼は自分の犬に本当に感謝しました。男性は友人全員に(5)エ珍島犬がいかにすばらしいか(＝how great Jindo dogs are)を伝えました。ちなみに，男性もその後飲酒をやめました

4 【本文の要約】参照。

問1　第2段落9～11行目の内容を日本語でまとめる。

問2　第3段落4～8行目の内容を日本語でまとめる。同様の仕組みとは，砂時計の仕組みが水時計の仕組みと同様ということである。

問3　gears that opened doors and rang bells は〈関係代名詞(＝that)＋語句(＝opened doors and rang bells)〉が後ろから名詞(＝gears)を修飾していて，日本語にすると「ドアを開けてベルを鳴らす歯車」となる。

問4　hours は「時間」，seconds は「秒」だから，X に入るのは分(＝minutes)となる。

問5　ア×「時計を必要とした。　イ「×24時間制」　ウ「×うつる影の長さ」　エ○　オ「水力や風力」

【本文の要約】

古代の人類は時計を必要としていませんでした。その日の時間を知る必要はありませんでした。彼らは日の出の時間に目を覚ましました。彼らは太陽が出ている間に狩りをしたり，魚を釣ったり，家畜を飼育したりしました。彼らは空腹時に食事をし，暗くなると寝床に入りました。人々が町や都市に住んでからは，時間を測ることが重要になりました。人々は協力するために時計が必要でした。

約4000年前，古代エジプト人は12時間制を発展させました。彼らはその日を12時間に分けました。最も初期の時計は，その日の時間を示すために太陽の影を使用しました。長い木片に時間の目盛りが付いていました。長い木片の一端に短い木片が取り付けられました。太陽が空を横切って移動すると，短い木片が長い木片に影を作りました。これらの影は時間を示しています。この時間の表示方法は役立ちましたが，あまり正確ではありませんでした。その後，丸い日時計が開発されました。これも太陽の影を使いましたが，木時計よりも正確でした。日時計は，晴れた日に時間を測定することができます。問1しかし，夜や太陽が雲に隠れているときには使用できませんでした。また，人々は日時計の時間が季節によって変わるのを見て混乱しました。

長年にわたり，昼と夜の時間を測定するためにさまざまな種類の時計が作られました。ろうそく時計は古代中国，日本，イラクで使用されていました。ろうそくホルダーには時間の目盛りが付いていました。ろうそくが燃えると，その目盛りが何時間経過したかを示していました。ギリシャ人は問2 2つのガラス製のボウルで作られた水時計を使用しました。ボウルは小さな穴でつながれていました。上のボウルは水で満たされていました。水は穴からゆっくりと下のボウルに流れました。下のボウルには時間を測る目盛りが付いていました。砂時計も同じような仕組みで機能しました。違う点は，砂が上のボウルから下のボウルに移動することです。水時計と砂時計は，時間を測定するために非常によく機能しました。

やがて時計は素晴らしい芸術作品になりました。時計は美しい木箱に入れられました。箱には花と鳥が描かれていました。約1000年前，アラブ人のエンジニアが水時計に機械的な特徴を加えました。⑵彼はドアを開けたりベルを鳴らしたりする歯車を回すために落ちる水を使用しました。これらの機械的特徴は，後のエンジニアに機械時計を開発するアイデアを与えました。

問5エ機械時計は約800年前に初めて中国で登場しました。そのアイデアは他の地域にも広まりました。機械時計は毎日工具を使って巻き上げなければなりませんでした。内部にはばねと歯車の複雑なシステムがありました。歯車が時計の前部のダイヤルを回しました。問5エ初期の機械時計は，時間だけを示す1つのダイヤルを表示していました。その後，x分(＝minutes)を表示するために別のダイヤルが追加されました。

ほとんどの現代式時計はバッテリーまたは電気で動きます。時間，x分(＝minutes)，秒が表示されます。私たちの複雑な世界では，正確な時間を知ることが重要です。

《2024　理科　解説》

1　(1)　維管束をもつのは，種子植物(イ，エ，オ)とシダ植物(ア)であり，種子をつくらないのは，シダ植物(ア)とコケ植物(ウ)である。よって，アが正答となる。なお，イは裸子植物，エは被子植物の単子葉類，オは被子植物の双子葉類である。

(2)　物質の状態変化が起きても，粒子そのものの数や大きさは変化しないため，質量は変化しない。ただし，固体，液体，気体の順に粒子の運動は活発になり，粒子と粒子の間の距離が広がる。

(3)　つり合いの関係も，作用・反作用の関係も，２力の大きさは等しく，一直線上にあり，向きが反対である。つり合いの関係にある２力は同じ物体に加わっているのに対し，作用・反作用の関係にある２力は異なる物体に加わっている。Ａは天井がばねを引く力，Ｂはばねが天井を引く力，Ｃはばねがおもりを引く力，Ｄはおもりがばねを引く力，Ｅは地球がおもりを引く力(おもりにはたらく重力)である。

(4)　タマネギのりん茎は土に埋まっているため，葉緑体は存在しない。

(5)　初期微動継続時間は，ある地点においてＰ波が到達してからＳ波が到達するまでの時間だから，震源距離をｄkmとすると，初期微動継続時間について，$\frac{d}{s}-\frac{d}{p}=t$が成り立つ。これをｄについて解くと，$\frac{d(p-s)}{ps}=t$より，$d=\frac{ps}{p-s}t$となる。

(6)　ウ×…氷のほうが水より密度が小さいから，氷は水に浮く。なお，水は例外で，ふつう，同じ物質では固体のほうが液体より密度が大きいため，固体は液体に沈む。

(7)　Ａは寒気が暖気を激しく持ち上げる寒冷前線，Ｂは暖気が寒気の上にはい上がる温暖前線である。

(8)　イ×…月の出の時刻は１日につき約50分遅くなる。

(9)　ウ×…肝門脈を流れる血液は，小腸の毛細血管を通った後の血液だから，肝門脈は静脈である。

(10)　直接音は音が大きく聞こえ，反射音は音が小さく聞こえるから，振幅の大きいｂ，ｄ，ｆ，ｈは直接音，ａ，ｃ，ｅ，ｇは反射音とわかる。また，高い音は振動数が大きく，低い音は振動数が小さいから，波の幅が狭いｃ，ｄ，ｇ，ｈは高い音が出るＢの音，波の幅が広いａ，ｂ，ｅ，ｆは低い音が出るＡの音とわかる。

2　問２(1)　遺伝子の組み合わせとしては，ＹＹ，Ｙｙ，ｙｙが考えられるが，ＹＹの個体は母体内で死亡し生まれてこないから，黄色の個体の遺伝子の組み合わせはＹｙ，黒色の個体の遺伝子の組み合わせはｙｙとなる。

(2)　Ｙｙ《黄色》とＹｙ《黄色》の個体をかけ合わせると，できる遺伝子の組み合わせとその比はＹＹ：Ｙｙ：ｙｙ＝１：２：１となる。ＹＹは母体内で死亡するから，生まれる子はＹｙ《黄色》：ｙｙ《黒色》＝２：１となる。

問３(1)　１世代目が初めて出産するのは初めから 70 日後である。このとき生まれた２世代目が初めて出産するのは，生まれてから70日後だから，初めから70＋70＝140(日後)である。　(2)　150日後までに，１世代目のメス１匹は70日後，90日後，110日後，130日後，150日後と，(２世代目を)６匹ずつ５回出産する。また，(1)より，70日後に生まれた２世代目のメス３匹が140日後にそれぞれ６匹ずつ出産する。よって，150日後の全個体数は，１世代目の２個体と，２世代目の６×５＝30(個体)と，３世代目の３×６＝18(個体)の合計の50個体である。

(3)　200日後までに，１世代目のメス１匹は，(2)解説の５回に加えて，170日後，190日後の合計７回出産する。70日後に生まれた２世代目のメス３匹は140日後，160日後，180日後，200日後の４回，90日後に生まれた２世代目のメス３匹は160日後，180日後，200日後の３回，110日後に生まれた２世代目のメス３匹は180日後，200日後の２回，130 日後に生まれた２世代目のメス３匹は 200 日後の１回出産する。よって，200日後の全個体数は，１世代目の２個体と，２世代目の６×７＝42(個体)と，３世代目の３×６×(４＋３＋２＋１)＝180(個体)の合計の224個体である。なお，３世代目が初めて出産するのは210日目なので，200日後に４世代目は０個体である。

(4)　210 日目に４世代目を出産する３世代目は，140 日後に生まれたメス $3\times3=9$(匹)なので，生まれるネズミは $9\times6=54$(個体)である。

3　**問１**　海は暖まりにくく冷めにくいので，海上の気温は陸上の気温に比べて，昼は低く，夜は高い。これより，海に囲まれている長崎県は，内陸部に比べて，昼の気温は低く，夜の気温は高くなりやすい。また，昼は陸上の気温の方が海上の気温より高くなることで，陸上の空気が上昇して気圧が低くなるので，海から陸に向かって風が吹く。この風を海風という。なお，夜には陸から海に向かって陸風が吹く。

問３　図より，ＸとＹ(「あ」～「お」)はマグマが冷え固まってできる火成岩であり，安山岩を含むＸは火山岩で，Ｙは深成岩とわかる(「あ」は流紋岩，「い」は玄武岩，「う」は花こう岩，「え」はせん緑岩，「お」は斑れい岩である)。これより，(2)の生物の遺骸が固まってできた岩石(石灰岩またはチャート)は「か」と「き」とわかる。したがって，(a)は火成岩の特徴であるエが入り，(b)は斑状組織をもつ火山岩の特徴であるアが入る。(c)には泥岩と「か」(石灰岩またはチャート)の特徴が入るから，オを入れると，「か」は石灰岩，「き」はチャートと考えられる。これより，(d)には石灰岩の特徴であるカが入る。

問４　粘り気の大きいマグマには，セキエイや長石などの無色鉱物が多く含まれ，マグマが冷え固まったものの色は白っぽい。また，火山の噴火は爆発的になりやすい。なお，粘り気の小さいマグマには有色鉱物が多く含まれ，マグマが冷え固まったものの色は黒っぽく，噴火は比較的おだやかであることが多い。

4　**問４**　実験結果より，うすい塩酸 4.0mL まではうすい塩酸がすべて反応するから，発生する二酸化炭素の体積はうすい塩酸の体積に比例し，うすい塩酸 10.0mL 以上では貝殻 0.40 g がすべて反応する(うすい塩酸は余る)から，発生する二酸化炭素の体積は 90.0mL で一定となるとわかる。よって，発生する二酸化炭素の体積が 90.0mL になるまでは，原点と(2.0mL，31.5mL)の点を通る右上がりの直線(比例のグラフ)となり，発生する二酸化炭素の体積が 90.0mL になった後は 90.0mL で一定になる。

問５　問４のグラフより，5.0mL と 6.0mL の間とわかる。なお，貝殻 0.40 g とちょうど反応するうすい塩酸の体積は，$2.0\times\frac{90.0}{31.5}=5.7\cdots$(mL)と求められる。

問７　溶ける物質の質量は溶かす水の質量に比例するから，20℃の水 80 g に硝酸カリウムは $32\times\frac{80}{100}=25.6$(g)まで溶ける。よって，$50-25.6=24.4$(g)の硝酸カリウムが析出する。

5　**問１**　ＡＢ間の合成抵抗が(a)～(c)で同じだから，回路全体に流れる電流の大きさも同じになる。なお，(a)～(c)の合成抵抗は $1+2+3=6$(Ω)で，〔$電流(A)=\frac{電圧(V)}{抵抗(Ω)}$〕より，回路全体に流れる電流は $\frac{3}{6}=0.5$(A)である。

問２　３つの抵抗が並列につながれているから，(a)～(c)のどの回路でも各抵抗に電源と同じ６Ｖの電圧が加わる。よって，３Ωの抵抗に流れる電流の大きさも等しく，消費電力の大きさも等しい。なお，３Ωの抵抗に流れる電流は $\frac{6}{3}=2$(A)で，〔電力(W)＝電圧(V)×電流(A)〕より，消費電力は $6\times2=12$(W)である。

問３(1)　並列につながれた抵抗 R_1 と R_2 の合成抵抗Ｒは，〔$R=\frac{R_1R_2}{R_1+R_2}$〕で求められる。したがって，(a)の並列つなぎの２Ωと３Ωの合成抵抗は $\frac{2\times3}{2+3}=\frac{6}{5}=1.2$(Ω)だから，ＡＢ間の合成抵抗は $1+1.2=2.2$(Ω)である。同様にＡＢ間の合成抵抗を求めると，(b)は $2+\frac{3\times1}{3+1}=2+\frac{3}{4}=2.75$(Ω)，(c)は $3+\frac{1\times2}{1+2}=3+\frac{2}{3}=3.66\cdots$(Ω)である。よって，(c)＞(b)＞(a)となる。　(2)　問１と２の解説の公式より，電力(W)は，$\frac{電圧(V)\times電圧(V)}{抵抗(Ω)}$で求められるとわかるから，抵抗の大きさが等しい(３Ω)のとき，消費電力の大小は電圧の大小と同じになる。また，直列につながれた１つの抵抗と並列部分の抵抗に加わる電圧の比は，１つの抵抗と並列部分の合成抵抗の比に等しくなる。したがって，(1)解説より，(a)の１Ωの抵抗と並列部分の合成抵抗の比は $1:\frac{6}{5}=5:6$ だから，３Ω(と２Ω)の抵抗に加わる電圧は $6\times\frac{6}{5+6}=\frac{36}{11}$(V)となる。同様に考えると，(b)の２Ωの抵抗と並列部分の合成抵抗の比は

２：$\frac{3}{4}$＝８：３だから，３Ω(と１Ω)の抵抗に加わる電圧は$6\times\frac{3}{8+3}=\frac{18}{11}$(V)となり，(c)の３Ωの抵抗と並列部分の合成抵抗の比は３：$\frac{2}{3}$＝９：２だから，３Ωの抵抗に加わる電圧は$6\times\frac{9}{9+2}=\frac{54}{11}$(V)となる。よって，消費電力(電圧)の大きさは，(c)＞(a)＞(b)となる。

問４　１Ωの抵抗に流れる電流の大きさをxAとする。　**(1)**　並列につながれた各抵抗には同じ大きさの電圧が加わるから，流れる電流の大きさの比は各抵抗の大きさの逆比に等しい。(a)の回路全体に流れる電流の大きさは１Ωの抵抗に流れる電流の大きさに等しくxAだから，２Ωと３Ωの抵抗にxAの電流が３：２に分かれて流れる。これより，２Ωの抵抗には$x\times\frac{3}{3+2}=\frac{3}{5}x$(A)の電流が流れる。(b)の３Ωと１Ωの抵抗に流れる電流の大きさの比は１：３だから，２Ωの抵抗に流れる電流の大きさは$x\times\frac{1+3}{3}=\frac{4}{3}x$(A)である。(c)の１Ωと２Ωの抵抗に流れる電流の大きさの比は２：１だから，２Ωの抵抗に流れる電流の大きさは$x\times\frac{1}{2}=\frac{1}{2}x$(A)である。よって，(b)＞(a)＞(c)となる。　**(2)**　〔電圧(V)＝抵抗(Ω)×電流(A)〕より，１Ωの抵抗に加わる電圧は$1\times x=x$(V)となる。(a)の並列部分(２Ωの抵抗)に加わる電圧は$2\times\frac{3}{5}x=\frac{6}{5}x$(V)だから，(a)の電源装置の電圧は$x+\frac{6}{5}x=\frac{11}{5}x$(V)である。同様に考えて，(b)の電源装置の電圧は$2\times\frac{4}{3}x+x=\frac{11}{3}x$(V)，(c)の電源装置の電圧は$3\times(x+\frac{1}{2}x)+x=\frac{11}{2}x$(V)である。よって，(c)＞(b)＞(a)となる。

問５　１Ωの抵抗に流れる電流の大きさをyAとする。　**(1)**　ＡＢ間の合成抵抗は，(a)が$\frac{(1+2)\times 3}{(1+2)+3}=\frac{3}{2}$(Ω)(b)が$\frac{(2+3)\times 1}{(2+3)+1}=\frac{5}{6}$(Ω)，(c)が$\frac{(3+1)\times 2}{(3+1)+2}=\frac{4}{3}$(Ω)だから，(a)＞(c)＞(b)となる。　**(2)**　(a)において，１Ωと２Ωの抵抗に流れる電流はyAだから，１Ωと２Ωの抵抗に加わる電圧の和は$(1+2)\times y=3y$(V)となり，電源電圧の大きさも$3y$Vである。(b)において，１Ωの抵抗に加わる電圧は$1\times y=y$(V)だから，電源電圧の大きさもyVである。(a)と同様に求めると，(c)の電源電圧の大きさは$(3+1)\times y=4y$(V)である。よって，(c)＞(a)＞(b)となる。　**(3)**　問３(2)の解説をふまえる。(a)の３Ωの抵抗に加わる電圧は１Ωと２Ωの抵抗に加わる電圧の和に等しく$3y$Vである。(b)の２Ωと３Ωの抵抗に加わる電圧の和は１Ωに加わる電圧に等しくyVで，直列つなぎの抵抗に加わる電圧の比は抵抗の大きさの比に等しく２：３だから，３Ωの抵抗に加わる電圧は$y\times\frac{3}{2+3}=\frac{3}{5}y$(V)である。同様に考えると，(c)の３Ωと１Ωの抵抗に加わる電圧の比は３：１で，１Ωの抵抗に加わる電圧はyVだから３Ωの抵抗に加わる電圧は$3y$Vである。よって，消費電力(電圧)の大きさは，(a)＝(c)＞(b)となる。

《2024　社会　解説》

1　**問１**　エ　　固体燃料は石炭，Ａは中国，Ｆはインドである。ア．誤り。石炭は中国で世界の約半分の量が産出され，中国は環太平洋造山帯には属していない。イ．誤り。石炭による火力発電は，天然ガスによる火力発電に比べ約1.7倍の二酸化炭素を排出する。ウ．誤り。北海道や福岡県では，以前は盛んに石炭が採掘されていたが，現在では行われていない。

問２　イ　　Ｂはロシアである。ロシアは水没の危機に瀕していない。

問３　パークアンドライド　　Ｃはドイツである。パークアンドライドによって，都市部の渋滞や大気汚染が解消する可能性がある。

問４　オ　　ドイツ(Ｃ)での発電量が多い**あ**は風力である。北西ヨーロッパでは，偏西風を利用した風力発電が盛んに行われている。インド(Ｆ)で行われていない**い**は地熱発電である。活火山がほとんどないインドでは地熱発電は行われていない。日本，ドイツ，インドの全てで行われている**う**は太陽光発電である。

問６　サトウキビ　　Ｅはブラジルであり，ブラジルはサトウキビ由来のバイオエタノールの生産が盛んである。

問７　Ｘ＝京都　Ｙ＝パリ　　京都議定書では，先進国だけに温室効果ガスの排出削減を求め，中国やインドなどには課されなかった。パリ協定では，すべての国に温室効果ガスの排出削減の目標を設定することを義務付けた。

問8(1)　イ　　インドにはほとんど活火山はない。　(2)　イ　　X．正しい。Y．誤り。2014年に噴火し，戦後最大の死者数を記録したのは，有珠山ではなく岐阜県と長野県の県境にある御嶽山である。

2　**問1**　A＝名古屋　B＝仙台　　それぞれの地方で最も人口が多い都府県は，東北地方は宮城県，関東地方は東京都，中部地方は愛知県，近畿地方は大阪府，中国・四国地方は広島県，九州・沖縄地方は福岡県である。その中で，府県名と府県庁所在地名が異なるのは，宮城県仙台市，愛知県名古屋市の２つである。愛知県には中京工業地帯があり，第２次産業人口の割合が高い。また，名古屋市の人口は横浜市，大阪市に次ぐ人口である。

問2　ア，オ　　Cは広島県，Dは福岡県，Eは大阪府である。ア．正しい。濃尾平野の記述である。イ．誤り。宮城県は西部に多くの火山がある。ウ．誤り。広島県は北部になだらかな中国山地がある。

エ．誤り。活動的な火山があり，シラス台地が広がるのは福岡県ではなく鹿児島県である。オ．正しい。大阪府の北部には琵琶湖を水源とする淀川が流れ，その流域に大阪平野が広がっている。

問3　ウ　　キャベツは愛知県や群馬県で多くが生産され，小麦は北海道や福岡県・佐賀県にまたがる筑紫平野で生産されることは覚えておきたい。

問4　A＝イ　D＝オ　　アは宮城県(B)，ウは大阪府(E)，エは広島県(C)。

3　**問1**　18　　民法が改正されて成人年齢が18歳に引き下げられたことを受けて，2023年１月から裁判員に選ばれる条件も18歳以上の国民に引き下げられた。

問2　ア　　イ．誤り。衆議院には解散があるので，必ず４年に１度実施されるとは限らない。ウ．誤り。衆議院議員は，都道府県をいくつかに分け，１つの選挙区から１名を選出する小選挙区と，全国を11のブロックに分けた比例代表の並立制で実施される。エ．誤り。衆議院議員の被選挙権は25歳以上の日本国民に与えられ，日本に在住する外国人には，立候補する権利がない。

問4　エ　　X．誤り。ＰＫＯ法が成立したことで，自衛隊の海外派遣が可能になった。Y．誤り。被疑者を裁判にかけるかどうかを判断するのは検察官である。

問5　イ　　ア．誤り。弾劾裁判所は国会内に常設され，裁判官を罷免するかどうかを判断する。イ．正しい。すべての裁判所に違憲審査権がある。ウ．誤り。最高裁判所の長官を指名する権限は内閣にあり，天皇が任命する。

エ．誤り。地方公共団体の首長の解任は，選挙管理委員会が担当し，裁判所が関与することはない。

問6　イ　　インターネット上にある情報でも，自由に複製し，使用することは禁じられている。

問8　エ　　裁判員裁判は，重大な刑事事件の第一審で行われるので，必ず地方裁判所で開かれる。そのため，第一審の判決に不服がある場合，高等裁判所に控訴して第二審を求めることになる。また，第二審の判決に不服がある場合は，最高裁判所に上告して第三審を求めることになる。

4　**問1**　エ　　ア．誤り。ローマ帝国はイタリア半島に成立し，メソポタミアまで支配地域を拡大した。イ．誤り。アレクサンドロス大王はマケドニアの指導者である。ウ．誤り。アテネは古代ギリシャのポリスの１つである。

問2　エ　　Ⅱ(藤原四子による政治・奈良時代前半)→Ⅲ(十字軍の遠征・11世紀末～13世紀末頃)→Ⅰ(インカ帝国の滅亡・16世紀)

問4　建武の新政　　後醍醐天皇は，楠木正成や足利尊氏の協力を得て，鎌倉幕府を滅ぼし，建武の新政を行った。

問5　X＝倭寇　Y＝朝貢　Z＝勘合　　海禁政策を行う明は，倭寇の取り締まりを条件として，足利義満を日本国王源道義として認め，朝貢形式での貿易を許した。倭寇と正式な貿易船を区別するために勘合と呼ばれる合い札を利用したため，日明貿易は勘合貿易とも呼ばれる。

問６　ウ　　アラビア半島で始まったイスラム教は，イスラム商人の東南アジア進出によって，東南アジアにも広まり，インドネシアやマレーシアで広く信仰された。ア．誤り。ムハンマドは，唯一神アッラーのお告げを受けたとしてイスラム教を開いた。イ．誤り。イスラム教が成立したのは７世紀前半であり，仏教やキリスト教の成立よりはるかに遅い。エ．誤り。イスラム教にはコーランと呼ばれる聖典がある。

問７　大阪府　　大阪府堺市にある大仙古墳は，百舌鳥・古市古墳群として世界文化遺産に登録されている。

問８　エ　　ア．誤り。倭国は唐と新羅の連合軍と戦い，白村江の戦いで大敗した。李舜臣は豊臣秀吉の朝鮮出兵のときの朝鮮側の武将である。イ．誤り。長岡京への遷都は 784 年だから，即位後に遷都した。ウ．誤り。国分寺を建立する命令を出したのは奈良時代の聖武天皇である。

問９　ア　　「寛政」は，徳川吉宗の孫の松平定信が改革を行った頃の元号である。シーボルト事件は 19 世紀前半に起きた。

問11　征夷大将軍　　1180 年代から 1192 年までに侍所・政所・問注所，守護・地頭が設置されたことなどから，鎌倉幕府の成立を 1192 年より前とする説が有力となっている。

5　問１　ア　　イは 1962 年，ウは 2006 年，エは 2017 年。

問２　ウ　　冷戦の終結は，1989 年 12 月にアメリカのブッシュ大統領とソ連のゴルバチョフ書記長が発表した。アは 1965 年頃，イは 1975 年，エは 2001 年。

問３(1)　イ　　ドイツ・オーストリアと三国同盟を結んでいたイタリアは，第一次世界大戦が始まると中立の立場をとり，その後，イギリス・フランス・ロシアとロンドン秘密条約に調印し，連合国側で参戦した。

問４　エ　　プロレタリア文学…1920～1930 年代に流行した，労働者の立場で社会問題を描いた文学。

問５　川端康成　　2024 年時点での日本人のノーベル文学賞受賞者は，川端康成と大江健三郎の２人だけである。

問６　イ　　高度経済成長期は，1950 年代後半から 1973 年までの期間である。パソコンや携帯電話が家庭に普及したのは 2000 年前後である。

問７　ア　　国民党と共産党は，日中戦争に対して第二次国共合作として抗日民族統一戦線を成立させた。イ．誤り。国民政府は，南京から漢口，さらに奥地の重慶に退いて抵抗を続けた。ウ．誤り。戦争が長期化するなかで制定した法律は，治安維持法ではなく国家総動員法である。治安維持法は，1925 年に成立していた。エ．誤り。イギリス・アメリカ・ソ連などによる，蒋介石率いる国民政府を支援する経路を援蒋ルートという。日本軍はいくつもある援蒋ルートのうち，仏印ルートを遮断するべく，北部仏印進駐を開始した。

問８　ア　　北部は保護貿易と奴隷制廃止，南部は自由貿易と奴隷制存続を主張した。イ．誤り。南北戦争は 1861 年に始まり，ナポレオンによる支配は 1804～1815 年頃であった。ウ．誤り。奴隷解放宣言を出したのはリンカン大統領である。エ．誤り。南北戦争で勝利したのは北部である。

問９(1)　オ　　徳川慶喜は，政権を返上した後も新たな政権の中で主導権をとることは可能と考えて大政奉還を行ったが，新政府への徳川慶喜の参加は認められなかった。これに不満をもった旧幕府軍は鳥羽・伏見で新政府軍と戦い，戊辰戦争が始まった。新政府軍と旧幕府軍の争いは，江戸城の無血開城，会津戦争と東に移動し，函館の五稜郭の戦いに新政府軍が勝利して決着した。　(2)　ウ　　日清戦争を「同族間での争い」として，勝利した日本が遼東半島などを手に入れたのに対して，人間（西洋人）が強奪したと考えると，三国干渉を比喩的に表していることになる。　(3)　二十一カ条の要求　　提出した要求のほとんどがベルサイユ条約で認められたために，中国で五・四運動が起きた。

6　問１　ア　　募集を女性に限定していることは，雇用機会の平等が保たれていないことになる。

問2　ウ　　輸入価格が上昇したのは，円高ではなく円安が影響している。

問3　エ　　ア．誤り。所得税には累進課税の制度が適用されるが，消費税には適用されていない。イ．誤り。およその直間比率(直接税：間接税)は，日本は65：35，イギリスは58：42，フランス・ドイツは55：45である。ウ．誤り。日本の租税収入はおよそ6割である。

問4　エ　　インボイス制度…適正な納税を実現するための消費税の申告制度。インボイス…適格請求書。

問5　リデュース　　リデュース…使用する資源やごみの発生を減らす取り組み。リユース…使用済み製品やその部品をくり返し使用する取り組み。リサイクル…廃棄物等を原材料やエネルギー源として有効利用する取り組み。

問6　a＝オゾン　b＝文化　　オゾン層が破壊されると，有害な紫外線などが増加するおそれがある。健康で文化的な最低限度の生活を営む権利は生存権といい，日本国憲法の第25条で保障されている。

問7　ウ　　図1は原爆ドーム，図2は厳島神社である。大輪田泊(兵庫の港)を修築した平清盛は，氏神である厳島神社に経典を納め，海路の安全を祈願して，日宋貿易で富を得た。

青雲高等学校

《国　語》

一　問1．a．生涯　b．普及　c．媒介　d．基盤　e．排除　問2．エ　問3．イ　問4．オ
問5．ア　問6．イ　問7．多様な他者と関係を築く機会が必要だが、関係の内閉化による無関心の広がりによって今日の社会的孤立が生じているということ。

二　問1．a．イ　b．オ　c．ア　問2．ウ　問3．イ　問4．オ　問5．ア　問6．エ
問7．Ⅰ．口中で複雑に鮮烈な味で広がった　Ⅱ．魅力的な大人になる

三　問1．a．イ　b．ア　c．オ　問2．エ　問3．イ　問4．西の海で大竜に生まれ変わったという堀河院に会いに行くため。　問5．オ

《数　学》

1　(1) -12.56　(2) $-\frac{1}{27}x^3y^3$　(3) $-4\sqrt{2}$　(4) $(x+2a+1)(x+3a+1)$　(5) $x=1$　$y=-2$
(6) -1, 7　(7) $a=3$　$b=0$　(8) $\frac{11\sqrt{3}}{6}$　(9)①A．-10　B．38.9　②C．ウ　D．ア

2　(1) $\frac{16\sqrt{21}}{3}$　(2) $\frac{2\sqrt{21}}{7}$　(3) $\frac{6}{5}$

3　(1) $(2\sqrt{3}, -6)$　(2) $18+9\sqrt{3}$

4　(1) $\sqrt{2}c$　(2) $\frac{\sqrt{2}+\sqrt{6}}{2}c$　(3) $\sqrt{2}R^2$

5　(1) $\frac{1}{2}$　(2) $\frac{1}{4}$　(3)イ

6　(1) $514+4112+8224$　(2) $50+12800$　(3)ア　(4)1025

《英　語》

1　(A)(1)イ　(2)ウ　(3)ア　(4)エ　(5)エ　(B)(1)オ　(2)ウ

2　(A)(1)How about having a party at my house next Sunday?　(2)I'll go to the mall to buy a present for her.
(3)I'll send an e-mail to the people we want to come to the party.　(4)I'm looking forward to the party.
(B)[3番目／5番目]　(1)[エ／オ]　(2)[キ／オ]　(3)[ウ／ア]

3　問1．片方の目しかない母のことを学校でクラスメートから笑われたこと。　問2．自分の故郷には良い思い出がないから。　問3．ア　問4．自分の息子が他人から笑われることなく成長してほしい。／自分の代わりに息子が世界を見ることができるようになってほしい。　問5．ウ，エ

4　問1．多くの日本人が，日本人はすべてお互いに似ていて，独特であり世界の他の国や文化とは異なっていると感じていること。　問2．イ　問3．エ　問4．1つの国や地域に大きな違いを持った様々な人々の集団があること。　問5．being a member of a group is very important　問6．我々の思考を広げ，異なる人々を私たちの集団へ迎え入れることが大切です。　問7．B

《理　科》

[1] ⑴ウ　⑵ウ　⑶カ　⑷イ　⑸オ　⑹オ　⑺ア　⑻カ　⑼エ　⑽エ

[2] 問１．イ，エ　問２．①ア　②イ　③エ　問３．湿っている。〔別解〕粘膜でおおわれている。
問４．⑴ウ　⑵Ｂ　⑶酸素量…10　二酸化炭素量…８

[3] 問１．ウ　問２．⑴3.8　⑵露点　問３．⑴初期微動継続時間　⑵９，15，24　⑶64　⑷72　⑸オ

[4] 問１．イ　問２．質量保存　問３．$2Cu+O_2 \rightarrow 2CuO$　問４．3.50　問５．Ａ．４　Ｂ．１　Ｃ．３
Ｄ．２　Ｅ．１　Ｆ．１　Ｇ．８　Ｈ．３　問６．80

[5] 問１．⑴ウ　⑵ア　問２．180　問３．⑴200　⑵300　問４．115　問５．⑴0.50　⑵0.86

《社　会》

[1] 問１．Ａ．利根　Ｂ．下総　Ｃ．伊豆　問２．カ　問３．イ　問４．ウ　問５．⑴エ　⑵ア　問６．エ
問７．ア

[2] 問１．Ｂ．ドナウ　Ｄ．メコン　問２．国際河川　問３．ウ　問４．え　問５．イ　問６．ア
問７．ウ　問８．カ　問９．日系企業…労働者の賃金が安い。　ハンガリー…雇用機会が増える。
〔別解〕高度な工業技術や知識を得ることができる。

[3] 問１．渋沢栄一　問２．紫式部　問３．イ　問４．富本銭　問５．エ　問６．エ　問７．ウ
問８．イ　問９．後醍醐　問10．コシャマイン　問11．天正　問12．石見銀山〔別解〕石見大森銀山
問13．両替商　問14．ウ　問15．ア

[4] 問１．イ　問２．ウ　問３．ウ　問４．ビスマルク　問５．イ　問６．ア　問７．ウ　問８．エ
問９．ＧＨＱ　問10．ア

[5] 問１．ＮＡＴＯ〔別解〕北大西洋条約機構　問２．拒否権をもつ常任理事国のロシアが反対したから。
問３．Ｓ．内閣総理大臣　Ｔ．文民　問４．ア　問５．エ　問６．⑴ア　⑵ア　問７．⑴エ　⑵ア　⑶ウ
問８．利益集団〔別解〕圧力団体　問９．イ　問10．ア　問11．ウ　問12．公共料金
問13．パリ協定　問14．ウ　問15．プライベートブランド　問16．エッセンシャル　問17．ア

《2023　国語　解説》

一　問２　傍線部Ａは、「親ガチャ」という言葉に表れた「様々な偶然の結果の積み重ねではなく、出生時の諸条件に規定された必然の帰結として自らの人生を捉える、宿命論的な人生観」を指す。よって、エが適する。

問３　かつての若者たちは、社会全体が「右肩上がりの時代」だったので、生活水準や学歴などにおいて「親世代を上回ること」が実感できた。しかし、現在の若者たちは、「ほぼ平坦《へいたん》な道のりが続く高原社会」に生まれ育ったため、「これから克服していくべき高い目標を掲げ、輝かしい未来の実現へ向けて日々努力しつつ現在を生きることなど、全く現実味のない人生観に思え」る。つまり、社会全体の成長が終わっているので、若者自身の未来についても、成長していくことが想像できず、努力を続けようとは思えなくなっている。よって、イが適する。

問４　傍線部Ｂの直後の段落に、「経済格差の拡大」だけではなく、「関係格差の拡大もまた、学力格差に影響を及ぼしている」とある。現在では「友人関係の重要度」が高まっているが、「友人関係もまた、家庭の経済状況の影響を大きく受けている」ので、経済的な事情から「誘いを断らねばならない友人を作るより～孤立を選んだほうが、自尊感情を傷つけられずにすむ」と考える若者がいる。そのような状況のせいで「進学や通学の意志」をもっていないのである。よって、オが適する。

問５　傍線部Ｄをふくむ段落と、その直前の段落に着目する。私たちは「自分とは生活環境の異なった友人との語り合い」によって「未知の世界へチャレンジしてみようという意欲」をかき立てられる。しかし、問４で見たように、(貧しさから)友人を作らず孤立し、学習の意欲が低下してしまう若者もいる。「家庭の経済状況」によって、友人との出会いの機会にも差が広がってしまい(＝関係格差の拡大)、それが「学力格差」を拡大させ、さらに世代をこえてくり返される、「世代間連鎖」を生むのである。そのため筆者は、経済的支援により、このような「世代間連鎖を断ち切る」こと、つまり、家庭の経済状況に関わらず、色々な友人と出会い、つながることができるようになることが必要であると考えている。よって、アが適する。

問６　これまでは「自らの努力で獲得した能力を重視する社会」を築こうとしてきたが、「出自からの解放は、いったい自分は何者なのかという不安をかき立てること」にもなり、「とくに昨今では、社会的評価の基準も容易に移ろいやすく」、「自分の安定した尺度とはみなされにくくなっている」。よって、イが適する。

問７　「人間関係の内閉化」は、「多様な他者と関係を築く機会がこの社会から消失しつつあることの結果」であり、そうした「関係の内閉化による無関心の広がりこそが、今日の社会的孤立の背景要因となっている」ことをまとめる。

二　問２　おじさんは、トマトは、「れっきとした果実」で「スイカやメロンのお友達」なのに、野菜コーナーに置かれているのは「仲間外れ」で「可哀想《かわいそう》」だと言ったが、「私」に「果物コーナーに置いた方がいい、と言うんですか～デザートが欲しくて来たお客さんみんなに、無視されちゃいます」と言われて硬直している。よって、ウが適する。

問３　野菜なのか果物なのかわからないことで裁判になったこともあるというトマトだが、「勝手に二つに分けたのは人間の都合」であり、「そんなのトマトにとっては関係ない」というおじさんの言葉を聞いて、「私」は「それはそうだ」と同意している。よって、イが適する。

問４　「私」は父さんから「親権はどちらか、決めなくてはならない。これは法律上の決まりなんだよ」と、父と母のどちらを選ぶか決断を迫られている。「私」は「決めたくない」「嫌だ。そんなの」と反発しているが、離婚への流れは「私一人が逆らったところで、押しとどめられ」ず、両親と一緒に住みたいという希望はかなわないことも理解している。よって、オが適する。

問5　お客さんは「問題おおありよ、とっても美味《おい》しかったじゃないの！」と店の野菜を絶賛して「お店が終わったら来なさい」と自分の店に招待している。おっちゃんが「いいのか？　帰りが遅くなっても」と聞いたのは、今日が「私」の引っ越しの日だという事情を知っていたからと考えられる。よって、アが適する。イは「いち早く母さんのもとに行きたかった」、エは「店に感謝を伝えにきただけ」、オは「お客さんに迷惑をかけてしまった」の部分が適さない。お客さんの「殴り込みに来た」「今度はこっちが攻める番」という言葉は、このお客さんの独特な言い回しであり、野菜の味に感激して店に招待しに来ただけなので、ウも適さない。

問6　おじさんは「一つとして同じトマトなんてない」ので、「一人一人の人間に名前を付けるように」「トマトの一つ一つに思いを馳《は》せてやってほしい」と言うが、「私」は、「(実果《みか》という)名前がついていたって、人間みんなが大切にされるわけじゃない」と感じていたので、存在を大事にしてもらえないトマトも自分も「可哀想」だと思っている。トマトが可哀想だと感じるのは、文章の前半で、おじさんが「野菜とか果物とか、そんなことよりもまず私自身を見てよ」とトマトの気持ちになって語っていたのが、実果の中に残っていたからだと考えられる。自分自身を見てもらえていないトマトが、実果自身と重なったのである。よって、エが適する。

問7　トマトのスープを一口すると「口中に鮮烈で複雑な味が広が」ったので、「私」は「こんなに違うもの？」と感動している。それが「何だか嬉《うれ》し」かった「私」は、このトマトのように「自分の味を育てるんだ。誰にも負けない、すっごい味を」と、魅力的な大人になる（＝すっごい人間になる）ことを決意している。

三 **問2**　前書きにあるように、堀河天皇の治世は平和ですばらしい時代だった。男は、そのような偉大な堀川院に仕えることに幸せを感じていたので、堀河院が崩御したことでひどく落胆した。その気持ちを、咲き誇っている花が雨風に遭ってしおれてしまった様子に例えて表している。よって、エが適する。

問3　「ことわり」は、「道理」のこと。「身一つの嘆きと悲しびあへる」様子は当然のこととしても、度を過ぎていた、つまり、人々が、度が過ぎるほどに堀河院の崩御を嘆き悲しんだということである。よって、イが適する。

問4　男が神仏に、堀河院の「生まれ所」（＝死後生まれ変わるところ）を示してくださるように祈っていたところ、堀河院が「西の海に大竜《だいりゅう》に成りておはします由《よし》」を夢に見た。そのため、男は、大竜となった堀川院に会うために、(京より西に位置する)九州に行き、さらに、そこから東風を追い風にして西の海に出たのである。

問5　作者は「万の事、志《こころざし》によることなれば、身をかへて必ず参り合ひてつかうまつりなんかし」、つまり、これほど堀河院を慕っていた男だから、その志によって、生まれ変わって堀河院に仕えているに違いないと考えている。よって、オが適する。

【古文の内容】

堀河天皇ご在位の頃、身分は低いながら、蔵人所《くらんどどころ》に出仕して朝晩堀河院にお仕えする男がいた。届かぬ思いながら院のご様子を限りなくすばらしいと思い込んで、いかなる我が身の出世さえも考えず、ただこのような治世に生まれて、宮中で日々を暮らすことに、万事何一つ不満もなく、なごやかな気持ちで心からお仕えしたが、身分はものの数にも入らないので、院に知られるような機会もなかった。

こうして時が過ぎたが、死は賢い者も愚かな者も逃れられない決まりなので院にも訪れ、咲き誇っている花が雨風に遭ってしおれてしまったような気がして、少しでも才能ある人は一体となって嘆き悲しみ合う様子は、当然のことにしても度を越していた。

この男は、堀河院が崩御(死去)なさった日から、生きている心地もなく、夜明け、日暮れの区別もつかない様子で宮中に通っていた。（男は）とうとう出家をして、あちこちで説教を聞き歩いていたが、物も言わず、何もしなかった。（男は）蝉《せみ》の抜け殻のようで、生きている者とは見えなかった。いつもさまざま神仏に、「院が生まれ変わる場所をお示しください」と、一心にお祈り申し上げていたところ、何年か後、（院が）西の海で大きな竜におなりになったという趣旨のことを夢に見たので、（男は）限りなくうれしくて、すぐさま筑紫《ちくし》の方へ行って、東風が激しく吹いていた日に、舟に乗って（海に）乗り出していった。しばらくは波間にゆらゆらして見えたが、その後はどこに行ったかわからなくなったので、目撃した人は涙を流して、その当時の語りぐさにした。全ての事は、志によって決まるのだから、（男は）生まれ変わって必ず（院と）巡り合ってお仕えしていることであろう。

《2023　数学　解説》

1 (1)　与式 $=\{(20-2)(20+2)-20^2\}\times 3.14=(20^2-4-20^2)\times 3.14=-4\times 3.14=$ **-12.56**

(2)　与式 $=\dfrac{8x^3y^6}{27}\times\dfrac{x^2}{36}\times\left(-\dfrac{9}{2x^2y^3}\right)=$ **$-\dfrac{1}{27}x^3y^3$**

(3)　与式 $=\sqrt{9}-\sqrt{8}-(2+2\sqrt{2}+1)=3-2\sqrt{2}-3-2\sqrt{2}=$ **$-4\sqrt{2}$**

(4)　与式 $=(x+1)^2+5a(x+1)+6a^2$　　$x+1=M$とすると，

$M^2+5aM+6a^2=M^2+(2a+3a)M+2a\times 3a=(M+2a)(M+3a)=$ **$(x+2a+1)(x+3a+1)$**

(5)　$2x+3y+9=3x-y$…①，$\dfrac{x+1}{3}-\dfrac{3y-1}{2}+\dfrac{5}{6}=3x-y$…②とし，①と②の連立方程式を解く。

①を整理すると，$x-4y=9$…③　　②を整理すると，$16x+3y=10$…④

③×3＋④×4でyを消去すると，$3x+64x=27+40$　　$67x=67$　　**$x=1$**

③に$x=1$を代入すると，$1-4y=9$　　$-4y=8$　　**$y=-2$**

(6)　与式より，$2(x^2-4x+4)=x^2-2x-15+30$　　$2x^2-8x+8=x^2-2x+15$　　$x^2-6x-7=0$

$(x+1)(x-7)=0$　　**$x=-1,\ 7$**

(7)　**【解き方】$x=-2$のとき$y=-2\times(-2)^2=-8$で，これは最小値ではないから，$x=a$のとき$y=-18$である。**

$y=-2x^2$に$x=a$，$y=-18$を代入すると，$-18=-2a^2$より，$a=\pm 3$　　$-2\leqq a$だから，**$a=3$**

xの変域に0が含まれるからyの最大値は0なので，**$b=0$**

(8)　**【解き方】$DB=x$とし，三平方の定理を利用してxの方程式を立てる。**

△ABCは3辺の比が$1:2:\sqrt{3}$の直角三角形だから，$AB=\sqrt{3}BC=4\sqrt{3}$

$DM=DA=4\sqrt{3}-x$だから，三平方の定理より，$DB^2+BM^2=DM^2$　　$x^2+2^2=(4\sqrt{3}-x)^2$

これを解くと$x=\dfrac{11\sqrt{3}}{6}$となるから，**$DB=\dfrac{11\sqrt{3}}{6}$**

(9)①　各点数から40を引いた値は右表のようになるから，

出席番号	1	2	3	4	5	6	7	8	9
40を引いた値	－3	－2	－1	1	2	1	－2	－1	－5

$A=-3-2-1+1+2+1-2-1-5=$ **-10**　　(平均) $=40+\dfrac{-10}{9}=\dfrac{350}{9}=38.88\cdots$ だから，**$B=38.9$**

②　10人目の生徒の点数から40を引いた値は0だから，G_2の生徒一人一人の点数から40を引いた値の合計はG_1のとき**と等しい**。10人目の生徒の点数はG_1の平均よりも高いから，10人目の生徒を加えることで平均を押し上げるので，G_2の平均はG_1の平均**よりも高い**。

2 (1) **【解き方】△ＡＢＣは直角二等辺三角形だから，$AC=\sqrt{2}AB=4\sqrt{2}$なので，ＡＣとＢＤの交点をＨとすると，Ｏ，Ａ，Ｃを通る平面について右のように作図できる。**

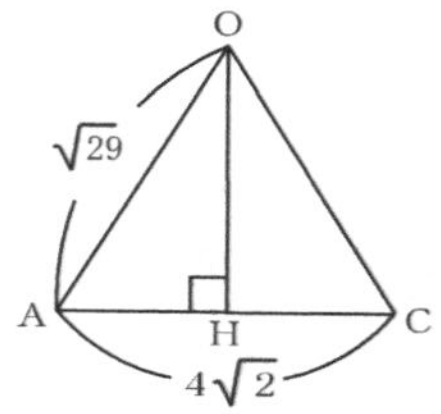

四角すいＯ－ＡＢＣＤの高さはＯＨである。$AH=\frac{1}{2}AC=2\sqrt{2}$だから，

三平方の定理より，$OH=\sqrt{OA^2-AH^2}=\sqrt{(\sqrt{29})^2-(2\sqrt{2})^2}=\sqrt{21}$

よって，四角すいＯ－ＡＢＣＤの体積は，$\frac{1}{3}\times4\times4\times\sqrt{21}=$ $\mathbf{\frac{16\sqrt{21}}{3}}$

(2) **【解き方】球Ｋの中心をＫとし，ＡＤ，ＢＣの中点をそれぞれＭ，Ｎとすると，Ｏ，Ｍ，Ｎ，Ｋがある平面について右のように作図できる。Ｅは球Ｋと面ＯＤＡの接点で，△ＯＨＭ∽△ＯＥＫとなる。**

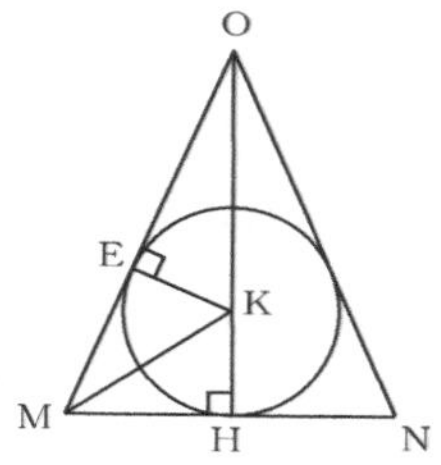

三平方の定理より，$OM=\sqrt{OH^2+MH^2}=\sqrt{(\sqrt{21})^2+(\frac{4}{2})^2}=5$

したがって，△ＯＨＭの３辺の比は$2:\sqrt{21}:5$であり，△ＯＥＨも同様である。

球Ｋの半径をｒとすると，ＫＨ＝ＫＥ＝ｒだから，$OK=\frac{5}{2}KE=\frac{5}{2}r$

ＯＨの長さについて，$OK+KH=\sqrt{21}$　　$\frac{5}{2}r+r=\sqrt{21}$　　$r=\frac{2\sqrt{21}}{7}$

よって，球Ｋの半径は$\mathbf{\frac{2\sqrt{21}}{7}}$である。

(3) **【解き方】切断面の円の中心をＬとすると，(2)の図にさらに右のように作図でき，△ＯＥＫ∽△ＥＬＫとなる。**

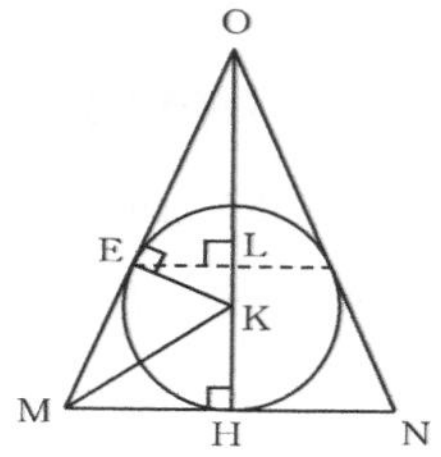

(2)より，△ＯＨＭ，△ＯＥＫ，△ＥＬＫはすべて３辺の比が$2:\sqrt{21}:5$だから，

$LE=\frac{\sqrt{21}}{5}KE=\frac{\sqrt{21}}{5}\times\frac{2\sqrt{21}}{7}=\frac{6}{5}$　　よって，求める円の半径は$\mathbf{\frac{6}{5}}$である。

3 (1) **【解き方】ＢＣと*y*軸の交点をＤとすると，△ＯＤＣは３辺の比が$1:2:\sqrt{3}$の直角三角形である。**

ＤＣ＝ｃとすると，$OD=\sqrt{3}c$だから，$C(c,\ -\sqrt{3}c)$と表せる。この座標を$y=-\frac{1}{2}x^2$に代入すると，

$-\sqrt{3}c=-\frac{1}{2}c^2$　　$c^2-2\sqrt{3}c=0$　　$c(c-2\sqrt{3})=0$　　$c=0,\ 2\sqrt{3}$

$c>0$だから$c=2\sqrt{3}$なので，$\mathbf{C(2\sqrt{3},\ -6)}$となる。

(2) **【解き方】Ｐは，右図の直線①上か直線②上か，ＡＢを直径とする円周上にある。①，②，円のうち放物線$y=-\frac{1}{2}x^2$上と交わるのは②と円であり，*x*座標が小さい方は円との交点である。**

ＡＢの中点をＭとすると，円Ｍ上でＢＣから最も遠い位置にＱがあるとき，△ＱＢＣの面積が最大になる。そのようなＱの位置は，Ｍを通り*y*軸に平行な直線と円Ｍとの交点のうち，*y*座標が大きい方である。ＭＱの長さは円Ｍの半径である。

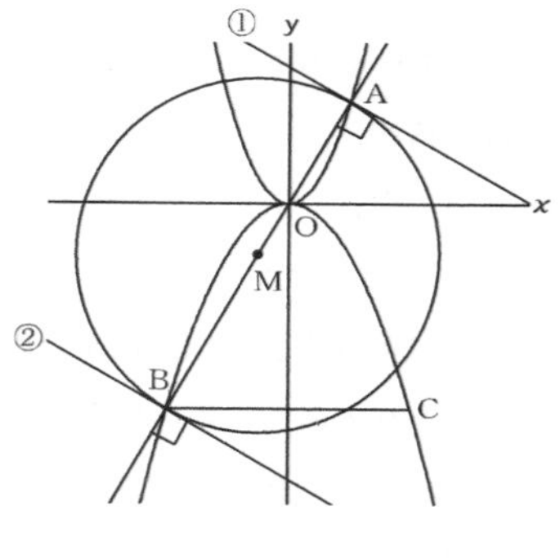

$y=x^2$にＡの*x*座標の$x=\sqrt{3}$を代入すると，$y=(\sqrt{3})^2=3$となるから，

$A(\sqrt{3},\ 3)$である。

ＢはＣと*y*軸について対称なので，$B(-2\sqrt{3},\ -6)$である。

Ｍの座標は，$(\frac{(\text{AとBの}x\text{座標の和})}{2},\ \frac{(\text{AとBの}y\text{座標の和})}{2})=(\frac{-2\sqrt{3}+\sqrt{3}}{2},\ \frac{3-6}{2})=(-\frac{\sqrt{3}}{2},\ -\frac{3}{2})$

また，三平方の定理より，

$AB=\sqrt{(\text{AとBの}x\text{座標の差})^2+(\text{AとBの}y\text{座標の差})^2}=\sqrt{\{\sqrt{3}-(-2\sqrt{3})\}^2+\{3-(-6)\}^2}=\sqrt{108}=6\sqrt{3}$

したがって，円Ｍの半径は，$6\sqrt{3}\times\frac{1}{2}=3\sqrt{3}$だから，△ＱＢＣの面積が最大になるとき，底辺をＢＣとしたと

きの高さは，(MとBのy座標の差)＋MQ＝$\{-\frac{3}{2}-(-6)\}+3\sqrt{3}=\frac{9}{2}+3\sqrt{3}$

BC＝(BとCのx座標の差)＝$2\sqrt{3}-(-2\sqrt{3})=4\sqrt{3}$だから，求める面積は，

$\frac{1}{2}\times4\sqrt{3}\times(\frac{9}{2}+3\sqrt{3})=$ **$18+9\sqrt{3}$**

4 (1) **【解き方】円周角は対応する弧の長さに比例するから，$\overset{\frown}{BC}:\overset{\frown}{CA}:\overset{\frown}{AB}=7:3:2$より，**

∠BAC：∠CBA：∠ACB＝7：3：2である。∠ACB＝$180°\times\frac{2}{7+3+2}=30°$だから，

∠CBA＝$30°\times\frac{3}{2}=45°$，∠BAC＝$30°\times\frac{7}{2}=105°$

したがって，右のように作図する。なお，弦の長さと弧の長さは比例しないので，BC：CA：AB＝7：3：2としないこと。

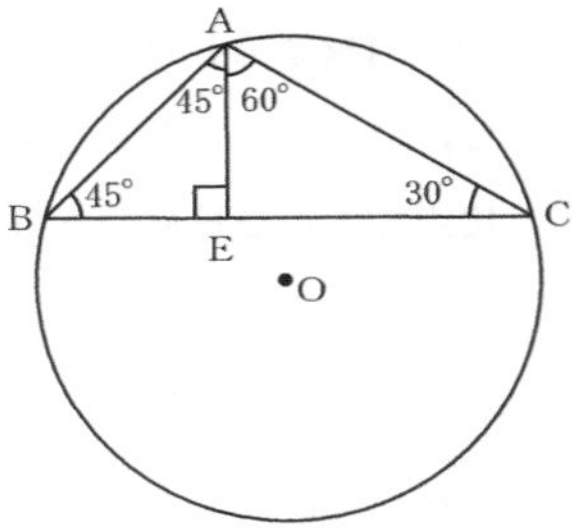

△ABEは直角二等辺三角形だから，AE＝$\frac{1}{\sqrt{2}}$AB＝$\frac{c}{\sqrt{2}}$

△AECは3辺の比が1：2：$\sqrt{3}$の直角三角形だから，

AC＝b＝2AE＝$2\times\frac{c}{\sqrt{2}}=$ **$\sqrt{2}$ c**

(2) (1)より，BE＝AE＝$\frac{c}{\sqrt{2}}$，EC＝$\sqrt{3}$AE＝$\frac{\sqrt{3}}{\sqrt{2}}$cだから，

a＝BE＋EC＝$\frac{c}{\sqrt{2}}+\frac{\sqrt{3}}{\sqrt{2}}c=\frac{1+\sqrt{3}}{\sqrt{2}}c=$ **$\frac{\sqrt{2}+\sqrt{6}}{2}c$**

(3) **【解き方】∠AOB＝2∠ACB＝2×30°＝60°だから，△OABは正三角形なので，c＝Rである。したがって，BC＝$\frac{\sqrt{2}+\sqrt{6}}{2}$Rだから，ADの長さをRを使った式で表す。**

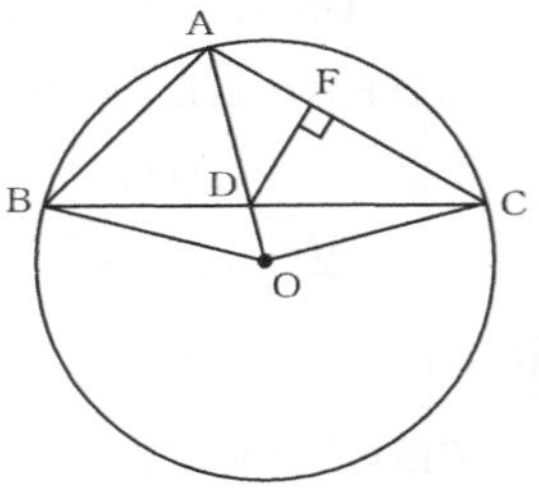

∠DAF＝105°－60°＝45°だから，右のように作図すると，△ADFは直角二等辺三角形，△DFCは3辺の比が1：2：$\sqrt{3}$の直角三角形となる。

AF：FC＝DF：$\sqrt{3}$DF＝1：$\sqrt{3}$だから，

AF＝$\frac{1}{1+\sqrt{3}}b=\frac{\sqrt{2}}{1+\sqrt{3}}c=\frac{\sqrt{2}}{1+\sqrt{3}}R$，AD＝$\sqrt{2}$AF＝$\sqrt{2}\times\frac{\sqrt{2}}{1+\sqrt{3}}R=\frac{2}{1+\sqrt{3}}R$

よって，AD×BC＝$\frac{2}{1+\sqrt{3}}R\times\frac{\sqrt{2}+\sqrt{6}}{2}R=\frac{2}{1+\sqrt{3}}R\times\frac{\sqrt{2}(1+\sqrt{3})}{2}R=$ **$\sqrt{2}R^2$**

5 (1) **【解き方】トランプのババ抜きを題材とした問題である。0以外にまだ残っている数字を1とすると，Aさんが持っているのは1，Bさんが持っているのは1と0である。条件に合うのは，Aさんが1回目に1を引いて勝つ場合である。**

Aが1回目に引くとき，すべての引き方は1か0の2通りあり，条件に合うのは1を引くときの1通りだから，求める確率は，**$\frac{1}{2}$**である。

(2) **【解き方】0以外にまだ残っている数字を1とすると，Aさんが持っているのは1，Bさんが持っているのは1と0である。条件に合うのは，Aさんが1回目に0を引き，Bさんが1回目に1を引いて勝つ場合である。**

Aの1回目とBの1回目の引き方は全部で右図のように4通りある。

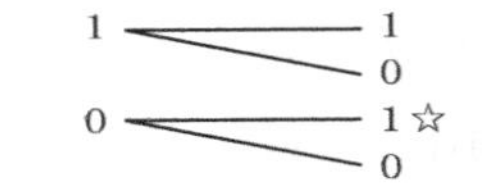

そのうち条件に合うのは☆印の1通りだから，求める確率は，**$\frac{1}{4}$**である。

なお，Aが1回目に1を引いた場合はBが次に引くことはないので，全部の場合の数が4通りではないと思えるかもしれない。しかし，Aが1回目に1を引いた場合と，0を引いてBが1枚引いた場合(2通りある)のそれぞれは，同様に確からしいとは言えないので，同様に確からしいものとするためには，Aが1回目に1を引いた場合でもBが1回目を引くものと仮定して，全体の場合の数を4通りとしなければならない。このように考えると，AとBが1回ずつ引いたときに実はAの時点で終了し

ていた確率は，（A，B）＝（１，１）（１，０）の２通りが条件に合うので，$\frac{2}{4}=\frac{1}{2}$となり，⑴の結果とも合う。

⑶　**【解き方】０以外にまだ残っている数字を１，２とすると，Ａさんが持っているのは１と２，Ｂさんが持っているのは１と２と０である。**

［Ⅰ］Ａが１回目に１か２を引くと，残るカードは１枚となり次のＢの手番でＡの勝ちが決まる。したがって，Ａが２回目を引くということは，Ａは１回目に０を引いたということである。Ｂが１回目に１か２を引くとＢの勝ちとなってしまうので，Ｂは１回目に０を引いた。この時点でカードの内容は最初と同じである。Ａが２回目に何を引いても，次にＢが引くことなくＡが勝つことはできないので，この確率は０である。

［Ⅱ］ＡとＢが何回も引き続けるのは２人が０を引き続けた場合に起こりえる。Ａが 2023 回目に引いてＢの勝ちが決まったということは，Ｂが 2022 回目に１（または２）を引いて，Ａのカードが２（または１）と０，Ｂのカードが２（または１）になったということであり，このようなことは起こりえるから，この確率は０より大きい。

よって，正しいのは**イ**である。

６　⑴　作業Ｘを行うごとに，Ａ′とＢ′は右表のように変化する。

A 257	514	1028	2056	4112	8224
B 50	25	12	6	3	1

よって，作業Ｙの結果は，**514＋4112＋8224**＝12850

⑵　作業Ｘを行うごとに，Ａ′とＢ′は右表のように変化する。よって，作業Ｙの結果は，**50＋12800**＝12850

A 50	100	200	400	800	1600	3200	6400	12800
B 257	128	64	32	16	8	4	2	1

⑶　**【解き方】⑴と⑵で行った作業を検証し，Ｂの値と項の数との関係を考える。⑵でＢ′が最後以外はすべて２を累乗した値になっていることがヒントになっている。**

Ａ′の値はすべてＡの倍数なのだから，⑴の作業Ｙの結果の式をＡでくくり出して整理すると，

$514+4112+8224=257\times(2+2^4+2^5)=257\times(2+16+32)=257\times50$ となる。

同様に，⑵の作業Ｙの結果は，$50+12800=50\times(1+2^8)=50\times(1+256)=50\times257$ となる。

したがって，Ｂの値を，２の累乗と１との和で表すと，作業Ｙの結果を式で表したときの項の数がわかる。

アではＢ$=514=2\times257=2\times(1+2^8)=2+2^9$だから，項の数は２つになる。

イではＢ$=31=16+8+4+2+1=2^4+2^3+2^2+2+1$だから，項の数は５つになる。

よって，項の数が少ないのは**ア**である。

⑷　**【解き方】⑶より，ａ，ｂ，ｃを自然数とするとき，Ｂの値が2^a+2^b，または，2^c+1の形で表せれば，項の数が２つになる。**

２の累乗のうち３桁で最大の数は$2^9=512$，４桁で最小の数は$2^{10}=1024$である。

したがって，求めるＢの値が2^a+2^bと表せるとき，最小のＢの値は，$2^9+2^{10}=512+1024=1536$である。

求めるＢの値が2^c+1と表せるとき，最小のＢの値は，$2^{10}+1=1024+1=1025$である。

よって，求めるＢの値は**1025**である。

―《2023　英語　解説》―

１　（Ａ）【放送文の要約】参照。⑴　「今日箸を使っているのは世界の人口の何パーセントですか？」…イ「22％以上」が適当。　⑵　「初期の箸はおそらく何のために使われましたか？」…ウ「料理のため」が適当。　⑶　「初期の箸はどのようにして日本に伝わりましたか？」…ア「韓国を経由して」が適当。　⑷　「英単語の『chopsticks』はどこに由来していますか？」…エ「中国のピジン英語の単語『chop-chop』から」が適当。

(5)　「なぜ銀の箸は王族によって使われたのですか？」…エ「彼らは銀の箸が毒から救ってくれると考えていたからです」が適当。

【放送文の要約】

箸は，最もシンプルで，最も古くからあり，最も広く使用されている食器のひとつで，(1)イ現在でも世界人口の22%以上にとって主要な食器です。東アジアや中東では，料理や食事の際に２本の棒を組み合わせて使用したという歴史的な証拠が見つかっています。

(2)ウ箸の歴史において初期のものは，料理でお湯の入った鍋から食べ物を取り出すために使われた可能性が高く，それは5000年前にさかのぼります。箸は殷の時代から過去3000年から3500年の間，食卓の道具として使われてきました。

箸の使用はアジア全域に広がり，西暦500年頃には現在の韓国，日本，台湾，モンゴル，ラオス，タイ，ベトナムで一般的になっていました。西洋の拡大と共に，手，フォーク，スプーンが普及しているラオスやタイでは箸の使用がだんだん少なくなりましたが，中華料理店では使い捨ての箸が依然として一般的です。

(3)ア箸は韓国を経由して日本海を渡り，若狭湾周辺に初めて伝わりました。ここは中国と京都を往来する旅人の通過点で，シルクロードの東端であり，日本の玄関口でもあったと考えられています。日本では箸は貴重なものと考えられ，宗教的な儀式で使用されました。彼らの最初の箸はピンセットのように端の部分がくっついていました。

箸は中国では「kuai-zi」，日本では「hashi」など，アジアにおいて多くの異なる名前で呼ばれていますが，(4)エ英語の箸（＝chopsticks）は，中国のピジン英語で素早くを意味する「chop-chop」に由来しているかもしれません。だから，英語の箸（＝chopsticks）は「早い棒」という意味であり，これは，実際に人々が箸で素早く食事をする姿をはじめて見た西洋の探検家による素晴らしい描写だったのかもしれません。「箸（＝chopsticks）」という言葉は，1699年にはじめて英語表記で出版されました。

初期の箸はふつう木か竹でできており，今日でもそれらが最も一般的な材料です。長い間，骨，象牙，青銅，真鍮，銀，金，翡翠，珊瑚，その他の異国情緒豊かな材料が，特に裕福な箸の持ち主のために使われてきました。

銀の箸は安全面から王族に人気がありました。銀は色が黒に変わることで食べ物の毒を検出すると考えられていました。不幸にも自分の身をもって知った人もいましたが，銀はシアン化物やヒ素などの毒には反応せず，腐った卵，タマネギ，ニンニクによって色が変わります。

（B）【放送文の要約】参照。(1)　「１つ目の動物はオハムスターです」　(2)　「２つ目の動物はウうさぎです」

【放送文の要約】

クイズは好きですか？２種類の動物についてのヒントをいくつか出しますので，それらが何であるか予想してほしいです。それらは両方とも自然界では餌になることがよくありますが，普段はペットとして飼われています。１つ目はとても小さいですが，２つ目はふつう，はるかに大きいです。

１つ目はふつう１匹でかごの中に入れておきますが，２つ目はもっと広い空間で飼育するか，家のまわりや庭で遊ぶことができるようにするべきです。

両方とも体毛と物事を感じ取るのに役立つひげがあります。どちらも前歯が大きく，キャベツやニンジンなどの野菜しか食べません。

１つ目は夜行性で，夜に活動的になります。２つ目は薄明薄暮性で，夕暮れと夜明けに最も活動的になります。

１つ目は視力が非常に悪く，聴覚と嗅覚に依存しているのに対し，２つ目は色はあまり認識できませんが視力が非常に良いです。(2)ウそれはよく聞き取るために耳も長いですが，１つ目の耳はかわいくて小さいです。

両方とも運動が好きです。(1)オ１つ目は走るのが好きで，通常はかごの中の車輪の上で走るのが好きですが，(2)ウ２つ目は飛び跳ねたり飛び回ったりするのが大好きです。

１つ目は穴を掘って隠れるのが好きで，あまり触られるのが好きではありませんが，２つ目は社交的で，遊ぶことや触られることが好きです。

では，それらは何でしょう？想像できましたか？絵を選んでください。

2 (A)(1)　「～するのはどうですか？」＝How about ~ing?　「パーティーを開く」＝have a party

(2)　〈to＋動詞の原形〉の副詞的用法「～するために」の文にする。　(3)　「(人)に(もの)を送る」＝send＋もの＋to＋人　「パーティーに来てもらいたい人たち」＝people we want to come to the party(関係代名詞が省略された形)　(4)　「～を楽しみにしている」＝look forward to ~

(B)(1)　「私たちが彼らにしてほしいこと」＝the things we want them to do：〈省略された関係代名詞と語句(＝we want them to do)〉で後ろから名詞(＝things)を修飾して表す。「(人)に～してほしい」＝want＋人＋to ~

(2)　「共有する能力が知識を書き留める力をもたらします」＝(The ability to) share gives us the power to write knowledge(.)「(人)に(物)を与える」＝give＋人＋物　(3)　「もし高祖父がコンピュータやスマートフォンであなたを見るなら，彼は何を考えるか想像してみてください」＝(Just imagine) what your great great grandfather would think if he could see (you on your computer or smart phone.)：仮定法過去〈主語＋would/could＋動詞の原形＋if＋主語＋過去形の文〉「もし～だったら，…」は現実では起こり得ないことを言うときに用いる表現。

3 【本文の要約】参照。

問１　第２段落２～３行目の，ショッピングモールで会ったクラスメートに学校で，母の目のことをからかわれたことを日本語でまとめる。

問２　直後の because 以下を日本語でまとめる。

問３　手紙の内容から，イ「彼は母が亡くなったことを知ったから」，ウ「彼は目を自分に提供してくれたことに対して母にとても感謝したから」，エ「母に不親切にしたことをとても申し訳なく思ったから」はあてはまる。ア「母に再会できてとてもうれしかったから」はあてはまらない。

問４　最後から４行目 I was so pleased that 以下と３行目 I was also pleased that 以下の部分に母親の願いが書かれている。　・for ~「～の代わりに」

問５　ア×「著者は子どものころ，母のことが好きではありませんでした」…本文にない内容。　イ×「著者は海外で知り合った女性と結婚しました」…本文にない内容。　ウ○「著者は，妻に故郷を訪れることを告げませんでした」　エ○「著者の妻は著者の母に初めて会った時，優しくしませんでした」　オ「著者の子どもたちは祖母が来た時×とても喜びました」　カ「著者は×出張中に昔の同級生に会いました」

【本文の要約】

私の母は目が１つしかありませんでした。私は彼女に２つの目があったときのことを覚えていません。私が小さい頃，母の目がないことは私を怖がらせました。人が私たちを一緒に見たとき，私は隠れようとしました。私は母を愛し，母のことを気にかけていましたが，そのことで母のことを恥ずかしいと思っていました。

ある日，私たちはショッピングモールで同級生に偶然会いました。彼らは母を指差して笑いました。次の日，学校で問１そのうちのひとりが「お前のお母さん，片目！」と言いました。それから彼らはみな，再び笑いました。私は消えてしまいたいと思いました。家に帰ると，母に学校で何があったかを話しました。私は「とても恥ずかしよ。もうお母さんとは外出したくない」と言いました。そんなことを言って申し訳ないと思いましたが，私は学校の他の子どもたちが私をあざ笑うのが嫌でした。私は母の気持ちを無視していました。

私は家を出たい，母とは関わりたくないと思いました。それで一生懸命勉強して留学の機会を得ました。

時は過ぎ，私は結婚しました。自分の家を買いました。子どもができました。私は生活，子どもたち，そして快適な設備に満足していました。

ある日突然，母が私を訪ねてきました。彼女は何年も私に会っておらず，孫たちに会ったことがありませんでした。母が玄関のところに立っていると，子どもたちは母を見てショックを受けました。娘が泣き始めました。すると，母に会ったことのない妻が玄関のところへ行きました。問5エ妻は「あなたはどなたですか？何をお望みですか？」と言いました。これに対して母は静かに「ああ，本当にごめんなさい。私は住所を間違えたに違いありません」と答えました。私はただ窓のそばに立って眺めていました。母は私を見たと思いますが，私がその場から動かなかったために振り向いて去っていきました。私は母に申し訳なく思いましたが，妻が玄関のところにいる女性を見たかどうか尋ねたとき，私は見ていないと言いました。

数年が過ぎたある日，同窓会の手紙が届きました。問2私は故郷に良い思い出がないから故郷に帰りたくないと，昔から妻に常々言っていました。でも，どういうわけか同窓会に行きたくなって，問5ウ出張に行くと妻に嘘をつきました。

同窓会のあと，私は昔の家を見に行きました。近所の人が母は亡くなったと言いました。彼らは母が私に渡したがっていた手紙を私に手渡しました。それを読んだあと，私はひどく気分が悪くなりました。私は成人男性にも関わらず泣き叫びました。

私の愛する息子へ，

私はいつもあなたのことを考えています。数年前にあなたの家に行って，子どもたちを怖がらせてしまってごめんなさい。

最近，あなたの昔のクラスメートのひとり，トビー・アダムスに会いましたが，彼はあなたの名前を同窓会の出席名簿で見たと言っていました。あなたが同窓会に来ると聞いたとき，とてもうれしかったです。でも体調が良くないので，ベッドから出てあなたに会うことはできないかもしれません。

あなたの成長期にいつも私のせいで恥をかかせてごめんなさい。知っているかな，あなたがまだ小さい頃，あなたは事故に遭って片目を失いました。母親として，私はあなたが片目で成長しなければならないのを見るのは我慢できませんでした。だから，私はあなたに私の目のひとつを提供しました。

問4私は息子が他人から笑われながら成長しなくて済むことが嬉しかったです。息子がその目で私の代わりに世界を見ることができることも，嬉しかったです。

すべての愛をあなたへ，　あなたの母より

4 【本文の要約】参照。

問１　指示語の指す内容は直前に書かれていることが多い。ここでは直前の２文を指している。

・be different from ～「～と異なっている」

問２　invasion「侵略」の意味がわからなくても，前後の内容から類推することができる。日本人独自の感情が強くなった理由に，日本が島国であることと，他国から侵略されたことのない長い歴史があると筆者は述べている。

問３　島国である日本は文化や民族の融合が少ない。同じ文の中に than があるので比較級のエ less を選ぶ。

問４　２文後の Diversity means that ～「多様性とは～ということです」の部分を日本語でまとめる。

問５　主語は being a member of a group「集団の一員であること」である。　「～の一員」＝a member of ～

問６　It is…＋to ～「～することは…だ」の文。　・welcome A into B「ＡをＢに迎え入れる」

・those who ～「～な人々」

問７　直前に国や文化が抱える様々な問題について述べているＢに入れる。

【本文の要約】

多くの日本人は，日本は同質的な国，言い換えると，すべての日本人はお互いに非常に似ていると信じています。多くの日本人は独特で，世界中の他の国や文化とは異なっているとも感じています。日本は島国であり，他国から侵略されたことのない長い歴史があるため，このような感情がより強くなっています。いくつかの点で，他の多くの国よりも文化や民族の融合3エが少なく(＝less)なっています。これらすべてが，日本人にとって「私たち」と「彼ら」の感覚を強くしています。

しかし，この同質性の感覚は本当に真実なのでしょうか？日本人はみんな本当に似ているのでしょうか？この質問に対する簡単な答えはありません。例えば，アメリカのような国では，より多様な人種，宗教，民族的背景を見るこができます。はるかに多様性があります。「多様性」はアメリカをはじめ多くの国で重要な言葉となってきています。問4多様性とは，１つの国や地域に，(例えば人種，宗教，民族的背景などの)ある種の大きな違いを持つ様々な人々の集団があるということです。

この定義によれば，日本の多様性は明らかに増しています。仕事や生活のために日本に移住する外国人が増えています。国際結婚が増えています。他の国出身の生徒やさまざまな人種の生徒がいる日本の学校が増えています。しばしば他の日本人と違う行動をする「帰国生」も増えています。

日本の多様性の高まりはさまざまな面で好ましいですが，問題も生じています。日本では集団の一員であるということは非常に重要です。実際，集団メンバーシップは日本人のアイデンティティの重要な部分であり，これは通常良いことです。集団は協力と親密さを奨励します。しかし，集団は，所属したい人を受け入れないなど，排他的にもなり得ます。これは時にいじめや差別につながることがあります。

どんな違いも，寛容に見ることも差別的に見ることもできます。日本では，特定の人種や民族(文化的背景)に対する差別，障がい者に対する権利や機会の欠如，帰国生が日本に帰国する際に直面する問題など，不寛容による社会問題が生じています。B実は，すべての国や文化が同じ問題に対処しています。それぞれの文化には集団の内と外があります。しかし，近年の日本では，多くの人々，多くの集団，政府が不寛容と闘い，すべての人に平等な機会を提供するために最善を尽くしています。

グローバル化の時代において，移動の増加と多様性の拡大に伴い，私たちの思考を広げ，異なる人々を私たちの集団に迎え入れることが大切です。近年，日本はゆとり教育を始め，よりグローバル化するために国を挙げて取り組み，外の世界に対してオープンであり続けています。私たちは，集団が多様化するにつれて経験が豊かになって，賢くなり，個人としてもよりオープンで寛容になります。また，日本人がより多様性に親しみ，受け入れるようになれば，日本はより外の世界に対応する準備ができます。

《2023　理科　解説》

1 (1)　ｂは胃液に含まれる消化酵素である。

(2)　小球が投げ出された瞬間にもっている運動エネルギーと位置エネルギーのそれぞれはＡ～Ｃのすべてで等しいから，小球が地面にぶつかる直前にもっている運動エネルギーもすべて等しい。

(3)　板の底面は１×２＝２(㎡)だから，〔圧力(Pa)$=\frac{\text{力(N)}}{\text{面積(㎡)}}$〕，100ｇ→１Ｎより，板によって生じる圧力は$\frac{1}{2}$＝0.5(Pa)→0.005(hPa)である。ここでは，板と台が接する面積は一定で，板にはたらく重力だけが板の枚数に比例して大きくなっていくので，板によって生じる圧力は板の枚数に比例する。よって，圧力が1000hPaになるのは，板の枚数が1000÷0.005＝200000(枚)のときである。

(4)　ツユクサは単子葉類だから，イが正答となる。なお，ウは双子葉類について述べたものである。

(5)　Aでは二酸化炭素，Bではアンモニアが発生する。　オ×…アンモニアは空気より密度が小さい。

(6)　南の空を通る恒星を同じ場所で同じ時刻に観察すると，地球の公転により，東から西へ1年で約1周→1か月で約30度移動するように見える。また，地球の自転により，東から西へ1日で約1周→2時間で約30度移動するように見える。よって，1月10日の午後8時の位置と比べ，その1か月後の2時間前である2月10日の午後6時には，ほぼ同じ位置に見える。

(7)　アとイとウは哺乳類，エは鳥類である。「背骨がある」「肺で呼吸する」「恒温動物である」の3つはすべての動物にあてはまるが，「卵生で，授乳する」はアだけにあてはまる。

(8)　塩酸中には塩化水素が電離して，水素イオンと塩化物イオンが存在する〔$HCl \rightarrow H^+ + Cl^-$〕。ここに亜鉛板と銅板を入れて回路をつくると，イオンになりにくい銅板が正極(＋極)，イオンになりやすい亜鉛板が負極(－極)の化学電池ができる。亜鉛板がはなした電子が導線を通って銅板に移動し，銅板上で塩酸中の水素イオンが電子を1個受け取って水素原子になり，それが2個結びついて水素分子になる〔$2H^+ + 2\ominus \rightarrow H_2$〕。

(9)　Aにおける凝灰岩を含んだ層の標高は70－10＝60(m)であり，同様に考えると，Bは55m，Cは60m，Dは55mである。AとCで凝灰岩を含んだ層の標高が同じだから，南北方向には傾いていないと考えられる。よって，Pでも凝灰岩を含んだ層の標高は60mだから，Pの地表地点の標高は60＋20＝80(m)である。また，DからCへ西に移動すると凝灰岩を含んだ層の標高が60－55＝5(m)高くなるように傾いているから，Cからさらに西にCD間の半分の距離にあるQでは，凝灰岩を含んだ層の標高がCよりも5÷2＝2.5(m)高い62.5mにある。よって，地表面からの深さは68－62.5＝5.5(m)である。

(10)　3つの電熱線をすべて使用したつなぎ方には，①3つを直列につなぐ，②3つを並列につなぐ，③2つを直列につないだものと残りの1つを並列につなぐ，④2つを並列につないだものと残りの1つを直列につなぐ，という4通りのつなぎ方がある。回路全体の抵抗が小さいときほど回路全体の電流が大きくなり，発熱量も大きくなる。①～④を抵抗が小さい順にならべると，②＜③＜④＜①となるから，2番目に大きい水温の上昇が見られるのは③である。③の回路全体の抵抗は，電熱線が1つだけのときよりは小さく，電熱線2つを並列につないだときよりは大きい。つまり，水温の上昇は，電熱線が1つだけのときよりは大きく，電熱線2つを並列につないだときよりは小さい。電圧を2倍にすると電流も2倍になって電力(水温の上昇)は4倍になり，電流を流す時間を3倍にすると水温の上昇は3倍になるから，電熱線が1つで，電圧と時間の条件を実験2と同じにした場合，水温の上昇は1×4×3＝12(℃)になる。また，電熱線2つを並列につないで電圧と時間の条件を実験2と同じにした場合，回路全体の抵抗は電熱線が1つのときの半分になるから，水温の上昇は12℃の2倍の24℃になる。よって，③のつなぎ方で実験2を行った場合，水温の上昇は12℃より高く，24℃より低くなる。

2　**問1**　アとウとオは，は虫類である。

問4(2)　呼吸では，酸素が吸収されて，二酸化炭素が排出される。カエルを入れる容器に水酸化カリウム水溶液を入れると，排出された二酸化炭素が水酸化カリウム水溶液に吸収されるため，容器内の気体の体積はカエルに吸収された酸素の分だけ減少するから，着色液はBの向きに移動する。　**(3)**　(2)解説の通り，水酸化カリウム水溶液を入れたときの着色液の移動は吸収された酸素によるものだから，吸収された酸素量は10目盛りである。これに対し，水を入れたときの着色液の移動は吸収された酸素と排出された二酸化炭素の差によるものだから，排出された二酸化炭素量は10－2＝8(目盛り)である。

3　**問2(1)**　気温17℃(飽和水蒸気量14.5g/㎥)で湿度80%の空気に含まれている水蒸気量は14.5×0.8＝11.6(g/㎥)

である。この空気を7℃まで下げると，空気1m^3あたり11.6−7.8＝3.8(g)の水滴が生じる。

問3(2)　P波の速さは8km/sで，震源距離が48kmのAに到着するのにかかる時間は$\frac{48}{8}$＝6(秒)だから，地震の発生時刻はAで初期微動が始まった9時15分30秒の6秒前の9時15分24秒である。　(3)　BにP波が到着したのは地震発生の10秒後だから，Bの震源距離は8×10＝80(km)である。また，震央であるAの震源距離が48kmということは，震源の深さが48kmということであり，震源とAとBを結んだ三角形は直角三角形になる。よって，三平方の定理より，(Bの震央距離)＝$\sqrt{80^2-48^2}$＝64(km)となる。　(4)　(Cの震源距離)＝$\sqrt{48^2+36^2}$＝60(km)となる。S波が到着したのは地震発生の$\frac{60}{4}$＝15(秒後)であり，その5秒前に緊急地震速報が伝わったから，緊急地震速報が伝わったのは地震発生の15−5＝10(秒後)である。Dに緊急地震速報が伝わったのも地震発生の10秒後だから，DにS波が到着したのは地震発生の10＋8＝18(秒後)である。よって，Dの震源距離は4×18＝72(km)である。

(5)　ア×…震度は0，1，2，3，4，5弱，5強，6弱，6強，7の10段階に分けられている。　イ×…マグニチュードが1増えると地震のエネルギーは約32倍，2増えると1000倍になる。　ウ×…震源距離が同じでも，地盤の状況などによって震度は異なる。　エ×…1983年に発生した日本海中部地震など，日本海側でも津波が発生したことはある。

4　**問1，3**　赤色の銅を空気中で加熱すると，酸素と結びついて黒色の酸化銅になる〔$2Cu+O_2 \rightarrow 2CuO$〕。

問2　反応の前後で，原子の組み合わせは変わるが，反応に関わる原子の種類と数は変わらないため，質量保存の法則が成り立つ。

問4　銅と酸化銅の質量比は一定である。0.40gの銅を加熱すると0.50gの酸化銅ができるから，2.80gの銅から得られる酸化銅は0.50×$\frac{2.80}{0.40}$＝3.50(g)である。

問5　AB．0.40gの銅が0.50gの酸化銅になるとき，結びついた酸素は0.50−0.40＝0.10(g)だから，質量比は，銅：酸素＝0.40：0.10＝4：1である。　CD．ABと同様に考えて，マグネシウム：酸素＝0.30：(0.50−0.30)＝3：2である。　EF．化学式より，MgとOが数の比1：1で結びついていることがわかる。　GH．銅原子と酸素原子の質量比は4：1＝8：2で，マグネシウム原子と酸素原子の質量比は3：2だから，銅原子とマグネシウム原子の質量比は8：3である。

問6　混合物中の銅の質量をxg，マグネシウムの質量をygとすると，$x+y=7.50$…①，$\frac{1}{4}x+\frac{2}{3}y=2.50$…②が成り立つ。①と②を連立方程式として解くと，$x=6.00$，$y=1.50$となる。よって，混合物中に含まれる銅の割合は$\frac{6.00}{7.50}$×100＝80(%)である。

5　**問1**　斜面上にあるときも水平面上にあるときも，物体にはたらく力は，重力と物体が運動している面からの垂直抗力である。

問2　Aを動きはじめてから1.2秒後にBに達したから，AB間の距離は0.2秒ごとに切り取った紙テープ1.2÷0.2＝6(本分)，つまり①〜⑥の合計の長さである。よって，5＋15＋25＋35＋45＋55＝180(cm)となる。

問3　(1)0.8秒後の点は④と⑤のちょうど境目である。④と⑤を運動しているときは，速さが一定の割合で増加しているので，④と⑤の平均の速さが0.8秒後の瞬間の速さと等しい。よって，$\frac{35+45}{0.2\times2}$＝200(cm/s)となる。
(2)1.4秒後は等速直線運動しているので，⑦〜⑨の紙テープから，$\frac{60}{0.2}$＝300(cm/s)となる。

問4　1.8秒後にC，2.4秒後にEに達したから，1.8秒後から2.4秒後の移動距離がばねの縮みの最大値である。よって，⑩〜⑫の合計の長さを求めればよいので，57＋42＋16＝115(cm)となる。

問5　(1)小球がEにあるとき，ばねが元に戻ろうとする力は最大であり，その力の大きさはばねが縮んだ長さに比例する。Dを通過する瞬間のばねの縮みはEでの半分だから，ばねから受ける力も半分の0.50倍になる。　(2)2.2

秒後の点は⑪と⑫の境目だから，ばねの縮んだ長さは最大値(115cm)より16cm短い99cmである。よって，$\frac{99}{115}$＝0.860…→0.86倍である。

《2023　社会　解説》

1　**問１**　A＝利根川　B＝下総台地　C＝伊豆半島　　利根川は，全国一の流域面積をもつ。奈良や京都に近い方から上・下に名付けられたので，千葉県北部が下総，南部が上総になることに注意する。

問２　カ　　千葉県には高い標高の山はなく，最高でも愛宕山の408mである。

問３　イ　　堀込式の港がポイント。アは横浜港，ウは銚子港，エは茨城港。

問４　ウ　　高齢者が多く，年齢が下がるにつれて人口割合が小さくなっていることから，多摩ニュータウンに入居した当時の世帯において，子供世代が独立し，高齢者だけの世帯が多くなっていることが考えられる。

問５　(1)＝エ　(2)＝ア　　情報通信機器は，長野県が上位にあることがポイント。長野県では，衰退した製糸業に代わって，電気機械を中心とした工業が発達した。パルプ・紙・紙加工品は，静岡県富士市や愛媛県四国中央市でさかんである。イは鉄鋼業，ウは輸送用機械器具，オは石油製品・石炭製品。

問６　エ　　群馬県大泉町に隣接する太田市に SUBARU の組み立て工場がある。関東内陸工業地域には，自動車の組み立て工場が高速道路沿いに建設され，多くのブラジル人が働いている。愛知県・静岡県・群馬県など，自動車を中心とした機械工業の作業の担い手としてブラジル人が活躍している。

問７　ア　　富岡製糸場で生産された生糸が，横浜港から海外に輸出された。生糸から絹が生産される。

2　**問１**　B＝ドナウ川　D＝メコン川　　ドナウ川はドイツを源とし，十数か国を通って黒海に注ぐ。東南アジアを流れる河川として，メコン川とチャオプラヤ川を覚えておきたい。

問２　国際河川　　ヨーロッパの代表的な国際河川として，ドナウ川とライン川を覚えておきたい。

問３　ウ　　PとSは北緯20度を表す緯線である。Qは北緯42度線，Rは緯度０度の赤道。

問４　え　　クスコは低緯度に位置するため年較差は小さく，アンデス山脈に位置するため，年平均気温は低緯度でも低く冷涼である。**あ**はベオグラード，**い**はアスワン，**う**はウボン。

問５　イ　　トランシルバニア山脈は，新期造山帯のアルプス・ヒマラヤ造山帯に属する。アのエチオピア高原とウのブラジル高原とエのコラート台地は安定陸塊。

問６　ア　　ナイル川流域では，稲作が行われている。イ．誤り。混合農業は家畜の飼育と穀物・飼料作物の生産を営む農業である。ウ．誤り。ブラジルの焼畑農業では大豆やいも類が栽培されている。エ．誤り。メコン川流域は稲作地帯である。

問７　ウ　　ウはベトナムである。アはブラジル，イはエジプト，エはドイツ。

問８　カ　　ケニアの茶と切り花，エチオピアのコーヒー豆は覚えておきたい。

問９　東ヨーロッパは西ヨーロッパに比べて工業の発達が遅れ，賃金が安い傾向にある。そのため，西ヨーロッパの中には，東ヨーロッパに工場を移転する企業も少なくない。工場を建設することで，現地の労働者の雇用が必要になり，貿易摩擦を解消することに貢献している。

3　**問３**　イ　　b．南朝の宋に使いを送ったのは倭の五王である。c．邪馬台国は弥生時代に成立した国であり，弥生時代の前の縄文時代には，すでに日本列島は大陸と離れていた。

問４　富本銭　　富本銭は，わが国最古の貨幣とされているが，出土数が少なく流通の確認はできていない。

問５　エ　　和同開珎の鋳造が開始されたのは708年であり，平城京遷都は710年である。アは940年，イは788

年，ウは743年。

問6　エ　　アは聖徳太子，イは足利義満，ウは安東氏。

問7　ウ　　東大寺南大門には，運慶らが制作した金剛力士像(阿形像・吽形像)がある。

問8　イ　　千歯こきは，江戸時代に開発された農具である。

問9　後醍醐天皇　　足利尊氏・新田義貞・楠木正成らの力を借りて鎌倉幕府を倒した後醍醐天皇は，武家のしきたりを無視した天皇親政(建武の新政)を行ったために，わずか2年あまりで京都を追われ，奈良に南朝を開いた。

問10　コシャマイン　　北海道南部の渡島半島のアイヌ民族の首領コシャマインを中心としたアイヌ民族と和人の戦いをコシャマインの戦いという。勝利した和人の子孫が，近世に蝦夷地を支配した松前氏である。

問13　両替商　　東日本では金貨，西日本では銀貨が使われていたため，金貨と銀貨を交換する両替商が発達した。

問14　ウ　　徳川家光は江戸幕府の第3代将軍である。金の含有量を減らした貨幣を発行すると，貨幣の価値が下がる。貨幣の価値が下がると，商品を購入するために多くの貨幣を必要とするので，結果として物価が上昇したのと同じになる。

問15　ア　　大名に米を献上させる代わりに，参勤交代の江戸の在府期間を1年から半年に短縮する制度を上米と呼んだ。イは水野忠邦の天保の改革，ウは田沼意次の政治，エは松平定信の寛政の改革の内容。

4 問1　イ　　アは紀元前8世紀頃，ウは紀元前3世紀，エは紀元前18世紀頃である。

問2　ウ　　アは11世紀末，イは7世紀，エは16世紀である。

問3　ウ　　孝明天皇の妹和宮が第14代将軍家茂のもとに嫁いだ。ア．誤り。安政の大獄を行い，桜田門外の変で暗殺されたのは阿部正弘ではなく井伊直弼。阿部正弘は日米和親条約を締結したときの老中。イ．誤り。開国後，アメリカは国内で南北戦争が起き，アジアとの貿易は減少した。日本ではアメリカに代わってイギリスとの貿易が増えた。エ．誤り。生麦事件は，薩摩藩士がイギリス人を殺傷した事件であり，これによって薩英戦争が起きた。

問5　イ　　ア．誤り。課税対象は生産高ではなく，土地の価格(地価)に対してであった。ウ．誤り。納税の義務は土地所有者にあった。エ．誤り。地租は，地価の3％を現金で納めることとされた。

問6　ア　　ロシア・ドイツ・フランスによる三国干渉を受けて，遼東半島は清に返還された。イ．誤り。賠償金が得られず，日比谷焼き打ち事件が起きたのは日露戦争のポーツマス条約締結後である。ウ．誤り。吉野作造が民本主義を発表したのは第一次世界大戦中であり，また，その内容に政党内閣制の確立は含まれていない。エ．誤り。日露戦争に出征した弟の身を案じてつくられたのが与謝野晶子の「君死にたまふことなかれ」である。

問7　ウ　　ア．誤り。関東大震災後の金融恐慌は1920年代後半に起きた。イ．誤り。ニューディール政策は，ウィルソン大統領ではなく，F・ローズベルト大統領によって行われた。ウィルソン大統領は，民族自決を唱え，国際連盟の設立を提唱したことで知られる。エ．誤り。ヒトラーが率いたのはファシスト党ではなくナチ党である。ファシスト党はイタリアのムッソリーニが率いた政党である。

問8　エ　　a．誤り。第二次世界大戦はドイツ軍のポーランド侵攻から始まった。サラエボ事件は第一次世界大戦のきっかけとなった。b．誤り。日本で治安維持法が初めて制定されたのは，第二次世界大戦よりはるかに前の1925年のことである。

問9　ＧＨＱ　　連合国軍最高司令官総司令部の略称である。

問10　ア　　1968年に資本主義国の中でアメリカに次いで第2位となった。イは1972年，ウは1951年，エは1978年の出来事である。

5 問2　国際連合の安全保障理事会では，常任理事国(アメリカ・イギリス・フランス・中国・ロシア)に拒否権があり，常任理事国の１国でも反対すると，その議案は否決される。

問３　Ｓ＝内閣総理大臣　Ｔ＝文民　　文民(職業軍人でない人)が軍隊の指揮権をもつことを文民統制(シビリアンコントロール)という。

問４　ア　　択捉島・国後島・色丹島・歯舞群島をまとめて北方領土という。

問５　エ　　ア．誤り。参議院通常選挙の選挙区選挙では，鳥取県と島根県，徳島県と高知県が合区となった。イ．誤り。参議院議員に立候補できるのは満30歳以上である。ウ．誤り。インターネットによる選挙運動は可能だが，投票はまだできない。

問６(1)　ア　　日本の防衛関係費はおよそ５兆円から６兆円であり，歳出の総額は 100 兆円強だから，5.0％程度になる。　**(2)**　ア　　日本のＧＤＰはおよそ600兆円弱だから，1.0％程度になる。

問７(1)　エ　　与党第一党が自由民主党，野党第一党が立憲民主党である。　**(3)**　ウ　　ａ．誤り。法案は過半数の賛成で可決される。与党は衆議院議員の63％，参議院議員の58.9％を占めるから，与党議員がすべて出席して賛成に投票すれば，否決される可能性はない。ｂ．正しい。衆議院の改憲勢力は74.2％，参議院の改憲勢力は71.4％だから，どちらも憲法改正の発議に必要な，総議員の３分の２以上(66.6％以上)を確保している。

問９　イ　　インフレ(インフレーション)は持続的に物価が上昇する現象である。ｂ．誤り。インフレを抑えるために，国内金利は引き上げられた。ｃ．誤り。国内が不景気になると，一般的にインフレではなくデフレになる傾向がある。

問10　ア　　デジタル・デバイドは，ＩＣＴの恩恵を受けることができる人とできない人の格差を意味する。

問11　ウ　　ア．誤り。独立行政法人は私企業ではなく公企業である。イ．誤り。株主総会に出席しない株主に無限責任を負わせる必要はない。無限責任…会社が倒産したときに，負債総額の全額を支払う責任。エ．誤り。ベンチャー企業は，新しい事業やサービスを展開する新興企業であり，大企業とは関係がない。

問13　パリ協定　　先進国にだけ温室効果ガスの排出削減を義務づけた京都議定書に対して，パリ協定では，すべての国に温室効果ガスの排出削減目標を設定させたことに意義がある。

問14　ウ　　生産者→卸売業者(仲買人)→小売業者→消費者と流通する。

問16　エッセンシャル　　日常生活を維持していくのに不可欠な職業に就いている人をエッセンシャルワーカーと呼ぶ。医療・福祉・教育・物流・ライフラインなどに携わる人々がこれにあたる。

問17　ア　　日本国憲法第28条に規定されている。イ．誤り。労働者の労働時間や最低賃金などの労働条件は，労働基準法に定められている。ウ．誤り。育児や介護のために勤務時間を短縮する権利を認めているのは，育児・介護休業法である。エ．誤り。非正規労働者は，契約社員・アルバイト社員・パート社員・派遣社員などの総称であり，職種には関係がない。

2022 解答例
令和４年度

青雲高等学校

《国　語》

□一 問一．a．栽培　b．凝縮　c．礎石　d．渡来　e．著名　問二．Ⅰ．オ　Ⅱ．ア　問三．オ　問四．ア．×　イ．×　ウ．○　エ．○　オ．×　問五．イ　問六．金地によって華やかな装飾効果を目指すと同時に、何も描かないことで中心のものを際立たせるという日本的な美意識をもつから。

□二 問一．A．オ　B．イ　C．エ　問二．ウ　問三．エ　問四．ア　問五．オ　問六．「私」は眼鏡のレンズという自分を守る遮蔽物をなくし無防備になったことでどぎまぎするものの、それでも世界を取り戻した感覚をおぼえたから。　問七．エ

□三 問一．A．たてまつ　B．はべ　問二．C．イ　D．エ　問三．X．エ　Y．ア　問四．オ　問五．エ　問六．(1)魚のあはせ　(2)御腹の内の損じたる　問七．ウ

《数　学》

1 (1)$\frac{32y^5}{27x}$　(2)-38　(3)$2-\frac{\sqrt{3}}{4}$　(4)$(x-4)(x+5)$　(5)$x=-8$　$y=-7$　(6)$\frac{\sqrt{2}\pm 2}{2}$
(7)45，90，180　(8)186　(9)$\frac{5}{2}$　(10)40°　(11)$\sqrt{3}$

2 (1)ア．合同　イ．正多角形　ウ．頂点　エ．同じ数　(2)い．12　ろ．30　は．12　に．20　ほ．60　へ．90

3 (1)$2\sqrt{2}$　(2)$2\sqrt{2}-\sqrt{6}$　(3)$7\sqrt{3}-12$　(4)$12-5\sqrt{3}$

4 (1)$\frac{7}{36}$　(2)$\frac{1}{2}$　(3)$\frac{5}{54}$　(4)$\frac{19}{108}$

5 (1)(２，４)　(2)(４，16)　(3)700π　(4)$\frac{1924}{25}\pi$

《英　語》

1 (A)(1)エ　(2)ウ　(3)ア　(4)イ　(5)エ　(B)(6)イ　(7)ウ　(8)ア　(9)エ　(10)ウ

2 (1)I'm sorry I'm late.　(2)The TV says it's the coldest morning this winter.　(3)It was so cold that I got up later than usual.　(4)Why don't you have something hot to drink before we leave?

3 問１．イ　問２．ア　問３．エ　問４．彼は，50万ドルの小切手が金庫の中にあるとただ知っているだけで自分の事業を救うための力を得られるかもしれないと考えた。　問５．ウ　問６．50万ドルの小切手が，にせ物だとわかったから。　問７．ウ

4 問１．than people who eat meat　問２．肉の消費は人間が環境を破壊する可能性のある主な活動の中のひとつであることを，彼らの研究は示していた。　問３．how can eating meat have a negative effect on the environment　問４．ウ　問５．(5)エ　(6)イ　問６．エ　問７．ア　問８．(1)A．メタンガス　B．二酸化炭素　(2)125　(3)200

《理　科》

1 ⑴ア　⑵エ　⑶イ　⑷カ　⑸イ　⑹ウ　⑺エ　⑻ア　⑼ウ　⑽オ

2 問１．0.1　問２．①中和　②$NaOH+HCl \rightarrow NaCl+H_2O$　問３．水素イオン…エ　水酸化物イオン…ウ
問４．エ　問５．①青　②青　③黄　④黄　⑤青　⑥黄　⑦黄　⑧黄

3 問１．80.4　問２．①恒星　②すい星　③天の北極〔別解〕北極星付近　問３．a．イ　b．イ　c．ア
d．ア　問４．A．オ　B．キ　C．エ　D．ウ　問５．イ，ウ，エ

4 問１．①脊髄　②中枢　③末しょう　④反射　問２．⑴網膜　⑵耳小骨　問３．ア，イ　問４．⑴イ　⑵エ
問５．ア，カ

5 問１．４　問２．３　問３．オ　問４．0.66　問５．600　問６．2.67

《社　会》

1 問１．①A　③E　⑤D　⑥B　問２．４／午前２　問３．イ　問４．⑴フィードロット　⑵シェールガス
問５．エ　問６．ア　問７．カ

2 問１．⑴新函館北斗〔別解〕新横浜　⑵ウ　問２．⑴③　⑵⑦　⑶⑧　問３．津軽海峡　問４．記号…イ
都市名…神戸市　問５．ウ　問６．⑴名古屋　⑵イ　⑶ア

3 問１．エ　問２．ウ　問３．ア　問４．イ　問５．イ　問６．ウ　問７．ア　問８．平清盛
問９．朝廷が南朝と北朝に分裂していたため。　問10．織田信長　問11．イ　問12．ア　問13．オ

4 問１．イ　問２．南下政策　問３．ナイチンゲール　問４．エ　問５．ウ　問６．ア
問７．津田梅子　問８．北里柴三郎　問９．エ　問10．総力戦　問11．勤労動員　問12．イ

5 問１．⑴核家族　⑵民法　問２．カ　問３．一票の格差を小さくすること。　問４．エ　問５．エ
問６．ウ　問７．プライバシーの権利

6 問１．東京オリンピックの開会式が開催される日だったから。　問２．⑴聴覚が不自由な人。
⑵ユニバーサルデザイン　問３．ア　問４．イ　問５．ア　問６．男女共同参画社会基本法
問７．輸送の時間とコストが低くおさえられるため，新鮮な食材を安く購入することができる。　問８．エ

《2022 国語 解説》

一 **問二**Ｉ　花の単位は「輪《りん》」。よってオが適する。　Ⅱ　掛け軸などの絵画の単位は「幅《ふく》」。よってアが適する。

問三　「庭に咲いていた朝顔の花を全部摘み取らせて」秀吉を迎えたという利休の行動は、どのような計算があってのことだったのかを読み取る。「そこ」の直前に「期待に満ちてやって来た秀吉は～不満があった分だけ驚きは大きく、印象もそれだけ強烈なものとなったであろう」がその指す部分である。よってオが適する。

問四　この段落に述べられている日本の美意識を正確に読み取る必要がある。　ア．日本の美意識の話なので「西洋の油絵」は該当しない。　イ．長谷川等伯《とうはく》の《松林図》の「墨色の濃い」部分や「力強い筆づかい」ではなく、本文ではそのあいだの「何もない空間」に「神秘的な奥行きが生じ」ているとある。　オ．本文では「多彩な仏教寺院建築」は日本の美意識の象徴ではなく「大陸渡来の新技術」の象徴として示されている。ウとエは傍線部２の文頭の「そこには」が指しているように、同段落の傍線部２の前に述べられている内容と合致する。よってウとエが○。それ以外は×。

問五　直前に「それはいわば」とあるので、その前の部分の「金雲や金地」が「余計なものを排除する役割も担わされている」ということを言い換えたものであることをつかむ。アの「優美さを突き詰めた手法」、ウの「作品全体の装飾性を際立たせる手法」、エの「西洋の作品に見られる」、オの「誇らしい金の彩りによって～より際立ったものにする手法」がそれぞれ間違い。よってイが適する。

問六　「無地の金屏風《きんびょうぶ》」と同じものについて、前の段落に「このような金雲や金地」は「一方で華やかな装飾効果を目指すものである」が「余計なものを排除する役割も担わされている」とあり、最後に「何も描かれていない一面の金地画面は、そこに日本人の独得な美意識を浮かび上がらせているのである」と述べられている。

二 **問二**　直前に「私、どうしてそんな勘違いを……」と言っている。これは十二時半の待ち合わせの時間を十三時半と思いこんでいたことを指す。「でも、そんなはずはない。スケジュール表なら何度も確かめている」とあるように、どうしてそうなったのかわからなくて動転している。しかし、自分の勘違いによる遅刻で榊原《さかきばら》氏と編集長に迷惑をかけてしまったことを申し訳なく思い、声も膝《ひざ》も震えている。よってウが適する。

問三　「もともとはひどく粗忽《そこつ》な人間なのだ。だからこそ毎朝、持ちものを確かめ～自分の字で予定を書き込むようにしているのだ」とあるように、「自分が不注意な人間だと自覚していたから念入りに確認して忘れないようにしていた」ことがわかる。「けれど――『何度も確かめたのに、自分の書いた字を読み間違えるなんてね』」とあるように、同じような失敗をしてしまったことに嫌気がさして溜《た》め息をついてしまったのだ。よってエが適する。

問四　機嫌を損ねても当然な榊原氏が、「私」の説明を聞いて、「きみがそうだと言うなら信じよう、という気になるのは、これまでのきみのふるまいを見てきたからだろうな」と言ってくれた。つまり、「これまでの『私』の行動を評価して許してくれた」のだ。「私」は申し訳ない気持ちと感謝する気持ちで、胸がいっぱいになっている。よってアが適する。

問五　榊原氏の言葉「とはいえ、二度目はないよ」には、今回はこれで許すが、同じ間違いを繰り返されては非常に迷惑だという気持ちが表れている。二度と自分の書いた手帳の数字を「読み間違え」ることがないように、具体的に「専門店によって～その眼鏡を何とかしなさい」と指示している。よってオが適する。

問六　「あれ」とは、それまでかけていた眼鏡のこと。「透明な鎧《よろい》のようなものだったとしたら」という表現から、眼鏡をかけることで、無意識に自分を防備していたのかもしれないと思ったことがわかる。眼鏡をやめたことで「ひどく無防備なのだ」と戸惑ってはいるものの、夫にその感想を聞かれて「世界を取り戻した感じ」と言っていることからまとめる。

問七　本文に「たった一週間ちょっとの付き合いだったというのに」とあることから、エの「猫と深い絆《きずな》で結ばれていて、普段から猫の気持ちを理解することができていた」から、本人が旅立つ時を「私」に教えてくれたのだとは言い切れない。よってエが適する。

三　**問四**　「この由《よし》」とは「このいきさつ」の意。ここではその前の、「家司《けいし》それがしに仰せ付けられて、まづ損色《そんじき》をとらせにつかはしたりければ」の部分を指す。よってオが適する。

問五　「不覚」とは「思慮が足りないこと」。「おはす」とは「いらっしゃる」の意味。ここでは深覚《しんがく》僧正が、建物の破損の図面をもらいに人をつかわした宇治殿《うじどの》についてこのように言っている。よってエが適する。

問六(1)　「たまはる」とは、いただくの意。深覚僧正が宇治殿からいただいたのは「魚のあはせ」である。建物の法蔵《ほうぞう》の修理にちなんで、魚のおかずを「材木」と言ったのである。

(2)　女房の言葉の「御腹の内の損じたるを、法蔵とのたまへるにこそ」から、お腹を壊していたのが、魚を食べて回復したことを「法蔵の破れ、つくろひ侍りぬ」と言ったのである。

問七　「思ひはかる」は考えをめぐらすこと。「思ひはかり」はその名詞化。具体的には、年老いた女房が深覚僧正の言いたかったことについて、状況を踏まえて考えをめぐらせたことを言っている。よってウが適する。

【古文の内容】

禅林寺の深覚僧正が、宇治殿に手紙を差し上げて、「法蔵が破損しておりますので、修理をしていただけませんか」と申し上げなさったので、(宇治殿は) 家司のだれそれにお言いつけになって、最初に建物の破損の図面をもらいにつかわしたところ、(深覚) 僧正は、このいきさつをお聞きになって、その使いを前に呼び寄せて、「『どうしてこのように思慮が足りない方でいらっしゃるのか。このようなことでは帝の御補佐は務まるだろうか(いや務まらないだろう)』と申し上げよ」と言われたので、使いの者は帰って、「法蔵の破損した様子などお見せくださいませんでした。ただ (僧正の) 御前にお招きになって、『これこれと申し上げよ』とございました」と申し上げたので、(宇治) 殿も理解できないと思っておられるときに、御前に年老いた女房がお仕えしており、「ああ、(それは)お腹がよろしくないのを、法蔵とおっしゃったのでございましょう」と申し上げたので、(宇治殿は)「きっとそういう意味なのだろう」と言って、魚のおかずを、見事に取りそろえて、遣わしたところ、「材木をいただいて、法蔵の破損を、修理いたしました」と、申された。

あれこれ考えを思いめぐらすということは、こういうことをいうのである。

《2022　数学　解説》

1　(1)　与式$=\frac{16}{9}x^2y^4\times(-\frac{9}{4}x^3y^4)\div(-\frac{27}{8}x^6y^3)=\frac{16x^2y^4\times9x^3y^4\times8}{9\times4\times27x^6y^3}=\frac{32y^5}{27x}$

(2)　与式$=-16+\frac{1}{2}+(-27)+\frac{9}{2}=-16-27+\frac{1}{2}+\frac{9}{2}=-43+5=-38$

(3)　与式$=4\sqrt{3}-\frac{3\sqrt{3}}{4}-\frac{15}{2\sqrt{3}}+\frac{3-2\sqrt{3}+1}{2}=4\sqrt{3}-\frac{3\sqrt{3}}{4}-\frac{15\sqrt{3}}{6}+\frac{4-2\sqrt{3}}{2}=$
$4\sqrt{3}-\frac{3\sqrt{3}}{4}-\frac{5\sqrt{3}}{2}+2-\sqrt{3}=2+\frac{16\sqrt{3}}{4}-\frac{3\sqrt{3}}{4}-\frac{10\sqrt{3}}{4}-\frac{4\sqrt{3}}{4}=2-\frac{\sqrt{3}}{4}$

(4)　与式$=4x^2+4x+1-3(x^2+x-2)-27=4x^2+4x+1-3x^2-3x+6-27=x^2+x-20=$
$(x-4)(x+5)$

(5)　$2(x+y)-3(x-4)=6$より，$2x+2y-3x+12=6$　　$x=2y+6$…①
$\frac{x}{2}-\frac{2y-4}{3}=2$の両辺を6倍すると，$3x-2(2y-4)=12$　　$3x-4y+8=12$　　$3x-4y=4$…②

②に①を代入すると，$3(2y+6)-4y=4$　$6y+18-4y=4$　$2y=-14$　$y=-7$

①に$y=-7$を代入すると，$x=2\times(-7)+6$　$x=-8$

(6) 与式より，$\frac{1}{2}(\sqrt{2}x-1)^2=1$　$(\sqrt{2}x-1)^2=2$　$\sqrt{2}x-1=\pm\sqrt{2}$　$\sqrt{2}x=1\pm\sqrt{2}$

$x=\frac{1\pm\sqrt{2}}{\sqrt{2}}=\frac{\sqrt{2}\pm2}{2}$

(7) **【解き方】nと$12=2^2\times3$の最小公倍数が$180=2^2\times3^2\times5$なので，$n=2^a\times3^b\times5^c$とすると，aは2以下，b＝2，c＝1となることがわかる。また，$2^0=1$となる。**

求めるnの値は，a＝0，1，2のときの，$2^0\times3^2\times5=45$，$2\times3^2\times5=90$，$2^2\times3^2\times5=180$である。

(8) **【解き方】男子中学生と男子高校生の比が2：5なので，男子中学生と男子高校生の人数をそれぞれ$2x$人，$5x$人として，中学生と高校生の総人数についての比例式をつくる。**

中学生の総人数は$(2x+14)$人だから，女子高校生は$2x+14+4=2x+18$(人)いる。

よって，高校生の総人数は$5x+2x+18=7x+18$だから，総人数の比について，$(2x+14):(7x+18)=1:3$

$7x+18=3(2x+14)$　$7x+18=6x+42$　$x=24$　したがって，高校生の総人数は，$7\times24+18=186$(人)

(9) **【解き方】放物線$y=mx^2$について，xの値がpからqまで増加するときの変化の割合は，$m(p+q)$と表せる。**

$y=x^2$について，xの値がaからa＋3まで増加するときの変化の割合は，$1\times(a+a+3)=2a+3$

$y=8x-3$の変化の割合は，常に傾きに等しく8だから，$2a+3=8$　$2a=5$　$a=\frac{5}{2}$

(10) **【解き方】∠BDC＝∠BEC＝90°だから，円周角の定理の逆より，4点B，C，E，Dは同一円周上にある。また，BCは直径でMはBCの中点だから，Mは4点B，C，E，Dを通る円の中心である。**

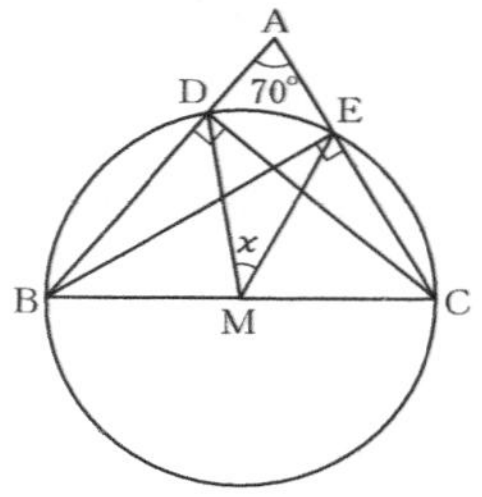

△ADCの内角の和より，∠ACD＝180°－90°－70°＝20°

同じ弧に対する中心角の大きさは，円周角の大きさの2倍だから，

∠x＝2∠DCE＝2×20°＝40°

(11) **【解き方】球の中心をO，球と面ABC，面PBCとの接点をそれぞれH，Iとし，BCの中点をMとする。このとき，3点A，P，Mを通る平面は，図iのようになる。**

図 i

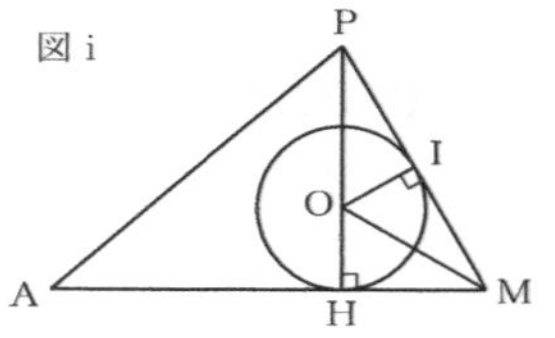

図ii

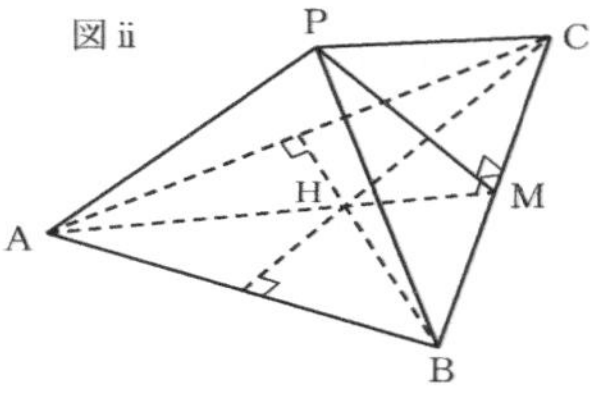

図iiのように，△ABCについて，Hは各頂点と向かい合う辺の中点を結ぶ線の交点となる。$CM=\frac{1}{2}BC=3\sqrt{3}$(cm)で，△CMHは3辺の長さの比が$1:2:\sqrt{3}$の直角三角形だから，$HM=\frac{1}{\sqrt{3}}CM=3$(cm)

また，△CPMについて，三平方の定理より，$PM=\sqrt{PC^2-CM^2}=\sqrt{(3\sqrt{7})^2-(3\sqrt{3})^2}=6$(cm)

これより，図iについて，△PHMは3辺の長さの比が$1:2:\sqrt{3}$の直角三角形となるので，△OHM≡△OIMより，∠OMH＝60°÷2＝30°だから，△OHMも3辺の長さの比が$1:2:\sqrt{3}$の直角三角形となる。$OH=\frac{1}{\sqrt{3}}HM=\frac{1}{\sqrt{3}}\times3=\sqrt{3}$(cm)だから，球の半径は$\sqrt{3}$cmである。

2 (1) 正多面体は，正四面体，正六面体(立方体)，正八面体，正十二面体，正二十面体の5種類しかないので，すべて覚えておこう。

(2) **【解き方】頂点や辺がいくつ重なっているのかに注目して考える。**

正二十面体には，正三角形の面が20個ある。1つの面に対して頂点は3個あり，5個の頂点が1つに集まっているので，正二十面体の頂点の数は，$20\times3\div5=$い12(個)ある。1つの面に対して辺は3本あり，2本の辺が1つ

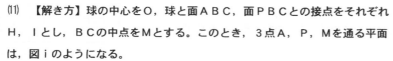

に集まっているので，正二十面体の辺の本数は，20×３÷２＝ろ30(本)ある。

正二十面体のすべての頂点に対して角を切り落とす操作を行うと，正五角形の面は，頂点の数と同じくは12個できる。正六角形の面は，もともとあった面の個数と同じくに20個できる。

正二十面体の頂点と辺の数と同様に考えると，３個の頂点が１つに集まり，２本の辺が１つに集まっているので，頂点は(５×12＋６×20)÷３＝ほ60(個)，辺は(５×12＋６×20)÷２＝へ90(本)ある。

3 (1) △ABCと△DECは３辺の長さの比が１：２：$\sqrt{3}$の直角三角形である。

30°回転移動しているので，∠FCE＝90°－30°＝60°

また，∠FEC＝∠ABC＝60°だから，△FCEは正三角形とわかる。よって，CF＝EC＝BC＝$2\sqrt{2}$ cm

(2) **【解き方】EH＝EC－CHで求める。**

∠BCH＝30°，∠HBC＝60°より，△CBHは３辺の長さの比が１：２：$\sqrt{3}$の直角三角形である。

よって，CH＝$\frac{\sqrt{3}}{2}$BC＝$\frac{\sqrt{3}}{2}\times 2\sqrt{2}=\sqrt{6}$(cm)だから，EH＝$2\sqrt{2}-\sqrt{6}$(cm)

(3) **【解き方】GHの長さ→△GEHの面積，の順で求める。**

∠GEH＝60°，∠GHE＝∠CHB＝90°より，△GEHは３辺の長さの比が１：２：$\sqrt{3}$の直角三角形である。

よって，GH＝$\sqrt{3}$EH＝$\sqrt{3}(2\sqrt{2}-\sqrt{6})=2\sqrt{6}-3\sqrt{2}$(cm)

△GEH＝$\frac{1}{2}\times$EH×GH＝$\frac{1}{2}(2\sqrt{2}-\sqrt{6})(2\sqrt{6}-3\sqrt{2})=\frac{1}{2}(8\sqrt{3}-12-12+6\sqrt{3})=7\sqrt{3}-12$(cm²)

(4) **【解き方】△FCE－△GEHで求める。**

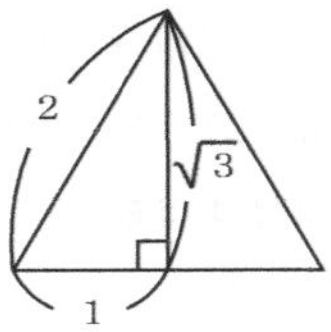

△FCEは正三角形であり，右図のように，正三角形の１辺の長さと高さの比は２：$\sqrt{3}$だから，△FCEの高さは，$\frac{\sqrt{3}}{2}$CF＝$\frac{\sqrt{3}}{2}\times 2\sqrt{2}=\sqrt{6}$(cm)

よって，△FEC＝$\frac{1}{2}\times 2\sqrt{2}\times\sqrt{6}=2\sqrt{3}$(cm²)だから，四角形CFGHの面積は，

$2\sqrt{3}-(7\sqrt{3}-12)=12-5\sqrt{3}$(cm²)

4 (1) ２個のさいころの目の出方は６×６＝36(通り)あり，そのうち条件に合う目の出方は右表の○印の７通りあるので，求める確率は，$\frac{7}{36}$である。

		b					
		1	2	3	4	5	6
a	1	○	○				
	2				○		
	3	○	○				
	4						
	5					○	
	6				○		

(2) **【解き方】３つの数の和が奇数となるのは，３つの数のうち，奇数が１つか３つある場合である。**

３個のさいころの目の出方は，６×６×６＝216(通り)ある。

奇数の目は１，３，５の３つ，偶数の目は２，４，６の３つある。

奇数が１つのとき，例えばａが奇数とするとｂ，ｃが偶数になるので，目の出方は３×３×３＝27(通り)ある。

同様に，ｂが奇数，ｃが奇数の場合も27通りずつあるから，全部で27×３＝81(通り)ある。

奇数が３つのとき，目の出方は３×３×３＝27(通り)ある。

よって，３つの数の和が奇数となるのは全部で81＋27＝108(通り)あるので，求める確率は，$\frac{108}{216}=\frac{1}{2}$

(3) **【解き方】条件に合うａ，ｂ，ｃの組み合わせをすべて考えてもよいが，次のように考えることもできる。１～６の数から異なる３つの数を選び，その数を小さい順にａ，ｂ，ｃとすれば，条件に合うので，６つの数から異なる３つの数を選ぶときの選び方が何通りあるかを考える。右の「組み合わせの数の求め方」を用いる。**

条件に合うａ，ｂ，ｃは$\frac{6\times 5\times 4}{3\times 2\times 1}$＝20(通り)あるから，求める確率は，$\frac{20}{216}=\frac{5}{54}$

組み合わせの数の求め方

異なる10個のものから順番をつけずに３個選ぶときの組み合わせの数は，

全体の個数　選ぶ個数

$\frac{⑩\times 9\times 8}{③\times 2\times 1}$＝120(通り)

選ぶ個数　選ぶ個数

つまり，異なるｎ個からｋ個選ぶときの組み合わせの数の求め方は，$\frac{(\text{n個からk個選ぶ並べ方の数})}{(\text{k個からk個選ぶ並べ方の数})}$

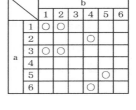

(4)　【解き方】ａｂｃが平方数になればよい。出る目の数を1，2，3，$4=2^2$，5，$6=2\times3$として，平方数となる3つの数の組み合わせを考える。

3つの数の組み合わせは，(1，1，1)$(1,\ 1,\ 2^2)$(1，2，2)(1，3，3)$(1,\ 2^2,\ 2^2)$(1，5，5)(1，2×3，2×3)$(2,\ 2,\ 2^2)$(2，3，2×3)$(3,\ 3,\ 2^2)$$(2^2,\ 2^2,\ 2^2)$$(2^2,\ 5,\ 5)$$(2^2,\ 2\times3,\ 2\times3)$の13通りある。そのうち，下線部の出方は3通り，二重下線部の出方は$3\times2\times1=6$(通り)あるので，条件に合うａ，ｂ，ｃは$1\times2+3\times10+6=38$(通り)あるので，求める確率は，$\dfrac{38}{216}=\dfrac{19}{108}$

5 (1)　Aは放物線$y=x^2$上の点でx座標が$x=-1$だから，y座標は$y=(-1)^2=1$

直線②は傾きが1で，A(−1，1)からxが1増えるとyが1増えるので，切片は2となるから，式は，$y=x+2$

Bは放物線$y=x^2$…①と直線$y=x+2$…②との交点なので，この2式を連立方程式として解く。

②に①を代入すると，$x^2=x+2$　　$x^2-x-2=0$　　$(x-2)(x+1)=0$　　$x=2,\ -1$

Aのx座標が$x=-1$なので，Bのx座標は$x=2$　　①に$x=2$を代入すると，$y=2^2=4$となるので，B(2，4)

(2)　直線③は傾きが−1で，B(2，4)からxが2減るとyが2増えるので，切片は6となるから，式は，$y=-x+6$

Cは放物線$y=x^2$と直線$y=-x+6$との交点なので，この2式を連立方程式として解くと，C(−3，9)がわかる。

直線④は傾きが1で，C(−3，9)からxが3増えるとyが3増えるので，切片は12となるから，式は$y=x+12$

Dは放物線$y=x^2$と直線$y=x+12$との交点なので，この2式を連立方程式として解くと，D(4，16)がわかる。

(3)　【解き方】グラフについて，図ｉのように作図すると，できる立体は図ⅱのようになる。

図ｉ

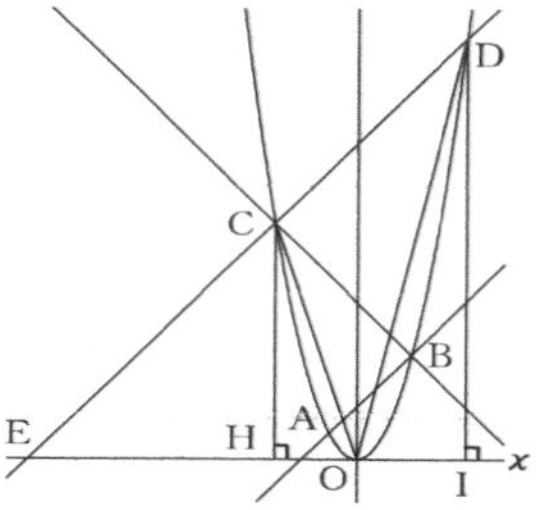

図ⅱ

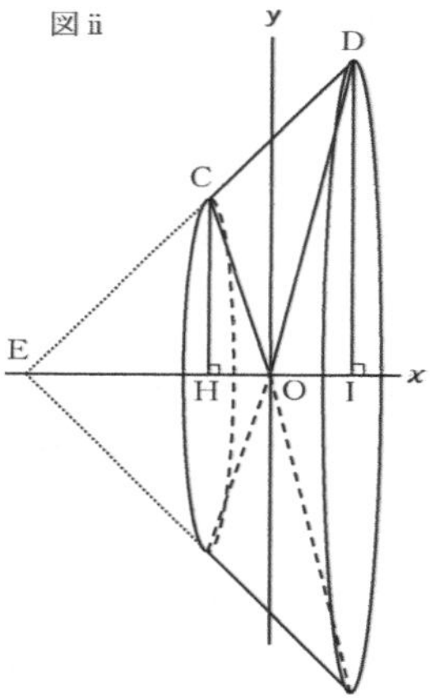

H(−3，0)，I(4，0)

Eは直線$y=x+12$上の点で，y座標が$y=0$だから，

$0=x+12$より，$x=-12$となるので，E(−12，0)

EO＝12，OI＝4，CH＝9，DI＝16

できる立体は，△DIEをx軸の周りに1回転させてできる立体から，△CHE，△CHO，△DIOをx軸の周りに1回転させてできる立体を取り除いた立体となるので，求める体積は，

$\dfrac{1}{3}\times DI^2\pi\times EI-\dfrac{1}{3}\times CH^2\pi\times EH-\dfrac{1}{3}\times CH^2\pi\times OH-\dfrac{1}{3}\times DI^2\pi\times OI=$

$\dfrac{1}{3}\times DI^2\pi\times(EI-OI)-\dfrac{1}{3}\times CH^2\pi\times(EH+OH)=\dfrac{1}{3}\times DI^2\pi\times EO-\dfrac{1}{3}\times CH^2\pi\times EO=$

$\dfrac{1}{3}\times(DI^2\pi-CH^2\pi)\times EO=\dfrac{1}{3}\times(16^2\pi-9^2\pi)\times12=700\pi$

(4)　【解き方】C，Dについて，y軸に対して対称な点をそれぞれC′，D′として，図Ⅰのように作図すると，できる立体は図Ⅱのようになる。

図Ⅰ

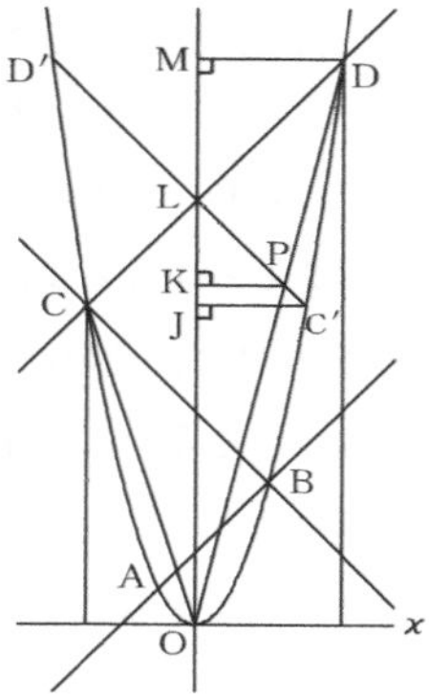

図Ⅱ

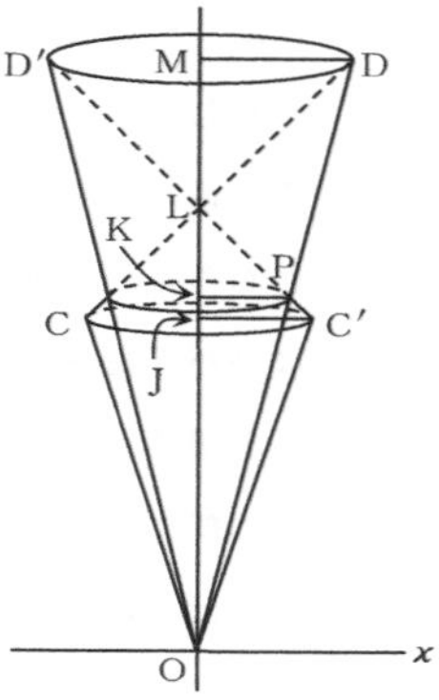

直線ODの式は$y=4x$，直線D′C′の式は$y=-x+12$となるので，この2式を連立方程式として解くことで，$P\left(\dfrac{12}{5},\ \dfrac{48}{5}\right)$がわかる。

J(0，9)，K$\left(0,\ \dfrac{48}{5}\right)$，L(0，12)，M(0，16)

できる立体は，㋐△C′JOをy軸の周りに1回転させてできる立体と，㋑△C′JLをy軸の周りに1回転させてできる立体から△PKLをy軸の周りに1回転させて

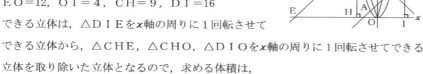

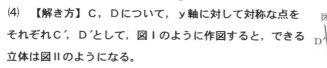

できる立体を取り除いた立体と，㋒△DMOをy軸の周りに1回転させてできる立体から，△PKOと△DMLをy軸の周りに1回転させてできる立体を取り除いた立体を合わせた立体となる。

㋐の体積は，$\frac{1}{3}\times C'J^2\pi\times OJ=\frac{1}{3}\times 3^2\pi\times 9=27\pi$

△C′JL∽△PKLで，LJ：LK＝$(12-9):(12-\frac{48}{5})=5:4$だから，㋑の体積は，△C′JLをy軸の周りに1回転させてできる立体の体積の，$\frac{5^3-4^3}{5^3}=\frac{61}{125}$(倍)になる。

よって，㋑の体積は，$\frac{1}{3}\times C'J^2\pi\times LJ\times\frac{61}{125}=\frac{1}{3}\times 3^2\pi\times 3\times\frac{61}{125}=\frac{549}{125}\pi$

△DMO∽△PKOで，MO：KO＝$16:\frac{48}{5}=5:3$だから，㋒の体積は，△DMOをy軸の周りに1回転させてできる立体の体積の$\frac{5^3-3^3}{5^3}=\frac{98}{125}$(倍)から，△DMLをy軸の周りに1回転させてできる立体の体積をひけばよい。

よって，㋒の体積は，$\frac{1}{3}\times DM^2\pi\times MO\times\frac{98}{125}-\frac{1}{3}\times DM^2\pi\times ML=\frac{1}{3}\times 4^2\pi\times\{16\times\frac{98}{125}-(16-12)\}=$
$\frac{1}{3}\times 16\pi\times\frac{1068}{125}=\frac{17088}{375}\pi$

したがって，求める体積は，$27\pi+\frac{549}{125}\pi+\frac{17088}{375}\pi=\frac{1924}{25}\pi$

《2022　英語　解説》

1　【放送文の要約】参照。(A)(1)　「1月 31 日は誰の誕生日ですか？」…エ「ショーンの弟の誕生日です」が適当。

(2)　「誕生日パーティーはいつ開催されますか？」…ウ「1月 29 日に開催されます」が適当。

(3)　「次の文のうち正しいものはどれですか？」…ア「ショーンはセーターか野球帽の購入を考えています」が適当。

(4)　「ショーンとトムはどのバスに乗りますか？」…イ「午後3時 30 分に出発するバスに乗ります」が適当。

(5)　「トムの往復切符はいくらですか？」…エ「3.60 ドルです」が適当。

【放送文の要約】

トム　　：ねえ，ショーン。今日は何をするの？

ショーン：やあ，トム。誕生日プレゼントを買いに行くんだ。

トム　　：本当に，誰の誕生日？

ショーン：(1)エ 1月 31 日は弟のジミーの誕生日なんだ。彼は8歳になるよ。

トム　　：彼に何を買うつもりなの？

ショーン：正直，決まってないよ。彼はアクションフィギュアとモデルカーが好きなんだけど，服を買うと思うな。(3)ア セーターか，かっこいい野球帽もいいな。

トム　　：いい考えだね。それで彼の誕生日は 31 日？

ショーン：うん，そうだけど，(2)ウ 1月 29 日にバースデーパーティーを開催するよ。土曜日なんだ。

トム　　：それじゃあ，買い物に行ったほうがいいね。今午後3時で，今日はお店が午後6時に閉店するよ。

ショーン：その通り。急いだほうがいいね。一緒に来ないかトム？

トム　　：もちろん。是非。コートをとってくるよ。ちなみに，次のバスは何時？

ショーン：次のバスは午後3時 15 分だけど，そのバスは市の中心部に行くのに時間がかかるんだ。グレートノースロードを通るから，交通量はいつも多いよ。午後3時 30 分のバスの方が，中央駅と市役所駅に停車してから市の中心部に到着するから速いよ。

トム　　：バスは市の中心部に何時に到着するの？

ショーン：3時 15 分のバスは午後4時に到着するけど，3時 30 分のバスは午後3時 50 分に到着するよ。

トム　　：⑷イ午後３時30分のバスにしよう。ところでショーン，バス代はいくら？

ショーン：学生証を持ってる？もし学生証があれば片道切符は1.50ドル，往復切符は3.00ドルだよ。

トム　　：学生証はあるけど，家に置いてきちゃったよ。チケットはいくらかな？

ショーン：えっとね，トム，学生証がないと，片道切符は1.80ドル，往復切符は 3.60ドルかかるよ。

トム　　：わかったよ。⑸エ僕は3.60ドルの往復切符を買うよ。とにかく，バス停まで歩こう。

ショーン：行こう。

（B）【放送文の要約】参照。⑹　質問「ケンジは今，どのようにフランス語を学んでいますか？」…イ「スマホのアプリを使って学んでいます」が適当。

⑺　質問「放送の内容の１つは何ですか？」…ウ「午後に生徒たちは静かにしなければなりません」が適当。

⑻　質問「モモは明日何をしますか？」…ア「特別コースに参加します」が適当。

⑼　質問「オリバーは何をしようと考えていますか？」…エ「自分のレストランをオープンさせること」が適当。

⑽　質問「アブドゥルが自分のカップをコーヒーショップに持ち込み始めたのはなぜですか？」…ウ「紙を無駄にするのはよくないと思ったから」が適当。

【放送文の要約】

No. 6　ケンジはフランス語を学びたいので，最初に教科書を買いました。しかし，彼はフランス語を全く知らなかったので，それらは彼が理解するには難しすぎました。彼の友人は，イ自分も使用している語学学習アプリをスマホにダウンロードするよう勧めました。このアプリはフランス語で質問と回答ができ，ゲームのようなので，楽しく学ぶことができます。ケンジはダウンロードして以来，すでにフランス語でたくさんの新しい単語を学びました。

No. 7　学生のみなさん聞いてください。今日の午後１時から午後３時まで433号室で英語のテストがあります。この間，ウ他のクラスのすべての生徒たちは，特に座ったり立ったりするのに椅子を動かすときに大きな音を立てないようにお願いします。また，433号室の近くを歩くときは静かにしてください。ご理解とご協力をよろしくお願いします。

No. 8　モモは医者になるために勉強しています。彼女は一生懸命勉強し，できるだけ多くを学ぼうとしています。ア明日，彼女は別の都市の大きな病院に行き，特別コースに参加します。彼女は医者が働く様子を見学します。医者は緊急時に何をするかを彼女に見せてくれる予定です。モモは彼らを訪ねてこれらを学ぶのが待ちきれません。

No. 9　オリバーは仕事のあと，毎晩自分で夕食を作ります。彼はしばしば料理を余分に作って，翌日の昼食時にオフィスでそれを食べるようにしています。彼は時々，職場で友人に分けてあげられるくらいの量の料理を作ります。彼の料理はとてもおいしいので，彼らは皆，彼はプロのシェフになるべきだと考えており，エしばしば彼に自分のレストランを開くべきだと言います。オリバーは仕事を辞めて本当にそうしようかと考えています。

No. 10　アブドゥルは昨年仕事を退職したあと，毎朝妻と一緒に朝食を食べに喫茶店に行きました。しかし，彼は使用していた紙コップが次々に捨てられていることに気づきました。ウ彼はたくさんの紙を無駄にするのはよくないことだと思ったので，彼と妻は自分のカップを喫茶店に持ち込み始めました。すぐに，他の人々も同じことをし始め，その喫茶店では紙のごみの量ははるかに少なくなりました。

2　日本語の表現で省略されている部分を補い，英語にできる日本語に変換して考えるとよい。

⑴　「～してごめん」＝I'm sorry (that)～.　「遅れる」＝I'm late.

⑵　「テレビでは～と言っている」＝the TV says ～　「この冬」＝this winter　「一番の寒さだ」の主語は直前の

文の「今朝」だから「これは一番寒い朝だ」と考え，最上級を使って it's the coldest morning とする。

⑶　「あまりに～だから…」＝so ～ that …　「起きるのが遅かった」＝got up late　「いつもよりも遅い」＝later than usual

⑷　「何か温かい飲みもの」＝something hot to drink　「～を飲んでから出発する」＝「出発する前に～を飲む」＝have ～ before we leave　「～しようか？」＝Why don't you ～?

3 【本文の要約】参照。

問１　前置詞の直後に入る動詞は動名詞にする。文意から lose「失う」の動名詞イ losing が適当。

問２　直後に老人が事業主に小切手を渡したことから，事業主を助ける内容が入る。ア「私はきっとあなたを救うことができます」が適当。

問３　one of のあとの名詞は複数形になる。　・one of＋the＋最上級＋○　○《名詞の複数形》「最も…な○○のうちの１つ」

問４　it は「50 万ドルの小切手」，there は「金庫の中」を指している。

問５　ア×「結果」　イ×「事実」　ウ○「決意」　エ×「問題」

問６　直前の看護師の言葉から，事業主が心の拠り所にしていた小切手がにせ物だったことがわかる。

問７　事業主はにせ物の小切手の存在を精神的支柱としつつも，自らが自信を持って一生懸命働くことで再び事業を好転させた。ウ「新たな自信」が適当。

【本文の要約】

ある事業主が返済できるよりもはるかに多くのお金を借りました。彼は何をすべきかわかりませんでした。彼に返済をせまる人もいれば，支払いを要求する人もいました。彼は頭を抱えて公園のベンチに座り，何とかして事業をAイ失うこと(＝losing)から自分を救うことができないだろうかと途方にくれていました。

突然老人が彼の前に現れました。「何かお困りかとお見受けしました」と彼は言いました。事業主の話を聞いたあと，老人は「Bア私はきっとあなたを救うことができます」と言いました。老人は事業主の名前を尋ね，小切手に記入し，事業主の手に小切手を押し込みました。老人は言いました。「このお金を受け取ってください。ちょうど１年後にここで会いましょう，そのときに返済してくれればいいです」それから老人は振り返って，登場したときと同様，すぐにいなくなりました。

事業主は，手の中にある，世界でCエ最も金持ちな男性(＝the richest men)のひとりであるジョン・D・ロックフェラーによってサインされた小切手を眺めていました。彼は心の中でつぶやきました。「一瞬で金銭上の悩みが消えた！」

しかし，事業主は小切手を金庫に入れることにしました。問４彼はそれがそこにあるとただ知っているだけで自分の事業を救うための力を得られるかもしれないと考えました。

新たな⑵ウ決意(＝decision)と共に，彼は再び一生懸命働き始めました。彼はビジネスパートナーにお金の返済を猶予してくれるよう説得しました。彼はどんな仕事をしてもかまいませんでした。数か月以内に，彼はすべてのお金を返済し，再びお金を稼ぎ始めるほどになりました。ちょうど１年後，彼は小切手を持って公園に戻りました。彼が約束した通り，老人が現れました。しかし，彼が小切手を返して成功体験を語ろうとした瞬間，看護師が駆け寄ってきて老人を捕まえました。

「捕まえられてよかったわ！」彼女は叫びました。「彼があなたに悪いことをしていないことを願うわ。彼はいつも療養施設から逃げ出し，人々に自分はジョン・D・ロックフェラーだと言っているんです」

驚いた事業主は言葉を失ってそこに立ち尽くしました。12 か月間，彼は手元に 50 万ドルあると信じて精力的に働き，商売をしてきたのですから。

突然，彼は自分の人生を好転させたのはお金ではないことに気づきました。彼に何かを成し遂げる力を与えたのは D ウ新たな自信（＝his new self-confidence）でした。

4 【本文の要約】参照。

問1　比較級の lower があるので，「菜食主義者」と「肉を食べる人（＝people who eat meat）」を比べる比較の文にする。

問2　ways「活動／方法」のあとの that（関係代名詞）以下は，ways の内容を説明しているので，「人間が環境を破壊する可能性のある活動」となる。

問3　have an effect on ～「～に影響を与える」を知っていると have a negative effect on the environment のつながりが見えてくる。疑問詞 how を使った，主語が eating meat「肉を食べること」，動詞が have の疑問文にする。

問4　・by ～ing「～することによって」

問5(5)　excludes「排除する」の意味がわからなくても，前後の内容から考えることができる。ビーガン食についての説明だから，動物由来の食品エを利用しない（＝does not use）ということである。　(6)　deficient「不足する」の意味がわからなくても，前後の内容から考えることができる。チーズ，卵，牛乳といった動物由来の食品を排除することは，体が必要とする栄養がイ十分ではない（＝not enough）可能性があるということである。

問6　take care of ～「～を大事にする／～を気遣う」に better が入った形。エ of が適切。

問7　〈to＋動詞の原形〉の副詞的用法「～するために」の文。アが適切。

問8(1)　第３段落４行目より，Aにメタンガス，Bに二酸化炭素が入る。　(2)　第４段落２～３行目より，2500÷20＝125（倍）となる。　(3)　第４段落３～６行目より，$250\div50000=\frac{1}{200}$となる。

【本文の要約】

菜食は健康に良いとよく言われます。菜食主義者は通常心臓病の発症率が低く，また，肉を食べる人よりも糖尿病のリスクが低いことが研究によって示されています。しかし，ほとんどの人は，菜食が私たちの環境の健全性の面でもよいものであることを認識していません。

最近，アメリカの the Union of Concerned Scientists（憂慮する科学者同盟）の研究者は，消費者の行動が環境にどのように影響を及ぼすかについての論文を出しました。(2)肉の消費は人間が環境を破壊する可能性のある主な活動の中のひとつであることを，彼らの研究は示していました。それは自動車の使用に次ぐものです。

それでは，肉を食べることがどのように環境にマイナスの影響を与えうるのでしょうか？まず，牛，豚，羊などのすべての家畜は，体からガスを出すことによってメタンを放出します。１頭の牛は毎日最大 60 リットルのメタンを生成します。問8(1)メタンガスは，二酸化炭素に次ぐ最も一般的な温室効果ガスです。現在，多くの環境問題の専門家は，メタンは二酸化炭素以上に地球温暖化の原因になっていると考えています。大気中に放出されるメタンの 25％は家畜からのものであると言われています。

肉の生産が環境に影響を与えるもうひとつの要因は，水と土地の使用です。問8(2)１ポンドの牛肉を生産するには 2500 ガロンの水が必要ですが，一方で１ポンドの小麦を生産するのに必要な水は 20 ガロンです。問8(3)家畜の飼育に使用される１エーカーの農地では，250 ポンドの牛肉を生産することができます。農作物の生産に使用される１エーカーの農地では，40000 ポンドのジャガイモ，30000 ポンドのニンジン，または 50000 ポンドのトマトを生産することができます。

健康上の理由のみならず，環境保護において非常に重要な役割を果たしているという理由から，菜食に切り替えることの利点を多くの人が理解してくれたと思います。それでも，栄養士の中には，ビーガン食（厳格な菜食）に切り替えることに反対する人もいます。彼らは，チーズ，卵，牛乳などの動物由来のすべての食品を排除するビーガン食では，私たちの体が必要とする多くの必須ビタミンやミネラルが不足する可能性があると考えています。

今日，多くの人々は，自分の体をより気遣い，地球の資源をより効率的に使用することが重要であるとわかっています。この理解が広まるにつれ，環境を助け，人類が生き残るためには，より多くの人間が菜食主義者になる必要があるということにより多くの人々が気付くかもしれません。

《2022　理科　解説》

1　(1)　アは，胞子でふえるシダ植物なので花が咲かない。イ～オは，種子でふえる種子植物なので花が咲く。

(2)　ア×…寒冷前線付近では，寒気が暖気を押し上げるように進む。イ×…寒冷前線の通過後は北寄りの風に変わる。ウ×…温暖前線の通過後は雨が上がり，南寄りの風になり，気温が上がる。エ○…寒冷前線が温暖前線に追いつくと，閉塞前線ができる。オ×…停滞前線は，寒気と暖気の勢力が同じくらいのときにできる。

(3)　ウとオは1993年，アは2005年，エは2011年に登録された。

(4)　単体や化合物のように１種類の物質でできているものを純物質といい，複数の物質が混ざり合ったものを混合物という。なお，空気は混合物，ヘリウムは単体である。

(5)　イ○…図より，金属の体積は56.0－50.0＝6.0(㎤)である。〔$密度(g/cm^3)=\frac{質量(g)}{体積(cm^3)}$〕より，この金属の密度は，$\frac{53.8}{6.0}=8.96\cdots(g/cm^3)$だから，密度が最も近い銅とわかる。

(6)　ウ○…図２は図１より，振動数と振幅が大きくなっている(音は高く，大きくなっている)。振動数は，弦の張りの強さを強くするほど，弦の長さを短くするほど，大きくなる。また，振幅は，弦をはじく強さを強くするほど，大きくなる。

(7)　順番に並べかえると，ウ→オ→エ→ア→イとなる。

(8)　イ×…斑れい岩は深成岩である。ウ×…石灰岩に塩酸をかけると二酸化炭素が発生する。エ×…流紋岩は火成岩(火山岩)である。オ×…チャートはかたい岩石で，鉄くぎでも傷がつけられない。

(9)　ＡＢ間は物体の速さが大きくなっていっているから，物体が進む向きに力がはたらいていて，ＢＣ間は物体の速さが変わらないから，物体が進む向きには力がはたらかない。また，ＣＤ間は物体の速さが小さくなっていっているから，物体が進む向きとは逆向きに力がはたらいている。なお，ＡＢ間は下りの斜面，ＢＣ間は水平面，ＣＤ間は登りの斜面と考えられる。

(10)　80℃の水100－30＝70(g)に硝酸カリウム30gが溶けていて，10℃の水70gに硝酸カリウムは$22.0\times\frac{70}{100}=15.4$(g)溶けるから，10℃に冷却すると，30－15.4＝14.6(g)の結晶が析出する。

2　**問１**　２％の水酸化ナトリウム水溶液の密度が１g/㎤だから，２％の水酸化ナトリウム水溶液５㎤の質量は５gである。したがって，含まれる水酸化ナトリウムは５×0.02＝0.1(g)である。

問２　アルカリ性の水溶液の水酸化ナトリウム水溶液〔$NaOH$〕に，酸性の水溶液の塩酸〔HCl〕を加えると，中和が起き，塩《えん》である塩化ナトリウム〔$NaCl$〕と水〔H_2O〕ができる。なお，化学反応式の矢印の前後で，原子の組み合わせは変わるが，原子の種類と数は変わらないことに注意しよう。

問３　塩酸中では塩化水素が電離して，水素イオン〔H^+〕と塩化物イオン〔Cl^-〕が存在し，水酸化ナトリウム水溶液中では水酸化ナトリウムが電離して，ナトリウムイオン〔Na^+〕と水酸化物イオン〔OH^-〕が存在する。水酸化ナトリウム水溶液に塩酸を加えると，H^+とOH^-が結びついてH_2Oができるから，水酸化ナトリウム水溶液と塩酸がちょうど中和するまでは，塩酸を加えると，OH^-は減り，H^+の数は０のまま増えない。また，ＢＴＢ溶液は酸性で黄色，中性で緑色，アルカリ性で青色を示し，ちょうど中和するとき，水溶液は中性を示すから，表１より，ちょうど中和したのは，加えた塩酸の体積が４cm^{3}と６cm^{3}の間とわかる。

問４　エ○…塩化ナトリウム〔NaCl〕は電解質なので，水溶液中では電離してイオンで存在する。

問５　Ａの中に存在するイオンの数は実験１と同じだから，実験結果は表１と同じになる。Ｂの中に存在するイオンの数は実験１の半分になるから，問３解説より，ちょうど中和する塩酸の体積は，４cm^{3}と６cm^{3}の間の半分の２cm^{3}と３cm^{3}の間と考えられる。したがって，加えた塩酸の体積が２cm^{3}では青色(アルカリ性)，４cm^{3}以上では黄色(酸性)を示す。

3　**問１**　夏至の日の太陽の南中高度は，〔90－(緯度－地軸の傾き)〕で求められるから，90－(33－23.4)＝80.4(度)である。

問３，４　ａ，Ａ．天の北極を中心に，天球が１日(24時間)に１回(360度)反時計回りに回転するから，１時間では360÷24＝15(度)回転する。　Ｄ，ｄ．星座は１時間に約15度の速さで東から西に(北の空では北極星を中心に反時計回りに)移動する。また，１か月後の同じ時刻には約30度西に移動して見えるから，１か月後に同じ位置で見るためには，２時間早い時刻に観察する必要がある。よって，２か月後に同じ位置で見るためには，４時間早い時刻に観察すればよい。

問５　ア×…地球から見たとき，常に太陽があたっている面が見えるため，ほぼ満ち欠けせず，満月のような形に見える。オ×…図において，10月から11月にかけて，地球は左から右に，外惑星は右から左に移動するから，天球上で10月は９月より東に，11月は10月より東に見える。よって，このときの移動する向きは順行である。

4　**問３**　意識とは無関係に起こる反射は，生まれつきもっている反応である。

問４　切断部位がＰ～Ｒのどれであっても，足先にろ紙を置いたとき反応が見られたから，足先に与えた刺激を伝達する感覚神経はＲより下の部分で脊髄に入り，後足を動かす運動神経はＲより下の部分で脊髄から出ると考えられる。したがって，切断部位がＰまたはＱであるとき，刺激の信号が脊髄に伝えられていれば，後足を動かす反応が見られるといえる。背中にろ紙を置いたとき，切断部位がＰのときだけ反応が見られたから，背中に与えた刺激を伝達する感覚神経は，ＰとＱの間で脊髄に入ると考えられる。

問５　問４より，背中に与えた刺激はＰとＱの間に入る感覚神経から脊髄に伝わり，後足を動かす信号はＲより下から出る運動神経を伝わるから，この２か所のうち少なくとも一方を切断すると，反応が見られなくなる。

5　**問１**　〔抵抗(Ω)＝$\frac{\text{電圧(V)}}{\text{電流(A)}}$〕，50mA→0.05Ａより，$\frac{0.20}{0.05}=4$(Ω)

問２　〔熱量(Ｊ)＝電力(W)×時間(ｓ)〕，〔電力(W)＝電圧(Ｖ)×電流(Ａ)〕で求める。図１より，Ａに0.10Ｖの電圧をかけると，50mA→0.05Ａの電流が流れるから，電力は0.10×0.05＝0.005(W)，10分間→600秒間より，発生した熱量は0.005×600＝３(Ｊ)である。

問３　枝分かれする前後(ａとｄ)に流れる電流の大きさは等しく($I_a=I_d$)，並列部分(ｂとｃ)に流れる電流の和となる。並列部分のＡとＢには，同じ大きさの電圧が加わるから，図１より，Ａ(ｂ)に流れる電流は，Ｂ(ｃ)に流れる電流より大きくなるとわかる($I_b>I_c$)。したがって，$I_a=I_d>I_b>I_c$となる。

問４　〔電圧(Ｖ)＝抵抗(Ω)×電流(Ａ)〕，回路全体(ａとｄ)に流れる電流の大きさが90mA→0.09Ａだから，回路全体の合成抵抗を求める。図１よりＡの抵抗は$\frac{0.20}{0.1}=2$(Ω)，問１よりＢの抵抗は４Ωである。Ａの抵抗をR_A，Ｂの抵抗をR_Bとしたとき，並列部分の合成抵抗Ｒは，$\frac{1}{R}=\frac{1}{R_A}+\frac{1}{R_B}$と表せるから，$\frac{1}{2}+\frac{1}{4}=\frac{3}{4}$より，$\frac{4}{3}$Ωとなる。直列につながれた部分の合成抵抗は各抵抗の和だから，回路全体の合成抵抗は$2+\frac{4}{3}+4=\frac{22}{3}$(Ω)である。よって，Ｌ，Ｍの電圧は$\frac{22}{3}\times0.09=0.66$(Ｖ)である。

問５　ｅに流れる電流が200mAだから，上のＢとＡに流れる電流も200mAであり，図３より，上のＢとＡに加わる電圧はどちらも0.80Vとわかる。したがって，並列部分の上と下には，それぞれ0.80×2＝1.60(V)の電圧が加わっているとわかる。〔電流(A)＝$\frac{\text{電圧(V)}}{\text{抵抗(Ω)}}$〕より，下のBに流れる電流は$\frac{1.60}{4}$＝0.4(A)→400mAである。よって，fを流れる電流は200＋400＝600(mA)である。

問6　S－T間とP－Q間に同じ電圧をかけたとき，消費電力の総和が等しかったから，S－T間とP－Q間の合成抵抗の大きさは等しくなる。つまり，Cの抵抗の大きさは図4の回路の合成抵抗に等しい。図4のとき，BとAの抵抗の大きさは等しく4Ωだから，$\frac{1}{4\times2}+\frac{1}{4}=\frac{3}{8}$より，$\frac{8}{3}$＝2.666…→2.67Ωとなる。

《2022　社会　解説》

1　**問1**　①A　③E　⑤D　⑥B　　1996年から2016年に開かれた夏季オリンピックは，アトランタ(1996年・アメリカ)，シドニー(2000年・オーストラリア)，アテネ(2004年・ギリシャ)，ペキン(2008年・中国)，ロンドン(2012年・イギリス)，リオデジャネイロ(2016年・ブラジル)である。次に地図を見ると，①はアトランタ，②はリオデジャネイロ，③はロンドン，④はアテネ，⑤はペキン，⑥はシドニーである。最後に，表の中の国を決めると，Aはアメリカ，Bはオーストラリア，Cはギリシャ，Dは中国，Eはイギリス，Fはブラジルである。

問2　1月4日午前2時　　③の都市と⑥の都市の経度差は150度ある。経度差15度で1時間の時差が生じるから，③の都市と⑥の都市の時差は，150÷15＝10(時間)になる。③の都市より東に位置する⑥の都市の方が時刻は進んでいるから，⑥の都市の時刻は，③の都市より10時間進んだ，1月4日午前2時になる。

問3　イ　　ローマ・ロサンゼルス・バルセロナはいずれも地中海性気候である。アは温暖湿潤気候，ウは西岸海洋性気候，エはステップ気候(乾燥帯気候)。

問4(1)　フィードロット　　肥育場から判断する。　(2)　シェールガス　　頁岩層からシェールガスと判断する。

問5　エ　　APECは，ASEAN諸国，日本，アメリカ，カナダ，チリ，ペルー，オーストラリアなどが加盟する，アジア太平洋経済協力の略称である。オーストラリアは環太平洋造山帯に含まれないからアは誤り。主要言語は英語だからイは誤り。オーストラリアの中央部は砂漠だからウは誤り。

問6　ア　　ギリシャは農地が少なく，農業従事者一人あたりの農地面積は小さいからアと判断する。森林の割合が高いイはスウェーデン，牧場の割合が高く，森林の割合が低いウはイギリス，残ったエはフランスである。

問7　カ　　一人っ子政策は，漢族の家庭に適用され，現在は廃止されているからⅠは誤り。Ⅱは正しい。内陸部は生産性が低く，内陸部と沿岸部の経済格差が問題になっているからⅢは誤り。

2　**問1**(1)　新函館北斗・新横浜　　昼夜間人口比率が100を超えないということは，近くにその都市より大きい都市が存在し，昼間はその都市に通勤通学していることが予想される。よって，函館に近い新函館北斗，東京に近い新横浜が考えられる。　(2)　ウ　　(1)の解説を参照。

問2　(1)③　(2)⑦　(3)⑧　　阿武隈川は，福島県・宮城県を流れる。天竜川は長野県・静岡県を流れる。木曽川は長野県・岐阜県・愛知県を流れる。

問4　イ　　⑨には神戸市があるからイを選ぶ。②は盛岡市だからウ，⑫は熊本市だからアである。

問5　ウ　　日本では，火山噴出物は，偏西風の影響で東側に堆積するからウが誤り。

問6(1)　名古屋　　横浜市＞名古屋市＞広島市＞仙台市の順に人口は多い。　(2)　イ　　広島県ではカキの養殖が盛んであることから考える。アは和歌山県，ウとエは山梨県で製造販売される駅弁である。　(3)　ア　　仙台市のある宮城県は米どころだからアと判断する。イは愛知県，ウは神奈川県，エは広島県。

3　**問1**　エ　　遣隋使は，隋と対等な立場の交易を望み，聖徳太子ではなく小野妹子を派遣したからアは誤り。漢字は，飛鳥時代より以前の古墳時代に渡来人によって伝えられたからイは誤り。８世紀に唐に渡り，帰国後に天台宗を開いたのは最澄だからウは誤り。

問２　ウ　　後漢は，日本の弥生時代にあたるからウを選ぶ。アは縄文時代，イの埴輪がつくられたのは古墳時代，エは古墳時代。

問３　ア　　マゼラン艦隊の世界一周は1522年に達成された。イは1096年，ウは1861年，エは19世紀。

問４　イ　　男女の差や良民と賤民の違いによって，口分田の大きさは異なった。また，防人は３年間，北九州の警備をする兵役で，成年男子にだけ課された。地方の行政官は，地方豪族が就任したからｂは誤り。租・調・庸のうち，調と庸は農民が都に納めたからｃは誤り。

問５　イ　　中尊寺金色堂　　中尊寺金色堂は，平安時代に奥州藤原氏によって建てられた。

問６　ウ　　御成敗式目は貞永式目とも言うことから判断する。アは壬申の乱，イは承久の乱，エは弘安の役。エについては，文永の役と間違えないこと。「石塁」・「上陸できず撤退」から弘安の役と判断できる。

問７　ア　　慶応年間は，1865年から1868年の元号。正徳は18世紀前半，慶長は安土桃山時代から江戸時代初頭の元号である。戊辰は元号ではなく干支の１つである。

問８　平清盛　　平清盛は，娘の徳子(建礼門院)を高倉天皇の子に嫁がせた。この手法は，藤原氏が摂関政治を行った手法と似ていた。

問９　後醍醐天皇の開いた南朝と，足利尊氏が立てた天皇による北朝の２つが立ち並ぶ南北朝時代であった。

問10　織田信長　　足利義昭を追放したことから織田信長と判断する。

問11　イ　　参勤交代は，徳川家光が出した寛永令から武家諸法度に追加された。ｂは海外渡航禁止令，ｃは異国船打払令。

問12　ア　　天明のききんは18世紀後半だから，蘭学が発達した時期なのでアを選ぶ。尾形光琳と近松門左衛門は元禄文化を代表する人物。千利休は，桃山文化の頃の茶人。

問13　オ　　井伊直弼が日米修好通商条約に調印する(1858年)→桜田門外の変で井伊直弼が暗殺される(1860年)→長州藩が下関戦争で敗れる(1864年)

4　**問１**　イ　　ナポレオン法典の内容として正しい。ロックが抵抗権を唱えたのは17世紀のことで，革命より100年ほど前のことだからアは誤り。世界に先がけて産業革命を実現したのはイギリスだからウは誤り。ビスマルクはドイツの宰相だからエは誤り。

問２　南下政策　　ロシアの南下をおそれるイギリスは，日本と日英同盟を結んだ。

問３　ナイチンゲール　　「クリミア戦争」「クリミアの天使」から判断する。

問４　エ　　1880年代には，加波山事件・秩父事件など，東日本で激化事件が多発した。アは1870年代，イは初代内閣総理大臣になったのは伊藤博文だから誤っている。ウは1890年代。

問５　ウ　　欧化政策は，日本が文明国であることを欧米に示そうとした政策で，井上馨外相の発案だった。

問６　ア　　Ⅰ．義和団事件(1900年)→Ⅱ．日英同盟(1902年)→Ⅲ．ポーツマス条約(1905年)

問７　津田梅子　　新紙幣の肖像画は，一万円札＝渋沢栄一，五千円札＝津田梅子，千円札＝北里柴三郎になる。

問８　北里柴三郎　　北里柴三郎は，ペスト菌の発見でも知られている。

問９　エ　　1925年の普通選挙法では，満25歳以上の男子だけに選挙権が与えられ，女性に選挙権が与えられたのは，太平洋戦争後であった。

問10　総力戦　　国力全てをつぎ込む総力戦は，第一次世界大戦から始まった。

問11　勤労動員　　国家総動員法に基づいて，中学生や女学生が動員され，武器工場などで働かされた。学徒動員と呼ばれることもある。

問12　イ　　地租改正は明治政府が行った。地主の力の削減を目的に行った農業の民主化は，農地改革である。

5　**問1⑴**　核家族　　全世帯に占める割合の約6割が核家族世帯で，年々単独世帯の割合が増えている。

⑵　民法　　2022年4月に民法が改正され，成人年齢が20歳から18歳に引き下げられた。18歳以上でできることが拡大され，親の同意なしでローンを組むこと・一人暮らしの部屋を借りること・国家資格を取得することなどが可能になった。また，女性の結婚可能年齢は16歳以上から18歳以上に引き上げられ，飲酒・喫煙などは，今までと変わらず20歳以上で可能とした。

問2　カ　　Xが中国，Yがベトナムである。

問3　必ず一票の格差という語句を盛り込みたい。選挙区ごとの議員1人あたりの有権者数に差があることを一票の格差という。

問4　エ　　アは地方債，イは住民税など，ウは国庫支出金。

問5　エ　　ア．議員提出法案より内閣提出法案の成立率の方が高い。イ．衆議院で可決後，参議院で否決された法案は，再び衆議院で審議され，出席議員の3分の2以上の賛成が得られれば法案となる。ウ．法律案の改正ではなく，憲法改正の発議に必要な要件が，各議院の総議員の3分の2以上の賛成である。

問6　ウ　　日本の合計特殊出生率は1.4前後である。人口維持に必要な合計特殊出生率は2.07と言われている。

問7　プライバシーの権利　　プライバシーの権利は，日本国憲法に規定のない新しい権利である。新しい権利には，知る権利・自己決定権・環境権などがある。

6　**問1**　2020東京オリンピックは，新型コロナウイルス感染拡大によって，2021年に延期された。また，2021年の山の日・海の日・スポーツの日が日付変更になった。

問2⑴　聴覚に障害のある人　　「手話」「口の動きが見やすい」「デジタル表示版」から判断する。

問3　ア　　電力は公企業ではなく，行政と民間が共同出資してつくる公私合同企業である。

問4　イ　　ア．銀行から資金を借り入れることは間接金融にあたる。ウ．借入金の金利の方が，預金金利より高い。エ．日本銀行には，銀行だけに資金を貸し出す「銀行の銀行」としての役割があるから，銀行は金融機関から資金を借りることができる。

問5　ア　　四つの柱については右表参照。

問6　男女共同参画社会基本法　　男女共同参画社会を実現するための5つの柱(男女の人権の尊重・社会における制度または慣行についての配慮・政策等の立案及び決定への共同参画・家庭生活における活動と他の活動の両立・国際的協調)を掲げている。

社会保険	社会福祉	公衆衛生	公的扶助
医療保険 年金保険 雇用保険 労災保険 介護保険など	児童福祉 母子福祉 身体障がい者福祉 高齢者福祉など	感染症予防 予防接種 廃棄物処理 下水道 公害対策など	生活保護 (生活・住宅・ 教育・医療 などの扶助)
加入者や国・事業主が社会保険料を積み立て，必要なときに給付を受ける	働くことが困難で社会的に弱い立場の人々に対して生活の保障や支援のサービスをする	国民の健康増進をはかり，感染症などの予防をめざす	収入が少なく，最低限度の生活を営めない人に，生活費などを給付する

問7　消費者のメリットだから，二酸化炭素の排出量が抑えられるといった環境面を書かない方がよい。

問8　エ　　値下がりする条件は，供給過多または円高が考えられる。外食産業では，輸入牛肉を使用している場合が多いから，外食産業が休業すると大量の輸入牛肉が消費されないので，市場の牛肉供給量が需要量を上回り，値下がりすることが考えられる。ア，イ，ウはいずれも値上がりが予想される。

2021 解答例 令和３年度 青雲高等学校

《国　語》

一　問一．ａ．稼働　ｂ．不興　ｃ．次第　ｄ．勘定　ｅ．招来　問二．感染症用の資材や病床

問三．ウ　問四．日本人は、言葉に現実変成力があると考え、祝言を発すれば吉事が起こり、不吉な言葉を発すれば凶事が起こると信じている。そのため、最悪の事態を想定すること自体を忌避してしまい、それに備えないという国民性。　問五．呪術的なふるまい　問六．ウ

二　問一．Ｘ．ウ　Ｙ．ア　Ｚ．エ　問二．オ　問三．ア　問四．エ　問五．娘の意向と異なるも、母親として一番良いと思う結婚相手を選んだが、それが、娘の将来を不幸にするのではないかと思ったから。　問六．イ

三　問一．ａ．イ　ｂ．オ　ｃ．ウ　問二．イ　問三．まことに　問四．経家が誰も乗りこなすことのできなかった暴れ馬を見事に乗りこなしたことに、頼朝が感心したから。　問五．エ　問六．ウ

《数　学》

1　(1) $\dfrac{ab^5}{c^2}$　(2) $\dfrac{3-2\sqrt{2}}{3}$　(3) -4　(4) $x=-3$　$y=-2$　(5) $(x+2)(x-4)(x^2-2x+15)$　(6) 2

(7) 76　(8) $\dfrac{3a+b}{4}$　(9) 64π　(10) ①線分ＡＯの垂直二等分線をひき，線分ＡＯの中点Ｍをとる。　②中点Ｍを中心とし，半径がＡＭとなる円をかく。　③円Ｏとの交点と点Ａを結ぶ。

2　(1) 4　(2)右グラフ　(3) $x=5,\ \dfrac{25}{4}$

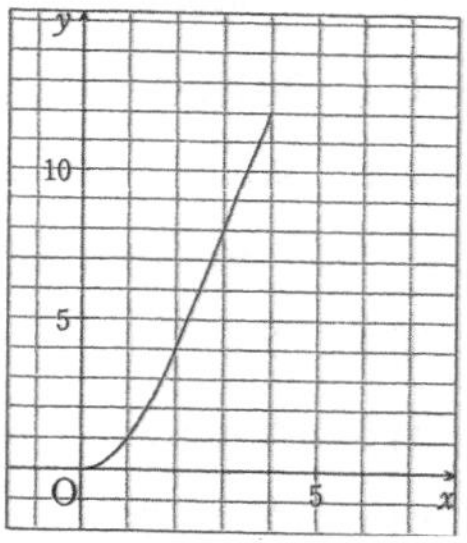

3　(1) $\dfrac{1}{15}$　(2) $\dfrac{2}{5}$　(3) $\dfrac{11}{30}$

4　(1)直径　(2)(ア) $\sqrt{3}$　(イ) $\sqrt{2}$　(3)(ウ) $2-\sqrt{2}$　(エ) $2-\sqrt{3}$

(4)円の中心をＯ，正十角形の１辺をＡＢとする。

右図のように点Ｃをとると，

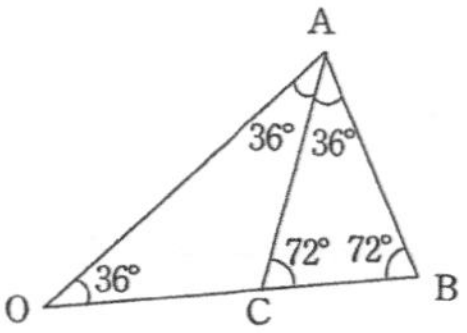

△ＯＡＢ∽△ＡＣＢ

ＯＡ＝ＯＢ＝１，ＡＢ＝xとすると，

ＯＢ：ＡＢ＝ＡＢ：ＣＢ

$1:x=x:(1-x)$　$x^2+x-1=0$　$x=\dfrac{-1\pm\sqrt{5}}{2}$

$x>0$ より，$x=\dfrac{-1+\sqrt{5}}{2}$

(5)(a) 2.595　(b) 2.82　(d) 3.10

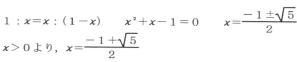

《英　語》

1　A．(1)B　(2)C　(3)C　(4)A　(5)C　　B．(6)エ　(7)ア　(8)ウ　(9)エ　(10)ア　　C．(11)ア　(12)エ　(13)エ　(14)ウ　(15)イ

2　問１．(1)①It is fun to see beautiful costumes and flowers.　②I like *yaki-tori* better than *yaki-soba*.
問２．（A）This festival is more than three hundred and fifty years old.　（B）The most exciting thing of the festival is food.　（C）There are a lot of food stands there.　（D）I like *yaki-soba* best of all.　（E）We can see the shop staff cooking.
問３．It is easier to eat while walking around

3　問１．（A）sleep　（B）longer　　問２．(1)エ　(2)オ　(3)イ　　問３．Gardner はすぐに回復したが，科学者たちは，睡眠無しで過ごすことは危険でありうると考えている。　　問４．エ→イ→ア→ウ　　問５．ウ
問６．(6)that sleep helps the body to grow and　(7)it is important to get enough sleep

4　問１．ウ　　問２．（A）ア　（B）ウ　（C）イ　（D）ウ　（E）ア　　問３．死体のブーツ，手袋，斧は明らかに 20 年以上前のものだったこと。　　問４．①科学者たちの考えが，死体が数世紀前のものであるということ　②その死体が約 4700 年前のものであるという考え　　問５．オ，ク

《理　科》

1　(1)エ　(2)ウ　(3)ウ　(4)エ　(5)オ　(6)ウ　(7)ウ　(8)イ　(9)ア　(10)オ

2　問１．炭酸水素ナトリウム　　問２．名称…二酸化炭素　集め方…水上置換(法)　　問３．生成した水が加熱部に触れて，試験管が破損するのを防ぐため。　　問４．①アルカリ　②炭酸ナトリウム〔別解〕Na_2CO_3
問５．$NaHCO_3 + HCl \rightarrow NaCl + H_2O + CO_2$　　問６．0.44

3　問１．A．イ　B．ア　C．イ　D．ウ　E．イ　F．エ　　問２．イ　　問３．(1)600　(2)9　(3)21
(4)空気が瀬戸内海上を通過するとき，新たに水蒸気を吸収したから。　(5)＋4.5　(6)フェーン現象　(7)ウ

4　問１．ウ　　問２．イ　　問３．純系　　問４．Ａａ　　問５．(1)ＡＡ：Ａａ：ａａ＝１：２：１　(2)３：１
問６．ＡＡ：Ａａ：ａａ＝３：２：３

5　問１．ウ　　問２．18　　問３．a．ウ　b．キ　c．サ　　問４．18　　問５．エ

《社　会》

1　問１．ア　　問２．エ　　問３．(1)ウ　(2)風力発電　　問４．大雨のときに水を貯める調整池　　問５．ア
問６．やませ　　問７．ウ　　問８．X．津波　Y．高潮　Z．冷害

2　問１．(1)アトラス山脈　(2)ロッキー山脈　　問２．(1)カ　(2)イ　(3)ア　　問３．(1)エ　(2)ケベック州
問４．民族分布を無視して国境が引かれている　　問５．12　　問６．イ　　問７．(1)ウ　(2)イ　(3)ウ

3　問１．ア　　問２．イ　　問３．ウ　　問４．ア　　問５．菅原道真　　問６．エ　　問７．ア　　問８．ウ
問９．ウ　　問 10．エ　　問 11．田沼意次　　問 12．エ

4　問１．エ　　問２．イ　　問３．立憲改進党　　問４．陸奥宗光　　問５．ア　　問６．イ　　問７．原敬は，選挙権をもつのに必要な納税額を引き下げ，普通選挙制の導入を見送った。　　問８．ア　　問９．エ　　問 10．イ
問 11．イ　　問 12．ウ

5　問１．ア　　問２．公共の福祉　　問３．環境アセスメント〔別解〕環境影響評価　　問４．イ
問５．メディアリテラシー　　問６．(1)ア〔別解〕イ　(2)アを選んだときの解答…ケ　イを選んだときの解答…カ
問７．政党交付金　　問８．カ　　問９．小さな政府　　問 10．ウ　　問 11．ウ，オ　　問 12．エ

←解答例は前のページにありますので，そちらをご覧ください。

《2021 国語 解説》

一 **問二** 傍線部１の次の段落が、「パンデミック」の場合の「スラック（余裕、ゆとり）」をなくしていく例である。「感染症用の資材も病床も削減される」と、「パンデミック」になったときに「危機耐性」が弱くなるということ。

問三 「危機管理の基本」については、「危機管理というのは、『最も明るい見通し』から『最悪の事態』まで何種類かの未来について、それに対応するシナリオを用意しておくことである」とあり、「無駄」になることも生じると述べている。ウの「ビジネスライクな計算」や「経済最優先の対応策」は、これに当てはまらない。

問四 「そういう国民性」とあるので、これより前の内容に着目する。「これは国民性と言ってよい」の後に、「失敗したら」という仮定を「呪い」のようにみなして忌避するとあり、その理由として「言葉には現実変成力があるとみなされ」「祝言を発すれば吉事が起こり、不吉な言葉を発すれば凶事が起こると信じられている」とある。

問五 「皮肉」とは「弱点をつく当てこすり」のこと。傍線部４は、新型コロナウィルスによるパンデミックでも、日本人は「感染は日本では広がらないだろう」と信じ広言していたことを「言霊」だと当てこすったもの。これと同様に、感染拡大に備えて「何も準備しない」ことを「呪術的なふるまい」と表現している。

問六 「今回のパンデミックにおける日本の失敗」とは、「今回の新型コロナウィルスによるパンデミックでも、日本人は『感染は日本では広がらないだろう』という疫学的に無根拠なことを信じ、広言し」、感染拡大に備えて「何も準備しない」でいた結果、感染が拡大していったということ。４段落目に「危機管理の基本がわかっていない人が日本では政策決定を行っている」とあるように、こうした過ちを先の戦争以来何度も繰り返しているというのが傍線部５の内容。よって、ウが適する。

二 **問一Ｘ** 「自ら」はふつう「みずから」と読み「自分で」の意だが、ここでは「母の宅子娘《やかこのいらつめ》が高貴の出《で》でないので」「その（大友皇子《おおとものみこ》の）将来には」自然と「限定されたものがある」という意味になるので、「自ら」を「おのずから」と読む。現代語では「おのずから」は「自ずから」と書くが、古典では「自ら」と書き、ここではそれに従っている。よって、ウが適する。　Ｙ 「衆目」は「世間の多くの人」という意味なので、アが適する。

問二 少し前に、大友皇子が「天下の政《まつりごと》を摂《と》る立場には無縁である」とある。また、傍線部１の直後の内容と、２段落後の「額田はひとりの～はいっていた」と繰り返された後の内容から、額田は大友皇子が有間皇子《ありまのみこ》と同じ悲劇的な運命をたどり、娘が不幸になるのではないかと案じていることが読み取れる。よって、オが適する。アの「長年～知っており」、イの「不釣り合いなのではないか」、ウの「多くの皇女たちが～嫉妬により」、エの「大友皇子の妻として～できないことで」は、いずれも本文からは読み取れない内容である。

問三 十市皇女《とおちのひめみこ》の返事は「大友皇子以外の人のところならどこへでも行く」というものであり、天智天皇の後継者の位置にある自分の結婚の薦めを断るものであった。後の「いかにもおかしくて、おかしくて堪まらぬといった笑い方だった」からは、娘の態度を痛快に感じたことが読み取れる。よって、アが適する。イの「母親の額田が少女であった頃の様子」、ウの「断れない話だと頭では理解していても」、エの「父親からの薦めであるなら受け入れない」、オの「保身のために利用することは許さない」は、それぞれ本文からは読み取れない内容。

問四 同じ段落の「（十市）皇女は母である自分に～己が運命を託そうとしたのであろうか」や、次の段落の「額田は今こそ自分は母でなければならぬと思った」のように、額田は十市皇女の母親としてこの問題を考えなければならないと強く思っている。しかし「母として何一つ資格を持っていない自分」「母というものが、こうした場合持たねばならぬ心が判らなかった」とあるように、すべてを委ねられたことで、責任の重さを感じ、震えているのである。よって、エが適する。

問五　額田は「自分は何か大きな間違いを仕出かしたのではないかという思いに襲われ」て「ひどく不安であった」。具体的には、大友皇子との結婚を選び、「十市皇女の運命を大友皇子に託した」ことが娘の不幸につながるかもしれないと思い、不安になっているのである。

問六　イは、傍線部１の３段落後の内容と一致する。アとウは全体的に本文と一致しない。エの「一国の皇后となることが確実なので」、オの「娘の恋心を知ってしまった」は、本文には書かれていない内容である。

三　**問一 a**　「きこえ」は「うわさ・評判」という意味。　**b**　「ゆゆしく」は「(良くも悪くも) 程度がはなはだしい・不吉だ」などの意味を持つ形容詞「ゆゆし」の連用形。経家《つねいえ》の様子が「立派に」見えたという内容である。

c　「かねて」は「以前から・あらかじめ」という意味。

問二　ア．立派に「見えた」のは「経家」。　イ．「物ともしないで」跳ねて走ったのは「悪馬」。　ウ．暴れ馬を少し「走らせて」制止したのは「経家」。　エ．暴れ馬から「降りた」のは「経家」。よって、イが正解。

問四　経家は「平家の郎等なりければ、鎌倉右大将めしとりて」とあるように、源頼朝に捕らえられていた。暴れ馬を乗りこなしたことに、頼朝は「大きに感じ給ひて (感心なさって)」罪を解いたのである。

問五　ア．「頼朝に協力して平家を討った」という内容は本文にはない。　イ．頼朝が残念がったのは、「自分が乗ることができない」ことではなく、誰も乗れなかったことである。　ウ．このときの経家は、「源氏の臣下で最も優れた馬の乗り手」ではなく「召人《めしうど》」である。　エ．経家は「かしこまりて」とあるように、恐縮してはいるが、馬について「人にしたがはぬことや候ふべき (人に従わないことがございましょうか)」と、自信をもっている。よって、適する。　オ．献上された馬は「暴れ馬ぶりを存分に発揮」したが、「見る者全員を感心させた」は誤り。

問六　経家の馬に対する考え方は、召し出されたときの経家の言葉「馬はかならず人に乗らるべき器にて候へば～人にしたがはぬこと給ふべきや」に表れている。よって、ウが適する。

【古文の内容】

武蔵《むさし》の国の住人の都筑平太《つづきへいた》経家は高名な馬乗り・馬飼いであった。(源頼朝に敵対した) 平家の家来だったので、鎌倉右大将源頼朝が召し捕らえて、梶原景時《かげとき》に預けなさっていた。その時に、陸奥《みちのく》から背が高くて猛々しい暴れ馬を (頼朝のもとに) 献上したのを、どうしても乗れる者がいなかった。評判の馬乗りたちに一人一人 (試しに) 乗せなさったけれども、一人も乗りこなす者がいなかった。頼朝は思い悩みなさって、「それにしてもこの馬に乗る者がいないまま終わることは、残念なことだ。どうしたらよいだろうか」と景時に相談しなさったところ、「東八ヶ国に今は期待できる者はおりません。ただ捕らえられた者の経家がおります」と申し上げると、「それならここに召し連れよ」ということで早速召し出された。(経家は) 白色の水干《すいかん》に葛《くず》布でできた袴《はかま》を着ていた。頼朝は「このような暴れ馬がいる。乗りこなせようか」とおっしゃったので、経家はかしこまって、「馬は本来人に乗られるはずのものでございますので、どんなに猛々しい馬も、人に従わないことがございましょうか (いいえ、従うでしょう)」と申し上げたので、頼朝はお喜びになった。「ならば試してみよ」と言って早速馬を引き出しなさった。本当に大きく背が高くて人をそばに寄せつけず跳ねまわった。経家は水干の袖を結んで袴のももだちを高くはさんで、烏帽子かけの紐《ひも》を結んで庭に降り立った様子は、実に立派に見えた。あらかじめ承知していたのであろうか、轡《くつわ》を持参していた。その轡をかませて、さし縄《なわ》を手に取ったが、(馬は) 少しも物ともせず跳ねて走ったのを、(経家は) さし縄に取りついてたぐり寄って乗ってしまったのだった。(馬は) すぐにおどり上がって走り出たのを、(経家は馬を) 少し走らせて制止して、ぼくぼくと歩かせて頼朝の前に向けて立たせた。見る者は目を丸くして驚かない者はない。十分に乗らせて、「もうそのくらいでよかろう」と (頼朝が) おっしゃった時、(経家は馬から) 降りた。(頼朝は) たいそう感心なさって (経家の) 罪を許しなさって厩別当に任命しなさった。

《2021　数学　解説》

1

(1)　与式$=8a^6b^3\times(-ab^2c)\div(-8a^6c^3)=\frac{8a^6b^3\times ab^2c}{8a^6c^3}=\frac{ab^5}{c^2}$

(2)　与式$=(\frac{\sqrt{3}}{3}+\frac{\sqrt{8}}{\sqrt{3}}-\sqrt{6})^2=(\frac{\sqrt{3}}{3}+\frac{2\sqrt{6}}{3}-\frac{3\sqrt{6}}{3})^2=(\frac{\sqrt{3}-\sqrt{6}}{3})^2=\frac{(\sqrt{3}-\sqrt{6})^2}{9}=\frac{3-2\sqrt{18}+6}{9}=$
$\frac{9-6\sqrt{2}}{9}=\frac{3-2\sqrt{2}}{3}$

(3)　与式$=9x^2+2\times3x\times y+y^2-(9x^2-xy-9xy+y^2)=9x^2+6xy+y^2-9x^2+10xy-y^2=16xy$
ここで，$x=-\frac{3}{4}$，$y=\frac{1}{3}$を代入すると，$16\times(-\frac{3}{4})\times\frac{1}{3}=-4$

(4)　$\frac{3(x+1)}{4}-\frac{4(y-2)}{3}=\frac{23}{6}$の両辺を12倍して，$9(x+1)-16(y-2)=46$　　$9x+9-16y+32=46$
$9x-16y=5$…①　　$-0.2x+0.25y=0.1$の両辺を100倍して，$-20x+25y=10$　　$-4x+5y=2$…②
①×4＋②×9でxを消去すると，$-64y+45y=20+18$　　$-19y=38$　　$y=-2$
①に$y=-2$を代入すると，$9x+32=5$　　$9x=-27$　　$x=-3$

(5)　**【解き方】$x^2-2x-3=A$として考える。**
与式$=A^2+13A-90=(A+18)(A-5)$　　Aをもとに戻すと，$(x^2-2x-3+18)(x^2-2x-3-5)=$
$(x^2-2x+15)(x^2-2x-8)=(x+2)(x-4)(x^2-2x+15)$

(6)　**【解き方】与式$=\sqrt{4(24-2n)}=2\sqrt{24-2n}=2\sqrt{2(12-n)}$だから，$12-n$が$2\times k^2$（kは自然数）となるnの値がいくつあるかを考える。**
$k=1$のとき，$12-n=2\times1^2$より，$n=10$　　$k=2$のとき，$12-n=2\times2^2$より，$n=4$
$k=3$のとき，$12-n=2\times3^2$より，$n=-6$となるが，nが自然数でないので条件に合わない。
$k=4$以降もnが自然数にならないとわかるので，求める個数は2個である。

(7)　**【解き方】切り口は右図の太線部分である。向かい合う切り口の辺は平行だから，PQ//FHである。FP，EA，HQを延長すると，Rで交わる。Eを含む方の立体の体積は，（三角すいR－EFHの体積）－（三角形R－APQの体積）で求められる。**

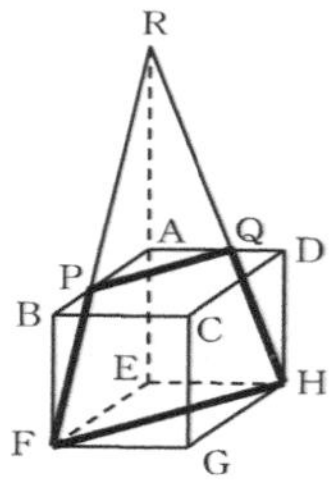

三角すいR－EFHと三角形R－APQは相似であり，相似比がAP：EF＝2：(2＋1)＝2：3だから，体積比は$2^3:3^3=8:27$である。
よって，求める体積は，三角すいR－EFHの$\frac{27-8}{27}=\frac{19}{27}$(倍)
$RE=\frac{3}{3-2}AE=18$(cm)だから，求める体積は，$\{\frac{1}{3}\times(\frac{1}{2}\times6\times6)\times18\}\times\frac{19}{27}=76$(cm³)

(8)　**【解き方】右のように作図し（AG//DC），EF＝EH＋HFで求める。**

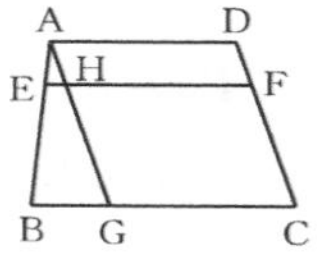

四角形AHFD，AGCDは平行四辺形だから，HF＝GC＝AD＝a
BG＝b－aであり，△ABG∽△AEHだから，BG：EH＝AB：AE＝(1＋3)：1＝4：1より，$EH=\frac{1}{4}BG=\frac{1}{4}(b-a)$　　よって，$EF=\frac{1}{4}(b-a)+a=\frac{3a+b}{4}$

(9)　**【解き方】右のように作図する（Oは2つの円の中心）。大きい円の半径をOA＝a，小さい円の半径をOH＝bとして（大きい円の面積）－（小さい円の面積）で求める。**

$AH=\frac{1}{2}AB=8$(cm)だから，△AOHについて三平方の定理より，
$OA^2-OH^2=AH^2$　　$a^2-b^2=8^2=64$
よって，求める面積は，$a^2\pi-b^2\pi=(a^2-b^2)\pi=64\pi$(cm²)

(10)　Ａを通る円Ｏの接線と円Ｏとの交点をＰとすると，∠ＡＰＯ＝90°となる。
半円の弧に対する中心角は90°であることから，ＡＯが直径となる円と円Ｏとの交点をＰとすれば，∠ＡＰＯ＝90°となるので，直線ＡＰをひけばよい。
実際に解答例のように作図すると，右のようになる(接線は２本ひける)。

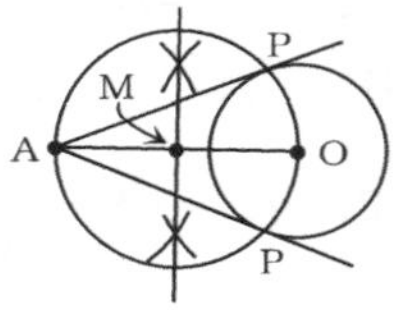

2　(1)　$x=2$のときは，図ｉのようになる。ＥＣ＝２なので，$y=\frac{1}{2}\times2\times4=4$

(2)　**【解き方】$0\leqq x\leqq2$，$2\leqq x\leqq4$で場合分けをして考える。**
$0\leqq x\leqq2$のときは図ⅱのようになる。ＥＣ＝xであり，△ＥＣＨ∽△ＥＦＧだから，ＣＨ：ＦＧ＝ＥＣ：ＥＦ　　ＣＨ：12＝x：６　　ＣＨ＝$\frac{12\times x}{6}=2x$
よって，$y=\frac{1}{2}\times$ＥＣ×ＣＨ　　$y=\frac{1}{2}\times x\times2x$　　$y=x^2$
$2\leqq x\leqq4$のときは図ⅲのようになる。ＥＣ＝xであり，(1)よりＥＩ＝２とわかるので，ＪＤ＝ＥＣ－ＥＩ＝$x-2$
よって，$y=\frac{1}{2}\times$(ＪＤ＋ＥＣ)×ＤＣ　　$y=\frac{1}{2}\times(x+x-2)\times4$　　$y=4x-4$
したがって，解答例のようなグラフとなる。

図ｉ
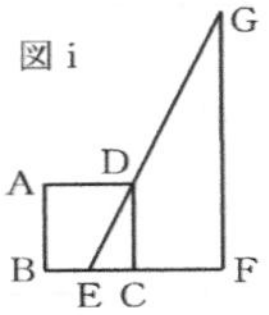

図ⅱ
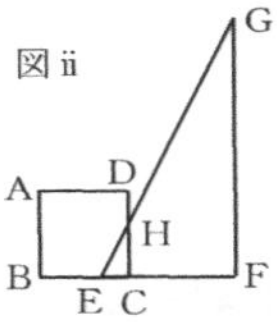

図ⅲ
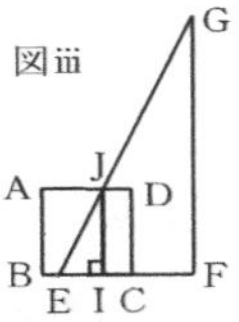

(3)　**【解き方】(2)より，$0\leqq x\leqq4$でのｙの最大値は$x=4$のときの$y=4\times4-4=12$だから，$y=15$のとき，$4\leqq x$となるので，図ⅳ，図ｖのようになる。このとき，ＥＣ＝xである。**
図ⅳのとき，ＣはＦより左側にあるから，$4\leqq x\leqq6$である。
$y=15$のとき，△ＡＫＬ＝(正方形ＡＢＣＤの面積)－(五角形ＬＫＢＣＤの面積)＝４×４－15＝１となる。
△ＬＡＫ∽△ＥＢＫ∽△ＥＦＧがわかるので，ＡＬ：ＡＫ＝ＦＥ：ＦＧ＝６：12＝１：２となるから，
ＡＬ＝ａ，ＡＫ＝２ａとすると，△ＡＫＬ＝$\frac{1}{2}\times a\times2a=a^2$
よって，$a^2=1$より，$a=1$($a>0$だから)となるので，ＡＫ＝２×１＝２，ＢＫ＝ＡＢ－ＡＫ＝４－２＝２
したがって，△ＡＬＫ≡△ＥＢＫがわかるので，ＢＥ＝ＡＬ＝１，x＝ＥＣ＝ＢＥ＋ＢＣ＝１＋４＝５
これは$4\leqq x\leqq6$だから，条件に合う。
図ｖのとき，ＣはＦより右側にあるから，$6\leqq x\leqq10$である。
$y=15$のとき，(四角形ＭＦＣＤの面積)＝(正方形ＡＢＣＤの面積)－(四角形ＡＢＦＭの面積)＝16－15＝１となる。
ＦＣ＝(四角形ＭＦＣＤの面積)÷ＤＣ＝$1\div4=\frac{1}{4}$だから，x＝ＥＦ＋ＦＣ＝$6+\frac{1}{4}=\frac{25}{4}$
これは$6\leqq x\leqq10$だから，条件に合う。

図ⅳ
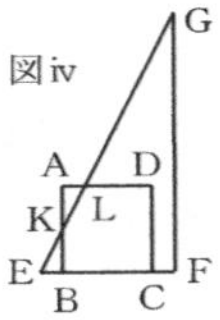

図ｖ
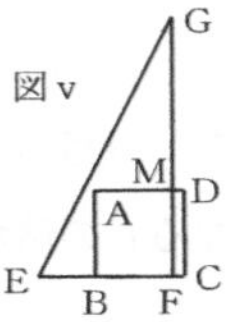

3　**【解き方】白玉２個を白１，白２，赤玉１個を赤，青玉２個を青１，青２として考える。**
１回目の取り出し方は５通り，２回目の取り出し方は残りの４通り，３回目の取り出し方は残りの３通りあるから，並べ方は全部で５×４×３＝60(通り)ある。
(1)　条件に合う並び方は，一番左に白玉が並ぶのが，白１，白２の２通り，その次に赤玉が並ぶのが１通り，その次に青玉が並ぶのが青１，青２の２通りだから，全部で２×１×２＝４(通り)ある。
よって，求める確率は，$\frac{4}{60}=\frac{1}{15}$

(2)　**【解き方】両端の玉の並び方から考える。**
両端の玉が白玉と青玉となるのは，(左端，右端)が，(白１，青１)(白１，青２)(白２，青１)(白２，青２)(青１，白１)(青１，白２)(青２，白１)(青２，白２)の８通りあり，その８通りに対して，真ん中の玉の並び方が両端で並んだ玉を除く３通りあるから，全部で８×３＝24(通り)ある。よって，求める確率は，$\frac{24}{60}=\frac{2}{5}$

(3)　**【解き方】条件に合う場合の数は，(①左側で白玉と赤玉が隣り合う場合の数)＋(②右側で白玉と赤玉が隣り合う場合の数)－(③両側で白玉と赤玉が隣り合う場合の数)で求められる。**

３つの並びを(A，B，C)とする。①のとき，(A，B)の並びは，(赤，白１)(赤，白２)(白１，赤)(白２，赤)の４通り，Cは(A，B)で並んだ玉以外の３通りあるから，全部で４×３＝12(通り)ある。

同様にして，②のときは(B，C)の並びが４通り，Aが３通りあるから，全部で４×３＝12(通り)ある。

③のときは，(A，B，C)の並びは(白１，赤，白２)(白２，赤，白１)の２通りある。

したがって，条件に合うのは12＋12－２＝22(通り)だから，求める確率は，$\frac{22}{60}=\frac{11}{30}$

4　(1)　(円周)＝(直径)×(円周率)であることも覚えておこう。

図Ⅰ

(2)　正三角形について，図Ⅰのように作図する。∠DOE＝360°÷３＝120°だから，∠DOF＝120°÷２＝60°より，△DOFは３辺の長さの比が１：２：$\sqrt{3}$の直角三角形である。よって，DF＝$\frac{\sqrt{3}}{2}$OD＝$\frac{\sqrt{3}}{2}$だから，正三角形の一辺の長さはDE＝２DF＝(ア)$\sqrt{3}$

図Ⅱ

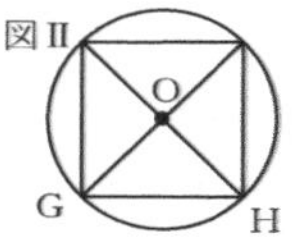

正方形について，図Ⅱのように作図する。∠GOH＝360°÷４＝90°より，△OGHは直角二等辺三角形だから，正方形の１辺の長さは，GH＝$\sqrt{2}$OG＝(イ)$\sqrt{2}$

(3)　**【解き方】(2)と同様に，円の中心をOとして，円の中心と半径２つと正多角形の１辺でできた三角形について考える。**

図Ⅲ

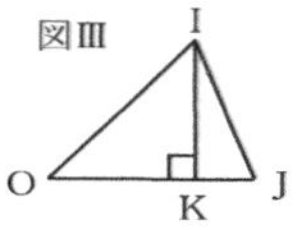

正八角形について，１辺をIJとして，図Ⅲのように作図する。∠IOJ＝360°÷８＝45°より，△OIKは直角二等辺三角形なので，IK＝OK＝$\frac{1}{\sqrt{2}}$OI＝$\frac{1}{\sqrt{2}}$

よって，KJ＝OJ－OK＝$1-\frac{1}{\sqrt{2}}$だから，△IKJについて，三平方の定理より，

図Ⅳ

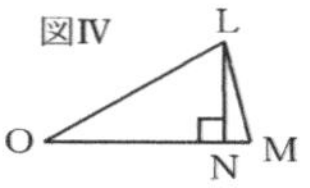

$IJ^2=IK^2+KJ^2=(\frac{1}{\sqrt{2}})^2+(1-\frac{1}{\sqrt{2}})^2=\frac{1}{2}+1-\frac{2}{\sqrt{2}}+\frac{1}{2}=$(ウ)$2-\sqrt{2}$

正十二角形について，１辺をLMとして，図Ⅳのように作図する。∠LOM＝360°÷12＝30°より，△OLNは３辺の長さの比が１：２：$\sqrt{3}$の直角三角形なので，ON＝$\frac{\sqrt{3}}{2}$OL＝$\frac{\sqrt{3}}{2}$，LN＝$\frac{1}{2}$OL＝$\frac{1}{2}$

NM＝OM－ON＝$1-\frac{\sqrt{3}}{2}$だから，△LNMについて，三平方の定理より，

$LM^2=LN^2+NM^2=(\frac{1}{2})^2+(1-\frac{\sqrt{3}}{2})^2=\frac{1}{4}+1-\sqrt{3}+\frac{3}{4}=$(エ)$2-\sqrt{3}$

(4)　(2)，(3)と同様に考えると，解答例のように説明できる。

72°＝36°×２であることから，角の二等分線を作図することで，相似な三角形ができることに気づきたい。

(5)　正三角形について，$\frac{(周の長さ)}{2}=\frac{\sqrt{3}\times 3}{2}=\frac{1.73\times 3}{2}=$(a)2.595

正方形について，$\frac{(周の長さ)}{2}=\frac{\sqrt{2}\times 4}{2}=\frac{1.41\times 4}{2}=$(b)2.82

正十角形について，(周の長さ)＝$\frac{-1+\sqrt{5}}{2}\times 10=\frac{-1+2.24}{2}\times 10=6.20$だから，$\frac{(周の長さ)}{2}=\frac{6.20}{2}=$(d)3.10

《2021　英語　解説》

1　A(1)　X「はい。こんにちは」→Y「ABCピザです。ご注文のピザをお持ちしました」→X「私はピザを注文していません。どの家をお探しですか？」→Y「ボルトンさんのお宅です。ボルトンさんではありませんか？」→X「違います。彼は赤と黄色のお隣の家に住んでいますよ」より，B「失礼しました。お隣に届けます」が適当。

(2)　X「わぁ，あなたがこんなに上手にギターを弾けるなんて知らなかったわ」→Y「ありがとう。数人の友達とバンドで演奏しているんだ」→X「すごいわ。ねぇ，あなたたちはきっといつか有名になるわよ！」より，C「いやいや。僕らはそんなにうまくないよ。ただ楽しみで演奏しているだけだよ」が適当。

(3)　X「ナンドレストランへようこそ。申し訳ありませんが満席です。お待ちいただけますか？」→Y「どれくらいかかりそうですか？」→X「10分ほどです」より，C「それなら構いません。急いでいないので」が適当。

(4)　X「ダルトン先生，僕のエッセイをチェックしていただけませんか？」→Y「もちろんだよ，タロウ。でも今はチェックできないよ。今から担当の授業があるんだ」→X「はい，構いません。いつ来たらいいでしょうか？」より，A「ランチの時間なら会えるよ」が適当。

(5)　X「パパ，夕食作りを手伝おうか？」→Y「うん。じゃがいもを料理してくれるかい？」→X「うん。どう料理したらいいの？」より，C「なべで茹でて」が適当。

B(6)　質問「なぜ彼らは日曜日に映画を見に行けないのですか？」…X「もしもし？」→Y「やぁ，テッド。ボブだよ。日曜日に新しいマーベルの映画を見たくない？」→X「見たいけど，日曜日は祖母のもとを訪問しなきゃならないよ。土曜日はどう？」→Y「いいよ。僕は大丈夫だよ。じゃあ土曜日の放課後に」より，エ「テッドが祖母のもとを訪問しなければならないから」が適当。

(7)　質問「少年の制服はどこにありますか？」…X「パパ，僕の制服を見かけなかった？明日学校に行くのに必要なんだ」→Y「部屋にない？」→X「いや，ないよ。どこにも見つからないよ」→Y「あぁ，思い出した。だいぶ汚れていたから昨日ドライクリーニングに持って行ったよ。今日の夕方には仕上がるはずだよ」より，ア「それはドライクリーニング店にある」が適当。

(8)　質問「アダムは次に何をするでしょうか？」…X「アダム，ちょっと来てくれる？話があるんだ」→Y「どうしたの，パパ？今からバスケットボールの練習に行かなきゃいけないんだ。後じゃだめ？」→X「そうか。お母さんと私のことで話しをしたかったんだが，お前が帰ってきてから話そう」→Y「うん。7時ごろには帰ってくるよより，ウ「バスケットボールの練習に行く」が適当。

(9)　質問「彼らは何をするでしょうか？」…X「今日妻へのプレゼントを買いに行くんだ。暇なら一緒にどう？」→Y「行くよ。楽しそうだ。奥さんの誕生日かい？」→X「いや。僕ら2人の記念日だよ。妻に何を買っていいのかわからなくてさ」→Y「それなら，街を見て回ろう。何か気に入るものが見つかると思うよ」より，エ「買い物に行く」が適当。

(10)　質問「タクヤは何をするでしょうか？」…X「ワールドイングリッシュアカデミーです。ご用件をどうぞ」→Y「こんにちは。ハワード先生をお願いできますか？僕はグレードナインのタクヤです」→X「ごめんなさい，タクヤ。先生は授業中よ。あとでかけ直してくれるかしら？」→Y「わかりました。問題ありません」より，ア「あとで電話をかけ直す」が適当。

C(11)　質問「ピーター・ダニエルズはどこで働いていますか？」…ア「警察署で働いています」が適当。

(12)　質問「ジェイソン・スミスはどこでかばんがなくなったことに気づきましたか？」…エ「バスの中で」が適当

(13)　質問「以下のうち，ジェイソン・スミスのかばんに入っていなかったのはどれですか？」…エ「財布」が適当

(14)　質問「以下の文のうち，正しくないのはどれですか？」…ウ「ジェイソン・スミスのかばんは赤です」が適当

(15)　質問「この電話のあと，ジェイソン・スミスは何をするでしょうか？」…イ「警察署に行きます」が適当。

【放送文の要約】

警察署員　：(11)アはい，リバータウン中央警察署です。署員のピーター・ダニエルズです。ご用件をどうぞ。

ジェイソン：ダニエルズさん，こんにちは。私はジェイソン・スミスです。物をなくしてしまったので電話しています。

警察署員　：はい，スミスさん。協力させていただきます。何をなくされましたか？

ジェイソン：かばんです。今日私はショッピングモールに行き，友人とカフェでランチをしました。友人が帰ったあと，劇場に映画を見に行きました。そのあと，バスに乗って帰宅する前に書店に行きました。(12)エバスに乗車中にかばんがないことに気づきました。

警察署員　：実は，署にいくつかかばんが届いています。そのうちの1つがスミスさんのものかもしれません。ご自分のかばんについて，話していただけますか？

ジェイソン：はい，(14)ウ青色で中ぐらいの大きさのリュックサックです。

警察署員　：なるほど。かばんの中には何が入っていますか？

ジェイソン：タオルと本と携帯電話が入っていました。

警察署員　：わかりました。署にある青いかばんにタオルと本と携帯電話が入っています。あなたのタオルと携帯電話は何色ですか？

ジェイソン：携帯電話は白でタオルは赤と黒です。

警察署員　：財布はかばんの中に入れていましたか？

ジェイソン：いいえ。(13)エ幸い財布はポケットに入れていました。

警察署員　：こちらにあるのがあなたのかばんのようです。署まで確認に来ていただけますか？

ジェイソン：(15)イすぐに伺います。ダニエルズさん，ありがとうございます。

警察署員　：どういたしまして。では後ほど。

2 日本語の表現で省略されている部分を補い，英語にできる日本語に変換して考えるとよい。

問1① 「～することは…だ」はIt is … to ～で表す。

② 「AよりもB」が「好きである」という意味だから，like B better than A で表す。

問2（A） 与えられた単語より，「この祭りは～年の歴史がある」は～ years old を使って「この祭りは～歳だ」と表すことができる。英語では生き物以外にもこの表現を用いる。「～以上」＝more than ～

（B） 与えられた単語より，「醍醐味」は「最もわくわくするもの」＝The most exciting thing と表す。

（C） 与えられた単語より，「～がずら一っと並ぶ」は「～がたくさんある」＝There are a lot of ～と表す。

（D） 与えられた単語より，「断然焼きそば」が「好きである」という文にする。最上級の文 like ～ (the) best で表す。

（E） 与えられた単語より，「店員が料理している姿を見ることができる」という文にする。「(人)が～しているのを見る」は〈see＋人＋~ing〉で表す。

問3 話の流れより，「それ(＝焼き鳥)は歩きながら食べやすい」という文にする。

3 【本文の要約】参照。

問2 単語の意味を知らなくても，周囲の文から意味を読み取ろう。

問3 ・even though ～「～だが」　・can be ～「～でありうる」

問5 直前の文と相反する内容だからウが適当。

問6(6) ・think that＋主語＋動詞「～だと考える」　・help＋目的語＋to 不定詞／原形不定詞「(目的語)が～するのを手伝う」　(7) ・it is … to ～「～するのは…だ」

【本文の要約】

十分なA睡眠（＝sleep）を取らないと，どうなるでしょうか？アメリカの高校生のランディ・ガードナーは，それを解明したいと思いました。彼は学校の科学の研究で睡眠遮断の効果についての実験を計画しました。スタンフォード大学のウィリアム・チャームズ・デメント博士と友達２人が彼の様子を注意深く見守る中，彼は264時間12分，眠らずに起きていました。

睡眠遮断はガードナーにどんな効果をもたらしたでしょうか？(1)エ眠らずに 24 時間経過すると，ガードナーは読書やテレビの視聴に困難を覚え始めました。文字と画像がぼんやりして（＝not looking clear）きたのです。３日目には，手を使った動作が困難になりました。(2)オ４日目にはガードナーは幻覚を起こしていました（＝seeing things that aren't really there）。例えば，彼が標識を見たとき，彼はそれが人だと思いました。彼は自分が有名なサッカー選手だと想像するようにもなりました。(3)イそれから数日経つと，ガードナーの言葉は聞き取りにくく（＝difficult to hear）なり，周囲の人は彼の言うことが理解できなくなりました。彼はまた物覚えも悪くなりました。11 日目になると，ガードナーは数える問題が解けなくなりました。テスト中に，単に数えるのをやめてしまうのです。彼は自分が何をやっているのかも覚えていられなくなりました。

ついに寝てしまった時，ガードナーは14時間45分眠りました。次の夜は12時間，３日目の夜は10時間30分眠りました。そして４日目の夜までに，いつもの睡眠パターンに戻りました。

ガードナーはすぐに回復しましたが，科学者たちは，睡眠無しで過ごすことは危険でありうると考えています問4エ彼らはランディの実験をまねしてはだめだと言います。イホワイトラットを使った実験が，睡眠遮断の深刻さを示しています。ア数週間眠らずにいると，ラットの毛が抜け始めました。ウそして，いつもよりたくさん餌を食べたにもかかわらず体重が落ちました。そして最後にはラットは死んでしまいました。

今までランディ・ガードナーBよりも長く（＝longer than）起きていた人はいるのでしょうか？いるのです！ギネス世界記録によると，イギリスのモーリーン・ウェストンが最も長く起きていた記録を持っています。彼女は1977年に449時間眠らずに起きていました。これは18日17時間に相当します！

人は一生のうち25年，あるいはそれ以上を眠りに費やします。しかし，それはなぜでしょう？睡眠の目的は何なのでしょう？驚くことに，科学者にも確かなことはわかっていません。科学者たちは以前，眠ると脳が休みモードに入ると考えていました。Cしかし（＝however），現在，睡眠の研究者たちは，眠っている時でも脳は非常に活発に働いていることを把握しています。科学者の中には，脳細胞に活気を与えるために眠るのだと考えている人もいれば，肉体の成長や，ストレスを和らげるのに睡眠が一役買っていると考える人もいます。理由はどうであれ，私たちにわかっているのは，十分睡眠を取ることが大切だということです。

4 【本文の要約】参照。

問１　permanent「永続する／永久的な」，あるいは下線部(1)の直後の２文から判断する。

問３　下線部(2)直後の１文から答える。なお，スイス人女性の父が亡くなったのは，第３段落最終文より，20年前である。

問４　男性の死亡時期に関する科学者たちの最初の見解を①に，入念に調べた後の見解を②にまとめる。

問５　ア「これは×第一次世界大戦で亡くなった兵士に関する話だ」　イ「その死体は×数人のオーストリア人科学者によって発見された」　ウ「×空気が乾燥していたため，死体の状態はよかった」　エ「死体発見当初，その来歴に関して×意見を持つ者はいなかった」　オ○「科学者たちはその死体を注意深く見た時，それは５世紀前のものかもしれないと言った」　カ「×スイス人女性が誰にも死体に触れてほしくなかったため，死体は２日間山に横たわっていた」　キ「科学者たちは死体を調べたあと，その凍った男性は×戦争で亡くなったと言った」　ク○「我々は衣類や道具から，はるか昔の人々がどのように暮らしていたかを知ることができる」

【本文の要約】

1991 年 9 月のある日，２人のドイツ人がオーストリアとイタリアの間にある山を登っていた。山道を登っていくと，彼らは氷山に横たわっている男の死体を見つけた。その標高（3200 メートル）では，通常氷はとけない（＝⑴ウその場所は通常一年中氷に覆われている）。しかし 1991 年は特別暖かい年だった。山の氷はいつもよりもたくさんとけ，死体が表面に出てきたというわけだ。

それはうつぶせで横たわっていた。骨は完璧な状態だったが，頭部に大きな傷があった。骨にはまだ皮膚が残っており，ところどころ衣類も付着していた。両手はまだ斧の木製の柄《え》を握っていた。足には，とてもシンプルな皮革と布のブーツをはいていた。死体の近くには，樹皮でできた手袋と矢筒があった。

この男は誰なのか？どうやっていつ死んだのか？この疑問に対し，誰もが(A)ア違う（＝a different）答えを出した。この死体を見つけた登山者たちは，それは何千年も前のもののようだったといった。しかし，今世紀のものだろうと言う人もいた。おそらく第一次世界大戦で亡くなった兵士の死体だろう。実際に数名の第一次世界大戦の兵士がその山のその付近ですでに(B)ウ見つかって（＝found）いる。一方で，あるスイス人女性は，それは自分の父親かもしれないと思った。彼は 20 年前に山で亡くなり，まだ遺体が見つかっていない。

その(C)イ発見（＝discovery）の知らせを聞いた時，イタリアとオーストリアの科学者たちは急いで頂上に向かった。その遺体はスイス人女性の父親のはずがない，と彼らは言った。問3ブーツ，手袋，そして斧が，はるかに古いものであることは明らかだった。同じ理由で，第一次世界大戦の兵士のはずがないとも言った。問4①，問5オそれは少なくとも数世紀前，あるいは５世紀前のものだろう，と彼らは述べた。それはオーストリア公フレデリックの軍隊の兵士の１人である可能性があった。

しかしながら，この(D)ウ推測（＝guess）に確信を持つには，科学者たちはより多くのデータが必要だった。彼らは研究所で調べることができるように，その死体を山から降ろして連れて帰る必要があった。問題は，(E)アその死体が誰のものか（＝whom did it belong to?）ということだった。それはまさにイタリアとオーストリアの国境上に横たわっていたのだ。当然両国とも研究所および博物館のためにその凍った男を欲しいと思った。外交官たちが議論する間，死体は２日間山に横たわっていた。最終的に彼らは，それがあったのはオーストリアの土地だったと決定した。その時までに死体の一部はとけ，いくぶん損傷が見られた。

問5オオーストリアの科学者たちがその死体をより入念に調べた時，彼らは考えを変えた。どのように死んだかはまだわからなかったが，死んだ時期がわかったのだ。問4②約 4700 年前だった。これは非常に重要な発見だと彼らは言った。このことは，非常に古いヨーロッパの歴史について，多くのことを教えてくれるだろう。問5ク衣類や道具から，当時の人間がどのように暮らしていたかを知ることができるのだ。

《2021　理科　解説》

1 (1)　エ○…イオン化傾向が大きいものほど，電子を渡してイオンになりやすい。実験１でイオン化傾向が大きいものは，希硫酸中の水素イオンに電子を渡して水素を発生させるので，Ｂ，ＣはＡに比べてイオン化傾向が大きい。また，実験２でＣにＢを入れるとＢの表面が変化したので，Ｂの原子がＣのイオンに電子を渡してイオンになったと考えられる。したがって，イオン化傾向が大きい順にB＞C＞Aとなる。

(2)　ウ○…Pは動滑車だから，Aさんが引く力はBさんの体重の半分になる。また，Bさんは引いているロープを含む３本のロープで自分の体重を持ち上げるので，Bさんが引く力はBさんの体重の$\frac{1}{3}$になる。〔仕事(J)＝力の大きさ(N)×力の向きに物体が動いた距離(m)〕，〔仕事率(W)＝$\frac{\text{仕事(J)}}{\text{時間(s)}}$〕より，この問題では力の向きに動いた距離と時間は等しいので，仕事率は力の大きさに比例する。したがって，$\frac{1}{2}\div\frac{1}{3}=1.5$(倍)となる。

(3)　ウ○…40℃の水 100ｇにある物質は 50ｇ溶けるので，〔質量パーセント濃度(%)＝$\frac{\text{溶質の質量(g)}}{\text{溶液の質量(g)}}\times100$〕より$\frac{50}{100+50}\times100=33.3\cdots$(%)となる。

(4)　ア×…動脈，静脈，毛細血管の順に細くなっていく。　イ×…肺から心臓に流れる血液が通る血管を肺静脈という。　ウ×…動脈と静脈の間は毛細血管でつながっている。　エ○…肝臓と小腸をつなぐ血管を門脈という。
オ×…逆流を防ぐ弁がついているのは静脈である。

(5)　オ○…①ろうそくが燃えると二酸化炭素が発生するので，石灰水を入れると白くにごる。　②水素と酸素が結びつくと水ができる〔$2H_2+O_2\rightarrow2H_2O$〕。　③炭素と酸素が結びつくと二酸化炭素ができる〔$C+O_2\rightarrow CO_2$〕。

(6)　ウ○…浮力は水中にある物体にはたらく上向きの力である。浮力は水中にある物体が押しのけた液体の重さと等しいので，物体がすべて水中に入るまではばねばかりの値が減少するが，すべて水中に入るとばねばかりの値は一定になる。

(7)　ウ○…口ではアミラーゼ，胃ではペプシンが分泌される。また，リパーゼはすい臓で分泌される。

(8)　イ○…図１のAは火山岩に見られる斑状組織，Bは深成岩に見られる等粒状組織である。また，図２のPは無色鉱物の割合が大きく，白っぽい岩石で，Q，Rの順に黒っぽくなっていく。花こう岩は白っぽい(P)深成岩(B)安山岩は２番目に白っぽい(Q)火山岩(A)である。

(9)　ア○…誘導電流の向きは，動かす磁石の極と動かし方によって決まる。N極をコイルに近づけた時と，S極をコイルから遠ざけた時では，同じ向きの電流が流れる。また，磁石を速く動かすほど電流が大きくなる。
イ，ウ，オ×…N極をコイルに近づけた時と反対向きの電流が流れる。　エ×…磁石を動かさないと，電流は流れない。

(10)　オ○…A．太陽系の惑星の中でいちばん最後に発見されたのは海王星である。　B．地球から月のように満ち欠けして見えるのは，内惑星の水星か金星で，厚い二酸化炭素の大気で覆われているので金星である。

2　問２　炭酸水素ナトリウムを加熱すると，炭酸ナトリウムと水と二酸化炭素に分解する〔$2NaHCO_3\rightarrow Na_2CO_3+H_2O+CO_2$〕。したがって，発生する気体は二酸化炭素である。図の気体の集め方は水上置換(法)である。

問４　炭酸水素ナトリウムの熱分解で生じる炭酸ナトリウムは，水に溶かすと炭酸水素ナトリウムよりも強いアルカリ性を示す。

問５　化学反応式をかくときは，反応の前後で原子の種類と数が等しくなるように係数をつける。炭酸水素ナトリウムと塩酸が反応して，塩化ナトリウムと水と二酸化炭素ができる反応である。

問６　$CaCO_3$(炭酸カルシウム)の熱分解で白色固体ができて二酸化炭素が発生する〔$CaCO_3\rightarrow CaO+CO_2$〕。この化学反応式から，白色固体は CaO(酸化カルシウム)だとわかる。表より，加熱時間が 60 分では最初の質量 5.00ｇから気体が$5.00-2.80=2.20$(ｇ)発生し，加熱時間が120分では最初の質量2.50ｇから気体が$2.50-1.40=1.10$(ｇ)発生している。これらの質量の関係より，1.00ｇの$CaCO_3$は 120 分間ですべて熱分解することがわかる。したがって，最初の質量が 1.00ｇのときには，$2.20\times\frac{1.00}{5.00}=0.44$(ｇ)となる。

3　問１　A～C．放射冷却現象は，前夜の天気が晴れで無風の場合に，地表の熱が上空に逃げることで，翌朝には上空よりも地表付近の空気の温度が低くなる現象である。　D，E．空気の温度が露点より低くなると，水蒸気が水滴になって出てくる。　F．空気塊が上昇すると，まわりの気圧が低くなるので，体積が急激に増加する。

問２　イ×…高気圧の中心付近では，下降気流が発生している。

問3(1)　気温が18－12＝6(℃)下がると露点に達するので，雲ができ始める標高は$100\times\frac{6}{1}=600$(m)となる。
(2)　飽和した空気は100m上昇するごとに0.5℃ずつ下がるので，中国山地の山頂での気温は$12-0.5\times\frac{1200-600}{100}=9$(℃)となる。　(3)　中国山地の山頂から福山まで標高が1200m下がる間は雲ができていないので，気温が$9+1\times\frac{1200}{100}=21$(℃)となる。　(4)　雲ができ始める標高が低くなったので，空気に含まれる水蒸気が増えたと考えられる。　(5)　標高1000mまでは雲ができておらず，1000mから1900mまでは雲ができているので，空気が四国山地の山頂まで上昇する間に，気温が$1\times\frac{1000}{100}+0.5\times\frac{900}{100}=14.5$(℃)下がり，四国山地の山頂から高知まで下降する間に気温が$1\times\frac{1900}{100}=19$(℃)上がるので，19－14.5＝＋4.5(℃)となる。　(7)　ウ○…風下側の地域では気温が非常に高くなり，湿度が低くなることで，山火事などの自然災害が起こりやすくなる。

4　**問1**　ア×…タンポポだけにあてはまる。　イ×…エンドウだけにあてはまる。　エ×…エンドウとタンポポは双子葉類で，葉脈は網状脈である。　オ×…エンドウとタンポポは被子植物で，胚珠が子房に包まれている。胚珠がむき出しになっているのは裸子植物である。

問2　イ○…Ｙでは，子がもつ遺伝子の組み合わせは，両親それぞれがもつ遺伝子とすべて一致するとは限らない。

問4　丸い種子としわのある種子を交配させ，二代目がすべて丸い種子だったとき，二代目の丸い種子はＡａ，一代目の丸い種子はＡＡ，しわのある種子はａａである。

問5(1)　Ａａの自家受粉によってできる孫の遺伝子の組み合わせはＡＡ：Ａａ：ａａ＝１：２：１となる。　(2)　ＡＡとＡａは丸い種子，ａａはしわのある種子だから，丸い種子：しわのある種子＝(１＋２)：１＝３：１となる。

問6　ＡＡを自家受粉して得られる種子の遺伝子の組み合わせはＡＡ，ａａを自家受粉して得られる種子の遺伝子の組み合わせはａａ，問５(1)解説より，Ａａを自家受粉して得られる種子の遺伝子の組み合わせはＡＡ：Ａａ：ａａ＝１：２：１である。ＡＡを自家受粉して得られるＡＡの数を４ｔとすると，Ａａを自家受粉して得られる遺伝子の組み合わせはＡＡ：Ａａ：ａａ＝２ｔ：４ｔ：２ｔとなり，三代目のエンドウをすべて自家受粉して得られる四代目の種子の遺伝子の組み合わせは，ＡＡ：Ａａ：ａａ＝(４ｔ＋２ｔ)：４ｔ：(４ｔ＋２ｔ)＝３：２：３となる。

5　**問1**　ウ○…凸レンズＡを通った光が実際に集まってできる像を実像という。実像は実物と上下左右が反対向きになる。

問2　図Ⅰのように，光軸に平行な光は凸レンズＡで屈折して反対側の焦点を通り，凸レンズの中心を通る光は直進する。これらの光の交わる点に実像ができるので，凸レンズＡとスクリーンの距離は18㎝である。

図Ⅰ
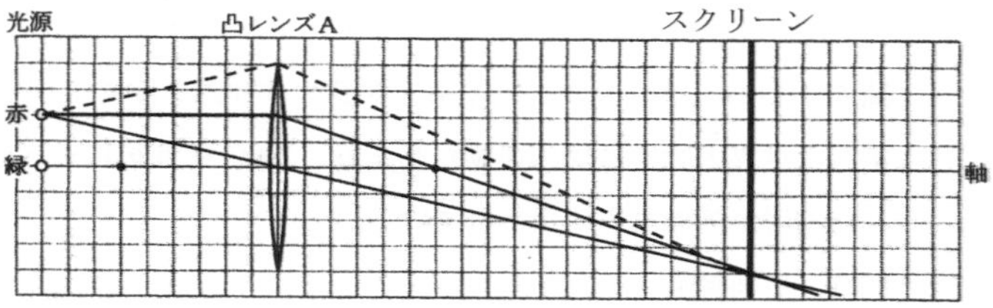

問3　ａウ○…図Ⅰのように凸レンズを通過した後，実像ができる位置で問２解説の光と交わる。　ｂキ○…凸レンズＡの中心を通る光は直進する。　ｃサ○…焦点を通り凸レンズＡで屈折する光は，光軸に平行に進む。

図Ⅱ
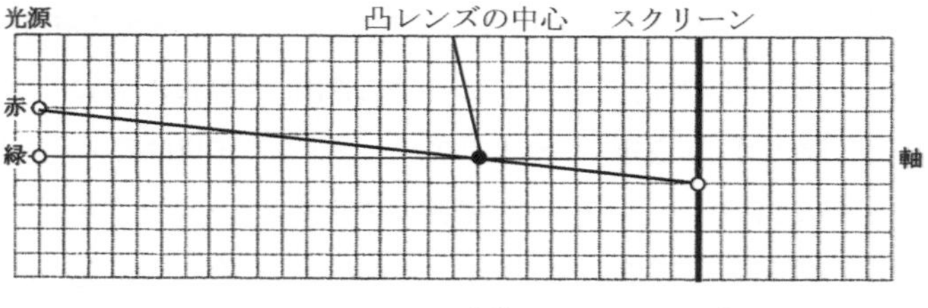

問4　図Ⅱのように，凸レンズＡの中心を通る光は直進するので，凸レンズＡの中心の位置がわかる。光源と凸レンズＡの距離は18cmである。

問5　エ○…図Ⅲのように虚像を作図する。赤色と緑色の間の距離は３㎝である。

図Ⅲ
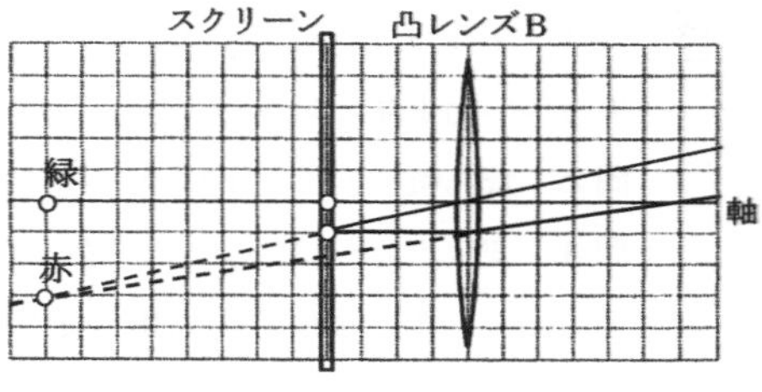

《2021　社会　解説》

1　問１　アが誤り。グレートディバイディング山脈(オーストラリア)は古期造山帯にあり，低くなだらかな山が多い。環太平洋造山帯は太平洋を取り巻く新期造山帯である。

問２　抑制栽培のエが正しい。アは関東ローム，イはシラス台地，ウは十勝平野でみられる。

問３(1)　ウ．2011 年の福島第一原子力発電所事故を受けて，原子力発電量の割合は低くなり，火力発電量の割合は高くなったことから，Ｃを原子力発電，Ｂを火力発電と判断できるので，Ａは水力発電となる。　(2)　ヨーロッパ北部では，偏西風が安定的な発電量をもたらすため，風力発電が普及している。Ｅは太陽光発電，Ｆは地熱発電。

問４　都市化によって地面が土からアスファルトになったため，雨が地面に浸み込みにくくなったことで下水道管へ流れる雨量が増え，雨水貯留池がつくられた。

問５　アを選ぶ。出荷額輸出額において，鉄鋼業が高いアを愛知県，石油製品・石炭製品が高いイを千葉県，食料品が高いウを北海道，情報通信機械器具が高いエを長野県と判断する。

問６　やませは夏の東北地方の太平洋側に吹く冷たく湿った風で，やませが吹くと，濃霧や雲が発生して日照時間が短くなり，気温が十分に上がらなくなることから，農作物の生長がさまたげられる冷害が発生しやすい。

問７　ウが誤り。ハザードマップの作成や配布は義務づけられていない。

問８ Y　高潮は，台風の接近などにより海水面が異常に高くなる現象である。

2　問１(1)　アトラス山脈の南側はサハラ砂漠である。

問２　(1)はカ，(2)はイ，(3)はアを選ぶ。人口が多く，国民総所得が高いオとカはドイツとフランスで，面積が大きいカをフランスと判断する。永世中立国を宣言するスイスは，ＥＵ非加盟のアと判断する。残ったうち，国土面積が最も小さいイをハンガリーと判断する。また，1980 年代末に社会主義から共和制に変わり，ルーマニア・ブルガリアより先にＥＵに加盟したことも知っておきたい。ウはブルガリア，エはルーマニア，オはドイツ。

問３(1)　エが誤り。「フランス語」ではなく「スペイン語」である。　(2)　カナダには 16 世紀前半からフランス人が進出したため，公用語が英語・フランス語である。

問４　かつてはエチオピアや南アフリカ共和国を除くアフリカのほぼ全域がヨーロッパの国々の植民地であったが，第二次世界大戦後に民族運動が高まり，1960 年前後につぎつぎと独立国が誕生した。独立後も緯線や経線で分けられた国境がそのまま使用されている。

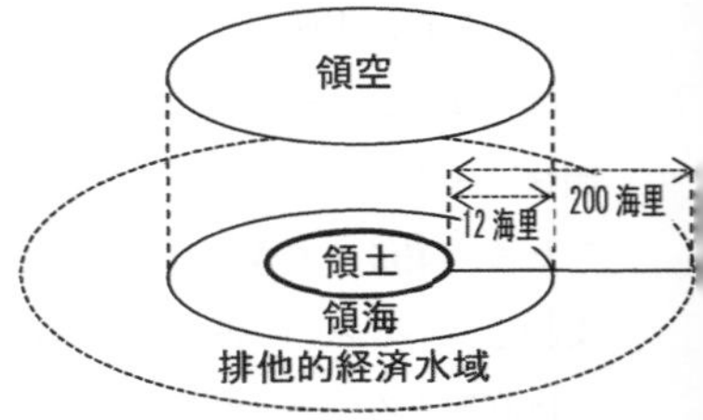

問５　右図参照

問６　ＥＵは，ＧＤＰがアメリカに次いで高く，地域経済圏内の貿易額が高いのでイと判断する。アはアメリカ合衆国，ウはＡＳＥＡＮ，エは中国。

問７(1)　エを選ぶ。チリとアルゼンチンの国境はアンデス山脈で分けられている。　(2)　イ．島国のスリランカ・マダガスカル・イギリスのうち，日本より面積が大きいマダガスカルを選ぶ。　(3)　ウが誤り。ベルギーは北海に面している。

3　問１　アを選ぶ。縄文時代，食べ物の豊作を祈って土偶をつくり，成人の通過儀礼として抜歯を行った。埴輪は古墳時代の出土品である。

問２　飛鳥時代のイが正しい。アは奈良時代，ウは室町時代，エは平安時代。

問３　聖武天皇がおこなったウが正しい。アは聖徳太子，イは桓武天皇，エは北条泰時がおこなった。

問４　ア．Ⅰ．飛鳥時代→Ⅱ．安土桃山時代→Ⅲ．江戸時代末期

問５　藤原氏の策略で遣唐使に選ばれた菅原道真は，唐の衰退と航海の危険を理由に遣唐使の派遣の停止を宇多

天皇に意見し，これが聞き入れられた。その後，道真は藤原氏によって大宰府に流されてしまった。

問７　アが正しい。浄土信仰は末法の世が始まるとされる 11 世紀に流行した。平等院鳳凰堂は，藤原頼通が浄土信仰の影響を受けて建てた。イは室町時代，ウは鎌倉時代，エは奈良時代。

問８　ウが正しい。アは江戸時代，イは室町時代，エは飛鳥時代・奈良時代。

問９　ウが誤り。管領が農民たちをとらえて処罰したことから，幕府が農民たちの要求をのまなかったとわかる。

問 10　寛永期は家光の治世だから鎖国政策のエを選ぶ。島原・天草一揆は 1637 年，ポルトガル船の来航禁止は 1639 年。アは 18 世紀の享保の改革，イは 17 世紀末の元禄期。ウは 19 世紀前半の化政文化についての記述である。

問 12　アヘン戦争で清がイギリスに敗れたことを知った幕府が，異国船打払令を薪水給与令に改めたことから，エと判断する。

4　**問１**　ｂとｄが正しいから，エを選ぶ。　ａ.「アメリカ」ではなく「イギリス」である。アメリカは国内で南北戦争が起こったため，日本との貿易が活発ではなかった。イギリスは産業革命が起こり，日本との貿易額が高かった。ｃ. 開港直後は貿易黒字であった。

問２　イ. 自由民権運動は 1874 年の板垣退助らの民撰議院設立の建白書提出から始まり，1881 年に国会開設の勅諭が出されると，板垣退助は自由党を結成し，国会の開設に備えた。

問４　日清戦争直前に陸奥宗光によって領事裁判権(治外法権)の撤廃は実現された。不平等条約の改正については，小村寿太郎が 1911 年に関税自主権の完全回復に成功したことも覚えておこう。

問５　アが正しい。　イ. 大日本帝国憲法では衆議院と貴族院であった。　ウ. 日本国憲法の議院内閣制の記述。エ.「内閣」ではなく「法律」である。

問６　遼東半島のイを選ぶ。日本は，日清戦争後の下関条約で多額の賠償金と台湾・澎湖諸島・遼東半島を獲得した。しかし，ロシア・ドイツ・フランスの三国干渉によって，遼東半島は清に返還された。アは南樺太，ウは朝鮮，エは台湾。

問７　立憲政友会による本格的な政党内閣であった原敬内閣では，選挙権をもつのに必要な納税額を 10 円から３円に引き下げた。

問８　ａとｃが正しいからアを選ぶ。　ｂ. 五・四運動は中国で起こった。　ｄ. ワシントン会議の結果，山東省は中国に返還された。

問９　ラジオ放送開始は大正時代の 1925 年なので，エを選ぶ。盧溝橋事件は昭和時代の 1937 年。ノルマントン号事件は 1886 年，秩父事件は 1884 年，日比谷焼き打ち事件は 1905 年といずれも明治時代。

問 10　イ. Ｘは国際連盟脱退だから，ａを選ぶ。Ｙは犬養毅首相が暗殺された五・一五事件だから，ｄを選ぶ。

問 11　イが誤り。ソビエト社会主義共和国連邦の結成は 1922 年で，第二次世界大戦(1939〜1945 年)前である。

問 12　ウ. Ⅱ. 東京オリンピック(1964 年)→Ⅰ. 石油危機(1973 年)→Ⅲ. ベルリンの壁崩壊(1989 年)

5　**問１**　効率は無駄を省くことだから，アが正しい。エは公正の観点から出された意見である。

問２　公共の福祉は，一人ひとりの利益ではなく，社会全体の人々の利益のこと。

問４　イが誤り。グローバル化などによってもたらされる長所を取り入れて，日本の伝統文化は変化している。

問６(2)　アはケ，イはカを選ぶ(右表参照)。

	必要な署名数	請求先
条例の制定・改廃請求	有権者の50分の１以上	首長
監査請求		監査委員
議会の解散請求	※有権者の３分の１以上	選挙管理委員会
首長・議会の議員の解職請求		

※有権者数が 40 万人以下の場合。
議会と首長・議会の議員については，住民投票を行い，その結果，有効投票の過半数の同意があれば解散または解職される。

問７　政党交付金(政党助成金)には使い道を公表する

義務がある。

問８　カ．予算審議については，衆議院の優越によって衆議院に先議権があり，両院協議会で一致しなければ，衆議院の議決が国会の議決となる。公聴会は委員会で学識経験者などを招いて開かれる。

問９　「小さな政府」に対し，国が社会保障の整備などを積極的に行い，国民の生活を安定させるという考え方を「大きな政府」と言う。

問10　ウ．ＳＤＧｓでは，環境・経済・人間社会のバランスがとれた社会を取り戻し継続していくことが目指されている。

問11　ウとオを選ぶ。ウは水不足の国が水資源を輸入しており，オは水資源の豊富な国が水資源を輸出している。

2020 解答例 令和2年度

青雲高等学校

《国　語》

一　問一．a．帰還　b．踏破　c．深刻　d．外傷　e．新鮮　問二．ウ　問三．オ　問四．イ
問五．現代人は宇宙の果てを完全に見通すことはできないにもかかわらず、最新の物理法則が宇宙全体にも普く通用するとの「前提のもとに」、宇宙からの観測データにそれを当てはめ導きだした宇宙像を、とりあえず「正しいもの」としているにすぎないから。　問六．エ，カ　問七．水平線

二　問一．a．オ　b．ウ　c．ア　問二．ウ　問三．Ⅰ．ウ　Ⅱ．ア　問四．エ　問五．好きでたまらないという気持ちを彼女に知らせたいが、いざ知らせようとするとどうしたらよいかわからず、決心がにぶってしまうということ。　問六．イ

三　問一．X．ウ　Y．オ　問二．a．エ　b．ア　c．イ　問三．一条室町にいるという鬼を見に行くため。
問四．イ　問五．ア　問六．兼好法師

《数　学》

1　(1) $-\frac{5}{17}$　(2) 0　(3) $(x+2)(x-2)(y-1)$　(4) $x=-8$，$y=4$　(5) -3，-2　(6) 4
(7) a $=-3$，b $=-1$　(8) $\frac{1}{3}$　(9) 69°　(10) a，b，c

2　(1) 40　(2) 7人または3人　(3) 25

3　(1) $y=-x+2$　(2) $(3,\ 9)$　(3) $5\pm\sqrt{13}$　(4) $\frac{150\sqrt{17}}{17}\pi$

4　(1) 6　(2) 2：1　(3) $3\sqrt{2}$

5　(1) 体積…$\frac{500\sqrt{3}}{3}$　表面積…300　(2)(ア) $\frac{244\sqrt{3}}{3}$　(イ) $2\sqrt{29}$

《英　語》

1　A．(1)イ　(2)エ　(3)ウ　(4)エ　(5)ア　B．(1)エ　(2)イ　(3)ウ　(4)ア　(5)ウ

2　問1．(1)Did you enjoy it?　(2)Please do not use hot water when you wash plastic.　(3)You need to know a lot of things to protect the earth.（下線部はWeでもよい）　問2．［A］There are various events on weekends.　People clean their houses at the weekend and throw their waste away.　［B］Plastic is collected only once a week.

3　問1．イ looked　ロ named　ハ selling　ニ (to) find　問2．copies of famous pictures　問3．彼は自分が描いた絵を，本当に有名画家によって描かれたものだと思ってほしくなかったから。　問4．Drewe はJohn が描いた絵を買い取り，John の名前を消して有名な画家が描いた本物の絵として売っていた。
問5．(ア)John　(イ)Drewe　(ウ)John　問6．name

4　問1．ア　問2．年長の子どもたちが農場で働いて，その賃金をジャガイモや卵やニワトリで払ってもらうことによって。　問3．イ　問4．knew what happened to Jews who were sent to　問5．ノナントラの人たちが，町にユダヤ人がいるという秘密を，ドイツ軍にあまり長くは隠し通せないということ。　問6．ア，オ，キ

《理　科》

1 (1)イ　(2)カ　(3)オ　(4)エ　(5)ウ　(6)エ　(7)イ　(8)カ　(9)ア　(10)エ

2 問１．①鏡台　②直射　③水平　④鏡筒　⑤調節　⑥実像　⑦虚像　問２．ａ．外側　ｂ．内側
問３．Ｘ．$\frac{1}{16}$　Ｙ．５

3 問１．①溶岩ドーム　②主要動　問２．(灰)…オ　(白)…エ　問３．イ，ウ　問４．ユーラシアプレート
問５．ウ　問６．(1)17.5　(2)40.3

4 問１．水上置換法　問２．オ　問３．硫化鉄　問４．反応で発生する熱を利用して，反応が進行するから。
問５．$FeS + 2HCl \rightarrow FeCl_2 + H_2S$　問６．ウ　問７．$2Mg + O_2 \rightarrow 2MgO$　問８．5.85　問９．0.45

5 問１．大　問２．(1)①14　②143　③７　(2)①４　②200　③14　問３．(1)36　(2)21　問４．キ

《社　会》

1 問１．ウ　問２．エ　問３．(1)ウ　(2)エ　問４．フェアトレード　問５．ア
問６．(1)イ　(2)天然ゴム…オ　バナナ…エ　問７．ＡＳＥＡＮ

2 問１．エ　問２．ウ　問３．(1)渥美半島　(2)抑制栽培　問４．イ　問５．ア　問６．航空…エ　鉄道…ア
問７．イ

3 問１．イ　問２．ア　問３．出挙　問４．二毛作　問５．ア　問６．エ　問７．一揆　問８．エ
問９．表高が高くなると軍役やお手伝い普請の負担が増えるから。　問10．ア　問11．(1)地券　(2)地価
問12．ウ　問13．エ　問14．スペイン　問15．ビスマルク　問16．ウ

4 問１．サンフランシスコ　問２．イ　問３．イ　問４．ポーランド　問５．エ　問６．ア　問７．イ
問８．ウ　問９．イ　問10．人間

5 問１．エ　問２．主権をもつ国民の代表者によって構成されているから。　問３．児童の権利に関する条約
〔別解〕子どもの権利条約　問４．Ｘ．小選挙区　Ｙ．比例代表　問５．ウ　問６．ウ
問７．消費生活センター〔別解〕消費者センター　問８．男女共同参画社会基本法

6 問１．ウ　問２．ア　問３．エ　問４．ア　問５．株主総会　問６．働き方改革
問７．ワークライフバランス　問８．金利〔別解〕利率　問９．ウ

←解答例は前ページにありますので，そちらをご覧ください。

―《2020　国語　解説》―

一 **問二**　直前に「ゆえに（＝だから）」とあることから、その前に傍線部１の理由が述べられているとわかる。「現代の科学」の「知識とそこから生まれた技術力は圧倒的で～世界のあらゆる分野を科学的知見が支配し、動かしてい」て、「かつては夢のように思われていたことを科学は次々と実現している」とある。よって、ウが適する。

問三　直前に「つまり」とあることから、【　X　】に入る内容は、その前の部分の言い換えであるとわかる。「古代人の思考の流れ」は「このようなものだったろう」とあるので、「このようなもの」の指す内容を、前の段落から読み取る。「このようなもの」の指す内容は、「まず彼らも身近で起きるこの世界のさまざまな現象を観察しながら、何かしら普遍的な法則を見いだそうとした～そして彼らはこの法則を～海へと応用したのである」といったもので、これとオの内容が合致する。

問四　傍線部１を含む段落にあるように、現代人は科学が正しい知識をもたらすと信じている。そして、「古代人の世界像」は、現代人がもつ科学的知見に基づいたものではなく、「現代のわれわれからすればとんでもない誤りである」。そのため「お伽噺《とぎばなし》のように笑うべきものである」と感じるのである。よって、イが適する。

問五　傍線部３は、直前の段落の内容を受けたものである。「われわれはこの宇宙の果てまでを完全に見通しているわけではな」く、限界があり、かつ不十分な観測手段で「データを掻き集め」ている。これは、古代人が水平線の向こう側を見通しておらず、海岸から水平線を眺めていたのと同じである。そして、「それらをやはりわれわれが～観察してきた現象から得られたいくつかの法則が、この宇宙全体にも普く通用するものとの『前提のもとに』それに当てはめてみて、その結果から導きだされた宇宙像をとりあえず『正しいもの』としているにすぎない」というのも、古代人が、海を見て得た情報を、瓶から水が溢れ出す現象から得た法則に当てはめて、そこから導きだされた世界像を信じていたのと同じである。これらを現代人についてまとめればよい。

問六　ア．「ビッグバン理論」が「今はもう破綻してしまっている」としている点と、「将来的に科学は様々な謎を解き明かす」としている点が間違い。　イ．「私たち現代人が科学の知見について～筆者が警鐘《けいしょう》を鳴らしているように、人間は科学に操られてしまうことになりそう」という内容は本文には述べられていない。　ウ．「ビッグバン理論」は「正しい」としている点などが間違い。　オ．「宗教や神話的発想も大切にすることが重要になってくる」とは本文には書かれていない。

問七　［Y］に入るのは、古代人の「その視野が途絶《とだ》える地点」「古代人の視野の限界」である。「巨大な船も飛行機もなく」、視野が海岸から見える範囲に限られていた古代人にとって、「視野の限界」は「水平線」である。

三 **問一a**　「心がおどる」は肯定的な意味で用いられるが、ウの「得意になる」はここでは当てはまらない。よって、オが適する。　**b**　「おかしな」には様々な意味合いがあるが、ここでは、彼女に声をかけられたことが恥ずかしくて急ぎ足になったのに、電車の時間に遅れそうになったと勘違いした彼女と一緒に走ることになり、「妙な」ことになったということである。　**c**　「しきりに」は「何度も」という意味で、回数が多いことを表す。

問二　傍線部１の前の行に「こんなにうれしいことはいままでになかった」とあり、ウの「こみあげてくるうれしさを押し殺しては」の部分が当てはなる。また、傍線部１の後の「僕にはほんとうのところよくわからない～彼女のことを考えはじめるともう何にも手がつかないということだ」の部分が、ウの後半部分と合致する。

問三　Ⅰ　少年は彼女のことが好きで、通学のときに会えることを期待しているのだが、それを知られたくないので、ウ「あまり見すぎないように」意識して見るのである。　Ⅱ　彼女がついてくるのが恥ずかしくて「逃げるようにして」「とっとと歩いた」ということから、彼女の方を見ずに一心に歩いたことがわかる。よって、アの「わき目をふらずに」が適する。

問四　ア.「何ひとつ言葉を発することもできずに」が間違い。　イ.「彼女は自分に声をかけることをいつも忘れない、さわやかな人柄」が本文では述べられていない。　ウ.「心遣いをしてくれるほど、彼女は気が利いていて自分を導いてくれる」ところが好きだとは書かれていない。　オ.「彼女は～弟のように世話を焼いてくれる」ので「自分も彼女に姉のような親しみを感じずにはいられない」という視点では語られていない。

問五　「それを考えると」の「それ」は、直前の「自分の気持ちを相手に知らせる決心がつくかしら。でもどうやって？」を指す。「自分の気持ち」とは、少年の彼女のことが好きだという気持ちであり、「でもどうやって？」とは、その気持ちをどのようにして彼女に伝えたらよいかがわからないということである。

問六　傍線部４の直前の「自分がいった言葉のもの欲しさに気づいて」に注意して考える。「もの欲しさ」は彼女によく思われたいという気持ちを表す。「後悔にくるしみながら」とあるので、「自分がいった言葉」とは何か、「もの欲しさ」のためにうまくいかなかったことは何かを読み取る。よって、イが適する。

三　**問一X**　直前の３行に書かれていることを「京・白川の人」が言い合ったとある後に、「上下ただ、鬼のことのみ言ひやまず」とある。「上下」とは、身分の高い人も低い人も皆という意味。　**Y**　安居院《あぐい》のあたりへ出かけた時に、「一条室町《むろまち》に鬼がいる」と大声で騒ぎ合っているのに出くわしたのは作者である。そのため、一条室町の方を確認しようと遠くから見やって、人を遣わしたのも作者である。

問二　**a**　「ののしる」は大声で騒ぐ意。現代語と意味が違うので注意。　**b**　「おほかた」は下に打消の語を伴って「まったく～（ない）」という意味になる副詞。　**c**　「あさまし」は驚きあきれる様子を表す形容詞。

問三　直後に「一条室町に鬼がいる」と大声で騒ぎ合っているとあるので、「四条より上さまの人」は、鬼を見たくて、北の方角の一条に向かって走るのである。京都の道は碁盤の目のようになっており、東西に走る道は、北から一条・二条・三条・四条…と名づけられている。

問四　鬼を見るために人がたくさんいる様子を見て、作者はどのように思って人を遣わして見させたということなのかを考える。「跡なきこと」とは、根拠がないことの意。「あらざめり」は「ないようだ」の意。よって、イが適する。

問五　「このしるし」は「この予兆」の意で、「この」は直前の「おしなべて、二、三日人のわづらふことはべりし（一様に、二、三日と人が病気になることがありましたこと）を指す。よって、アが適する。

【古文の内容】

応長のころ、伊勢の国から、女が鬼になったのを連れて都に上ったということがあって、そのころの二十日ほど、日増しに、京都や白川の人が、鬼を見にといって出かけまわる。

「昨日は西園寺《さいおんじ》に参上した。」

「今日は院に参上するだろう。」

「ちょうど今ごろはどこそこに。」

などと言い合った。本当に見たと言う人もなく、噂だと言う人もいない。身分の高い人も低い人もただ、鬼のことだけを言って止まない。

そのころ、東山から安居院《あぐい》のあたりへ出かけましたが、四条より北にいる人が、みんな、北に向かって走る。

「一条室町《むろまち》に鬼がいる。」

と大声で騒ぎ合っている。今出川《いまでがわ》のあたりから遠くを見ると、院の御桟敷《おんさじき》のあたりは、まったく通行できそうもなく混み合っている。やはり、（鬼がいるという話は）まったく根も葉もないことではないようだと思って、人を遣わして見させると、まったく（鬼に）会った人はいない。日が暮れるまでこのように立ち騒いで、しまいにはけんかがおこって、あきれたことなどがあった。

そのころ、一様に、二、三日と人が病気になることがありましたことを、あの鬼の噂は、この前兆を示すものであったと言う人もいました。

1

(1)　与式$=-\frac{1}{7}\div\left(-\frac{42}{70}+\frac{25}{70}\right)\times\left(\frac{1}{2}-\frac{2}{2}\right)=-\frac{1}{7}\div\left(-\frac{17}{70}\right)\times\left(-\frac{1}{2}\right)=-\frac{1}{7}\times\frac{70}{17}\times\frac{1}{2}=-\frac{5}{17}$

(2)　与式$=\frac{\sqrt{2}+\sqrt{11}}{\sqrt{8}}-\frac{\sqrt{11}-3\sqrt{2}}{\sqrt{8}}-\sqrt{4}=\frac{\sqrt{2}+\sqrt{11}-\sqrt{11}+3\sqrt{2}}{\sqrt{8}}-2=\frac{4\sqrt{2}}{2\sqrt{2}}-2=2-2=0$

(3)　与式$=(x^2-4)y-(x^2-4)=(x^2-4)(y-1)=(x+2)(x-2)(y-1)$

(4)　$2x+5y-7=-3x-27$より，$x+y=-4$…①，$x-y+9=-3x-27$より，$4x-y=-36$…②とする。

①＋②でyを消去すると，$x+4x=-4-36$　　$5x=-40$　　$x=-8$

①に$x=-8$を代入すると，$-8+y=-4$　　$y=4$

(5)　$x^2+(a-1)x+a^2+3a+4=0$に$x=2$を代入すると，$2^2+(a-1)\times2+a^2+3a+4=0$

$a^2+5a+6=0$　　$(a+3)(a+2)=0$　　$a=-3,\ -2$

(6)　$72=2^3\times3^2$より，$\sqrt{\frac{72(n+4)}{n}}=\sqrt{\frac{2^3\times3^2(n+4)}{n}}=\sqrt{2^2\times3^2\times2\times\frac{n+4}{n}}$だから，

$\sqrt{\frac{72(n+4)}{n}}$が整数になるのは，$\frac{n+4}{n}=1+\frac{4}{n}$が$2\times k^2$（kは自然数）となるときである。

$1+\frac{4}{n}$はnが大きくなるにつれて小さくなるから，最大値は$n=1$のときの，$1+\frac{4}{1}=5$である。

したがって，$2\times k^2$は5以下であり，この条件を満たすのは$k=1$のときの，$2\times1^2=2$だけである。

よって，$1+\frac{4}{n}=2$より，$n+4=2n$　　$n=4$　　これは$1\leqq n\leqq9$を満たす。

(7)　AとBはx座標が等しく，y座標は符号を逆にしただけである。

よって，$2a+5=3b+2$より，$2a-3b=-3$…㋐，$4b+3=-(2a+7)$より，$2a+4b=-10$…㋑

とする。この2式を連立方程式として解く。㋑－㋐でaを消去すると，

$4b+3b=-10+3$　　$7b=-7$　　$b=-1$　　㋐に$b=-1$を代入すると，$2a+3=-3$　　$a=-3$

(8)　大，小2つのさいころを同時に投げたとき，出る目は全部で$6\times6=36$（通り）ある。

そのうち，$a+b$の値が3の倍数となるのは，右表の○印の12通りだから，

求める確率は，$\frac{12}{36}=\frac{1}{3}$である。

a＋b		b					
		1	2	3	4	5	6
a	1	2	③	4	5	⑥	7
	2	③	4	5	⑥	7	8
	3	4	5	⑥	7	8	⑨
	4	5	⑥	7	8	⑨	10
	5	⑥	7	8	⑨	10	11
	6	7	8	⑨	10	11	⑫

(9)　右のように作図する（Oは円の中心）。A，Bは接点だから，

$\angle OAP=\angle OBP=90°$である。四角形の内角の和は360°なので，

四角形AOBPにおいて，

$\angle AOB=360-(90+90+42)=138(°)$である。同じ弧に対する

円周角は，中心角の半分だから，$\angle x=\frac{1}{2}\angle AOB=69(°)$である。

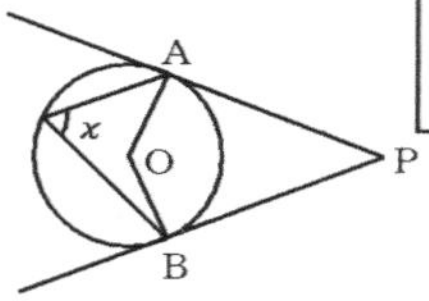

(10)　クラスは全員で$1+5+4+7+9+10=36$（人）いる。

平均値は，$(0\times1+1\times5+2\times4+3\times7+4\times9+5\times10)\div36=120\div36=3.33\cdots$（点）である。

$36\div2=18$より，中央値は，小テストの結果を低い（高い）順に並べたときの，18番目と19番目の点数の平均である。18番目と19番目の点数はともに4点なので，中央値は4点である。

最頻値は，もっとも度数の多い点数だから，5点である。

したがって，小さい順に並べると，a，b，cとなる。

2

(1)　11人目以降の大人の入場料金は，1人につき$2000\times\frac{x}{100}=20x$（円）割引されるので，

大人15人の料金の合計は，$2000\times15-20x\times(15-10)=30000-100x$（円）となる。

したがって，$30000-100x=26000$　　$100x=4000$　　$x=40$

(2)　料金の合計の百の位の数が6になっているのは，子どもが何人かいるからである。6（子どもの1人あたりの料金の百の位の数）に1～9（子供の人数の一の位の数）の整数をかけて一の位の数が6になるのは，1か6をかけたときだから，子どもの人数の一の位の数は1か6とわかる。割引はされなかったのだから，子どもの人数は1人か6人である。よって，考えられる大人の人数は，$(15600-1600\times1)\div2000=7$（人）と，$(15600-1600\times6)\div2000=3$（人）である。

(3)　大人の団体も子どもの団体も10人ずつだとすると，料金の合計は，大人の団体の方が$2000\times10-1600\times10=4000$（円）高くなるので，大人の方が5600円高くなる場合は大人が11人以上であり，子どもの方が5600円高くなる場合は子どもが11人以上である。

まず，大人の方が5600円高くなる場合について考える。大人が11人，子どもが9人だとすると，大人10人と子ども9人の料金の合計は，大人の方が$2000\times10-1600\times9=5600$（円）高い。条件を満たすためには，11人目の大人の料金が0円，つまり，100％引きにならなければならないが，$0<x<50$より，これはあてはまらない。したがって，大人の方が5600円高くなる場合は条件に合わないから，子どもの方が5600円高いとわかる。

$0<x<50$と範囲が決められていることを利用して条件に合う人数を限定していきたいので，x％の割引が適用される11人目以降の子どもの人数をy人とする（$1\leqq y\leqq9$）。

大人の人数は，$20-(y+10)=10-y$（人）だから，子供の料金の合計は，$2000(10-y)+5600=25600-2000y$（円）であり，このうち11人目以降の料金の合計は，$(25600-2000y)-1600\times10=9600-2000y$（円）なので，1人あたりは，$\dfrac{9600-2000y}{y}=\dfrac{9600}{y}-2000$（円）である。これは$1600\times(1-\dfrac{50}{100})=800$（円）より大きく，1600円より小さい。

$(\dfrac{9600}{y}-2000)$円が800円となるのは，$\dfrac{9600}{y}-2000=800$より$y=\dfrac{9600}{2800}=\dfrac{24}{7}=3\dfrac{3}{7}$のときだから，$y<3\dfrac{3}{7}$である。

$(\dfrac{9600}{y}-2000)$円が1600円となるのは，$\dfrac{9600}{y}-2000=1600$より$y=\dfrac{9600}{3600}=\dfrac{8}{3}=2\dfrac{2}{3}$のときだから，$y>2\dfrac{2}{3}$である。

よって，$y=3$であり，$1\leqq y\leqq9$を満たす。11人目以降の1人あたりの料金は，$\dfrac{9600}{3}-2000=1200$（円）だから，$x=\dfrac{1600-1200}{1600}\times100=25$であり，これは$0<x<50$を満たす。

3　(1)　A，Bはともに放物線$y=x^2$上の点なので，Aのy座標は$y=(-2)^2=4$，Bのy座標は$y=1^2=1$である。直線ABの式を$y=mx+n$とする。A$(-2,\ 4)$を通るので，$4=-2m+n$，B$(1,\ 1)$を通るので，$1=m+n$が成り立つ。これらを連立方程式として解くと，$m=-1$，$n=2$となるから，直線ABの式は，$y=-x+2$である。

(2)　直線ℓは傾きが1だから，その式を$y=x+b$とすると，A$(-2,\ 4)$を通るので，$4=-2+b$より$b=6$である。Cは直線$y=x+6$…①と放物線$y=x^2$…②との交点なので，この2つの式を連立方程式として解く。

①に②を代入して，$x^2=x+6$　　$x^2-x-6=0$　　$(x-3)(x+2)=0$　　$x=3,\ -2$

Aのx座標は$x=-2$なので，Cのx座標は$x=3$である。①に$x=3$を代入すると，$y=3+6=9$なので，C$(3,\ 9)$

(3)　直線ℓの傾きは1，直線ABの傾きは-1なので，この2つの直線は垂直に交わる。

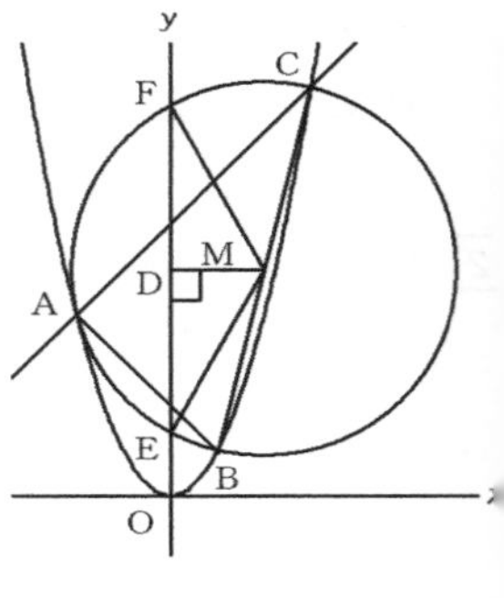

よって，$\angle BAC=90^\circ$なので，3点A，B，Cを通る円の直径はBCである。

円の中心をMとすると，右のように作図できるから，EとFのy座標を求める。

円の中心は弦の垂直二等分線上にあり，EFは円Mの弦なので，FD＝EDである。

M，Dの座標と円Mの半径がわかれば，三平方の定理からEDの長さを求められる。

MはBCの中点だから，Mの座標は，$(\dfrac{(\text{BとCの}x\text{座標の和})}{2},\ \dfrac{(\text{BとCの}y\text{座標の和})}{2})=$
$(\dfrac{1+3}{2},\ \dfrac{1+9}{2})=(2,\ 5)$である。よって，D$(0,\ 5)$とわかる。

三平方の定理を利用すると，MB＝$\sqrt{(\text{MとBの}x\text{座標の差})^2+(\text{MとBの}y\text{座標の差})^2}=$
$\sqrt{(2-1)^2+(5-1)^2}=\sqrt{17}$となるから，ME＝MB＝$\sqrt{17}$である。

MD＝2なので，△MDEについて，DE＝$\sqrt{\text{ME}^2-\text{MD}^2}=\sqrt{(\sqrt{17})^2-2^2}=\sqrt{13}$

したがって，DF＝DE＝$\sqrt{13}$なので，求めるy座標は，Dのy座標から$\sqrt{13}$だけ大きいまたは小さい値だから，
$5\pm\sqrt{13}$である。

(4)　(3)の解説をふまえる。

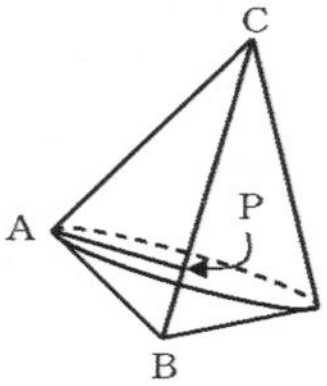

△ABCを，BCを軸として1回転させると，右図のような2つの円すいを合わせた立体となる。AからBCに対して垂線をひき，交点をPとすると，求める体積は，

$\frac{1}{3}\times\text{AP}^2\pi\times\text{PC}+\frac{1}{3}\times\text{AP}^2\pi\times\text{PB}=\frac{1}{3}\times\text{AP}^2\pi\times(\text{PC}+\text{PB})=\frac{1}{3}\times\text{AP}^2\pi\times\text{BC}$となる。

(3)の解説より，BC＝$2\sqrt{17}$である。∠BAC＝∠APC＝90°，∠BCA＝∠ACPなので，

△BAC∽△APCである。AC＝$\sqrt{\{3-(-2)\}^2+(9-4)^2}=5\sqrt{2}$，BA＝$\sqrt{\{1-(-2)\}^2+(4-1)^2}=$
$3\sqrt{2}$より，BA：AP＝BC：AC　　$3\sqrt{2}:\text{AP}=2\sqrt{17}:5\sqrt{2}$　　$\text{AP}=\frac{3\sqrt{2}\times5\sqrt{2}}{2\sqrt{17}}=\frac{15}{\sqrt{17}}$

したがって，求める体積は，$\frac{1}{3}\times\left(\frac{15}{\sqrt{17}}\right)^2\pi\times2\sqrt{17}=\frac{150\sqrt{17}}{17}\pi$である。

4　(1)　角が等しいという条件が与えられていないので，2組の角がそれぞれ等しいことからわかる三角形の相似が見つからない。そこで，線分の長さが多く与えられているので，2組の辺の比とその間の角がそれぞれ等しいことからわかる相似関係を探す。DC＝10－6＝4，EC＝8－3＝5である。

△ABCと△DECにおいて，∠ACB＝∠DCE，AC：DC＝BC：EC＝2：1だから，

△ABC∽△DECであり，相似比は2：1である。よって，DE＝$\frac{1}{2}$AB＝$\frac{1}{2}\times12=6$

(2)　(1)の解説と同様に，2組の辺の比とその間の角がそれぞれ等しいことを利用して，AFを1辺に持つ三角形と，FEを1辺に持つ三角形の相似関係を探す。

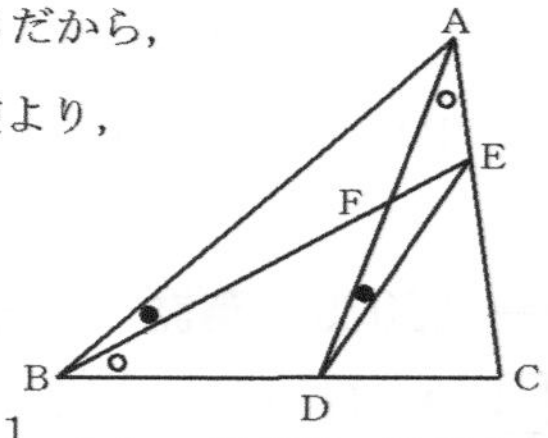

△ACDと△BCEにおいて，∠ACD＝∠BCE，AC：BC＝DC：EC＝4：5だから，

△ACD∽△BCEである。これより，∠CAD＝∠CBEだから，円周角の定理の逆より，

4点A，B，D，Eは同一円周上にあるとわかる。したがって，円周角の定理より，

右のように作図できるから，△ABF∽△DEFとわかり，

相似比はAB：DE＝12：6＝2：1である。よって，AF：EF＝2：1

(3)　三角形の相似から単純にAFの長さを求められそうにないので，AF＝x，FE＝$\frac{1}{2}x$とし，三角形の相似を利用してxの方程式を立てることを考える。ここまでの解説をふまえる。

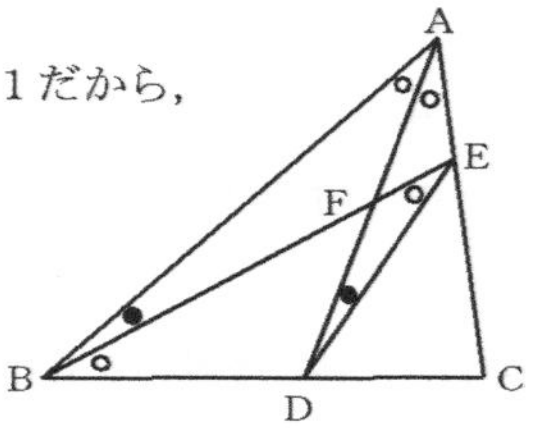

△DBEはDB＝DEの二等辺三角形だから，右のように作図できる。

△ABEにおいて，角の二等分線の定理より，BF：FE＝AB：AE＝12：3＝4：1だから，

BF＝4FE＝$4\times\frac{1}{2}x=2x$

△ABF∽△DEFで相似比が2：1だから，DF＝$\frac{1}{2}$BF＝$\frac{1}{2}\times2x=x$

△AED∽△AFBが成り立つから，AD：AB＝AE：AFより，

$(x+x):12=3:x$　　$2x^2=36$　　$x^2=18$　　$x=\pm3\sqrt{2}$

$x>0$より$x=3\sqrt{2}$だから，AF＝$3\sqrt{2}$

なお，最後にxの方程式を立てるために△ＡＥＤ∽△ＡＦＢを利用したが，他に，△ＡＦＥ∽△ＡＢＤ，△ＡＤＥ∽△ＥＤＦなどを利用することもできる。

5 (1) 底面ＡＢＣＤは正方形なので，Ｏから底面ＡＢＣＤに対して垂線をひくと，ＡＣとＢＤの交点，つまり，ＡＣの中点で交わる。よって，ＡＣの中点をＮとすると，正四角すいの高さは，ＯＮである。

正四角すいについて，３点Ａ，Ｏ，Ｃを通る平面で切断したときの切断面は右図Ⅰのようになる。

図Ⅰ

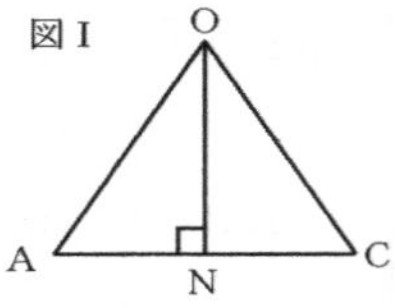

△ＡＢＣは直角二等辺三角形なので，$AC=\sqrt{2}AB=10\sqrt{2}$

$AN=\frac{1}{2}AC=5\sqrt{2}$なので，△ＡＮＯについて，三平方の定理より，

$ON=\sqrt{OA^2-AN^2}=\sqrt{(5\sqrt{5})^2-(5\sqrt{2})^2}=5\sqrt{3}$である。

よって，正四角すいの体積は，$\frac{1}{3}\times(10\times10)\times5\sqrt{3}=\frac{500\sqrt{3}}{3}$である。

図Ⅱ

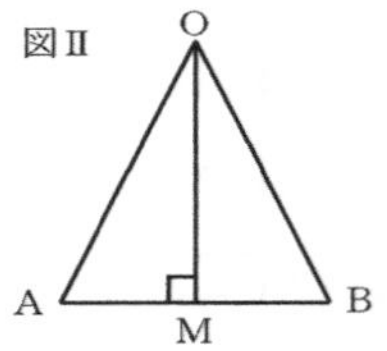

側面の△ＯＡＢは二等辺三角形なので，ＡＢの中点をＭとすると，$AM=\frac{1}{2}AB=5$だから，

図Ⅱで△ＯＡＭについて，三平方の定理より，$OM=\sqrt{OA^2-AM^2}=\sqrt{(5\sqrt{5})^2-5^2}=10$

したがって，正四角すいの表面積は，$10\times10+(\frac{1}{2}\times10\times10)\times4=300$ である。

(2)(ア) 正四角すいを底面に平行な平面で切ってできる２つの立体のうち，四角すいである方の立体を②とする。もとの正四角すいと②は相似な立体であり，相似比はＡＢ：ＥＦ＝10：８＝５：４なので，体積比は$5^3:4^3=125:64$である。よって，もとの正四角すいと①の体積比は，$125:(125-64)=125:61$なので，求める体積は，$\frac{500\sqrt{3}}{3}\times\frac{61}{125}=\frac{244\sqrt{3}}{3}$である。

(イ) 立体の表面上で長さが最短になるように２点を結ぶと，展開図上で線分となる。

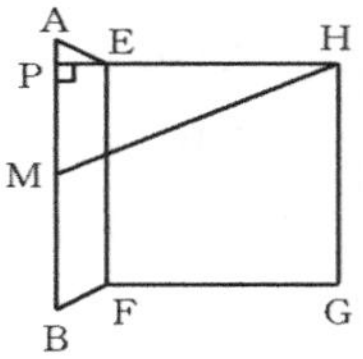

したがって，右図のような展開図の一部で，ＭＨの長さを求めればよい。三平方の定理を利用すると，△ＰＭＨについて，$MH=\sqrt{PM^2+PH^2}$だから，ＰＭとＰＨの長さを求める。

$AP=(10-8)\div2=1$であり，$AE:AO=(5-4):5=1:5$より，$AE=\frac{1}{5}AO=\sqrt{5}$

三平方の定理を利用すると，△ＡＰＥについて，$PE=\sqrt{AE^2-AP^2}=\sqrt{(\sqrt{5})^2-1^2}=2$

$PM=5-1=4$，$PH=2+8=10$ より，$MH=\sqrt{PM^2+PH^2}=\sqrt{4^2+10^2}=2\sqrt{29}$

《2020　英語　解説》

1 Ａ 【放送文の要約】参照。

(1) 質問「アリスは今何をするでしょうか？」…女性の２回目の発言より，イ「サラダを作り始める」が適当。

(2) 質問「警察署はどこですか？」…男性の１回目の発言より，エ「それは市民公園の向かい側にある」が適当。

(3) 質問「エレンの父は今夜何をするでしょうか？」…男性の２回目の発言より，ウ「遅くまで働く」が適当。

(4) 質問「男性はどうやって駅に着くでしょうか？」…男性の２回目の発言より，エ「路面電車で」が適当。

(5) 質問「ディネシュは何をしていますか？」…男性の２回目の発言より，ア「旅行の写真を見ている」が適当。

【放送文の要約】

Ａ(1) 女性：今晩の夕食は何を食べるの，ボブ？

男性：パスタを食べよう，アリス。

女性：それはいい考えね。イサラダを作り始めるわ。あなたは料理を始めて。

男性：わかった。買い物が必要かな？

女性：いいえ。全部あるわ。

(2) 女性：すみません。警察署への行き方を教えてください。

男性：はい。最初に図書館のそばで左折します。エ市民公園が見えるまでまっすぐ進みます。警察署は通りの向かいにあります。

女性：ありがとうございます。

(3) 男性：エレン，宿題があることはわかるが，今夜は自分の分の夕食を作ってくれないか。

女性：問題ないわ，お父さん。今夜は遅くまで働かなければならないの？

男性：うん。ウすることがたくさんあるんだ。10時まで家に帰れないかもしれない。

女性：お父さん，最近一生懸命働きすぎだと思うわ。

(4) 男性：すみません。ビッグＮスタジアムへの行き方を教えてください。

女性：いいですよ。バスまたは路面電車に乗ることができます。

男性：エ路面電車に乗ろうと思います。ここから路面電車の停留所まではどれくらいの距離ですか？

女性：ああ，ちょうどあの角の辺りですよ。

(5) 女性：何を見ているの，ディネシュ？

男性：やあ，アミ。ア僕のイタリア旅行の写真だよ。

女性：本当に素敵だわ。自分で撮ったの？

男性：そうだよ。旅行のために新しいスマートフォンを買ったんだ。

Ｂ【放送文の要約】参照。

(1) 質問「サムとチャーリーはなぜ東京に行くつもりなのですか？」…サムの１回目の発言より，エ「彼らはオリンピックを見るつもりです」が適当。

(2) 質問「オリンピックが終わった後，サムは何をするつもりですか？」…サムの２回目の発言より，イ「サムはひとりで京都，大阪，広島，福岡を旅行するつもりです」

(3) 質問「なぜチャーリーは帰国しなければなりませんか？」…チャーリーの３回目の発言より，ウ「チャーリーは仕事に復帰しなければならない」が適当。

(4) 質問「以下の記述のどれが正しいですか？」…チャーリーの４回目の発言より，ア「チャーリーの最初の日本への訪問は，修学旅行だった」が適当。

(5) 質問「以下の記述のどれが正しいですか？」…チャーリーの６回目の発言より，ウ「チャーリーは，サムが日本語で話すなら日本人は喜ぶと思っている」が適当。

【放送文の要約】

チャーリー：やあ，サム。今年の東京への旅行にわくわくしているの？

サム：やあ，チャーリー。私はとてもわくわくしているよ！(1)エ東京でのオリンピックを見るのは素晴らしいことだからね。とはいえ，暑さが少し心配だね。東京は夏はかなり暑いそうだよ。

チャーリー：うん。日本の夏はとても暑いよ。私は大会が終わった後，英国に戻らなければならないよ。大会が終わった翌日，ロンドンに帰国して仕事に復帰するんだ。いつシドニーに戻るの，サム？

サム：大会が終わってから１週間後にシドニーに戻るよ。(2)イ時間をかけて日本中を旅する予定なんだ。電車で京都，大阪，広島，そして福岡を回るつもりだよ。

チャーリー：私はもっと長く日本に滞在したかったけど，(3)ウ上司がすぐに仕事に戻らなければならないと言ったんだ。それと，友人の１人が私が戻ってすぐに40歳の誕生日を迎えるからね。

サム：チャーリー，日本への訪問は初めて？

チャーリー：いや，３回目だよ。(4)ア初めて日本に行ったのは修学旅行だったんだ。私は高校生だったよ。２回目は昨年だね。ラグビーワールドカップに行ってきたよ。

サム：ああすごい！ラグビーワールドカップはどうだった？

チャーリー：素晴らしかった。ワールドカップが終わった後，日本中を少し旅したよ。京都，大阪，広島，九州，四国を訪れたんだ。でも，北海道や沖縄には行かなかったよ。サムはどうなの？初めて？

サム：そうだよ。私は日本について素晴らしいことをたくさん聞いていて，常に行きたいと思っていたんだ。私は本当に楽しみにしているよ。チャーリー，私は行く前に日本語を勉強すべきだと思う？

チャーリー：それは本当に良いことだけど，心配いらないよ。日本人はとてもフレンドリーで，助けてくれるよ。多くの人が本当に上手に英語を話すんだ！そして，たとえ英語を話せなくても，彼らはあなたを助けようとしてくれるよ。でも，(5)ウ日本語で話してみてよ。彼らはあなたが努力していることを本当に喜ぶからね。

サム：いいね。できるだけ多くの日本語を学ぶようがんばるよ。あと６か月だね！待ちきれないよ！

2 問１(1)「面白かったかい？」→「楽しかった？」と日本語を変換すると英語に直しやすい。

(2) 接続詞 when を使った文にする。「どうか～しないで」＝please do not ～　「お湯」＝hot water

(3) 〈to＋動詞の原形〉の副詞的用法「～するために」の文にする。「地球を守る」＝protect the earth

問２［A］ 週末にゴミがたくさん出る理由を英語で答える。（例文１）「週末にはさまざまなイベントがあるからよ」（例文２）「週末に家を掃除してゴミを捨てるからよ」

［B］ 90％の家庭がプラスチックごみを出している理由を英語で答える。（例文）「プラスチックは週に１回だけしか収集されないもの」

3 【本文の要約】参照。

問２　最終段落の２～３行目にある copies of famous pictures「有名な絵のコピー」を入れる。

問３　下線部(2)の直後の１文に，理由が書かれている。

問４　第６段落４～５行目に，下線部(3)の具体的内容が書かれている。

問６　ドリューはジョンの絵を，名前を消して高値で売っていたが，ジョンは自分の名前を書いた絵を高値で売ることができた。

【本文の要約】

ジョン・ミアットはイギリスの画家でした。彼は美術学校での仕事で多くのお金を得ることができませんでした。彼には２人の小さな子どもたちがいたので，彼は別の仕事に就けませんでした。彼には自宅でできる仕事が必要でした。

芸術的な仕事は彼が家でできることでした。しかし，彼は有名な画家ではありませんでした。彼の絵は高値で売れませんでした。その頃彼はピカソのことを思い出しました。

数年前，金持ちの友人がピカソの絵を買いたがりました。それは何千ドルもしました。ジョンは「それを買わないで君にピカソの絵を作るよ」と言いました。それで彼は作りました。彼は本物のピカソのようにイ見える（＝looked）絵を描きました。彼の友人はジョンに数百ドルを支払い，居間にかざりました。

これはジョンにもできることでした。彼はピカソ，ヴァン・ゴッホ，マティスのような有名な画家のように絵を描くことができました。そこで彼は，この有名な絵の複製を用いた方法でお金を稼ぐことにしました。彼はすべての絵に自分の名前を書きました。彼は人々にそれらが本当に有名な画家によるものだと思わせたくなかったのです。

その後，ドリューロという名の(＝named)男がジョンの絵を何枚か買いました。すぐに，彼はもう何枚か買って，その後さらに買い足しました。彼はそれらに対してジョンに高額を支払いました。ジョンは，ドリューがすべての絵を居間にかざっていないことを理解していました。しかし，彼はジョンに何をしていたのかを言わず，ジョンも尋ねませんでした。

６年後，ジョンはドリューに絵をハ売ること(＝selling)をやめることにしました。(4)ジョンはドリューのことが好きではなく，そしてジョンには十分なお金がありました。しかし，遅すぎました。警察はドリューについて知っていました。彼らはすぐにジョンの家に来ました。その時，ジョンはドリューがジョンの絵で何をしていたのかを警察から告げられました。問４彼はそれらからジョンの名前を取り去り，有名な画家の絵として販売していたのです。誰もがそれらを本物だと思いました。人々はそれらに高額を支払いました。

しかし，それらはジョンの絵だったので，ジョンは４か月間刑務所に入らなければなりませんでした。彼が出てきたとき，彼も有名になっていました。新聞は彼について書きました。人々は彼がどのように絵を描いたかを知りたがっていました。

その後，彼は警察のために働きに行き，有名な絵のコピーニを見つける(＝find)手伝いをしました。彼はまた，ロンドンで自分の作品の大規模な展覧会を催しました。それらは有名な絵のコピーでした。そのときには，もちろん，それらには彼の名前が書いてありました。しかし，彼はそれらをすべて高値で売りました。

4 【本文の要約】参照。

問１　[1]の直後の１文に「イタリア人はユダヤ人を殺しませんでした」とあるので，ア safe「安全な」が適当。

問２　下線部(2)の直前の２文に，具体的内容が書かれている。

問３　[2]の直後の１文に「彼らはイタリアの警察を恐れていました」とあるので，イ hide「隠す」が適当。

問４　〈Jews《名詞》 who《関係代名詞》 were sent to…〉関係代名詞以下が後ろから名詞(ここではJews)を修飾する文。

問５　下線部(5)の直前の段落に具体的内容が書かれている。直前の段落の最後の文を中心にまとめる。

問６　ア○…第１段落の内容と一致。　イ「×困らなかった」　ウ「×快く思っていなかった」　エ「×全くなかった」　オ○…第10段落４～６行目の内容と一致。　カ「×誰もドイツ軍に協力しなかった」　キ○…第15段落(最後から３つ目の段落)２～３行目の内容と一致。　ク「×戦争の後もスイスで暮らし続けた」

【本文の要約】

1942年７月，問６ア40人の子どもたちがイタリア北部のノナントラに到着しました。これらの子どもたちはドイツや他のヨーロッパ諸国から来ました。幼い子もいれば，年長の子もいました。彼らは全員ユダヤ人でした。そして彼らには家族がありませんでした。彼らの両親はドイツのナチスによって殺され，死んでしまいました。これらの子どもたちと彼らに同行する教師たちは，パレスチナ（現在イスラエルがある地域）に行きたいと思っていました。しかし，彼らは戦争のためにそこへたどり着くことができませんでした。問６ア彼らは１年以上ユーゴスラビアに住んでいました。しかし，その後，ドイツ人が到着し，子どもたちはそこを去らなければなりませんでした。そこで彼らは戦争が終わるのを待つためにイタリアに行きました。

1942年，イタリアのすべてのユダヤ人は多くの規則に従わなければなりませんでした。彼らは非ユダヤ人のもとで働くことができませんでした。彼らは非ユダヤ人の店に行くことができませんでした。彼らは子どもたちをイタリアの学校に送ることができませんでした。彼らは暗くなった後に外に出られませんでした。しかし，彼らはまだイタリアでは1ア安全でした(＝safe)。イタリア人はユダヤ人を殺しませんでした。

ノナントラでは，子どもたちはエマ邸で教師たちと一緒に暮らしました。エマ邸は大きくて美しい家でしたが，ほとんど何もありませんでした。皆のための十分なテーブルと椅子がありませんでした。十分なベッドや毛布もありませんでした。皿やカップ，スプーンが足りませんでした。また，本，紙，鉛筆はありませんでした。学校はこれらの子どもたちとその教師たちにとって重要でした。いつの日か，彼らはパレスチナでの新しい生活を望んでいました。彼らはその生活の準備をしたかったのです。

教師たちはイタリアのユダヤ人組織のお金をいくらか持っていました。そのお金で彼らは数か月間分の食べ物を買うことができました。しかし，彼らは一冬分の食べ物を買うことはできませんでした。そして，彼らはエマ邸で必要なものすべてを買うことはできませんでした。

彼らがノナントラに到着してすぐに，彼らは訪問者を迎えました。それは町の教会の司祭，ドン・アリゴ・ベッカーリでした。彼は教師と子どもたちと話しました。彼は彼らが2年前にどのように家を出たかについて聞きました。彼は子どもたちの家族について聞きました。彼は夜に泣く子どももいれば，体調が悪い子どももいると聞きました。彼はエマ邸にどれだけ何もないかを目にしました。

ドン・ベッカーリは町に戻りました。彼は，町の医者である友人のモレアーリ医師と話をしました。ドン・ベッカーリとモレアーリ医師は町のみんなを知っていました。そして彼らは町のみんなの生活と問題についてすべて知っていました。ノナントラの人々は，この2人がとても好きでした。

2人の男はエマ邸の子どもたちについて繰り返し話しました。次の数日間で，彼らは多くの問題に対する答えを見つけました。ドン・ベッカーリは，カトリックの学校でベッド，椅子，テーブルを見つけました。それらはすぐにトラックでエマ邸に運ばれました。モレアーリ医師は病気の子どもたちを見に行き，薬を与えました。すぐに彼らは良くなりました。ドン・ベッカーリは何人かの農民と話をしました。すぐに年長の男の子と女の子は農場で働くようになりました。農民は彼らの賃金をジャガイモ，卵，またはニワトリで払いました。このようにして，彼らは冬の間の食べ物を手に入れました。

秋，そして冬がエマ邸にやってきました。ノナントラの誰もが子どもたちを知っていました。多くの人々が手助けしました。彼らはドン・ベッカーリにエマ邸に持っていく食べ物，服，またはおもちゃを渡しました。町の助けを借りて冬の間中十分な食料がありました。エマ邸を暖かく保つための木材もありました。

春に，ユダヤ人の子どもたちの別のグループが到着しました。当時，73人の子どもたちとその教師たちがいました。年長の男の子と女の子は再び農場で働き始めました。暑い夏，子どもたちは泳ぎに行きました。エマ邸の近くに大きな川がありました。これは，長い夏の夜の集会にも適した場所でした。町の若者たちは，エマ邸の若者たちと会いました。何人かは良い友達になり，何人かは恋に落ちました。しかし，若者たちは集会を3イ隠さ(＝hide)なければなりませんでした。彼らはイタリアの警察を恐れていました。

ノナントラの警察はエマ邸について知っていたのでしょうか？若いユダヤ人がイタリアの農場で働いていたことを知っていたのでしょうか？多くのノナントラ人がユダヤ人の子どもたちや教師たちと会ったことを知っていたのでしょうか？彼らはドン・ベッカーリとモレアーリ医師，そして町の多くの人々が彼らを助けていることを知っていたのでしょうか？問6オ彼らはほぼ確実に知っていました。しかし，彼らは何もしませんでした。彼らはドン・ベッカーリとモレアーリ医師に何も言いませんでした。彼らは他の町の人々にも何も言いませんでした。

そして，突然，すべてが変わりました。1943 年 9 月上旬，ドイツ軍は北イタリアに到着しました。そこはもうユダヤ人にとって安全な場所ではなくなりました。ドイツ兵はイタリア人に，すべてのユダヤ人を見つけてドイツに送還するように言いました。誰もがナチス収容所に送られるユダヤ人に何が起こっていたかを知っていました。彼らはひどい方法で殺されました。

多くの町で，イタリア人はドイツ人がすべてのユダヤ人を見つけるのを手伝いました。しかし，ノナントラの人々はそうしませんでした。彼らは，エマ邸の子どもたちと教師たちを救いたかったのです。そこでノナントラの人々は彼らを家に連れて行き，かくまいました。２日後，エマ邸には誰もいなくなりました。すべての子どもたちとその教師たちは，町の家々やカトリックの学校に隠れていました。

そのとき，ドイツの兵士はノナントラにいました。誰もが怖がっていました。子どもたちと教師たちはその時点では安全でしたが，それは長くは続きませんでした。ノナントラの誰もがエマ邸について知っていました。ノナントラの警察も知っていました。最初は，彼らは秘密を守りました。彼らはドイツ兵にユダヤ人のことを話しませんでした。しかし，あまり長くは秘密を守ることができませんでした。

ドン・ベッカーリとモレアーリ医師は，この恐ろしい新たな問題について話しました。彼らはすべての子どもたちと教師たちをイタリアから連れ出す方法を見つけなければなりませんでした。その時点で唯一の安全な国はスイスでした。しかし，スイスはノナントラから近くはありませんでした。数時間かかりました。

ノナントラの多くの人々の助けを借りて，彼らは計画を立てました。ユダヤ人にとっても彼らを助ける人にとっても，それは非常に危険でした。問6キ市役所で働いていた男性が，子どもたちと教師たちのために身分証明書を作成しました。これらの証書には，彼らがユダヤ人であるとは書いてありませんでした。それらには，子どもたちが学校に属していて，修学旅行中だと書いてありました。

その後，子どもたちと教師たちは小グループで出国し始めました。彼らは最初にトラックで行き，次に列車で行きました。その先は何マイルも歩かなければなりませんでした。最後に，夜に，彼らは川のところに来ました。広くて深い川でしたが，反対側はスイスでした。年長の子どもたちは年少の子どもたちの手を握りました。夜ごと，グループごとに，彼らは川を渡って移動しました。

エマ邸の子どもたちは全員，戦争が終わるまでスイスで暮らしました。そしてようやく 1945年に，彼らはパレスチナに行きました。

《2020　理科　解説》

1 (1)　ア×…スギナは根，茎，葉の区別があるシダ植物である。　ウ×…ツツジの花は合弁花である。　エ×…タンポポは双子葉類で，根は主根と側根からなる。　オ×…スズメノカタビラは単子葉類で，根はひげ根である。

(2)　カ○…硫酸バリウムは胃液や腸液と反応せず，吸収もされないため，造影剤として使われる。

(4)　エ○…ウニは棘皮動物，ミジンコは甲殻類，イソギンチャクは刺胞動物，カイメンは海綿動物である。

(5)　ウ×…ポリ塩化ビニルの略号はＰＶＣである。

(6)　エ○…鏡Ｑを動かす前(――)と動かした後(------)の光の道筋は図Ⅰの通りである。すべての鏡で，入射角と反射角が等しくなるように反射すること(反射の法則)をもとに考えよう。

図Ⅰ

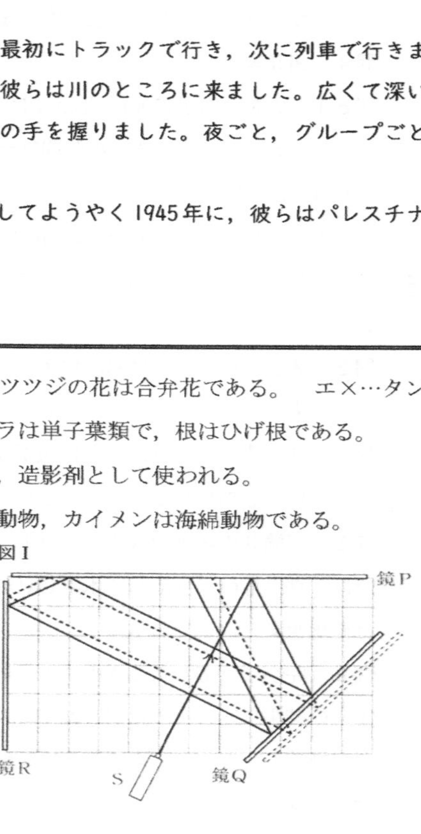

(7)　イ○…動脈は心臓から送り出される血液が流れる血管，静脈は心臓に戻ってくる血液が流れる血管である。また，動脈血は酸素を

多く含んだ血液，静脈血は二酸化炭素を多く含んだ血液である。大動脈と肺静脈には動脈血が，大静脈と肺動脈には静脈血が流れる。

(8)　カ○…塩化銅は水に溶けると銅イオンと塩化物イオンに電離する〔$CuCl_2 \rightarrow Cu^{2+} + 2Cl^-$〕。塩化銅水溶液に電流を流すと，陽イオンである銅イオン〔Cu^{2+}〕が陰極に移動し，陰極から電子を２個もらって銅原子になる。

(9)　ア×…月食は，太陽，地球，月(満月)の順に一直線上に並び，月の全体，または一部が地球の影に入ることで月が欠けて見える現象である。なお，太陽，月(新月)，地球の順に一直線上に並び，太陽の全体，または一部が月によって隠される現象が日食である。

(10)　エ○…ＡＢ間は傾きが一定だから，速さが一定の割合で増加する。ＢＣ間では一定の大きさの摩擦力がはたらくから，一定の割合で速さが減少する。ＣＤ間はＤに近づくほど傾きが大きくなるから，Ｄに近づくほど速さが減少する割合が大きくなる。

[2]　問３　顕微鏡の倍率が，10×10＝100(倍)から10×40＝400(倍)へと４倍になるということは，視野の一部が４×４＝16(倍)に引きのばされて見えるということである。つまり，見える範囲は$\frac{1}{16}$倍となるので，80個見えていた光の粒子は$80 \times \frac{1}{16} = 5$(個)となる。

[3]　問２　マグマが冷え固まってできる火成岩には，マグマが地下深くでゆっくり冷え固まった等粒状組織をもつ深成岩と，マグマが地表や地表付近で急に冷え固まった斑状組織をもつ火山岩がある。さらに含まれる鉱物によって，火山岩は，流紋岩《白色》－安山岩《灰色》－玄武岩《黒色》，深成岩は，花こう岩《白色》－せん緑岩《灰色》－斑れい岩《黒色》に分類される。

問３　イ，ウ○…チョウ石やセキエイなどの無色鉱物を多く含むマグマは粘り気が強く，キ石やカンラン石などの有色鉱物を多く含むマグマは粘り気が弱い。

問４　図Ⅱ参照。

図Ⅱ

問６(1)　震源距離が150kmの地点では，地震発生から，Ｐ波が伝わるまでの時間は$\frac{150}{7.5} = 20$(秒)，Ｓ波が伝わるまでの時間は$\frac{150}{4.0} = 37.5$(秒)である。したがって，初期微動継続時間は37.5－20＝17.5(秒)である。　(2)　震源距離は初期微動継続時間に比例するので，(1)を利用して，$150 \times \frac{4.7}{17.5} = 40.28\cdots \rightarrow 40.3$kmが正答である。

[4]　問１　塩酸と金属が反応したときに発生する気体は水素である。水素は水に溶けにくいので，水上置換法で集めるとよい。

問２　オ○…亜鉛や鉄は水酸化ナトリウム水溶液と反応しないが，アルミニウムは水酸化ナトリウム水溶液と反応し，水素が発生する。なお，アでは気体が発生せず，イでは酸素，ウでは二酸化炭素，エではアンモニアが発生する。

問３，４　実験２では，鉄と硫黄が反応して黒色の硫化鉄ができた〔$Fe + S \rightarrow FeS$〕。この反応は発熱反応であり，はじめに少し加熱して反応が起これば，その後は，反応によって発生した熱によって反応が進行する。

問６　実験３の試験管Ａでは，反応によってできた硫化鉄と塩酸が反応して硫化水素(気体Ｘ)が発生し，試験管Ｂでは，鉄と塩酸が反応して水素(気体Ｙ)が発生する。アはアンモニア，イは二酸化炭素，ウは水素，エは酸素，オは硫化水素の性質である。

問８　完全に反応したときの，加熱前のマグネシウムと加熱後の固体(酸化マグネシウム)の質量比は一定である。１班の結果より，その比が1.29：2.15＝３：５になっているから，３班でも同様に３：５になるはずである。３班の加熱前のマグネシウムの質量は3.51ｇだから，$3.51 \times \frac{5}{3} = 5.85$(ｇ)が正答である。

問９　問８解説より，マグネシウムと酸素は３：(５－３)＝３：２の質量比で反応することがわかる。４班では，化合した酸素の質量が8.15－5.07＝3.08(ｇ)なので，反応したマグネシウムの質量が$3.08 \times \frac{3}{2} = 4.62$(ｇ)だとわかる。したがって，反応せずに残ったマグネシウムの質量は5.07－4.62＝0.45(g)である。

5 **問１**　図２より，電圧が高くなるほど電流が増加する割合が小さくなることがわかる。つまり，電流が大きくなっていくと(フィラメントの温度が高くなっていくと)，抵抗値は大きくなっていくということである。

問２⑴　図２より，Ｌにかかる電圧が２Ｖのとき，Ｌには14mA→0.014Ａの電流が流れるから，このときのＬの抵抗値は$\frac{2\,(\mathrm{V})}{0.014\,(\mathrm{A})}$＝142.8…→143Ωである。また，Ｌと直列つなぎのＲには，Ｌと同じ0.014Ａの電流が流れるから，Ｒにかかる電圧は500(Ω)×0.014(A)＝７(V)である。　**⑵**　図２より，Ｌに流れる電流が20mA(0.02A)のとき，Ｌには４Ｖの電圧がかかっているから，このときのＬの抵抗は$\frac{4}{0.02}$＝200(Ω)である。また，Ｌと直列つなぎのＲには，Ｌと同じ0.02Ａの電流が流れるから，Ｒにかかる電圧は500(Ω)×0.02(A)＝10(V)である。したがって，Ｅの電圧は４＋10＝14(V)である。

問３　図２より，Ｌにかかる電圧が３Ｖのとき，Ｌには18mAの電流が流れ，Ｌと並列つなぎのＭにも18mAの電流が流れるから，ＡとＲには18×２＝36(mA)→0.036Ａの電流が流れる。Ｒにかかる電圧は500(Ω)×0.036(A)＝18(V)だから，Ｅの電圧は３＋18＝21(V)である。

問４　キ○…問３解説と同様に考えると，Ｎに流れる電流はＭの２倍である。図２より，ＮにＭの２倍の電流を流すには，ＮにＭの２倍より大きい電圧をかける必要がある。したがって，〔電力(W)＝電圧(V)×電流(A)〕より，$P_N > 4P_M$が成り立ち，$\frac{P_N}{P_M} > 4$となる。

《2020　社会　解説》

1 **問１**　アフリカ大陸は世界最大のサハラ砂漠があり，赤道が通るため，乾燥帯と熱帯の割合が高いウと判断できる。アはオーストラリア大陸，イは北アメリカ大陸，エは南アメリカ大陸。

問２　エのナイジェリアはイギリスの植民地支配を受けていた。アはモロッコ，イはアルジェリア，ウはリビア。

問３⑴　ウが誤り。プランテーションは，マレーシアやインドネシアで始まった天然ゴムやコーヒー，油ヤシなどの大農園を指す。　**⑵**　エが正しい。　ア・イ．単一の農作物や資源に依存する輸出(モノカルチャー経済)は，天候・景気・国際情勢などに左右されやすく，価格の変動が大きいため，安定した収入を得ることが難しい。
ウ．アフリカでは人口が増加している。

問４　フェアトレードによって，生産国では児童労働を生み出す貧困の連鎖を断ち切ることができる。

問６⑴　イを選ぶ。アとエは乾燥帯，ウは温帯に属する。　**⑵**　天然ゴムはタイとインドネシアで生産が盛んだからオ，バナナはエクアドルが上位に入るからエと判断する。アはコーヒー，イは茶，ウはパーム油。

問７　ＡＳＥＡＮには東南アジアの10ヵ国が加盟する。

2 **問１**　エが正しい。　ア．シラス台地の土壌は稲作に不向きなため，野菜や飼料作物の栽培や畜産が盛んである。
イ．南九州は降雨が多い太平洋側の気候である。　ウ．前半が不適切。大企業による牧場での６次産業化が進んでいる。

問２　ウが誤り。十勝平野では，「サトウキビ」でなく「大豆・じゃがいも・小麦・てんさい」などが栽培される。

問４　イが正しい。　Ｙ．日本は1950年代後半から1970年代初めにかけて，技術革新や重化学工業の発展によって高度経済成長を遂げた。　Ｚ．燃料・原料を輸入し，機械を輸出する加工貿易が行われてきたため，輸出入に便利な沿岸部の太平洋ベルトに工業が発達した。

問５　ア．中京工業地帯は製造品出荷額が全国一であり，特に自動車や自動車部品の生産が盛んである。

問６　航空輸送では小型・軽量である半導体などの電子部品が取り扱われるから，最も輸送量が少ないエと判断す
輸送量が多いイとウは，高速道路で輸送できる自動車(イ)，大量で重量がある物資を輸送できる船舶(ウ)なので，鉄道はアとなる。

問７　イが正しい。めがねフレームは福井県鯖江市，洋食器は新潟県燕市，漆器は石川県輪島市，縮は新潟県小
谷市が生産地として有名である。

3　問１　イが正しい。板付遺跡(縄文時代晩期～弥生時代)は福岡県，三内丸山遺跡(縄文時代)は青森県，岩宿遺
(旧石器時代)は群馬県にある。

問２　アが誤り。「稲を…田１段あたり３斗６升も徴税した」「税として納める絹の割合を，田…約10段あたり１
に変更した」とあるから，田の面積に応じて税が課されていたことがわかる。

問４　同じ耕地で同じ作物(主に米)を作る二期作との違いを押さえよう。

問５　アが正しい。御成敗式目を制定したのは３代執権北条泰時である。　イ．地頭は年貢の取り立てを行った。
ウ．承久の乱では２代執権北条義時のもと，北条泰時らによって後鳥羽上皇を撃破した。　エ．浄土真宗の開祖
親鸞，臨済宗の開祖は栄西。

問６　エが誤り。「農民は地元で換金しようとした」とあるから，得をするのは「領主」でなく「農民」である。

問７　徳政を要求した正長の土一揆や，一向宗徒が起こした加賀の一向一揆などが有名である。

問８　エが正しい。　ア．「兵役」が「年貢」であれば正しい。　イ．兵農分離が進み，城下町には武士が集住
農民は農業に従事するため城外の村落に住んだ。

問９　一段落から，幕府に認められた石高に応じて，諸大名が軍役や土木・治水工事などのお手伝い普請を負担
ていたことを読み取る。

問10　アが正しい。　イ．新井白石の正徳の治についての記述である。　ウ．サツマイモ(甘藷)の栽培は，徳川
宗が享保の改革の中で青木昆陽に指示した。　エ．公事方御定書は裁判の基準をまとめた法律である。

問11　1873年に行われた地租改正では，土地の所有者に税の負担義務を負わせて地券を交付し，課税の対象を収
高から地価の３％(1877年に2.5％に変更)に変更して現金で税を納めさせた。

問12　ウが誤り。1925年の普通選挙法により，25歳以上の男性であれば，一般の労働者や農民も選挙権を持つ
うになった。

問13　エが正しい。アのメソポタミアは，イラクのチグリス川とユーフラテス川が流れる地域である。イはエジ
ト文明，ウはローマ帝国についての記述である。

問14　16世紀のスペインによる征服によって，南アメリカの多くの国ではスペイン語が公用語とされている。

問15　ビスマルクは19世紀のプロイセン王国の首相である。

問16　ウ．Ⅱ．太平天国の乱(1851年)→Ⅰ．日清戦争の終結(1895年)→Ⅲ．義和団の乱の開始(1900年)

4　問１　1951年にアメリカ西海岸で講和会議が開かれ，日本はアメリカ・イギリスなど48か国とサンフランシス
平和条約を結んだ。この時同時に，日本国内にアメリカ軍が駐留することを認めた日米安全保障条約も結ばれた。

問２　イが正しい。1923年の関東大震災についての記述である。アの米騒動は1918年，ウの世界恐慌は1929年，
エの五・一五事件は1932年。

問３　イが正しい。　ア．日本初の労働組合は明治時代に結成された。　ウ・エ．第一次世界大戦は1914年～1918
だから，治安維持法(1925年)は大戦後，工場法(1911年)は大戦前である。

問５　エが正しい。　ア．板垣退助らの民撰議院設立の建白書提出から自由民権運動が始まった。　イ．「板垣退

助」と「井上馨」が逆である。　ウ．愛国社を結成したのは板垣退助である。

問６　日露戦争の終結は1905年だから，アを選ぶ。大逆事件は1910年，日英同盟は1902年，大韓帝国への改称は1897年，立憲政友会の結成は1900年。

問７　イが正しい。日清戦争後の下関条約で日本が獲得した遼東半島は，三国干渉により清に返還された。ア．アヘン戦争後の南京条約でイギリスの植民地となったのは香港である。　ウ．日本が二十一か条の要求で獲得したのは，山東省のドイツ権益である。　エ．上海租界はほんの一部で，フランスが租借したのは南部の広州湾である。

問８　ウを選ぶ。孫文が設立した国民党を受けついだのが蒋介石である。周恩来は中華人民共和国の初代首相である。毛沢東は中華人民共和国，孫文は中華民国を建国した。

問９　イが正しい。　ア．戦前の大日本帝国憲法にも，司法権の独立は統治権として規定されていた。　ウ．戦後は食料難が深刻となり，闇市がつくられた。　エ．人口が増加すると，品不足となって国内の物価は高騰した。

5 **問１**　エが正しい。　ア．法律を制定する権限をもつのは国会である。　イ．市町村長は住民が直接選挙で選ぶ。ウ．市町村長は議会を解散させることができる。

問２　国会は「国の唯一の立法機関」であるとも定められている。

問４　衆議院議員総選挙では，全国を289に分けた小選挙区制と，全国を11のブロックに分けた比例代表制が並立してとられている(小選挙区比例代表並立制)。

問５　ウが正しい。　ア．契約は口約束でも成立する。　イ．契約の取り消しが認められるのは，契約当事者が未成年者である時，詐欺や強迫によって契約してしまった時に限られる。　エ．売買契約は「現金での決済」に限定されていない。

問６　ウが正しい。　ア．「簡易裁判所・地方裁判所・高等裁判所」「家庭裁判所・高等裁判所・最高裁判所」「簡易裁判所・高等裁判所・最高裁判所」の順で行われる裁判もある。　イ．裁判官が失職するのは，心身の故障や，国民審査(最高裁判所の裁判官のみ)・弾劾裁判で罷免されたときである。　エ．裁判員は国民の中からくじで選任される。

6 **問１**　ウが正しい。　ア．日本での非正規労働者の割合は40％未満である。　イ．同一賃金が保障されるのは同一労働をする非正規労働者のみである。　エ．非正規労働者の外国人雇用を禁じる法律はない。

問２　軽減税率が適用されるのは「酒類と外食を除く飲食料品」「定期購読契約が結ばれた週２回以上発行される新聞」だから，アを選ぶ。

問３　両方誤りだから，エを選ぶ。　X．介護保険の保険料は，国民全員が40歳になった月から納める。Y．「居宅の場合に限り」が不適切。要介護者が施設へ通って介護サービスを受けるデイサービスもある。

問４　アが正しい。　イ．物価の上昇(インフレ)は好景気の時に発生する。　ウ．不景気の時は，売れ残り出て在庫が増えるため，価格が低下する。　エ．政府の財政政策は，不景気の時は減税を行い，公共事業などの支出を増大させる。

問５　空欄後の「配当金」「経営陣の選任」から株主総会を導く。株主総会で選ばれた取締役が会社の経営を行う。

問９　ウ．「消費増税(2019年10月)が４か月後に迫っている」から，令和元年６月と判断できる。

■ ご使用にあたってのお願い・ご注意

（1）問題文等の非掲載

著作権上の都合により，問題文や図表などの一部を掲載できない場合があります。

誠に申し訳ございませんが，ご了承くださいますようお願いいたします。

（2）過去問における時事性

過去問題集は，学習指導要領の改訂や社会状況の変化，新たな発見などにより，現在とは異なる表記や解説になっている場合があります。過去問の特性上，出題当時のままで出版していますので，あらかじめご了承ください。

（3）配点

学校等から配点が公表されている場合は，記載しています。公表されていない場合は，記載していません。

独自の予想配点は，出題者の意図と異なる場合があり，お客様が学習するうえで誤った判断をしてしまう恐れがあるため記載していません。

（4）無断複製等の禁止

購入された個人のお客様が，ご家庭でご自身またはご家族の学習のためにコピーをすることは可能ですが，それ以外の目的でコピー，スキャン，転載（ブログ，ＳＮＳなどでの公開を含みます）などをすることは法律により禁止されています。学校や学習塾などで，児童生徒のためにコピーをして使用することも法律により禁止されています。

ご不明な点や，違法な疑いのある行為を確認された場合は，弊社までご連絡ください。

（5）けがに注意

この問題集は針を外して使用します。針を外すときは，けがをしないように注意してください。また，表紙カバーや問題用紙の端で手指を傷つけないように十分注意してください。

（6）正誤

制作には万全を期しておりますが，万が一誤りなどがございましたら，弊社までご連絡ください。

なお，誤りが判明した場合は，弊社ウェブサイトの「ご購入者様のページ」に掲載しておりますので，そちらもご確認ください。

■ お問い合わせ

解答例，解説，印刷，製本など，問題集発行におけるすべての責任は弊社にあります。

ご不明な点がございましたら，弊社ウェブサイトの「お問い合わせ」フォームよりご連絡ください。迅速に対応いたしますが，営業日の都合で回答に数日を要する場合があります。

ご入力いただいたメールアドレス宛に自動返信メールをお送りしています。自動返信メールが届かない場合は，「よくある質問」の「メールの問い合わせに対し返信がありません。」の項目をご確認ください。

また弊社営業日（平日）は，午前９時から午後５時まで，電話でのお問い合わせも受け付けています。

2025 春

教英出版

株式会社教英出版

〒422-8054　静岡県静岡市駿河区南安倍３丁目 12-28

TEL　054-288-2131　　FAX　054-288-2133

URL　https://kyoei-syuppan.net/

MAIL　siteform@kyoei-syuppan.net

学校別問題集

北海道

①札幌北斗高等学校
②北星学園大学附属高等学校
③東海大学付属札幌高等学校
④立命館慶祥高等学校
⑤北海高等学校
⑥北見藤高等学校
⑦札幌光星高等学校
⑧函館ラ・サール高等学校
⑨札幌大谷高等学校
⑩北海道科学大学高等学校
⑪遺愛女子高等学校
⑫札幌龍谷学園高等学校
⑬札幌日本大学高等学校
⑭札幌第一高等学校
⑮旭川実業高等学校
⑯北海学園札幌高等学校

青森県

①八戸工業大学第二高等学校

宮城県

①聖和学園高等学校(A日程)
②聖和学園高等学校(B日程)
③東北学院高等学校(A日程)
④東北学院高等学校(B日程)
⑤仙台大学附属明成高等学校
⑥仙台城南高等学校
⑦東北学院榴ケ岡高等学校
⑧古川学園高等学校
⑨仙台育英学園高等学校(A日程)
⑩仙台育英学園高等学校(B日程)
⑪聖ウルスラ学院英智高等学校
⑫宮城学院高等学校
⑬東北生活文化大学高等学校
⑭東北高等学校
⑮常盤木学園高等学校
⑯仙台白百合学園高等学校
⑰尚絅学院高等学校(A日程)
⑱尚絅学院高等学校(B日程)

山形県

①日本大学山形高等学校
②惺山高等学校
③東北文教大学山形城北高等学校
④東海大学山形高等学校
⑤山形学院高等学校

福島県

①日本大学東北高等学校

新潟県

①中越高等学校
②新潟第一高等学校
③東京学館新潟高等学校
④日本文理高等学校
⑤新潟青陵高等学校
⑥帝京長岡高等学校
⑦北越高等学校
⑧新潟明訓高等学校

富山県

①高岡第一高等学校
②富山第一高等学校

石川県

①金沢高等学校
②金沢学院大学附属高等学校
③遊学館高等学校
④星稜高等学校
⑤鵬学園高等学校

山梨県

①駿台甲府高等学校
②山梨学院高等学校(特進)
③山梨学院高等学校(進学)
④山梨英和高等学校

岐阜県

①鶯谷高等学校
②富田高等学校
③岐阜東高等学校
④岐阜聖徳学園高等学校
⑤大垣日本大学高等学校
⑥美濃加茂高等学校
⑦済美高等学校

静岡県

①御殿場西高等学校
②知徳高等学校
③日本大学三島高等学校
④沼津中央高等学校
⑤飛龍高等学校
⑥桐陽高等学校
⑦加藤学園高等学校
⑧加藤学園暁秀高等学校
⑨誠恵高等学校
⑩星陵高等学校
⑪静岡県富士見高等学校
⑫清水国際高等学校
⑬静岡サレジオ高等学校
⑭東海大学付属静岡翔洋高等学校
⑮静岡大成高等学校
⑯静岡英和女学院高等学校
⑰城南静岡高等学校
⑱静岡女子高等学校
⑲常葉大学附属常葉高等学校
常葉大学附属橘高等学校
常葉大学附属菊川高等学校
⑳静岡北高等学校
㉑静岡学園高等学校
㉒焼津高等学校
㉓藤枝明誠高等学校
㉔静清高等学校
㉕磐田東高等学校
㉖浜松学院高等学校
㉗浜松修学舎高等学校
㉘浜松開誠館高等学校
㉙浜松学芸高等学校
㉚浜松聖星高等学校
㉛浜松日体高等学校
㉜聖隷クリストファー高等学校
㉝浜松啓陽高等学校
㉞オイスカ浜松国際高等学校

愛知県

①[国立]愛知教育大学附属高等学校
②愛知高等学校
③名古屋経済大学市邨高等学校
④名古屋経済大学高蔵高等学校
⑤名古屋大谷高等学校
⑥享栄高等学校
⑦椙山女学園高等学校
⑧大同大学大同高等学校
⑨日本福祉大学付属高等学校
⑩中京大学附属中京高等学校
⑪至学館高等学校
⑫東海高等学校
⑬名古屋たちばな高等学校
⑭東邦高等学校
⑮名古屋高等学校
⑯名古屋工業高等学校
⑰名古屋葵大学高等学校
(名古屋女子大学高等学校)
⑱中部大学第一高等学校
⑲桜花学園高等学校
⑳愛知工業大学名電高等学校
㉑愛知みずほ大学瑞穂高等学校
㉒名城大学附属高等学校
㉓修文学院高等学校
㉔愛知啓成高等学校
㉕聖カピタニオ女子高等学校
㉖滝高等学校
㉗中部大学春日丘高等学校
㉘清林館高等学校
㉙愛知黎明高等学校
㉚岡崎城西高等学校
㉛人間環境大学附属岡崎高等学校
㉜桜丘高等学校

㉝光ヶ丘女子高等学校
㉞藤ノ花女子高等学校
㉟栄徳高等学校
㊱同朋高等学校
㊲星城高等学校
㊳安城学園高等学校
㊴愛知産業大学三河高等学校
㊵大成高等学校
㊶豊田大谷高等学校
㊷東海学園高等学校
㊸名古屋国際高等学校
㊹啓明学館高等学校
㊺聖霊高等学校
㊻誠信高等学校
㊼誉高等学校
㊽杜若高等学校
㊾菊華高等学校
㊿豊川高等学校

三重県

①暁高等学校(3年制)
②暁高等学校(6年制)
③海星高等学校
④四日市メリノール学院高等学校
⑤鈴鹿高等学校
⑥高田高等学校
⑦三重高等学校
⑧皇學館高等学校
⑨伊勢学園高等学校
⑩津田学園高等学校

滋賀県

①近江高等学校

大阪府

①上宮高等学校
②大阪高等学校
③興國高等学校
④清風高等学校
⑤早稲田大阪高等学校
(早稲田摂陵高等学校)
⑥大商学園高等学校
⑦浪速高等学校
⑧大阪夕陽丘学園高等学校
⑨大阪成蹊女子高等学校
⑩四天王寺高等学校
⑪梅花高等学校
⑫追手門学院高等学校
⑬大阪学院大学高等学校
⑭大阪学芸高等学校
⑮常翔学園高等学校
⑯大阪桐蔭高等学校
⑰関西大倉高等学校
⑱近畿大学附属高等学校
⑲金光大阪高等学校
⑳星翔高等学校
㉑阪南大学高等学校
㉒箕面自由学園高等学校
㉓桃山学院高等学校
㉔関西大学北陽高等学校

兵庫県

①雲雀丘学園高等学校
②園田学園高等学校
③関西学院高等部
④灘高等学校
⑤神戸龍谷高等学校
⑥神戸第一高等学校
⑦神港学園高等学校
⑧神戸学院大学附属高等学校
⑨神戸弘陵学園高等学校
⑩彩星工科高等学校
⑪神戸野田高等学校
⑫滝川高等学校
⑬須磨学園高等学校
⑭神戸星城高等学校
⑮啓明学院高等学校
⑯神戸国際大学附属高等学校
⑰滝川第二高等学校
⑱三田松聖高等学校
⑲姫路女学院高等学校
⑳東洋大学附属姫路高等学校
㉑日ノ本学園高等学校
㉒市川高等学校
㉓近畿大学附属豊岡高等学校
㉔夙川高等学校
㉕仁川学院高等学校
㉖育英高等学校

奈良県

①西大和学園高等学校

岡山県

①[県立]岡山朝日高等学校
②清心女子高等学校
③就実高等学校
(特別進学コース〈ハイグレード・アドバンス〉)
④就実高等学校
(特別進学チャレンジコース・総合進学コース)
⑤岡山白陵高等学校
⑥山陽学園高等学校
⑦関西高等学校
⑧おかやま山陽高等学校
⑨岡山商科大学附属高等学校
⑩倉敷高等学校
⑪岡山学芸館高等学校(1期1日目)
⑫岡山学芸館高等学校(1期2日目)
⑬倉敷翠松高等学校
⑭岡山理科大学附属高等学校
⑮創志学園高等学校
⑯明誠学院高等学校
⑰岡山龍谷高等学校

広島県

①[国立]広島大学附属高等学校
②[国立]広島大学附属福山高等学校
③修道高等学校
④崇徳高等学校
⑤広島修道大学ひろしま協創高等学校
⑥比治山女子高等学校
⑦呉港高等学校
⑧清水ヶ丘高等学校
⑨盈進高等学校
⑩尾道高等学校
⑪如水館高等学校
⑫広島新庄高等学校
⑬広島文教大学附属高等学校
⑭銀河学院高等学校
⑮安田女子高等学校
⑯山陽高等学校
⑰広島工業大学高等学校
⑱広陵高等学校
⑲近畿大学附属広島高等学校福山校
⑳武田高等学校
㉑広島県瀬戸内高等学校(特別進学)
㉒広島県瀬戸内高等学校(一般)
㉓広島国際学院高等学校
㉔近畿大学附属広島高等学校東広島校
㉕広島桜が丘高等学校

山口県

①高水高等学校
②野田学園高等学校
③宇部フロンティア大学付属香川高等学校
(普通科〈特進・進学コース〉)
④宇部フロンティア大学付属香川高等学校
(生活デザイン・食物調理・保育科)
⑤宇部鴻城高等学校

徳島県

①徳島文理高等学校

香川県

①香川誠陵高等学校
②大手前高松高等学校

愛媛県

①愛光高等学校
②済美高等学校
③FC今治高等学校
④新田高等学校
⑤聖カタリナ学園高等学校

福岡県

①福岡大学附属若葉高等学校
②精華女子高等学校（専願試験）
③精華女子高等学校（前期試験）
④西南学院高等学校
⑤筑紫女学園高等学校
⑥中村学園女子高等学校（専願入試）
⑦中村学園女子高等学校（前期入試）
⑧博多女子高等学校
⑨博多高等学校
⑩東福岡高等学校
⑪福岡大学附属大濠高等学校
⑫自由ケ丘高等学校
⑬常磐高等学校
⑭東筑紫学園高等学校
⑮敬愛高等学校
⑯久留米大学附設高等学校
⑰久留米信愛高等学校
⑱福岡海星女子学院高等学校
⑲誠修高等学校
⑳筑陽学園高等学校（専願入試）
㉑筑陽学園高等学校（前期入試）
㉒真颯館高等学校
㉓筑紫台高等学校
㉔純真高等学校
㉕福岡舞鶴高等学校
㉖折尾愛真高等学校
㉗九州国際大学付属高等学校
㉘祐誠高等学校
㉙西日本短期大学附属高等学校
㉚東海大学付属福岡高等学校
㉛慶成高等学校
㉜高稜高等学校
㉝中村学園三陽高等学校
㉞柳川高等学校
㉟沖学園高等学校
㊱福岡常葉高等学校
㊲九州産業大学付属九州高等学校
㊳近畿大学附属福岡高等学校
㊴大牟田高等学校
㊵久留米学園高等学校
㊶福岡工業大学附属城東高等学校（専願入試）
㊷福岡工業大学附属城東高等学校（前期入試）
㊸八女学院高等学校
㊹星琳高等学校
㊺九州産業大学付属九州産業高等学校
㊻福岡雙葉高等学校

佐賀県

①龍谷高等学校
②佐賀学園高等学校
③佐賀女子短期大学付属佐賀女子高等学校
④弘学館高等学校
⑤東明館高等学校
⑥佐賀清和高等学校
⑦早稲田佐賀高等学校

長崎県

①海星高等学校（奨学生試験）
②海星高等学校（一般入試）
③活水高等学校
④純心女子高等学校
⑤長崎南山高等学校
⑥長崎日本大学高等学校（特別入試）
⑦長崎日本大学高等学校（一次入試）
⑧青雲高等学校
⑨向陽高等学校
⑩創成館高等学校
⑪鎮西学院高等学校

熊本県

①真和高等学校
②九州学院高等学校（奨学生・専願生）
③九州学院高等学校（一般生）
④ルーテル学院高等学校（専願入試・奨学入試）
⑤ルーテル学院高等学校（一般入試）
⑥熊本信愛女学院高等学校
⑦熊本学園大学付属高等学校（奨学生試験・専願生試験）
⑧熊本学園大学付属高等学校（一般生試験）
⑨熊本中央高等学校
⑩尚絅高等学校
⑪文徳高等学校
⑫熊本マリスト学園高等学校
⑬慶誠高等学校

大分県

①大分高等学校

宮崎県

①鵬翔高等学校
②宮崎日本大学高等学校
③宮崎学園高等学校
④日向学院高等学校
⑤宮崎第一高等学校（文理科）
⑥宮崎第一高等学校（普通科・国際マルチメディア科・電気科）

鹿児島県

①鹿児島高等学校
②鹿児島実業高等学校
③樟南高等学校
④れいめい高等学校
⑤ラ・サール高等学校

新刊
もっと過去問シリーズ

愛知県

愛知高等学校
7年分（数学・英語）

中京大学附属中京高等学校
7年分（数学・英語）

東海高等学校
7年分（数学・英語）

名古屋高等学校
7年分（数学・英語）

愛知工業大学名電高等学校
7年分（数学・英語）

名城大学附属高等学校
7年分（数学・英語）

滝高等学校
7年分（数学・英語）

※もっと過去問シリーズは入学試験の実施教科に関わらず、数学と英語のみの収録となります。

教英出版
〒422-8054
静岡県静岡市駿河区南安倍3丁目12−28
TEL 054-288-2131
FAX 054-288-2133
詳しくは教英出版で検索
教英出版　検索
URL https://kyoei-syuppan.net/

社会科（高）　社高令６

受験番号	

※100点満点

解答用紙

20点

1

問１		問２		問３					
問４		問５	A		D		F		
問６		問７	X		Y				
問８	(1)		(2)						

12点

2

問１	A	市	B	市	問２		
問３		問４	A		D		

10点

3

問１		問２							
問３	(1)		(2)		問４		問５		
問６		問７		問８		問９			

18点

4

問１		問２		問３		問４				
問５	X		Y		Z		問６			
問７		問８		問９						
問10	人名		世紀	世紀	問11					
問12		10	20	30	40					

24点

5

問１		問２		問３	(1)		(2)		
問４		問５		問６		問７		問８	
問９	(1)		(2)		(3)				

16点

6

問１		問２		問３		問４		問５	
問６	a		b		問７		問８		

理科（高）解答用紙

理高令6
※100点満点

受験番号

20点
1

(1)	(2)	(3)	(4)	(5)	(6)	(7)	(8)	(9)	(10)

20点
2

問1					
問2	(1)	黄色		黒色	
	(2)	黄色：黒色＝ :			
問3	(1)	日後	(2)	個体	
	(3)	個体	(4)	個体	

20点
3

問1	A		B		C			
問2	①		②					
問3	(1)	a		b		c		d
	(2)							
	(3)	お		か				
		き						
	(4)	X		Y				
問4								

20点
4

問1	①		②		③	
問2						
問3						
問4	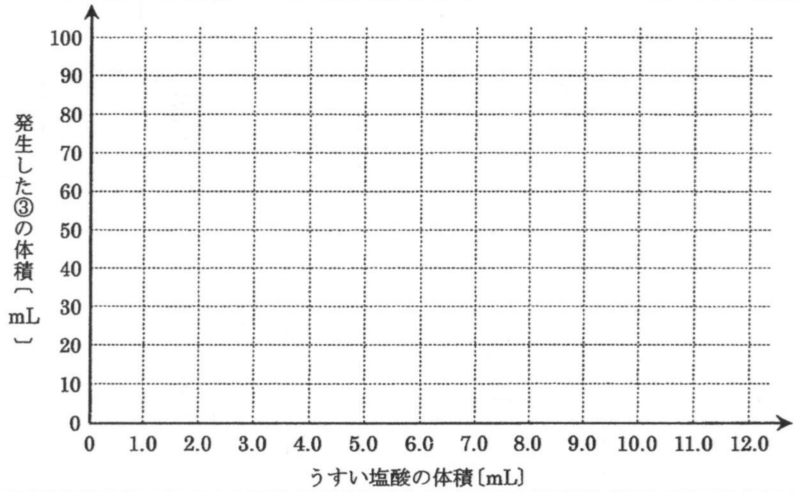					
問5		問6		問7	g	

20点
5

問1		問2				
問3	(1)		(2)			
問4	(1)		(2)			
問5	(1)		(2)		(3)	

英語科（高）　解答用紙

英高令６　※100点満点

受験番号

15点
1

(1)	(2)	(3)	(4)	(5)

27点
2

問１	(A)	
	(B)	
	(C)	
	(D)	
	(E)	
問２	①	
	②	

30点
3

問１			
問２		問３	⇒　⇒　⇒　⇒
問４			
問５		問６	(a)　(b)　(c)
			(d)　(e)

28点
4

問１	
問２	
問３	
問４	問５

数 学 科（高） 解答用紙

数高令6

※100点満点

1 50点

(1)	(2)
(3) $x=$	(4)
(5) $x=$	(6)
(7)	(8)
(9) ：	(10) cm^2

受験番号

2 12点

(1) 円	(2) 円
(3) $x=$, $y=$	

3 12点

(1) cm	(2) cm
(3) cm^2	(4) , ,

4 12点

(1) A(,), B(,)	(2) $x=$
(3)	(4)

5 14点

(1)	(ア)	(イ)	(ウ)
(2)(あ)			

解答用紙

※100点満点

国語科（高）

受験番号の欄は左端にある。記入を忘れないこと。

国高令6

一 40点

問1 a b c d e（祭）
問2
問3
問4
問5
問6
問7

二 35点

問1 a b c
問2
問3
問4
問5
問6

三 25点

問1 a b
問2
問3
問4 Ⅰ Ⅱ
問5

受験番号

6 山本さんは，Ｘ市でレストラン「南風」を経営している。次の各文章は山本さんがお店の宣伝も兼ねてＳＮＳに投稿したつぶやきである。これらを読んで，下の問いに答えよ。

2023年５月１日　「南風」はきょうが開店１周年記念日です。たくさんのお客様に支えられ，売り上げは順調ですが，最近の物価の上昇は心配の種です。①アルバイトさんたちも頑張ってくれているので，彼らの時給アップも考えないと。でも，②「南風」は値上げなしでがんばります。

2023年６月１日　もうすぐ雨の季節ですが，先月のうちに③いろいろな税金の納付を済ませてスッキリ。今年の秋にはインボイス制度も始まるということなので，［④］についてもよく勉強しておかないと。サミットの影響でしょうか，先月は街のあちこちで交通規制があり，なにやらものものしい雰囲気でしたね。

2023年７月１日　この時期には，毎年，日本のどこかから豪雨被害のニュースが伝わってきます。世界的な気候変動の影響なのでしょうか。わが街の近くでも，この数年の間に何回か大きな災害が起きています。「南風」も，⑤「ちきゅうにやさしい」お店を目指しています。私たち一人ひとりが，⑥地球環境を守るための具体的な行動を心がけたいものです。

2023年８月１日　酷暑の日が続きます。この街には，今年も祈りの日がやってきます。ところで，先月あたりから，⑦観光客の姿をよく見かけるようになりました。今月の中ごろには，中国からの団体旅行もＯＫになるとか。［⑧］による経済の活性化にも期待したいところ。平和な日常って，本当にありがたいものですね。

問１　下線部①に関して，山本さんは，アルバイト従業員を募集するために，次のような求人広告を情報誌に掲載しようとした。この中の記述ア～エのうち，現行の関連法律と照らし合わせたとき問題があるものを，一つ選んで記号で答えよ。

アルバイト募集

職　種	ウェイトレス(女性)	ア
資　格	１８歳以上(未経験・学生可)	イ
時　給	1,500円	ウ
勤　務	火～日の営業時間 11:00～22:00のうち ６時間(応相談) 月曜日は定休日	エ
連絡先	000－000－0000(山本)	

問２　下線部②に関して，日本の飲食店における値上がりの要因について述べた文として**誤っているもの**を，次のア～エから一つ選んで記号で答えよ。

ア．国際紛争が発生したことにより，世界的に穀物の供給不安が生じた。
イ．家畜の疫病が流行したことにより，酪農・畜産物の供給不足が生じた。
ウ．円高が進行したことにより，食品やエネルギー資源の輸入価格が上昇した。
エ．労働力不足にともない人件費が上昇し，経営コストが上昇した。

問３　下線部③について述べた文として正しいものを，次のア～エから一つ選んで記号で答えよ。

ア．所得税・消費税などの国税には，累進課税の制度が適用される。
イ．Ｇ７サミット参加国の直間比率を比較すると，間接税の比率が最も高いのは日本である。
ウ．本年度当初の一般会計予算では，歳入のおよそ９割を租税収入が占めている。
エ．一般に，景気の回復期には政府の租税収入は増える傾向がある。

問４　空欄［④］にあてはまる語句を，次のア～エから一つ選んで記号で答えよ。

ア．所得税　　イ．相続税　　ウ．住民税　　エ．消費税

問５　下線部⑤に関して，山本さんは，「ちきゅうにやさしいお店」づくりの一環として，提供する食品の量を細かく調整し，食べ残しによる食品ロスを極力減らすとりくみをしている。このようなとりくみは，循環型社会形成推進基本法に示された３Ｒのうち，いずれと最も関係が深いか答えよ。

問６　下線部⑥に関して，次の法律の条文は，環境基本法第２条を抜粋したものである。この法律条文中の空欄［ａ］・［ｂ］にあてはまる語句を答えよ。

この法律において「地球環境保全」とは，人の活動による地球全体の温暖化又は［ａ］層の破壊の進行，海洋の汚染，野生生物の種の減少その他の地球の全体又はその広範な部分の環境に影響を及ぼす事態に係る環境の保全であって，人類の福祉に貢献するとともに国民の健康で［ｂ］的な生活の確保に寄与するものをいう。

問７　下線部⑦に関して，次の**図１**・**図２**はＸ市とその周辺にある世界文化遺産である。それぞれにあてはまる説明文ａ～ｄの組み合わせとして正しいものを，下のア～エから一つ選んで記号で答えよ。

図１

図２

ａ　津波によって廃墟となった建物の遺構であり，災害からの復興を願う象徴となっている。
ｂ　人類史上初めて使用された核兵器による負の遺産として，平和を願う象徴となっている。
ｃ　平清盛が一族の繁栄と海上交通の安全を祈って整備した神社である。
ｄ　源氏一門が源平の争乱の勝利を祈願して整備した神社である。

ア．**図１**－ａ　**図２**－ｃ　　イ．**図１**－ａ　**図２**－ｄ
ウ．**図１**－ｂ　**図２**－ｃ　　エ．**図１**－ｂ　**図２**－ｄ

問８　空欄［⑧］にあてはまる語句を，次のア～エから一つ選んで記号で答えよ。

ア．ダイバーシティ　　イ．インバウンド
ウ．インフォームド・コンセント　　エ．セーフティ・ネット

⑥ 社高令6

問3　下線部③に関して，次の(1)・(2)に答えよ。

(1)　この作品は，「第一次世界大戦中のカポレットの戦いにおけるイタリア軍の敗走」という史実が物語の中核となっている。1917年のこの戦いでイタリア軍が戦った相手を，次のア～エから一つ選んで記号で答えよ。

ア．イギリス　　イ．ドイツ　　ウ．フランス　　エ．ロシア

(2)　この作品は，イタリア軍の敗走を描いていたため，1929年の発表直後よりファシスト党政権下のイタリアでは発禁処分とされていた。このファシスト党を率いて首相となった人物を答えよ。

問4　下線部④について，日本におけるプロレタリア文学の説明として正しいものを，次のア～エから一つ選んで記号で答えよ。

ア．第一次世界大戦後の軍国主義の高まりを背景に，戦争を美化したり正当化したりした小説

イ．第一次世界大戦後の軍国主義の高まりを背景に，軍隊の実態を暴き反戦を主張する小説

ウ．第一次世界大戦後の資本家・労働者の対立激化を背景に，資本家の成功談を集めた小説

エ．第一次世界大戦後の資本家・労働者の対立激化を背景に，労働者や農民の現実を描いた小説

問5　空欄 ⑤ にあてはまる人名を答えよ。

問6　下線部⑥は，日本の高度経済成長期が舞台でありながら古風な京都の四季が表れている作品である。高度経済成長期の日本について述べた文として**誤っているもの**を，次のア～エから一つ選んで記号で答えよ。

ア．鉄鋼，船舶，石油化学製品などの輸出が増大した。

イ．パソコンや携帯電話が家庭に普及した。

ウ．国民総生産(ＧＮＰ)が資本主義国の中で第２位となった。

エ．各地で公害が発生して社会問題となった。

問7　下線部⑦について述べた文として正しいものを，次のア～エから一つ選んで記号で答えよ。

ア．対立していた中国の国民党と共産党は，日本との戦争のために停戦した。

イ．南京を占領された中国の国民政府は，台湾に拠点を移して抵抗した。

ウ．戦争が長期化する中で，日本政府は新たに治安維持法を制定した。

エ．戦争が長期化する中で，日本は援蔣ルートを断つためソ連を攻撃した。

問8　下線部⑧について述べた文として正しいものを，次のア～エから一つ選んで記号で答えよ。

ア．北部は保護貿易を，南部は自由貿易を求めていた。

イ．この戦争中に，ヨーロッパではナポレオンが大陸の大部分を支配していた。

ウ．この戦争中に，ワシントン大統領が奴隷解放宣言を発表した。

エ．南部が勝利し，アメリカの市場は南部を中心に統一された。

問9　下線部⑨に関して，次の年表は，夏目漱石の生涯を簡潔に表したものである。年表中の(1)～(3)について，下の(1)～(3)に答えよ。

1867年	江戸の名主の子として生まれる。　…(1)
1889年	「漱石」という号を使い始める。
1905年	『吾輩は猫である』の連載が始まる。…(2)
1916年	『明暗』の連載中に亡くなる。　…(3)

(1)　夏目漱石が生まれたころ，薩摩藩・長州藩などによる倒幕の動きが激しくなっていた。このことに関連した次のできごとⅠ～Ⅲを起こった順に正しく並べたものを，下のア～カから一つ選んで記号で答えよ。

Ⅰ　江戸城の無血開城が実現した。

Ⅱ　新政府軍が五稜郭の戦いに勝利した。

Ⅲ　徳川慶喜が大政奉還をおこなった。

ア．Ⅰ－Ⅱ－Ⅲ　　イ．Ⅰ－Ⅲ－Ⅱ　　ウ．Ⅱ－Ⅰ－Ⅲ

エ．Ⅱ－Ⅲ－Ⅰ　　オ．Ⅲ－Ⅰ－Ⅱ　　カ．Ⅲ－Ⅱ－Ⅰ

(2)　次の文章は『吾輩は猫である』の一節である。この一節において「猫」は東洋の無名の小国である日本を，「人間」は西洋人のことを比喩的に示していると言われている。この一節の背景となったと考えられる国際的なできごとについて述べた文として最もふさわしいものを，下のア～エから一つ選んで記号で答えよ。

> 元来我々同族(注１)間では目ざしの頭でも鰡《ぼら》の臍《へそ》でもいちばん先に見つけた者がこれを食う権利があるものとなっている。もし相手がこの規約を守らなければ腕力に訴えてよいくらいのものだ。しかるに彼ら人間はごうも(注２)この観念がないと見えて我らが見つけたごちそうは必ず彼らのために略奪せらるるのである。彼らはその強力を頼んで正当に吾人《ごじん》(注３)が食いうべきものを奪ってすましている。
>
> (注１)「我々同族」：作中では猫のことを指している。　(注２)「ごうも」：少しも，ちっとも。
> (注３)「吾人」：われわれ。これも猫のことを指している。

夏目漱石『吾輩は猫である』（角川文庫）より引用。（注）は出題者。

ア．アメリカが日本に初めて領事裁判権を認めさせた。

イ．アメリカが日本への石油の輸出を全面的に禁止した。

ウ．ロシアが日本が清に返還した遼東半島の一部を租借した。

エ．ソ連が南樺太・千島列島を占領した。

(3)　夏目漱石の作品の多くには帝国主義に対する批判が盛り込まれていたが，漱石が亡くなった頃，日本は第一次世界大戦に参戦した。この大戦中に日本はドイツがもっていた権益の継承などを求める要求を中国政府に突きつけ，その大部分を承認させた。この要求を何というか答えよ。

理科（高）解答用紙

理高令６
※100点満点

受験番号

1 (20点)

(1)	(2)	(3)	(4)	(5)	(6)	(7)	(8)	(9)	(10)

2 (20点)

問１					
問２	(1)	黄色		黒色	
	(2)	黄色：黒色＝　　：			
問３	(1)	日後	(2)	個体	
	(3)	個体	(4)	個体	

3 (20点)

問１	A		B		C			
問２	①		②					
問３	(1)	a		b		c		d
	(2)							
	(3)	お		か				
		き						
	(4)	X		Y				
問４								

4 (20点)

問１	①		②		③	
問２						
問３						
問４						
問５		問６		問７	g	

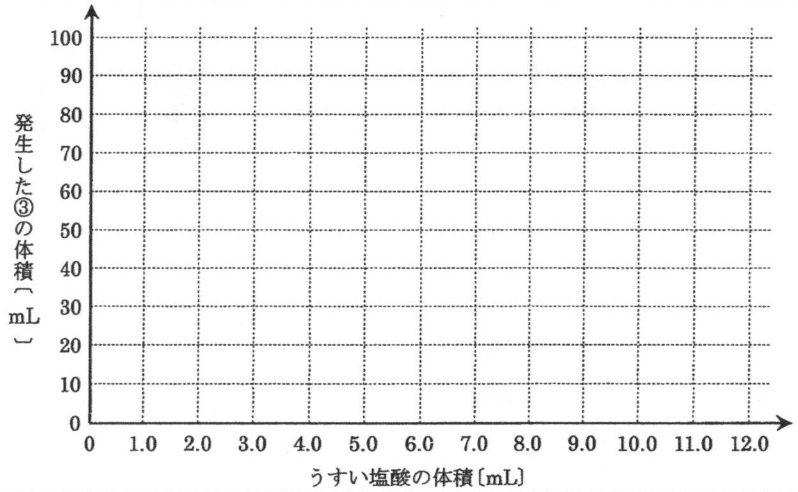

5 (20点)

問１		問２				
問３	(1)		(2)			
問４	(1)		(2)			
問５	(1)		(2)		(3)	

数　学　科（高）　解答用紙

数高令6

※100点満点

受験番号

1 50点

(1)	(2)
(3) $x=$	(4)
(5) $x=$	(6)
(7)	(8)
(9) ：	(10) cm^2

2 12点

(1) 円	(2) 円
(3) $x=$ ， $y=$	

3 12点

(1) cm	(2) cm
(3) cm^2	(4) ， ，

4 12点

(1) A（ ， ），B（ ， ）	(2) $x=$
(3)	(4)

5 14点

(1)	(ア)	(イ)	(ウ)
(2)(あ)			

国語科（高）

解答用紙

※100点満点

受験番号の欄は左端にある。記入を忘れないこと。

国高令6

一　40点

問1　a　b　c　d　e（祭）

問2

問3

問4

問5

問6

問7

二　35点

問1　a　b　c

問2

問3

問4

問5

問6

三　25点

問1　a　b

問2

問3

問4　I　II

問5

受験番号

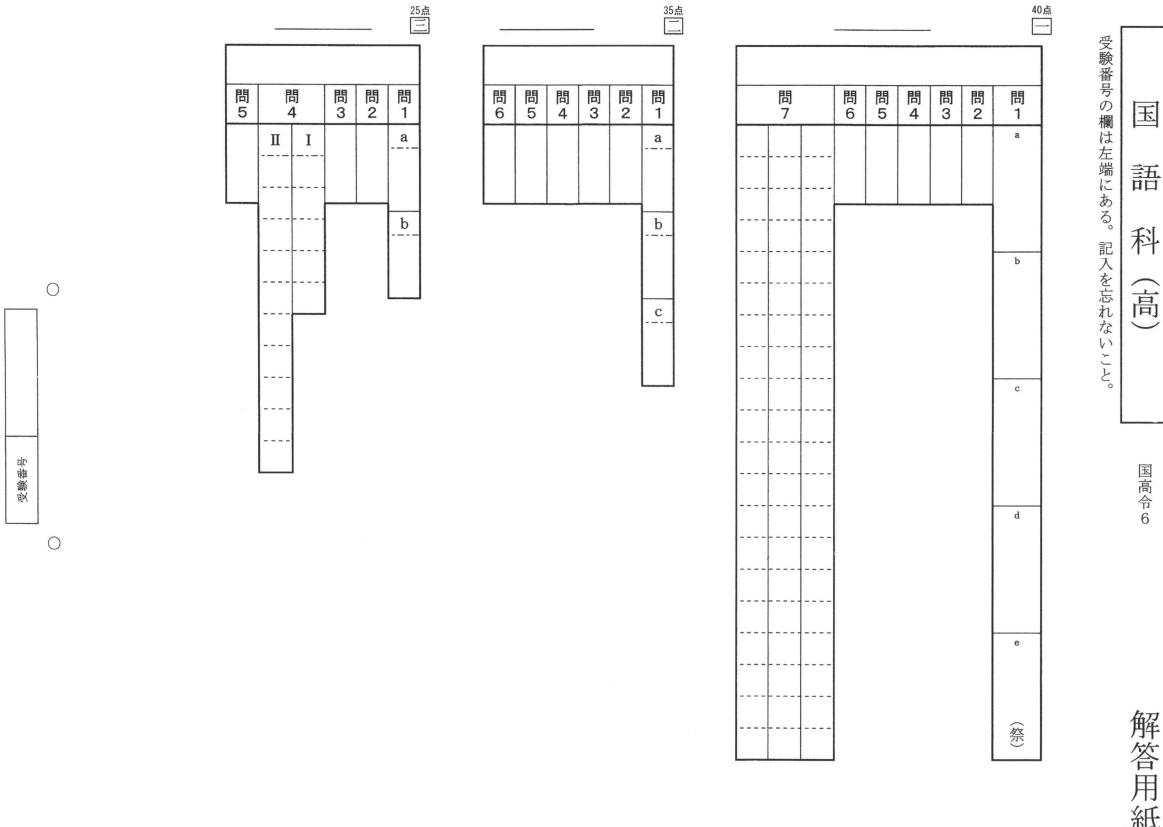

6 山本さんは，X市でレストラン「南風」を経営している。次の各文章は山本さんがお店の宣伝も兼ねてSNSに投稿したつぶやきである。これらを読んで，下の問いに答えよ。

2023年5月1日 「南風」はきょうが開店1周年記念日です。たくさんのお客様に支えられ，売り上げは順調ですが，最近の物価の上昇は心配の種です。①アルバイトさんたちも頑張ってくれているので，彼らの時給アップも考えないと。でも，②「南風」は値上げなしでがんばります。

2023年6月1日 もうすぐ雨の季節ですが，先月のうちに③いろいろな税金の納付を済ませてスッキリ。今年の秋にはインボイス制度も始まるということなので，[④]についてもよく勉強しておかないと。サミットの影響でしょうか，先月は街のあちこちで交通規制があり，なにやらものものしい雰囲気でしたね。

2023年7月1日 この時期には，毎年，日本のどこかから豪雨被害のニュースが伝わってきます。世界的な気候変動の影響なのでしょうか。わが街の近くでも，この数年の間に何回か大きな災害が起きています。「南風」も，⑤「ちきゅうにやさしい」お店を目指しています。私たち一人ひとりが，⑥地球環境を守るための具体的な行動を心がけたいものです。

2023年8月1日 酷暑の日が続きます。この街には，今年も祈りの日がやってきます。ところで，先月あたりから，⑦観光客の姿をよく見かけるようになりました。今月の中ごろには，中国からの団体旅行もOKになるとか。[⑧]による経済の活性化にも期待したいところ。平和な日常って，本当にありがたいものですね。

問1 下線部①に関して，山本さんは，アルバイト従業員を募集するために，次のような求人広告を情報誌に掲載しようとした。この中の記述ア～エのうち，現行の関連法律と照らし合わせたとき問題があるものを，一つ選んで記号で答えよ。

アルバイト募集

職　種	ウェイトレス(女性)	ア
資　格	18歳以上(未経験・学生可)	イ
時　給	1,500円	ウ
勤　務	火～日の営業時間 11:00～22:00のうち 6時間(応相談) 月曜日は定休日	エ
連絡先	000－000－0000(山本)	

問2 下線部②に関して，日本の飲食店における値上がりの要因について述べた文として**誤っているもの**を，次のア～エから一つ選んで記号で答えよ。

ア．国際紛争が発生したことにより，世界的に穀物の供給不安が生じた。

イ．家畜の疫病が流行したことにより，酪農・畜産物の供給不足が生じた。

ウ．円高が進行したことにより，食品やエネルギー資源の輸入価格が上昇した。

エ．労働力不足にともない人件費が上昇し，経営コストが上昇した。

問3 下線部③について述べた文として正しいものを，次のア～エから一つ選んで記号で答えよ。

ア．所得税・消費税などの国税には，累進課税の制度が適用される。

イ．G7サミット参加国の直間比率を比較すると，間接税の比率が最も高いのは日本である。

ウ．本年度当初の一般会計予算では，歳入のおよそ9割を租税収入が占めている。

エ．一般に，景気の回復期には政府の租税収入は増える傾向がある。

問4 空欄[④]にあてはまる語句を，次のア～エから一つ選んで記号で答えよ。

ア．所得税　　イ．相続税　　ウ．住民税　　エ．消費税

問5 下線部⑤に関して，山本さんは，「ちきゅうにやさしいお店」づくりの一環として，提供する食品の量を細かく調整し，食べ残しによる食品ロスを極力減らすとりくみをしている。このようなとりくみは，循環型社会形成推進基本法に示された3Rのうち，いずれと最も関係が深いか答えよ。

問6 下線部⑥に関して，次の法律の条文は，環境基本法第2条を抜粋したものである。この法律条文中の空欄[a]・[b]にあてはまる語句を答えよ。

> この法律において「地球環境保全」とは，人の活動による地球全体の温暖化又は[a]層の破壊の進行，海洋の汚染，野生生物の種の減少その他の地球の全体又はその広範な部分の環境に影響を及ぼす事態に係る環境の保全であって，人類の福祉に貢献するとともに国民の健康で[b]的な生活の確保に寄与するものをいう。

問7 下線部⑦に関して，次の**図1**・**図2**はX市とその周辺にある世界文化遺産である。それぞれにあてはまる説明文a～dの組み合わせとして正しいものを，下のア～エから一つ選んで記号で答えよ。

図1

図2

a　津波によって廃墟となった建物の遺構であり，災害からの復興を願う象徴となっている。

b　人類史上初めて使用された核兵器による負の遺産として，平和を願う象徴となっている。

c　平清盛が一族の繁栄と海上交通の安全を祈って整備した神社である。

d　源氏一門が源平の争乱の勝利を祈願して整備した神社である。

ア．**図1**－a　**図2**－c　　イ．**図1**－a　**図2**－d

ウ．**図1**－b　**図2**－c　　エ．**図1**－b　**図2**－d

問8 空欄[⑧]にあてはまる語句を，次のア～エから一つ選んで記号で答えよ。

ア．ダイバーシティ　　イ．インバウンド

ウ．インフォームド・コンセント　　エ．セーフティ・ネット

問７　下線部⑦に関して，仁徳天皇の墓と伝えられる大仙古墳が所在する都道府県名を答えよ。

問８　下線部⑧に関して，辛酉《しんゆう》革命説に科学的根拠はないが，辛酉の年には政治的な変動が起こっていることが多い。次の３つのできごとはすべて辛酉の年に起こったできごとであるが，これらのできごとまたは人物について述べた文として正しいものを，下のア～エから一つ選んで記号で答えよ。

661年 倭国が百済の救援に向かう　　781年 桓武天皇が即位する　　901年 菅原道真が失脚する

ア．百済の救援に向かった倭国軍は，李舜臣の活躍によって打ち破られた。
イ．桓武天皇は，新たに遷都した長岡京で即位した。
ウ．桓武天皇は，国ごとに国分寺を建立する命令を出した。
エ．菅原道真は，唐の衰退などを理由として遣唐使の停止を訴えた。

問９　下線部⑨に関して，江戸時代の蘭学について述べた次のできごとⅠ～Ⅲを，年代の古い順に正しく並べたものを，下のア～カから一つ選んで記号で答えよ。

Ⅰ　徳川吉宗は，青木昆陽らの学者にオランダ語の学習を命じた。
Ⅱ　幕府は西洋の天文学を取り入れ，新たな暦である寛政暦をつくった。
Ⅲ　シーボルトは，伊能忠敬が作成した地図を持ち出そうとして国外追放になった。

ア．Ⅰ－Ⅱ－Ⅲ　　イ．Ⅰ－Ⅲ－Ⅱ　　ウ．Ⅱ－Ⅰ－Ⅲ
エ．Ⅱ－Ⅲ－Ⅰ　　オ．Ⅲ－Ⅰ－Ⅱ　　カ．Ⅲ－Ⅱ－Ⅰ

問10　空欄［⑩］にあてはまる人名を答えよ。さらに，この人物が万有引力の法則を発表したのは何世紀のことであるか，数字で答えよ。

問11　下線部⑪に関して，1192年を鎌倉幕府の成立と考えることの根拠は，次の文のようなできごとに基づいている。文中の空欄［Ｘ］にあてはまる語句を答えよ。

源頼朝が［Ｘ］に任命された。

問12　下線部⑫に関して，次の文ａ・ｂは，田沼意次が老中に就任するより前に江戸幕府がおこなってきた長崎貿易の内容を簡単に述べたものである。これを参考にして，田沼が推進した長崎貿易の内容について，40字以内で説明せよ。

ａ　主に，日本は銀を輸出し，中国産の生糸を輸入していた。
ｂ　銀の流出を防ぐことを理由に，幕府は長崎貿易の総額を制限しようとした。

５　次の文章は，クイズ研究部に所属する中学生のＳさんがおこなった「早押しクイズの世界」を主題とするプレゼンテーションである。これを読んで，下の問いに答えよ。

皆さんは，早押しクイズの大会で，なぜ参加者があんなに早くボタンが押せるのだろう，と疑問に思ったことはありませんか。「『京都三大祭』とよばれる３つの祭とは，葵祭，ぎ…」まで読み上げられたときに「時代祭！」と答えられるのは，３つの祭のうち２つ目の最初の文字が読み上げられた時点で，問われる３つ目の祭を絞り込むことができる，などの知識と技術を駆使しているからです。

それ以外にも，クイズ大会がおこなわれる年や日付に関連するできごとなどを事前に調べて対策を立てたりします。たとえば，「2024年」は①映画作品の『ゴジラ』シリーズの70周年にあたります。また，②1989年の「１月７日」は昭和最後の日でした。

問題のジャンルは多岐にわたりますが，ここでは文学ジャンルの問題について紹介します。一番典型的な問題は，「アメリカ兵フレデリック・ヘンリーと看護師キャサリン・バークレーの恋愛を描いた，ヘミングウェーの代表作は何でしょう？」のように登場人物や舞台設定，作者などのヒントから作品を答えるというものです。ちなみにこの問題の答えは③『武器よさらば』です。

それ以外では，特徴的な書き出しで始まる作品がよく出題されます。たとえば，「おい，地獄さ行《え》ぐんだで！」と問題が読み上げられたらすぐに，④プロレタリア文学作品として有名な小林多喜二の『蟹工船《かにこうせん》』が思い浮かばなければなりません。［⑤］の『雪国』は書き出しで出題されるだけではなく，書き出し中の「国境の長いトンネル」とは何トンネルかもよく聞かれます。［⑤］については，日本人初のノーベル文学賞受賞作家であることや，代表作として他に『伊豆の踊子』や⑥『古都』があるなど，おさえておきたいことがたくさんあります。

⑦日中戦争の頃の大阪を舞台とした『細雪《ささめゆき》』の「蒔岡《まきおか》家の四姉妹」と，⑧南北戦争の頃のアメリカを舞台とした『若草物語』の「マーチ家の四姉妹」のように似た構図をもつ作品は，「○○は…ですが，△△は何でしょう？」という構文の問題でよく使われるので，見つけたら並べて整理するようにしています。では最後に問題です。「⑨『吾輩は猫である』の作者は夏目漱石ですが，『贋作《がんさく》吾輩は猫である』の作者は誰でしょう？」

問１　下線部①に関して，この第一作である『ゴジラ』が発表された1950年代は，世界的に「核の恐怖」が叫ばれていた時代であり，映画でも核の恐ろしさが強調されている。この1950年代の世界のできごとについて述べた文として正しいものを，次のア～エから一つ選んで記号で答えよ。

ア．アメリカがビキニ環礁で水爆実験をおこない，第五福竜丸が放射性物質を浴びた。
イ．キューバにおけるソ連の核ミサイル基地建設が発覚し，米ソ間の緊張が高まった。
ウ．核拡散防止条約を脱退した北朝鮮が，核実験をおこなって新たな核保有国となった。
エ．国連で核兵器禁止条約が採択されたが，多くの国がこの条約への参加を拒否した。

問２　下線部②に関して，この時期に最も近いできごとを，次のア～エから一つ選んで記号で答えよ。

ア．アメリカがベトナム戦争に介入し，北ベトナムに爆撃を始めた。
イ．第１回先進国首脳会議（サミット）が開かれた。
ウ．マルタ会談で冷戦の終結が宣言された。
エ．アメリカの世界貿易センタービルなどで同時多発テロが起きた。

④ 社高令6

4 私たちが歴史上の人物やできごとについてもっている知識は，すべて正確であるとは限らない。このことに関する次の文章を読んで，下の問いに答えよ。

歴史は小説やドラマなどの題材として取り上げられることが多く，私たちは人物像や歴史上の事件に特定のイメージをもつことがある。たとえば，①ローマに滅ぼされたクレオパトラはおかっぱの髪型で描かれることが多く，「独眼竜」で知られる伊達政宗といえば右目の眼帯が象徴的である。しかしこれらのイメージはすべて後世の創作と考えられており，ギリシャ人であるクレオパトラはウェーブのかかった髪型をしていた可能性が高く，一方，伊達政宗が②天然痘で失った右目を眼帯で隠していたという史料は残っていない。

テレビドラマでイメージが定着した人物といえば「水戸黄門」こと徳川光圀が思い出されるが，徳川光圀は諸国漫遊はしていない。また，③歴史研究をすすめた徳川光圀によって，忠臣としての人物イメージが形成されたのが楠木正成である。14世紀に活躍した楠木正成は④天皇に忠義を尽くして劣勢の南朝を支えたと評価され，光圀は正成を顕彰する石碑を建立している。

現存する肖像画によって人物像が左右されることもある。明を建国した朱元璋には２種類の肖像画が残されているが，そのうちの１枚はいかにも疑り深い表情で描かれている。⑤東シナ海の海賊禁圧や諸外国との外交関係の構築に苦労した跡が，この肖像画に残されているのかもしれない。⑥イスラム教では偶像崇拝が禁止されているが，この背景には人間が神のイメージを勝手に表現してはならないとする考え方がある。

歴史書には無理な設定が盛り込まれることがある。たとえば『日本書紀』では⑦仁徳天皇が140歳を超えた長寿となっており，この他にも５世紀までの天皇には100歳前後まで長生きしている天皇が見られる。この原因は，⑧辛酉《しんゆう》革命説である。この説は60年に１度の辛酉の年に政治変革が起こりやすいという古代の思想で，この思想をもとに紀元前660年を初代神武天皇が即位した年にして，そこから歴代天皇をあてはめていったので，結果的に天皇の在位年数や寿命を引き延ばす必要があったのである。

歴史上の記録の中には，様々な事情で事実と異なる記録が残る場合がある。⑨杉田玄白は『蘭学事始《らんがくことはじめ》』という本で『解体新書』翻訳の苦労話を書いており，中でも「フルヘッヘンド」という単語の意味を苦労して突き止めたという逸話は有名である。しかし実際に『ターヘル＝アナトミア』にはフルヘッヘンドという単語はどこにもなく，この逸話は杉田の勘違いとされている。また，万有引力の法則の発見者として知られる ⑩ はフックという科学者と対立し，フックの業績や肖像画を全部廃棄させた。万有引力の法則も，フックが最初に学説を出した可能性が指摘されている。

歴史研究がすすむ中で，歴史上の評価が変化する場合もある。⑪鎌倉幕府の成立年といえば，かつては1192年と答えるのが一般的だったが，現在は鎌倉幕府の役割を考え，幕府の成立年を1192年よりも前だと考えることが多い。また，江戸時代の政治家である⑫田沼意次は，江戸時代の経済の発展に貢献した先進的な経済官僚として評価されることが多くなっている。しかし，田沼がおこなったとされる政策の中には別の人物が発案したものもあり，田沼自身はそれほど意識して政治改革をすすめようとしてはいなかったという説も提唱されている。

クレオパトラのイメージ

伊達政宗のイメージ

徳川光圀のイメージ

朱元璋の肖像画

問１ 下線部①に関して，クレオパトラを滅ぼしたあと，ローマは帝政をとることになる。ローマ帝国について述べた文として正しいものを，次のア～エから一つ選んで記号で答えよ。

ア．ローマ帝国は，メソポタミア文明の王朝が支配地域を拡大して成立した。
イ．ローマ帝国の指導者だったアレクサンドロス大王は，インダス川近くまで遠征した。
ウ．ローマ帝国の首都のアテネでは，哲学や医学などの学問が発達した。
エ．ローマ帝国はのちに東西に分裂し，東ローマ帝国は日本の室町時代中頃まで続いた。

問２ 下線部②に関して，天然痘の流行に関わる次のできごとⅠ～Ⅲを，年代の古い順に正しく並べたものを，下のア～カから一つ選んで記号で答えよ。

Ⅰ　インカ帝国は，スペイン人が持ち込んだ天然痘によって国力が衰え，これが一因となって滅亡した。
Ⅱ　日本では藤原不比等の４人の子どもが次々と死去するなど天然痘が猛威を振るい，一時的に政治が停滞した。
Ⅲ　ヨーロッパでは十字軍の遠征が原因となり，ペストなどとともに天然痘もヨーロッパ各地に蔓延《まんえん》した。

ア．Ⅰ－Ⅱ－Ⅲ　　イ．Ⅰ－Ⅲ－Ⅱ　　ウ．Ⅱ－Ⅰ－Ⅲ
エ．Ⅱ－Ⅲ－Ⅰ　　オ．Ⅲ－Ⅰ－Ⅱ　　カ．Ⅲ－Ⅱ－Ⅰ

問３ 下線部③に関して，徳川光圀が編集をすすめた歴史書の名称を答えよ。

問４ 下線部④に関して，この天皇がみずからすすめた政治改革の名称を答えよ。

問５ 下線部⑤に関して，明と日本との間には次の文章で示される外交関係が成立した。次の文章中の空欄 X ～ Z にあてはまる語句を，それぞれ漢字２字で答えよ。

> 明は，海賊行為をはたらいていた X の禁圧を日本に求めていた。日本では足利義満がこれに応じ，15世紀初頭に明へ使者を派遣し，日本国王に任じられた義満が明の皇帝に Y する形式の国交と貿易を開いた。このとき， X と正規の貿易船を区別するため， Z とよばれる割符が用いられた。

問６ 下線部⑥について述べた文として正しいものを，次のア～エから一つ選んで記号で答えよ。

ア．アッラーは，唯一神ムハンマドのお告げを受けたとしてイスラム教を創始した。
イ．イスラム教が成立した時期は仏教と同時期であり，キリスト教よりも早い。
ウ．アラビア半島で始まったイスラム教は，東南アジアにも広まった。
エ．イスラム教には特定の聖典がなく，信者は宗教指導者の教えを信仰している。

3 次の会話は，大学の法学部の学生である高橋さんと，同じ大学に勤める佐藤教授の間で交わされたものである。これを読んで，下の問いに答えよ。

高橋：佐藤先生，相談があるのですが…。じつは昨日通知が届いて，私が裁判員候補者名簿に登録されたそうなのです。

佐藤：それは高橋さんが［ ① ］歳以上で，市の選挙管理委員会に②衆議院議員選挙の有権者として登録されていて，それで「くじ」で選ばれたということですから，何も不思議なことじゃないですよ。

高橋：法学部の学生は，裁判員になれるのでしょうか。

佐藤：私のような法学部で教えている大学教員や，③国会議員，④自衛官，警察官などはなれませんね。法学部の学生は，なれないというわけではないです。ただ，法学部に限らず，学生であることを理由に，裁判員になるのを辞退することはできます。

高橋：裁判員に選ばれると，指定された日に⑤裁判所に行かなくてはなりませんが，その間，講義が受けられなくなります。その点は大丈夫でしょうか。

佐藤：大丈夫だと思いますよ。この大学には，裁判員になった学生が不利益を受けないような制度があるから，きちんと手続きをとればいいです。ただし，裁判員になったことを⑥インターネットなどで公開するのは違法になるから，気をつけてくださいね。

高橋：それは承知しています。あと，裁判員裁判は，⑦重大な刑事事件を扱うものですから，重い判決を言い渡すことについての不安やためらいもあります。

佐藤：その点は，裁判官も評議に参加するから大丈夫でしょう。それに，第一審の判決に不服があるなら，被告人と弁護人が相談して［ ⑧ ］すればよいことです。裁判員制度は⑨司法制度改革の一環として，国民の司法参加をうながすものです。辞退するかどうかは高橋さん自身が決めるべきことですが，市民としての権利を行使するせっかくの機会です。前向きに考えてみましょう。

高橋：わかりました。よく考えて決めようと思います。

問1 空欄［ ① ］にあてはまる数字を答えよ。

問2 下線部②について述べた文として正しいものを，次のア～エから一つ選んで記号で答えよ。

ア．すべての衆議院議員を選出することから，「総選挙」とよばれることもある。

イ．衆議院議員の任期満了にあわせて，必ず4年に1度実施される。

ウ．都道府県を単位とする小選挙区と，全国区の比例代表の並立制で実施される。

エ．日本に在住するすべての30歳以上の人に，立候補する権利が認められる。

問3 下線部③に関して，次の憲法条文は，国会議員と選挙人の資格を定めた部分である。この条文について，下の(1)・(2)に答えよ。

> 第44条　両議院の議員及びその選挙人の資格は，(1)法律でこれを定める。ただし，人種，信条，［ (2) ］，社会的身分，門地，教育，財産又は収入によって差別してはならない。

(1)　憲法条文中の下線部(1)の「法律」の名称を答えよ。

(2)　憲法条文中の空欄［ (2) ］にあてはまる語句を答えよ。

問4 下線部④について述べた次の文X・Yの正誤の組み合わせを，下のア～エから一つ選んで記号で答えよ。

X　自衛隊は自衛のための最小限の実力であるから，自衛官はいかなる場合においても海外で活動することはできない。

Y　警察官は犯罪被疑者を逮捕し，取り調べをおこなったうえで被疑者を裁判にかけるかどうかを判断する。

ア．X－正　Y－正　　イ．X－正　Y－誤

ウ．X－誤　Y－正　　エ．X－誤　Y－誤

問5 下線部⑤に関して，裁判所がもっている権限について述べた文として正しいものを，次のア～エから一つ選んで記号で答えよ。

ア．弾劾裁判所を設置し，国会議員を罷免することができる。

イ．法律や行政上の命令が，憲法に違反していないか判断することができる。

ウ．司法権の独立の観点から，最高裁判所の長官を指名・任命することができる。

エ．住民の訴えに基づいて，地方公共団体の首長を解任することができる。

問6 下線部⑥について述べた文として**誤っているもの**を，次のア～エから一つ選んで記号で答えよ。

ア．インターネット上でいったん拡散した情報は，完全に削除することが困難である。

イ．インターネット上にある情報は公開を前提としているため，制約なく自由に複製することができる。

ウ．インターネット上には，悪意をもって発信された虚偽の情報が含まれていることがある。

エ．インターネット上の情報を適切に読み解くため，リテラシーを身につけることが重要である。

問7 下線部⑦に関して，日本国憲法第31条には「どのような行為が罪となり，その罪に対してどのような刑罰が科せられるかは，あらかじめ法律で定めておく」とする考え方をみてとることができる。このような考え方を何というか，漢字6字で答えよ。

問8 空欄［ ⑧ ］にあてはまる語句として正しいものを，次のア～エから一つ選んで記号で答えよ。ただし，問題の会話文の裁判には憲法判断が含まれないものとする。

ア．最高裁判所へ上告　　イ．最高裁判所へ控訴

ウ．高等裁判所へ上告　　エ．高等裁判所へ控訴

問9 下線部⑨に関して，法的トラブルをもった人が司法制度を利用しやすくなるよう，窓口，電話，インターネットなどを通じて無料で相談に応じる機関が2006年に発足した。この機関の名称を答えよ（通称でもよい）。

2 次の日本地図は，日本を地方別に区切ったものである（北海道地方を除く）。さらに，下の**表1**は，地図中のそれぞれの地方において最も人口の多い都府県について，人口，産業別人口構成，都府県庁所在地の市の人口をまとめたものである。これらに関して，下の問いに答えよ。

表1

都府県名	都府県の人口（万人）	産業別人口構成 (%)			都府県庁所在地の市の人口（万人）
		1次	2次	3次	
東京都	1,328	0.5	15.8	83.7	909.2(注)
A	727	2.1	32.7	65.3	221.4
B	225	3.9	23.6	72.5	105.3
C	274	2.7	26.5	70.8	117.0
D	503	2.8	21.4	75.8	153.2
E	856	0.4	23.8	75.7	259.3

(注) 23特別区部の人口　　二宮書店『データブック オブ・ザ・ワールド 2023』より作成

問1 **表1**中の A・B の府県は，府県名と府県庁所在地の市名が異なる。A・B の府県庁所在地の市名を答えよ。

問2 **表1**中の A～E の府県の地形について述べた文として正しいものを，次のア～オから**二つ**選んで記号で答えよ。

ア．A の西部には3つの河川が合流する平野があり，輪中集落もみられる。
イ．B の東部には多くの火山が分布し，沿岸部にはリアス海岸がみられる。
ウ．C の南部にはけわしい山地がみられ，沖合を暖流の黒潮が流れている。
エ．D の南部には活動的な火山があり，周辺にはシラス台地が広がっている。
オ．E の北部には日本最大の湖を水源とする河川が流れ，その流域に平野が広がっている。

問3 次の**表2**は，**表1**中の A～D において収穫量の多い農水産物3品目について，全国の収穫量上位5都道府県を示したもので，項目 あ～う はキャベツ・のり類・小麦のいずれかである。あ～うと農水産物の組み合わせとして正しいものを，下のア～カから一つ選んで記号で答えよ。

表2

あ	(百トン)
佐賀	750
兵庫	631
D	484
熊本	359
B	155

い	(千トン)
A	262
群馬	257
千葉	120
茨城	106
鹿児島	72

う	(百トン)
北海道	7,284
D	781
佐賀	567
A	294
三重	228

二宮書店『データブック オブ・ザ・ワールド 2023』より作成

ア．あ－キャベツ　い－のり類　う－小麦
イ．あ－キャベツ　い－小麦　う－のり類
ウ．あ－のり類　い－キャベツ　う－小麦
エ．あ－のり類　い－小麦　う－キャベツ
オ．あ－小麦　い－のり類　う－キャベツ
カ．あ－小麦　い－キャベツ　う－のり類

問4 次の**表3**は，**表1**中の A～E における製造品出荷額等を示したものである。A・D の製造品出荷額等にあてはまるものを，次の表中のア～オからそれぞれ選んで記号で答えよ。

表3

	石油製品・石炭製品	鉄鋼業	輸送用機械器具	情報通信機械器具
ア	552	182	564	146
イ	771	2,392	26,663	203
ウ	1,352	1,442	1,562	233
エ	13	1,187	3,257	13
オ	100	977	3,354	14

単位は十億円，二宮書店『データブック オブ・ザ・ワールド 2023』より作成

①

社 会 科（高）

社高令6　(50分)

(注意)　解答はすべて解答用紙に記入しなさい。

1　次の**表1**は，日本，アメリカ，インド，中国，ドイツ，ブラジル，ロシアにおける形態別の二酸化炭素排出量を示したもので，A～Fはこのうち日本以外のいずれかの国である。この表を参考にしながら，地球温暖化に関する下の問いに答えよ。

表1

	二酸化炭素排出量			合計
	固体燃料	液体燃料	気体燃料	(その他共)
日本	424.5	378.5	219.6	1056.2
A	7863.2	1417.4	569.8	9876.5
B	430.6	312.1	854.2	1640.3
C	218.3	237.3	169.7	644.1
D	1072.6	1991.8	1660.1	4744.4
E	60.8	277.1	70.0	411.0
F	1629.3	596.9	82.6	2310.0

単位は CO_2－百万トン，二宮書店『データブック オブ・ザ・ワールド 2023』より作成

問1　**表1**中のA・Fの国は，固体燃料による二酸化炭素排出量の割合が高い。この固体燃料について述べた文として正しいものを，次のア～エから一つ選んで記号で答えよ。

ア．環太平洋造山帯とよばれる地域で，世界の約半分の量が産出されている。

イ．燃焼効率がよく，二酸化炭素排出量が比較的少ないため，近年見直されている。

ウ．北海道や福岡県では，現在でもさかんに採掘がおこなわれている。

エ．日本の最大輸入相手国は，オーストラリアである。

問2　**表1**中のBの国には，国内にさまざまな地球温暖化の影響が現れている。このことを示す現象について述べた文として**誤っているもの**を，次のア～エから一つ選んで記号で答えよ。

ア．永久凍土が融けることにより地面が沈み込み，多くの樹木が倒れるようになった。

イ．国土の大部分を海面下の土地が占めるため，国土が水没の危機に瀕している。

ウ．アジアとヨーロッパをつなぐ北極海航路の利用が高まっている。

エ．融雪の時期が早くなったことで河川の流量が増大し，洪水が増えた。

問3　**表1**中のCの国をはじめ，ヨーロッパ諸国では，郊外から都市の中心部に行く場合，郊外の鉄道駅に駐車して，列車などに乗り換えることで都心部への車の乗り入れを避けるとりくみがおこなわれている。このようなとりくみを何というか答えよ。

問4　**表1**中のCの国は，積極的に再生可能エネルギーの導入をすすめてきた。次の**表2**は，**表1**の日本，およびC・Fの国の再生可能エネルギーによる発電量を示したものである(水力を除く)。**表2**の項目あ～う にあてはまるエネルギーの組み合わせを，下のア～カから一つ選んで記号で答えよ。

表2

	再生可能エネルギー　(億kWh)				発電量全体に占める
	あ	い	う	バイオ燃料	再生可能エネルギーの割合(%)
日本	90	30	791	459	15.1
C	1,321	2.3	486	574	41.9
F	674	…	613	351	10.7

二宮書店『データブック オブ・ザ・ワールド 2023』より作成

ア．あ－太陽光　い－地熱　う－風力

イ．あ－太陽光　い－風力　う－地熱

ウ．あ－地熱　い－太陽光　う－風力

エ．あ－地熱　い－風力　う－太陽光

オ．あ－風力　い－地熱　う－太陽光

カ．あ－風力　い－太陽光　う－地熱

問5　**表1**中のA・D・Fの国は，世界の二酸化炭素排出量の上位3カ国である。A・D・Fの国名をそれぞれ答えよ。

問6　**表1**中のEの国は，植物を原料とするバイオエタノールの利用がさかんな国として知られている。その主な原料となる農産物を答えよ。なお，Eの国はその農産物の世界最大の生産国である。

問7　地球温暖化対策の国際的なとりくみについて述べた次の文章中の空欄 X ・ Y にあてはまる協定の名称をそれぞれ答えよ。なお，これらの名称は，協定が成立した都市名に由来する。

地球規模の環境問題である地球温暖化を防ぐために，1997年に日本をはじめとする先進国が温室効果ガスの排出量を減らす目標として X 議定書を定めた。2015年には発展途上国も含めた Y 協定が定められ，2030年までに，産業革命以前に比べて世界の平均気温の上昇を1.5℃におさえる努力をすることなどが目標とされた。

問8　地球全体の気温は上昇傾向にあるが，1990年代には，日本を含む一部の地域で気温が大きく低下している年があり，その原因の一つとして火山の噴火が指摘されている。火山について次の(1)・(2)に答えよ。

(1)　歴史的な大噴火をおこし，気温低下を引き起こした火山がある国として**誤っているもの**を，次のア～エから一つ選んで記号で答えよ。

ア．アイスランド　　イ．インド　　ウ．インドネシア　　エ．フィリピン

(2)　1990年代以降大規模な災害を引き起こした火山について述べた次の文X・Yの正誤の組み合わせを，下のア～エから一つ選んで記号で答えよ。ただし，文中の年代に誤りは含まないものとする。

X　1990年にはじまる長崎県の雲仙普賢岳の噴火では，火砕流による人的被害のほか，住宅・農地にも被害が発生した。

Y　2014年の北海道の有珠山の噴火では多数の登山客が被災し，火山災害としては戦後最大の死者数を記録した。

ア．X－正　Y－正　　イ．X－正　Y－誤

ウ．X－誤　Y－正　　エ．X－誤　Y－誤

5 右図のように，抵抗値が1Ω，2Ω，3Ωの3つの抵抗と，電圧が自由に変えられる電源装置がある。端子AB間に，これら3つの抵抗の接続方法を変えて，いろいろな回路をつくった。答えはすべて次の選択肢ア～スの中から1つずつ選んで，記号で答えよ。ただし，導線の抵抗は考えないものとする。

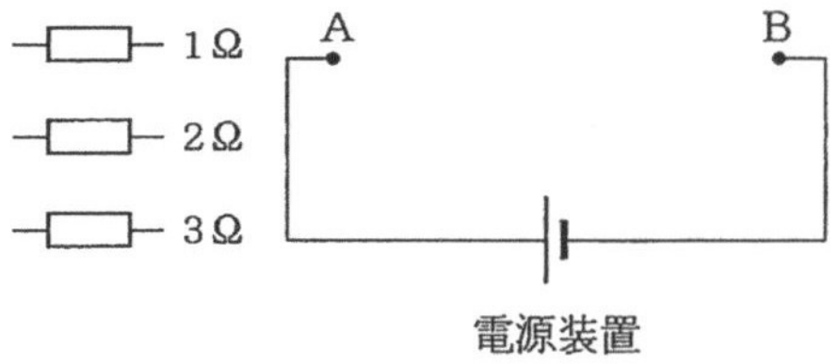

選択肢

ア	(a)＞(b)＞(c)	イ	(a)＞(c)＞(b)	ウ	(b)＞(a)＞(c)
エ	(b)＞(c)＞(a)	オ	(c)＞(a)＞(b)	カ	(c)＞(b)＞(a)
キ	(a)＝(b)＞(c)	ク	(a)＝(b)＜(c)	ケ	(a)＞(b)＝(c)
コ	(a)＜(b)＝(c)	サ	(a)＝(c)＞(b)	シ	(a)＝(c)＜(b)
ス	(a)＝(b)＝(c)				

問1 図1の(a)，(b)，(c)のような回路をつくり，電源装置の電圧を3Vにした。電源装置に流れる電流の大小関係として正しいものを選べ。

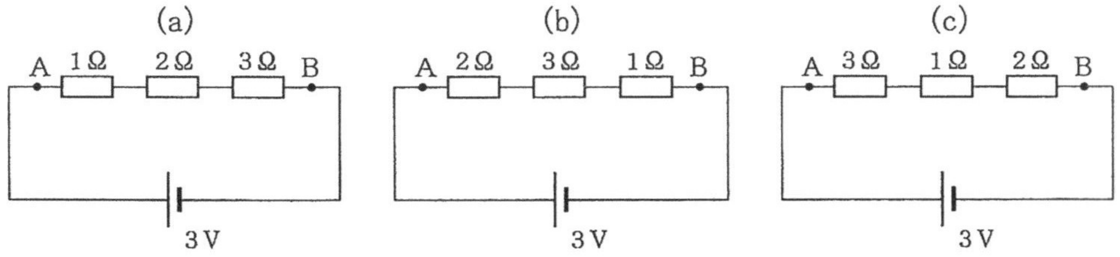

図1

問2 図2の(a)，(b)，(c)のような回路をつくり，電源装置の電圧を6Vにした。3Ωの抵抗における消費電力の大小関係として正しいものを選べ。

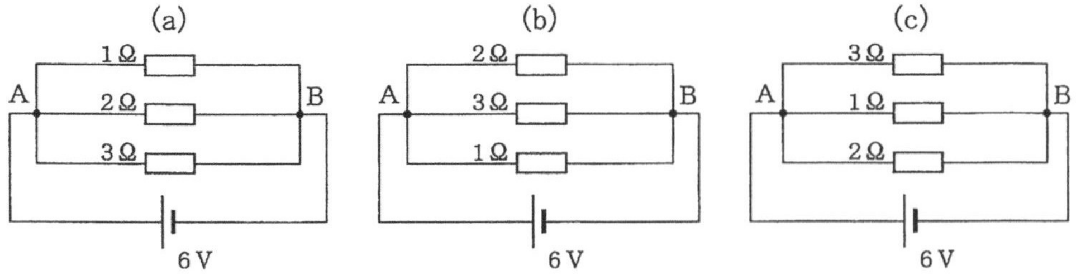

図2

問3 図3の(a)，(b)，(c)のような回路をつくり，電源装置の電圧を6Vにした。次の(1)，(2)に答えよ。

(1) 端子AB間の合成抵抗の大小関係として正しいものを選べ。

(2) 3Ωの抵抗における消費電力の大小関係として正しいものを選べ。

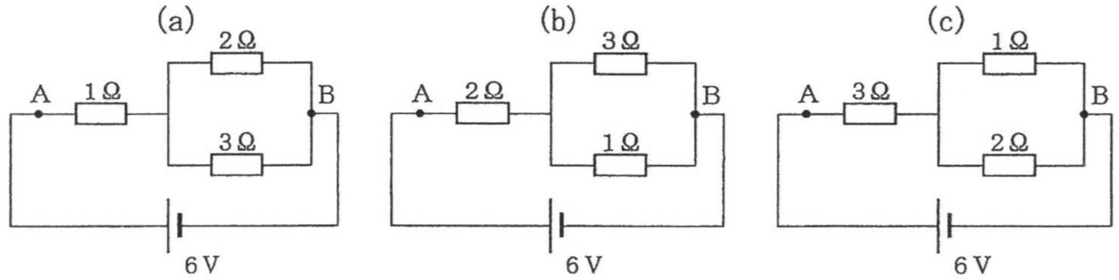

図3

問4 図4の(a)，(b)，(c)のような回路をつくり，1Ωの抵抗に同じ大きさの電流が流れるように，電源装置の電圧を調節した。次の(1)，(2)に答えよ。

(1) 2Ωの抵抗に流れる電流の大小関係として正しいものを選べ。

(2) 電源装置の電圧の大小関係として正しいものを選べ。

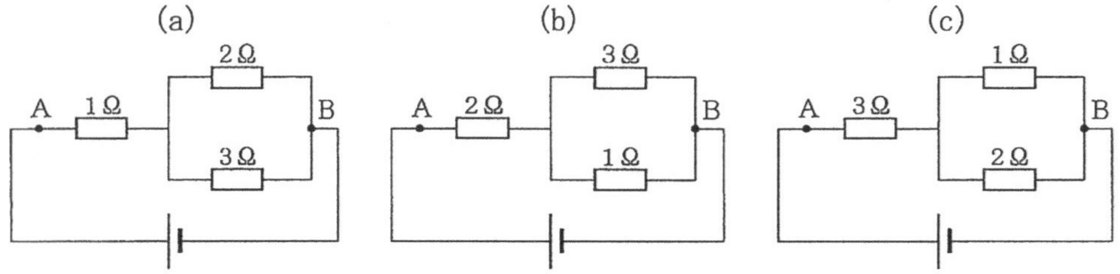

図4

問5 図5の(a)，(b)，(c)のような回路をつくり，1Ωの抵抗に同じ大きさの電流が流れるように，電源装置の電圧を調節した。次の(1)～(3)に答えよ。

(1) 端子AB間の合成抵抗の大小関係として正しいものを選べ。

(2) 電源電圧の大小関係として正しいものを選べ。

(3) 3Ωの抵抗における消費電力の大小関係として正しいものを選べ。

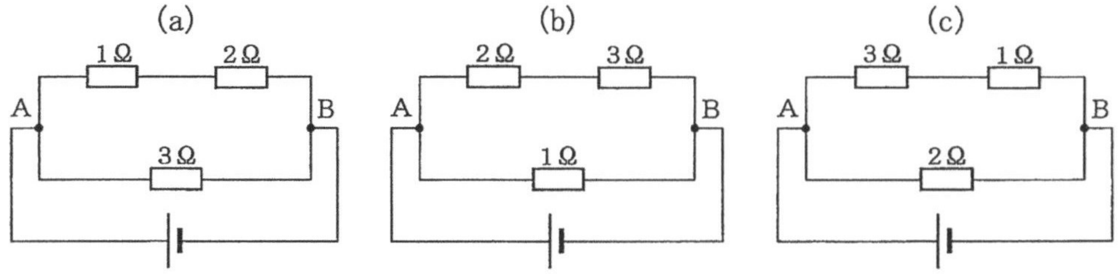

図5

4 次の会話文を読んで，後の問いに答えよ。

Aさん：固体の物質と液体の物質を反応させて，気体が発生することを学んだよ。

Bさん：固体を加熱しても気体が発生することも学んだよね。

先生　：それぞれの物質のどこに発生した気体はあったのかな。何もないところから発生することはないよね。

Bさん：そうだ。硝酸カリウムと少量の塩化ナトリウムの混合物をお湯に溶かして冷やしていくと硝酸カリウムの結晶だけが出てきたよ。あれと同じかな。

先生　：いいところに気がついたね。しかし，硝酸カリウムの結晶が出てきたことと，二人が最初に言った気体の発生とは違う変化なんだよ。硝酸カリウムの結晶の析出は，水と硝酸カリウムという物質そのものは変化しない物理変化で，気体の発生の方は物質そのものが別の物質に変化する化学変化なんだよ。

Aさん：そういえば，過酸化水素水に二酸化マンガンを加えると，(　①　)と水に変化するよね。

Bさん：水を電気分解すると(①)と(　②　)になるよね。

Aさん：重曹(炭酸水素ナトリウム)を加熱すると(　③　)と水と炭酸ナトリウムになることも学んだよ。これも，はじめの物質とは別の物質に変化しているから化学変化だね。

先生　：(③)は，貝殻(主成分は炭酸カルシウムとする)に塩酸を入れても発生するよ。実験するときは貝殻を細かく砕いて入れた方が速く反応するよ。

Aさん：それは，細かく砕いた方が塊より塩酸との(　④　)から速く反応するんだよね。

先生　：そうだね。金属と酸素が結びつく実験でも，同じ理由でステンレス皿に銅の粉末を薄く広げて加熱したよね。

Bさん：細かく砕いた方が速く反応することは理解できたけど，一定質量の貝殻に入れる塩酸の体積を増やしていくと，(③)の発生量はずっと増えていくのかな。

先生　：それでは，実験してみよう。

実験方法

1　別々の試験管に細かく砕いた貝殻を0.40gずつ入れる。

2　それぞれの試験管に異なる体積のうすい塩酸を加える。

3　発生した(③)を(　⑤　)法で集めて体積を測定する。

実験結果を次の表に示す。ただし，6.0 mLと8.0 mLのときは気体がもれてしまってうまく測定できなかった。なお，実験室の気温は25℃であった。

うすい塩酸の体積〔mL〕	2.0	4.0	6.0	8.0	10.0	12.0
(　③　)の体積〔mL〕	31.5	63.0			90.0	90.0

問1　文中の空欄(　①　)～(　③　)の気体は何か。**化学式**で答えよ。

問2　文中の空欄(　④　)に反応が速くなる理由を10字程度で答えよ。

問3　文中の空欄(　⑤　)に入る方法として最も適当なものを次のア～ウの中から1つ選んで，記号で答えよ。

ア　上方置換　　イ　下方置換　　ウ　水上置換

問4　実験結果をもとに，発生した気体(　③　)の体積と，うすい塩酸の体積の関係をグラフで表せ。

問5　塩酸の体積が VmLを超えると発生する(　③　)の体積が変化しなくなる。Vの値の範囲として最も適当なものを次のア～キの中から1つ選んで，記号で答えよ。

ア　$V<5.0$　　イ　$5.0 \leqq V<6.0$　　ウ　$6.0 \leqq V<7.0$

エ　$7.0 \leqq V<8.0$　　オ　$8.0 \leqq V<9.0$　　カ　$9.0 \leqq V<10.0$

キ　$10.0 \leqq V$

問6　下線部のように，物質の温度による溶解度の違いを利用して物質を分離する方法を何というか。

問7　硝酸カリウムは水100gに60℃で110g，20℃で32gまで溶ける。60℃の水80gに硝酸カリウムを50g溶かした溶液を，20℃まで冷却したときに析出する硝酸カリウムの質量は何gか。小数第1位まで答えよ。なお，結晶が析出しないときには0gと記すこと。

3 次の会話文を読んで，後の問いに答えよ。

Sさん：長崎県の形はずいぶん複雑だね。海岸線の長さもかなり長そう。
Tさん：海に囲まれていることと気候には何か関係があるのかな。
Sさん：海は陸地に比べて「　A　」から，長崎県は全国的にみると「　B　」ほうなんだって。
Tさん：そういえば，海に近い地域では風向きが昼と夜で変化するって授業で習ったね。昼は「　C　」ことが多いんだったかな。
Sさん：長崎県の地形の成り立ちは複雑で，$_1$いろいろな種類の岩石が見られるみたい。
Tさん：火山もあるね。平成新山（雲仙普賢岳）がある島原半島は世界ジオパークに登録されているよ。
Sさん：平成新山は$_2$粘り気の大きい（　①　）が噴出してできた火山で，今でも山頂に（　②　）が見られるんだって。

問1　文中の空欄「　A　」〜「　C　」に入る語句として適当なものを，次の選択肢の中からそれぞれ1つずつ選んで，記号で答えよ。

「　A　」の選択肢
ア　暖まりやすく冷めやすい　　**イ**　暖まりやすく冷めにくい
ウ　暖まりにくく冷めやすい　　**エ**　暖まりにくく冷めにくい

「　B　」の選択肢
ア　猛暑日※1が少なく，熱帯夜※2が少ない
イ　猛暑日が少なく，熱帯夜が多い
ウ　猛暑日が多く，熱帯夜が少ない
エ　猛暑日が多く，熱帯夜が多い

「　C　」の選択肢
ア　海から陸に向かって吹く　　**イ**　陸から海に向かって吹く

※1　猛暑日 … 最高気温が35℃以上の日
※2　熱帯夜 … 最低気温が25℃以上の夜

問2　文中の空欄（　①　），（　②　）に入る適語を答えよ。

問3　下線部1に関して，岩石に興味があるSさんは，本に載っていた岩石の分類の方法に沿って，拾い集めた石を分類した。図はその結果を示したものである。これについて（1）〜（4）に答えよ。

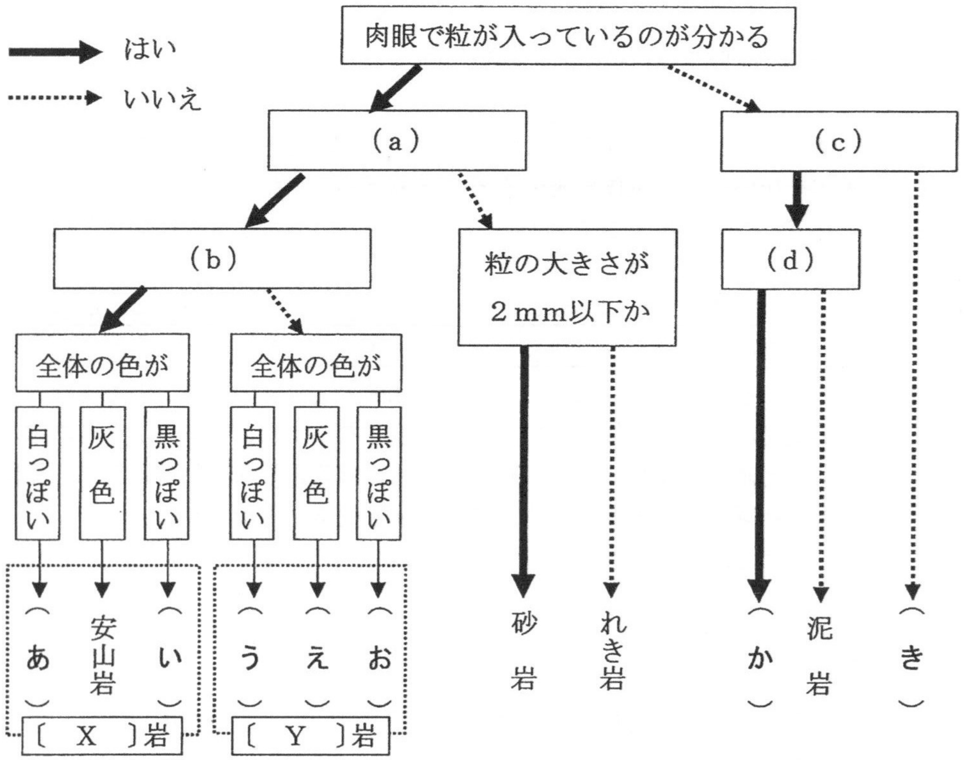

（1）図中の（a）〜（d）に入る特徴として適当なものを次の**ア**〜**カ**の中からそれぞれ1つずつ選んで，記号で答えよ。ただし，同じ記号を2回以上使ってはならない。
ア　石基と斑晶からなる　　**イ**　等粒状組織からなる
ウ　粒が丸みをおびている　　**エ**　粒が角ばっている
オ　ナイフや釘で傷がつく　　**カ**　薄い塩酸をかけると泡が出る
（2）図中の岩石のうち生物の遺骸《がい》が固まってできたものを2つ選べ。ただし，図中の岩石名または**あ**〜**き**の記号で答えること。
（3）図中の空欄（　お　）〜（　き　）に入る適当な岩石名を答えよ。
（4）図中の空欄〔　X　〕，〔　Y　〕に入る適語を答えよ。

問4　下線部2に関して，このような火山の特徴として適当なものを次の**ア**〜**オ**の中からすべて選んで，記号で答えよ。
ア　噴火は比較的おだやかである。　　**イ**　火山灰は白っぽい。
ウ　火山灰中にはセキエイの粒が多く見られる。
エ　岩石中にはカンラン石が多く見られる。
オ　噴火に伴う火砕流が発生しやすい。

(9) ヒトの血液の循環について正しく述べたものはどれか。

ア　酸素を最も多く含んでいる血液が流れている血管は肺動脈で，二酸化炭素を最も多く含んでいる血液が流れている血管は肺静脈である。

イ　心臓は血液が流れ込む２つの心室と，血液を送り出す２つの心房からできている。

ウ　小腸で吸収された栄養分を肝臓に運ぶ太い動脈を肝門脈という。

エ　腎臓から出た血管を流れる血液は，他の血管を流れる血液と比べて尿素が少ない。

(10) 図１のように，太郎さんが運動場で低い音が出る鐘Ａと高い音が出る鐘Ｂを，同じ強さおよび等しい時間間隔で交互にたたき，その音を少し離れた位置で次郎さんがオシロスコープで観測した。次郎さんには鐘Ａ，Ｂの直接音と校舎で反射した反射音が聞こえた。図２はオシロスコープに現れた波形の一部を表している。図２の波形ａ～ｈについて正しく述べているものはどれか。ただし，観測時は無風状態であり，太郎さんと次郎さんおよび校舎は一直線上にあったものとする。

図１

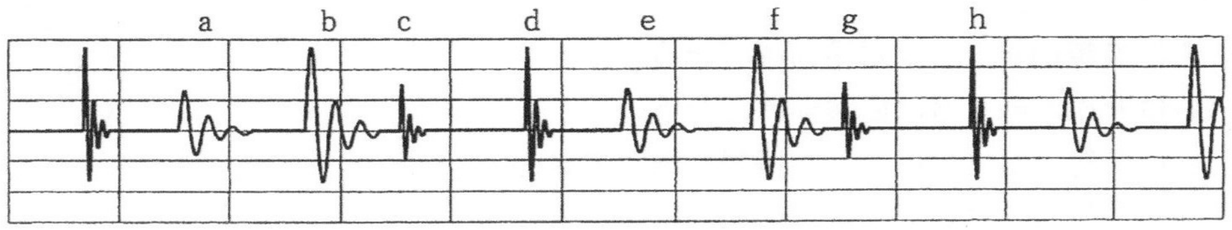

図２

ア　鐘Ａの直接音はａとｅで，鐘Ｂの直接音はｃとｇである。また，鐘Ａの反射音はｂとｆで，鐘Ｂの反射音はｄとｈである。

イ　鐘Ａの直接音はｂとｆで，鐘Ｂの直接音はｄとｈである。また，鐘Ａの反射音はａとｅで，鐘Ｂの反射音はｃとｇである。

ウ　鐘Ａの直接音はｃとｇで，鐘Ｂの直接音はｄとｈである。また，鐘Ａの反射音はａとｅで，鐘Ｂの反射音はｂとｆである。

エ　鐘Ａの直接音はｄとｈで，鐘Ｂの直接音はｃとｇである。また，鐘Ａの反射音はｂとｆで，鐘Ｂの反射音はａとｅである。

2　次の問いに答えよ。

問１　ネズミの特徴として**誤っているもの**を次のア～カの中からすべて選んで，記号で答えよ。

ア　内骨格をもつ　　イ　恒温動物である　　ウ　肺呼吸をする

エ　うろこにおおわれている　　オ　子は乳で育つ　　カ　背骨をもたない

問２　ハツカネズミでは，毛の色を黄色にする遺伝子Ｙが黒色にする遺伝子ｙに対して顕性だが，遺伝子の組み合わせがYYの個体は発生の途中で母体内で死亡することがわかっている。これについて，次の（１），（２）に答えよ。

（１）黄色の個体と黒色の個体がもつ遺伝子の組み合わせとして考えられるものをそれぞれすべて答えよ。

（２）黄色のオスの個体と黄色のメスの個体の親から生まれる子世代において，黄色と黒色の個体数の比はどのようになると考えられるか。最も簡単な整数比で答えよ。

問３　ネズミのふえ方を考えるため，ハツカネズミに関する資料をもとに次のような条件を設定して計算することにした。これについて，下の（１）～（４）に答えよ。なお，寿命は１年以上あるので，ネズミの死亡については考えなくてもよいとする。

○　１匹のメスが１回に出産する子の数は，オス３匹，メス３匹の合計６匹とする。
○　生まれた子ネズミは50日で成熟し，その20日後（70日目）にメスは１回目の出産をする。２回目以降の出産も20日ごとの周期で行われる。

初め（１日目とする）に，生まれたてのネズミ，オス１匹とメス１匹がいたとする（これを１世代目とする）。また，１世代目の子を２世代目，２世代目の子を３世代目とする。

（１）２世代目が初めて３世代目を出産するのは初めから何日後か。

（２）150日後のネズミの全個体数を求めよ。

（３）200日後のネズミの全個体数を求めよ。

（４）初めから210日目に，３世代目が，初めて４世代目を出産する。このときに生まれる４世代目のネズミの個体数を求めよ。

①

理科(高)

理高令6　(50分)

(注意)　解答はすべて解答用紙に記入せよ。
　計算問題において，答えが割り切れない場合は，四捨五入して指示された位まで答えよ。
例：「小数第1位まで答えよ」の場合，小数第2位を四捨五入する。

1

次の(1)～(10)の問いについて，それぞれの選択肢の中から適当なものを1つずつ選んで，記号で答えよ。

(1) 維管束をもち，種子をつくらない植物はどれか。
ア　スギナ　　イ　マツ　　ウ　スギゴケ　　エ　イネ　　オ　ドクダミ

(2) エタノールが入ったポリエチレンの袋に熱湯をかけるとポリエチレンの袋は大きく膨らんだ。その理由として適当なものはどれか。
ア　エタノールの粒子一つ一つの大きさが熱によって膨張し大きくなったから。
イ　エタノールの粒子一つ一つの質量が大きくなり，全体の質量が増加したから。
ウ　エタノールの粒子がすき間なく並んだため体積が大きくなったから。
エ　袋の中のエタノールの粒子の数が増加し，袋いっぱいに広がったから。
オ　エタノールの粒子の運動が活発になり，粒子と粒子の距離が広がったから。

(3) ばねにおもりをつないで，右図のように天井からつるして静止させた。図中のA～Eの力を，つり合いの関係と作用・反作用の関係に正しく分類したものはどれか。

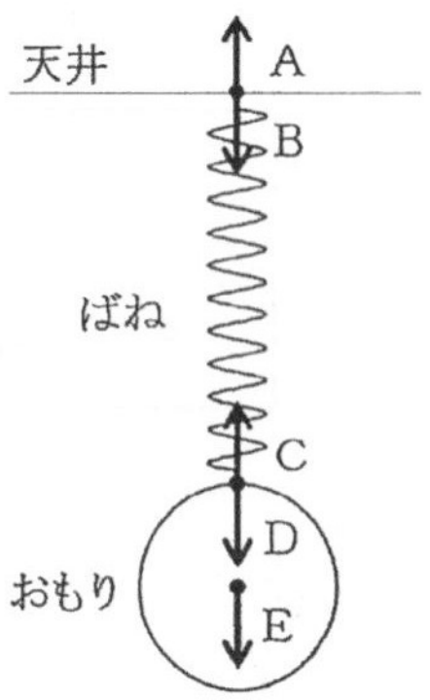

	つり合いの関係	作用・反作用の関係
ア	AとB，CとD	AとD，CとE
イ	AとB，CとD	BとC
ウ	AとD，CとE	AとB，CとD
エ	AとD，CとE	BとC
オ	AとE，BとC	AとD，CとE
カ	AとE，BとC	CとE

(4) タマネギのりん茎(食べる部分)の表皮細胞に存在しない構造はどれか。
ア　核　　イ　細胞壁　　ウ　細胞膜　　エ　葉緑体　　オ　液胞

(5) ある地震においてP波が伝わる速度を p〔km/秒〕，S波が伝わる速度を s〔km/秒〕および初期微動継続時間を t〔秒〕としたとき，震源距離〔km〕を求める式として適当なものはどれか。

ア　$\frac{ps}{p-s}t$　　イ　$\frac{p-s}{ps}t$　　ウ　$\frac{ps}{s-p}t$　　エ　$\frac{s-p}{ps}t$

オ　$\frac{ps(p-s)}{t}$　　カ　$\frac{ps(s-p)}{t}$

(6) 身近な物質について述べた次の文のうち**誤っているもの**はどれか。
ア　セッケン水にフェノールフタレイン溶液を入れると赤色になる。
イ　使い捨てカイロが温かくなるのは，鉄粉が酸化されるときに熱を放出するからである。
ウ　氷が水に浮くのは，氷のほうが水より密度が大きいからである。
エ　スナック菓子の袋の中には，食品の酸化やカビを防ぐため窒素が入っている。
オ　ドライアイスを空気中に放置すると液体にならずに気体となる。

(7) 右の図は日本付近で見られる温帯低気圧を模式的に示したものである。これについて述べた次の文a～fのうち，正しいものの組み合わせはどれか。

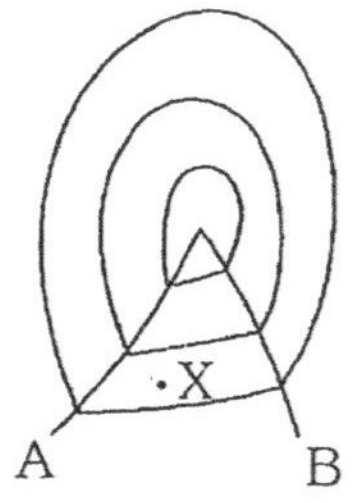

a　Aは温暖前線，Bは寒冷前線である。
b　Aは寒冷前線，Bは温暖前線である。
c　Aの前線がBに追いつくと停滞前線ができる。
d　Aの前線がBに追いつくと閉塞《そく》前線ができる。
e　地点X付近は暖気に覆われている。
f　地点X付近は寒気に覆われている。

ア　a，c，e　　イ　a，c，f　　ウ　a，d，e　　エ　a，d，f
オ　b，c，e　　カ　b，c，f　　キ　b，d，e　　ク　b，d，f

(8) 次の文のうち**誤っているもの**はどれか。
ア　午前0時の南の空に見えたオリオン座は1か月後の同時刻には西に約30°移動して見える。
イ　月の出の時刻は1日につき約50分早くなる。
ウ　同じ星座が南中する時刻は1日につき約4分早くなる。
エ　北の空の星は天の北極付近を中心として，1時間に約15°反時計回りに移動する。
オ　日本において天の南極付近の星は1年を通して観測することはできない。

Listening 英文

※教英出版注
音声は，解答集の書籍ＩＤ番号を教英出版ウェブサイトで入力して聴くことができます。

Artificial Intelligence, or AI, is a smart and powerful technology that's changing our world in a big way. Let's look at the good and not-so-good things about AI to understand it better and find out how it affects our lives.

One of the great things about AI is how it makes our lives more convenient. Think about the assistants in your phone, like Siri or Google Assistant. They can do many tasks, like reminding you, answering questions and playing music you like. This can help you save time and do daily jobs quickly.

However, there's a problem with this convenience. To be helpful, AI needs to learn about us – our habits and what we like. Some people worry that this can invade our privacy. It is important to be careful about the information we share with AI to protect our privacy.

AI is also helpful in healthcare. It can look at lots of medical information very quickly and help doctors find out what's wrong with patients more accurately and saves lives.
However, some people worry that AI can take jobs from humans in other areas. For example, in factories, AI robots can do the same job as people. This can help businesses save money but can make people lose their jobs.

AI makes things safer, especially in transportation. Self-driving cars use AI to drive safely. This can prevent accidents caused by human mistakes. But there also are worries about AI’s safety. Hackers can possibly use AI to do bad things, for example cause a traffic accident. This is a big worry, and we need to make sure that AI is safe.

AI helps with our planet, too. It looks at climate information from many places to understand climate change. This helps us make good choices to save our planet.
But AI also makes ethical choices for us. For example, in self-driving cars, AI decides what to do in accidents. In such cases it is hard to figure out who is responsible.

AI makes entertainment fun. Some streaming services use AI to show us movies we like. This helps us find great shows and movies to watch. But there's a problem with this. AI only shows us things it thinks we like. This means we might not see new and different things and may become stuck in a “filter bubble”.

So, AI has both positive.and negative sides. It's handy and convenient, helps in health, keeps us safe, and helps our planet. But we also need to think about our privacy, jobs, safety, difficult decisions, and not staying in a bubble. It's important to use AI carefully and wisely.

1. **What is one way AI helps make our lives easier?**

a) By making us work harder.
b) By saving us time and doing tasks for us.
c) By helping us to rest.

2. **What is a worry related to AI's convenience in our lives?**

a) It invades our privacy.
b) It reduces our productivity.
c) It increases our stress levels.

3. **In which field does AI play an important role by analyzing medical data quickly?**

a) Climate.
b) Entertainment.
c) Healthcare.

4. **What is one possible worry about AI and jobs?**

a) AI helps businesses.
b) AI can lead to job losses for workers.
c) AI has no impact on jobs.

5. **How does AI improve safety, especially in transportation?**

a) By making cars drive slower.
b) By reducing the need for traffic lights.
c) By using AI to navigate roads and prevent accidents.

4 次の英文を読んで，後の問いに答えよ。

Early humans did not need clocks. They did not need to know the time of day. They woke up when the sun appeared. They hunted or fished or farmed while the sun was shining. They ate when they were hungry and went to bed when darkness came. Measuring time became important when people lived in towns and cities. People needed clocks in order to work together.

About 4,000 years ago, ancient Egyptians developed a twelve-hour time system. They divided the day into twelve hours. The earliest clocks used sun shadows to show the hours of the day. A long piece of wood was marked into hours. A short piece of wood was put at one end of the long piece of wood. As the sun shifted across the sky, the short piece of wood created shadows on the long piece. These shadows showed the hours. This method of showing time was useful, but not very accurate. Later, round *sundials were developed. They used sun shadows, too, but they were more accurate than the wood clocks. Sundials could measure time on sunny days. However, they did not work at night or when the sun was hidden by clouds. Also, people were confused to see the time on sundials change with the seasons.

Over many years, different kinds of clocks were created to measure time during the day and at night. Candle clocks were used in ancient China, Japan, and Iraq. A candle holder was divided by marks into hours. As the candle burned, the marks showed how many hours had passed. Greeks used water clocks made of two glass *bowls. The bowls were connected by a small hole. The top bowl was filled with water. The water slowly ran into the bottom bowl through the hole. The bottom bowl was marked into hours that measured time. Hourglasses worked in (1)a similar way. The difference was that sand shifted from the top bowl into the bottom bowl. Water clocks and hourglasses *functioned very well to measure time.

Soon clocks developed into wonderful art objects. Clocks were put into beautiful wooden boxes. The boxes were painted with flowers and birds. About 1,000 years ago, an Arab engineer added mechanical features to water clocks. (2)He used the falling water to turn *gears that opened doors and rang bells. These mechanical features gave later engineers the idea to develop mechanical clocks.

Mechanical clocks first appeared in China about 800 years ago. The idea spread to other places. A mechanical clock had to be *wound with a tool every day. It had a complex system of springs and gears inside. The gears turned a dial on the front of the clock. The earliest mechanical clocks showed one dial that showed only the hour. Later another dial was added to show [X].

Most modern clocks are powered by batteries or electricity. They show hours, [X], and seconds. Knowing the exact time is important in our complex world.

(注) sundial：日時計　bowl：ボウル（鉢，わん）　function：機能する
gear：歯車　wound：wind（巻き上げる）の過去分詞

〔Adapted from Arline Burgmeier *: Inside Reading: The Academic Word List in Context,* Oxford University Press〕

問１ 日時計の問題点を，４５字程度の日本語で説明せよ。

問２ 下線部(1)とはどのような方法か。６０字程度の日本語で説明せよ。

問３ 下線部(2)を日本語に直せ。

問４ [X] に入る最も適切な語を，英語１語で答えよ。

問５ 次の日本文のうち，本文の内容と一致するものを**ア**～**オ**から１つ選び，記号で答えよ。

ア 早期の人類は，食事時間や睡眠時間を正確に把握するために時計を必要とした。

イ 古代エジプト人が発明した時計は，24時間制の時間システムで非常に正確なものであった。

ウ ろうそく時計は古代中国などで使用され，ろうそくが燃えることでうつる影の長さによって時間を測定した。

エ 機械時計は800年前に初めて中国で登場し，最初は１時間ごとの時を表示していた。

オ 現代のほとんどの時計は水力や風力を用いたもので，現代の複雑な世界において欠かせないものとなっている。

3 次の英文を読んで，後の問いに答えよ。

Dogs are worth keeping as pets because they are willing to (1)(anything / belong / do / family / for / the / they / to). They guard the house, bring in the paper, and play well with children. In Korea, *Jindo dogs are known to be the smartest and most loyal dogs because of a famous story. According to this story, a Jindo dog saved a man's life even though it brought about its own (2)(　　).

A long time ago, a man went to call on his friend in another town. The man had to walk to the other town by way of a path through the woods. He didn't like walking by himself, so the man took his dog with him.

When the man arrived at his friend's house, he saw that there was a large drinking party going on. His friend welcomed him in and brought out some wine. It was very good, so he drank a lot. He was used to (a) wine, so he was not worried about having too much. Before long, however, the man (b) very drunk. (Between you and me, I think the man had a drinking problem.) At last, the man decided it was time to call off the drinking and go home. He broke away from the party and went home with his dog.

On the way, the man began to feel tired. He sat down to rest but quickly fell asleep because of all the wine he drank. The dog (c) down by the man and waited for him to wake up. Then, all of a sudden, the dog smelled smoke. A fire broke out in the woods! A small wind was blowing, but it did not blow out the fire. The wind (d) the fire bigger!

The dog tried to wake up the man by barking, but the man was too drunk. He would not wake up. (3)(⇒ ⇒ ⇒ ⇒) The dog ran back and forth many times. Finally, the man and the ground were all wet. The fire burned all around him, but it did not harm the man. (4)Sadly, the dog was so tired from running that it fell down and died.

When the man woke up and found his dog had died, he cried. He knew that his dog had saved his life by (e) up its own life. He was very thankful for his dog. The man told all of his friends (5)(　　). By the way, the man also gave up drinking after that.

（注） Jindo dogs：珍島犬（ちんとうけん）韓国原産の犬種

〔Adapted from Casey Malarcher : *Everyday Idioms with Stories 1*, Compass Publishing〕

問1 下線部(1)の(　　)内の語を文脈に合うように正しく並べかえよ。

問2 下線部(2)の(　　)に入る最も適当な語を次の**ア**～**エ**から1つ選び，記号で答えよ。

ア life　**イ** death　**ウ** story　**エ** friend

問3 下線部(3)の(　　)に文脈に合うように下の**ア**～**オ**の英文を正しく並べかえよ。

ア The man and the grass around him got a little wet.
イ It tried to pull the man to the river, but the man was too big.
ウ It ran to the river and jumped in.
エ Then, the dog ran back to the man and shook itself.
オ The dog heard the sound of a small river near the path.

問4 下線部(4)の英語を日本語に直せ。

問5 下線部(5)の(　　)に入る表現として最も適切なものを次の**ア**～**エ**から1つ選び，記号で答えよ。

ア what Jindo dogs are great
イ what great Jindo dogs are
ウ how are Jindo dogs great
エ how great Jindo dogs are

問6 (a)～(e)に入る最も適当な語をそれぞれ下から選んで，必要があれば形をかえて書け。ただし，同じ語を2回以上使ってはならない。

bring / call / drink / get / give / lie / make

② 英高令6

さざえ：ちょっと，それどういう意味よ，カツオ！
ふね：何の騒ぎだい。さざえ，表まで聞こえてますよ。
さざえ：カツオたちが，私たちに内緒で大相撲観戦に行こうとしていたのよ。
ふね：お相撲かい。いいですねえ，お父さん。(C)見に行きたいっておっしゃっていたじゃありませんか。[to / watch sumo]
波平：そうだな。皆で見に行こう。
マスオ：そうなるとやはりマス席ですかねえ。
わかめ：お父さんとお母さんは椅子の方が楽なんじゃない。
ふね：そうだねえ。でも，マス席の方がいかにも相撲観戦らしくていいじゃありませんか。
マスオ：じゃあ，６人用のマス席で決まりですね。となると，マス席Ａで中日だから土日祝日の料金で・・・うわあ，こんなにするのかあ。
波平：どれくらいなんだね。
マスオ：８万円弱ってところですねえ。
ふね：そんなにかかるのかい。この間の大阪旅行も随分かかったんですよ。８万円も出せません。
わかめ：どのくらいならいいの，お母さん。
ふね：そうだねえ，その半分くらいなら，なんとか。
さざえ：この人数だし，４万円じゃなかなかないわよ。
カツオ：みんな視野が狭いなあ。そんな僕たちのためとしか思えない席があるじゃないか。
マスオ：ええ！？本当かい，カツオ君。
カツオ：その表の真ん中より少し下だよ。
マスオ：ああ，本当だあ。３世代向きで，いいのがありますよ，おかあさん。
ふね：そうなんですか。
マスオ：はい。土俵から少しだけ遠くなるでしょうけど，これなら予算内でみんな見られますよ。
さざえ：マスオさん，ちょっと待って。父さん，母さん，マスオさん，わかめ・・・全部で７人よ。
マスオ：ええ！？いち，に，さん，し・・・・ほ，本当だあ。どうしよう。
カツオ：となれば，家の財務相に予算の枠を広げてもらうしかないよ。
わかめ：お母さん，お願い。みんなで見に行こうよ。
ふね：しかたないねえ，でも何万円もオーバーっていうのは無理ですよ。
マスオ：どうやれば一番安くなるかなあ。
カツオ：簡単じゃないか。【　②　】
ふね：それくらいなら，大丈夫ですよ。
わかめ：じゃあ，それで決まりね。でも，一人だけ別行動になるのね。私，一人は嫌よ。
カツオ：心配するな，わかめ。いくら何でも，僕たち可愛い子供たちが一人にされるわけないよ。
さざえ：そうよ，大丈夫よ。父さんと母さんにはマス席で観てもらうとして･･･。
ふね：あら，私たちに気をつかわなくてもいいんだよ。
波平：そうさ，(D)わしは一人でも構わん。[mind / it]
マスオ：いやいや，(E)おとうさんは相撲にもお詳しいですし[a lot / about]，お二人は子供たちと観てあげてください。
波平：じゃあ，お言葉に甘えるとしよう。
さざえ：となれば，私かマスオさんが一人になるってことね。むむむ・・・。
わかめ：じゃあ，公平にじゃんけんで決めたらどう。負けた方が一人別行動ってことにして。
さざえ：私はそれでいいわよ。
マスオ：さざえはじゃんけんのプロだからなあ・・・。でも，やってやろうじゃないか。負けないぞう。
さざえ，マスオ：じゃーん，けーん，ポン！
さざえ：うふふふっ。

席の種類（　）内は英語での表記	料金	左記の料金についての説明	備考
タマリ席（Ringside Seat）	全日程：20,000 円	１人分	16 歳以上から対象。土俵に一番近い。
マス席Ｓ（Box Seat S）	土日祝：60,000 円 平　日：56,000 円	４人分	タマリ席のすぐ後ろ。土俵にとても近い。
マス席Ａ（Box Seat A）４人マス	土日祝：52,000 円 平　日：48,000 円	４人分	土俵に近い。
マス席Ａ（Box Seat A）６人マス	土日祝：78,000 円 平　日：72,000 円	６人分	土俵に近い。
マス席Ｂ（Box Seat B）４人マス	土日祝：42,000 円 平　日：40,000 円	４人分	マス席Ａの後ろだが，十分よく見える。
マス席Ｂ６人キッズ／シニアマス（6 Kids / Seniors Box）６人マス	全日程：36,000 円	６人分	15 歳以下の子どもか 60 歳以上の人がグループにいれば対象となる。マス席Ａの後ろだが，よく見える。
マス席Ｃ（Box Seat C）４人マス	土日祝：38,000 円 平　日：34,000 円	４人分	マス席Ｂの後ろ。土俵からやや遠い。
いす席（Chair Seat）	土日祝：5,500 円 平　日：5,000 円	１人分	２階席。やや土俵から遠いが椅子に座ってゆっくり見られる。

（日本相撲協会の HP を参考に作成）

問１　下線部(A)～(E)を英語に直せ。ただし，[　　　] 内に与えられた語を全て与えられた順番通りに用いること。

問２　【　①　】，【　②　】に入る発言を表の内容や文脈に合わせて自由に考え，英語で答えよ。なお，②については複数の文で書いても構わない。ただし，その中で具体的な金額を算用数字で表すこと。

①

英　語　科（高）

英高令６　**(60分)**

（注意）解答はすべて解答用紙に記入せよ。

（リスニングテストに関する注意）

- **リスニングテストの放送は，試験開始から約10分後に始まります。**
- 放送時間は約10分です。放送を聞きながらメモを取ってもかまいません。
- 答えの選択肢(a)～(c)は放送で読まれます。

1 これから放送される比較的長い英文を聞き，**問題用紙に与えられている質問(1)～(5)に対する答え**として最も適当なものを，放送される選択肢(a)～(c)の中から１つ選び，記号で答えよ。**英文と質問および選択肢の英語はそれぞれ２回読まれる。**

※教英出版注
音声は，解答集の書籍ＩＤ番号を教英出版ウェブサイトで入力して聴くことができます。

(1) What is one way AI helps make our lives easier?

(a)　　(b)　　(c)

(2) What is a worry related to AI's convenience in our lives?

(a)　　(b)　　(c)

(3) In which field does AI play an important role by analyzing medical data quickly?

(a)　　(b)　　(c)

(4) What is one possible worry about AI and jobs?

(a)　　(b)　　(c)

(5) How does AI improve safety, especially in transportation?

(a)　　(b)　　(c)

2 次はある日曜日の夕刻に，ある家族の中で交わされた会話である。よく読んで後の問いに答えよ。なお，この一家は波平，ふね夫婦とその３人の子供，さざえ，カツオ，わかめ，さざえの夫であるマスオとその子供のタラオ，以上の７人家族である。

タラオ：やったですぅ。カツオ兄ちゃんにおすもうで勝ったですぅ！

カツオ：ふぅ，国技の継承も大変だよ。

わかめ：本物のお相撲さんってどれくらい大きいのかなあ。見てみたいなあ。

カツオ：僕も。父さん，かわいい我が子と孫の教育のために，相撲を見に行くのはどうでしょうか。

タラオ：ぼくも見たいです！

波平：そんなに見たいのか。そろそろ初場所の時期だし，思い切って行ってみるか。

子供たち：やったー！

波平：見に行くのはいいとして，(A)チケットの手配はどうしたものかな。[get]

わかめ：それなら，マスオ兄さんが詳しいはずよ。この前，お姉ちゃんのためにコンサートのチケット取ってあげてたもの。

波平：マスオ君，チケット取ってくれないか。

マスオ：お安い御用ですよ，おとうさん。

カツオ：どこに行けば買えるの。

マスオ：インターネットで買うんだよ。速いし楽だよ。早速，ホームページを見てみよう。

◇　◇　◇　◇　◇

マスオ：席の種類もいろいろあるなあ。せっかくなら土俵の近くがいいですよね，おとうさん。

波平：そうだなあ，せっかくならタマリ席で見てみたいものだ。

わかめ：ちょっと待って。【　①　】

タラオ：ぼく，お相撲さん見られないですか。

マスオ：大丈夫だよ。３歳のタラちゃんでも座れるマス席があるからね。マス席だったらみんなで座布団に座ってみられるんだよ。どれがいいかなあ・・・。平日と休日で料金違うのか。おとうさん，見に行くのは何曜日がいいですかねえ。

波平：仕事のこともあるし，日曜日がいいだろう。程よく盛り上がっている中日（なかび）はどうかな。

マスオ：そうですねえ，千秋楽は人気で空席もほとんどないみたいですし。

さざえ：(B)みんなで何の相談かしら。[are / about]

マスオ：あ，さざえ。大相撲観戦の相談だよ。チケットを予約しようと思うんだ。

さざえ：何よ，それ。私は初耳よ。

マスオ：別に隠していたわけじゃないよ。ねえ，カツオ君。

カツオ：姉さんにとって，相撲は観るというより，とるものだと思ってね。

4 下の図のように，放物線 $y=\frac{1}{2}x^2$ …① と直線 $y=x+4$ …② が2点A，Bで交わっている。点Pは x 軸上にあって，△PABはPA＝PBの二等辺三角形である。このとき，次の問いに答えよ。

(1) 2点A，Bの座標をそれぞれ求めよ。

(2) 点Pの x 座標を求めよ。

(3) △PABを x 軸のまわりに1回転させてできる立体の体積を求めよ。

(4) 大，小2つのさいころを同時に投げて，出た目の数をそれぞれ p，q とする。点C$(p,\ q)$ が放物線①と直線②で囲まれた部分（周上の点は除く）に含まれる確率を求めよ。

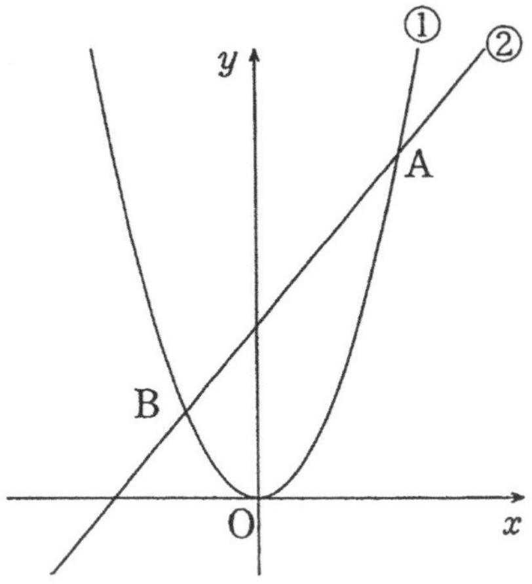

5 ある小学校のバスケットボール部に入部したい太郎さんと次郎さんの会話である。

太郎さん：昨日，日本対フィンランドのワールドカップの録画を見たら，早くバスケ部に入部したくなった。
次郎さん：すごい試合だったもんね。でも，ルールはあまり分からないけど，大丈夫かな？
太郎さん：大丈夫だよ。なんとかなるはず。
次郎さん：得点はゴールに入れたら2点だったかな？
太郎さん：1点のときもあるよ。
次郎さん：小学校の試合では1点と2点があるんだね。
太郎さん：だから，試合での総得点が奇数になることもあるんだ。
次郎さん：総得点が3点になる方法は，何パターンあるかな？
太郎さん：3パターンだね。1点ずつ3回入れる方法。それと，先に1点入れて，次に2点入れる方法。そして，先に2点入れて，次に1点入れる方法だね。
次郎さん：じゃ，総得点が5点になる方法は何パターンある？
太郎さん：ちょっと待ってね。書いてみるから……，分かった。（ア）パターンだね。
次郎さん：そんなにあるんだ。総得点が6点や7点になる方法は何パターンある？
太郎さん：規則性がありそうだけど……。思いつかないから，数えてみると，総得点が6点になる方法は（イ）パターンで，総得点が7点になる方法は（ウ）パターンだ。
次郎さん：計算早いね。そういえば，兄ちゃんが中学校のバスケ部だけど，この前，家で3点を決めたって言ってたよ。
太郎さん：中学校の試合では1点，2点，そして，3点があるんだ。3点は遠いところからゴールを決めないといけないらしい。
次郎さん：じゃ，最後の質問。中学校の試合で総得点が7点になる方法は何パターンある？
太郎さん：難しい。でも，書けばなんとかなるはず。
次郎さん：よく計算できるね。
太郎さん：（あ）パターンだ。
次郎さん：同じ総得点でも，色んな得点パターンがあるんだね。

このとき，次の問いに答えよ。

(1)（ア），（イ），（ウ）の値を求めよ。

(2)（あ）の値を求めよ。

2 ある商店で，商品Aに1個100円の定価をつけて3日間で500個売り，37500円の利益を得る計画を立てた。1日目は定価で x 個売れた。2日目の午前は定価で y 個しか売れなかったため，午後は定価の2割引きで売ったところ，午後だけで1日目の2倍の個数が売れた。また，午前と午後を合わせると，2日目は1日目より120個多く売れた。3日目は最初から定価の4割引きで売り，その日のうちに完売した。3日間で商品Aを500個売って得られた利益が25660円であったとき，次の問いに答えよ。ただし，消費税は考えないものとする。

(1)　商品Aの1個あたりの原価を求めよ。

(2)　商品Aの3日間の売り上げ総額を求めよ。

(3)　x，y の値を求めよ。

3 下の図のように，1辺が6cmの正六角形を並べた。このとき，次の問いに答えよ。

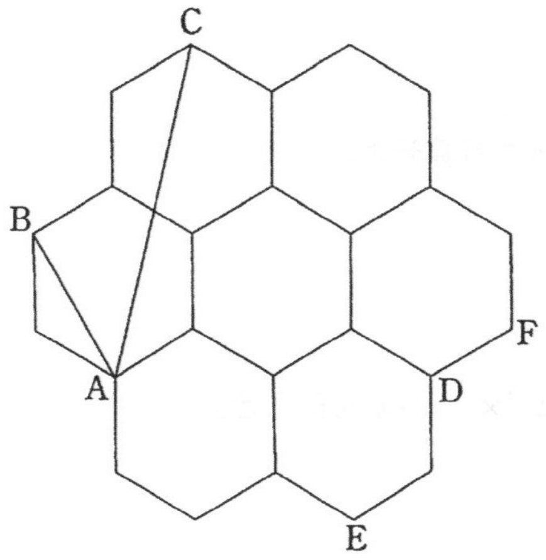

(1)　対角線ABの長さを求めよ。

(2)　線分ACの長さを求めよ。

(3)　△ACDの面積を求めよ。

(4)　△ACD，△ACE，△ACFを面積が大きい順に並べよ。

① 数　学　科（高）　数高令6 (70分)

（注意）円周率はπ，その他の無理数は，たとえば$\sqrt{12}$は$2\sqrt{3}$とせよ。
解答はすべて解答用紙に記入せよ。

1 次の問いに答えよ。

(1)　$0.3-\left(-\frac{1}{2}\right)^2-\frac{2}{3}\times 0.25$ を計算せよ。

(2)　$-(-2xy^2)^5z^2\div(4x^2y^3z)^2\times(-x)^3y$ を計算せよ。

(3)　方程式 $5-\frac{2x-3}{3}=\frac{3x-1}{2}-\frac{3-x}{5}$ を解け。

(4)　$x=\frac{3\sqrt{2}+2\sqrt{3}}{3}$，$y=\frac{3\sqrt{2}-2\sqrt{3}}{2}$ のとき，$9x^2-4y^2$ の値を求めよ。

(5)　2次方程式 $\frac{(x+2)(x-2)}{2}=x(x-2)$ を解け。

(6)　反比例を表す関数 $y=\frac{a}{x}$ のグラフが点$(-3,4)$を通る。この関数について，xの値が2から4まで増加するときの変化の割合を求めよ。

(7)　数学のテストで，35人の生徒が受験したクラスの平均点がちょうど70点であった。このクラスのテストの結果について，正しく述べたものを次の①～④からすべて選び，番号で答えよ。
①70点を取った生徒の人数が最も多い。
②合計点は2450点である。
③18位の生徒が70点を取ったとは限らない。
④71点を取った生徒は必ず17位以内に入っている。

(8)　下の図において，弦ABは円の直径であり，円周上の点C，D，Eは，弧の長さについて$\overset{\frown}{CA}:\overset{\frown}{AE}:\overset{\frown}{ED}:\overset{\frown}{DB}=2:3:3:3$を満たす。弦AB，CDの交点をFとするとき，∠CFAの大きさを求めよ。

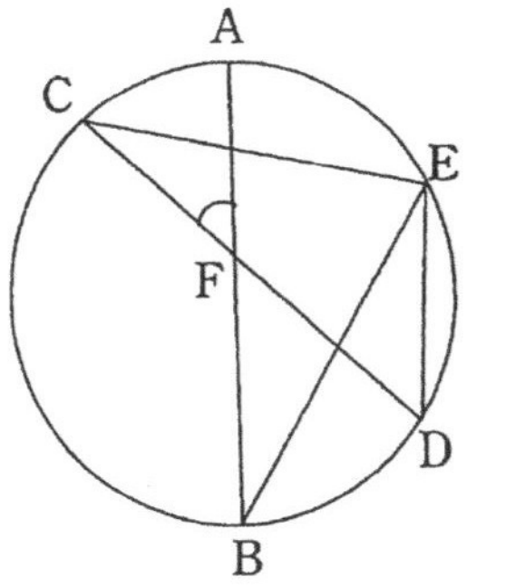

(9)　相似な3つの三角形X, Y, Zがある。XとYの面積比は2：3であり，YとZの相似比は5：2である。このとき，XとZの相似比を求めよ。

(10)　底面の半径が5 cm，高さが12 cmである円すいの表面積を求めよ。

3 次の会話は，大学の法学部の学生である高橋さんと，同じ大学に勤める佐藤教授の間で交わされたものである。これを読んで，下の問いに答えよ。

高橋：佐藤先生，相談があるのですが…。じつは昨日通知が届いて，私が裁判員候補者名簿に登録されたそうなのです。

佐藤：それは高橋さんが［ ① ］歳以上で，市の選挙管理委員会に②衆議院議員選挙の有権者として登録されていて，それで「くじ」で選ばれたということですから，何も不思議なことじゃないですよ。

高橋：法学部の学生は，裁判員になれるのでしょうか。

佐藤：私のような法学部で教えている大学教員や，③国会議員，④自衛官，警察官などはなれませんね。法学部の学生は，なれないというわけではないです。ただ，法学部に限らず，学生であることを理由に，裁判員になるのを辞退することはできます。

高橋：裁判員に選ばれると，指定された日に⑤裁判所に行かなくてはなりませんが，その間，講義が受けられなくなります。その点は大丈夫でしょうか。

佐藤：大丈夫だと思いますよ。この大学には，裁判員になった学生が不利益を受けないような制度があるから，きちんと手続きをとればいいです。ただし，裁判員になったことを⑥インターネットなどで公開するのは違法になるから，気をつけてくださいね。

高橋：それは承知しています。あと，裁判員裁判は，⑦重大な刑事事件を扱うものですから，重い判決を言い渡すことについての不安やためらいもあります。

佐藤：その点は，裁判官も評議に参加するから大丈夫でしょう。それに，第一審の判決に不服があるなら，被告人と弁護人が相談して［ ⑧ ］すればよいことです。裁判員制度は⑨司法制度改革の一環として，国民の司法参加をうながすものです。辞退するかどうかは高橋さん自身が決めるべきことですが，市民としての権利を行使するせっかくの機会です。前向きに考えてみましょう。

高橋：わかりました。よく考えて決めようと思います。

問1 空欄［ ① ］にあてはまる数字を答えよ。

問2 下線部②について述べた文として正しいものを，次のア～エから一つ選んで記号で答えよ。

ア．すべての衆議院議員を選出することから，「総選挙」とよばれることもある。

イ．衆議院議員の任期満了にあわせて，必ず4年に1度実施される。

ウ．都道府県を単位とする小選挙区と，全国区の比例代表の並立制で実施される。

エ．日本に在住するすべての30歳以上の人に，立候補する権利が認められる。

問3 下線部③に関して，次の憲法条文は，国会議員と選挙人の資格を定めた部分である。この条文について，下の(1)・(2)に答えよ。

> 第44条　両議院の議員及びその選挙人の資格は，(1)法律でこれを定める。ただし，人種，信条，［ (2) ］，社会的身分，門地，教育，財産又は収入によって差別してはならない。

(1) 憲法条文中の下線部(1)の「法律」の名称を答えよ。

(2) 憲法条文中の空欄［ (2) ］にあてはまる語句を答えよ。

問4 下線部④について述べた次の文X・Yの正誤の組み合わせを，下のア～エから一つ選んで記号で答えよ。

X　自衛隊は自衛のための最小限の実力であるから，自衛官はいかなる場合においても海外で活動することはできない。

Y　警察官は犯罪被疑者を逮捕し，取り調べをおこなったうえで被疑者を裁判にかけるかどうかを判断する。

ア．X－正　Y－正　　イ．X－正　Y－誤

ウ．X－誤　Y－正　　エ．X－誤　Y－誤

問5 下線部⑤に関して，裁判所がもっている権限について述べた文として正しいものを，次のア～エから一つ選んで記号で答えよ。

ア．弾劾裁判所を設置し，国会議員を罷免することができる。

イ．法律や行政上の命令が，憲法に違反していないか判断することができる。

ウ．司法権の独立の観点から，最高裁判所の長官を指名・任命することができる。

エ．住民の訴えに基づいて，地方公共団体の首長を解任することができる。

問6 下線部⑥について述べた文として**誤っているもの**を，次のア～エから一つ選んで記号で答えよ。

ア．インターネット上でいったん拡散した情報は，完全に削除することが困難である。

イ．インターネット上にある情報は公開を前提としているため，制約なく自由に複製することができる。

ウ．インターネット上には，悪意をもって発信された虚偽の情報が含まれていることがある。

エ．インターネット上の情報を適切に読み解くため，リテラシーを身につけることが重要である。

問7 下線部⑦に関して，日本国憲法第31条には「どのような行為が罪となり，その罪に対してどのような刑罰が科せられるかは，あらかじめ法律で定めておく」とする考え方をみてとることができる。このような考え方を何というか，漢字6字で答えよ。

問8 空欄［ ⑧ ］にあてはまる語句として正しいものを，次のア～エから一つ選んで記号で答えよ。ただし，問題の会話文の裁判には憲法判断が含まれないものとする。

ア．最高裁判所へ上告　　イ．最高裁判所へ控訴

ウ．高等裁判所へ上告　　エ．高等裁判所へ控訴

問9 下線部⑨に関して，法的トラブルをもった人が司法制度を利用しやすくなるよう，窓口，電話，インターネットなどを通じて無料で相談に応じる機関が2006年に発足した。この機関の名称を答えよ（通称でもよい）。

①

社会科（高）

社高令6　(50分)

（注意）　解答はすべて解答用紙に記入しなさい。

1　次の**表1**は，日本，アメリカ，インド，中国，ドイツ，ブラジル，ロシアにおける形態別の二酸化炭素排出量を示したもので，Ａ～Ｆはこのうち日本以外のいずれかの国である。この表を参考にしながら，地球温暖化に関する下の問いに答えよ。

表1

	二酸化炭素排出量			合計
	固体燃料	液体燃料	気体燃料	（その他共）
日本	424.5	378.5	219.6	1056.2
A	7863.2	1417.4	569.8	9876.5
B	430.6	312.1	854.2	1640.3
C	218.3	237.3	169.7	644.1
D	1072.6	1991.8	1660.1	4744.4
E	60.8	277.1	70.0	411.0
F	1629.3	596.9	82.6	2310.0

単位は CO_2－百万トン，二宮書店『データブック オブ・ザ・ワールド 2023』より作成

問1　**表1**中のＡ・Ｆの国は，固体燃料による二酸化炭素排出量の割合が高い。この固体燃料について述べた文として正しいものを，次のア～エから一つ選んで記号で答えよ。

ア．環太平洋造山帯とよばれる地域で，世界の約半分の量が産出されている。

イ．燃焼効率がよく，二酸化炭素排出量が比較的少ないため，近年見直されている。

ウ．北海道や福岡県では，現在でもさかんに採掘がおこなわれている。

エ．日本の最大輸入相手国は，オーストラリアである。

問2　**表1**中のＢの国には，国内にさまざまな地球温暖化の影響が現れている。このことを示す現象について述べた文として**誤っているもの**を，次のア～エから一つ選んで記号で答えよ。

ア．永久凍土が融けることにより地面が沈み込み，多くの樹木が倒れるようになった。

イ．国土の大部分を海面下の土地が占めるため，国土が水没の危機に瀕している。

ウ．アジアとヨーロッパをつなぐ北極海航路の利用が高まっている。

エ．融雪の時期が早くなったことで河川の流量が増大し，洪水が増えた。

問3　**表1**中のＣの国をはじめ，ヨーロッパ諸国では，郊外から都市の中心部に行く場合，郊外の鉄道駅に駐車して，列車などに乗り換えることで都心部への車の乗り入れを避けるとりくみがおこなわれている。このようなとりくみを何というか答えよ。

問4　**表1**中のＣの国は，積極的に再生可能エネルギーの導入をすすめてきた。次の**表2**は，**表1**の日本，およびＣ・Ｆの国の再生可能エネルギーによる発電量を示したものである（水力を除く）。**表2**の項目あ～う にあてはまるエネルギーの組み合わせを，下のア～カから一つ選んで記号で答えよ。

表2

	再生可能エネルギー　（億kWh）				発電量全体に占める
	あ	い	う	バイオ燃料	再生可能エネルギーの割合(%)
日本	90	30	791	459	15.1
C	1,321	2.3	486	574	41.9
F	674	…	613	351	10.7

二宮書店『データブック オブ・ザ・ワールド 2023』より作成

ア．あ－太陽光　い－地熱　う－風力　　　イ．あ－太陽光　い－風力　う－地熱

ウ．あ－地熱　い－太陽光　う－風力　　　エ．あ－地熱　い－風力　う－太陽光

オ．あ－風力　い－地熱　う－太陽光　　　カ．あ－風力　い－太陽光　う－地熱

問5　**表1**中のＡ・Ｄ・Ｆの国は，世界の二酸化炭素排出量の上位３カ国である。Ａ・Ｄ・Ｆの国名をそれぞれ答えよ。

問6　**表1**中のＥの国は，植物を原料とするバイオエタノールの利用がさかんな国として知られている。その主な原料となる農産物を答えよ。なお，Ｅの国はその農産物の世界最大の生産国である。

問7　地球温暖化対策の国際的なとりくみについて述べた次の文章中の空欄 X ・ Y にあてはまる協定の名称をそれぞれ答えよ。なお，これらの名称は，協定が成立した都市名に由来する。

> 地球規模の環境問題である地球温暖化を防ぐために，1997年に日本をはじめとする先進国が温室効果ガスの排出量を減らす目標として X 議定書を定めた。2015年には発展途上国も含めた Y 協定が定められ，2030年までに，産業革命以前に比べて世界の平均気温の上昇を1.5℃におさえる努力をすることなどが目標とされた。

問8　地球全体の気温は上昇傾向にあるが，1990年代には，日本を含む一部の地域で気温が大きく低下している年があり，その原因の一つとして火山の噴火が指摘されている。火山について次の(1)・(2)に答えよ。

(1)　歴史的な大噴火をおこし，気温低下を引き起こした火山がある国として**誤っているもの**を，次のア～エから一つ選んで記号で答えよ。

ア．アイスランド　　イ．インド　　ウ．インドネシア　　エ．フィリピン

(2)　1990年代以降大規模な災害を引き起こした火山について述べた次の文Ｘ・Ｙの正誤の組み合わせを，下のア～エから一つ選んで記号で答えよ。ただし，文中の年代に誤りは含まないものとする。

Ｘ　1990年にはじまる長崎県の雲仙普賢岳の噴火では，火砕流による人的被害のほか，住宅・農地にも被害が発生した。

Ｙ　2014年の北海道の有珠山の噴火では多数の登山客が被災し，火山災害としては戦後最大の死者数を記録した。

ア．Ｘ－正　Ｙ－正　　イ．Ｘ－正　Ｙ－誤

ウ．Ｘ－誤　Ｙ－正　　エ．Ｘ－誤　Ｙ－誤

5　右図のように，抵抗値が1Ω，2Ω，3Ωの3つの抵抗と，電圧が自由に変えられる電源装置がある。端子AB間に，これら3つの抵抗の接続方法を変えて，いろいろな回路をつくった。答えはすべて次の選択肢ア～スの中から1つずつ選んで，記号で答えよ。ただし，導線の抵抗は考えないものとする。

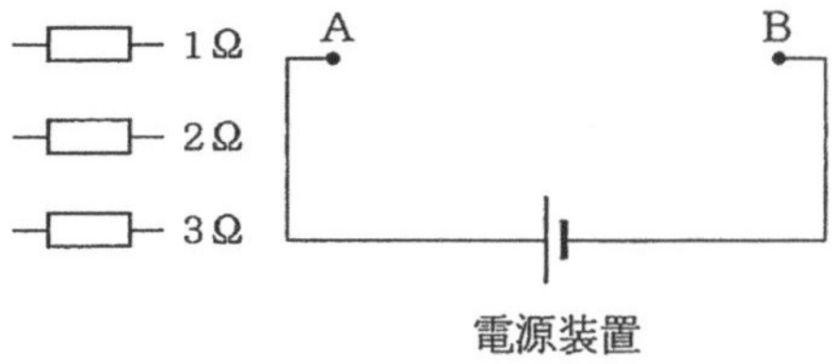

選択肢

ア　(a)＞(b)＞(c)	イ　(a)＞(c)＞(b)	ウ　(b)＞(a)＞(c)
エ　(b)＞(c)＞(a)	オ　(c)＞(a)＞(b)	カ　(c)＞(b)＞(a)
キ　(a)＝(b)＞(c)	ク　(a)＝(b)＜(c)	ケ　(a)＞(b)＝(c)
コ　(a)＜(b)＝(c)	サ　(a)＝(c)＞(b)	シ　(a)＝(c)＜(b)
ス　(a)＝(b)＝(c)		

問1　図1の(a)，(b)，(c)のような回路をつくり，電源装置の電圧を3Vにした。電源装置に流れる電流の大小関係として正しいものを選べ。

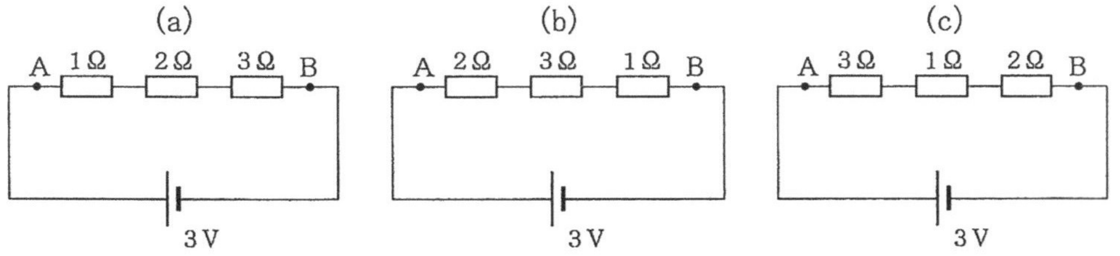

図1

問2　図2の(a)，(b)，(c)のような回路をつくり，電源装置の電圧を6Vにした。3Ωの抵抗における消費電力の大小関係として正しいものを選べ。

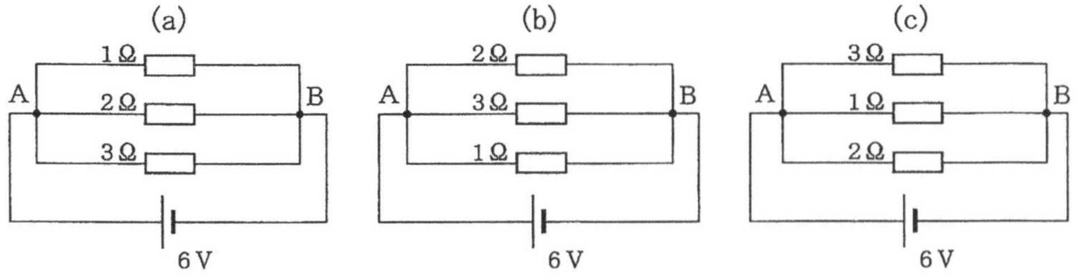

図2

問3　図3の(a)，(b)，(c)のような回路をつくり，電源装置の電圧を6Vにした。次の(1)，(2)に答えよ。

(1) 端子AB間の合成抵抗の大小関係として正しいものを選べ。

(2) 3Ωの抵抗における消費電力の大小関係として正しいものを選べ。

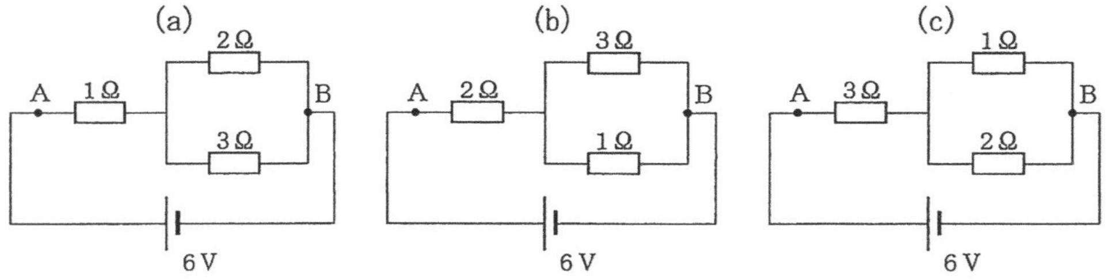

図3

問4　図4の(a)，(b)，(c)のような回路をつくり，1Ωの抵抗に同じ大きさの電流が流れるように，電源装置の電圧を調節した。次の(1)，(2)に答えよ。

(1) 2Ωの抵抗に流れる電流の大小関係として正しいものを選べ。

(2) 電源装置の電圧の大小関係として正しいものを選べ。

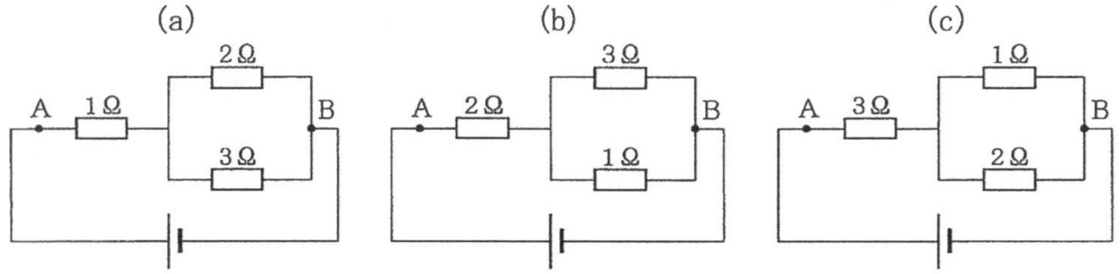

図4

問5　図5の(a)，(b)，(c)のような回路をつくり，1Ωの抵抗に同じ大きさの電流が流れるように，電源装置の電圧を調節した。次の(1)～(3)に答えよ。

(1) 端子AB間の合成抵抗の大小関係として正しいものを選べ。

(2) 電源電圧の大小関係として正しいものを選べ。

(3) 3Ωの抵抗における消費電力の大小関係として正しいものを選べ。

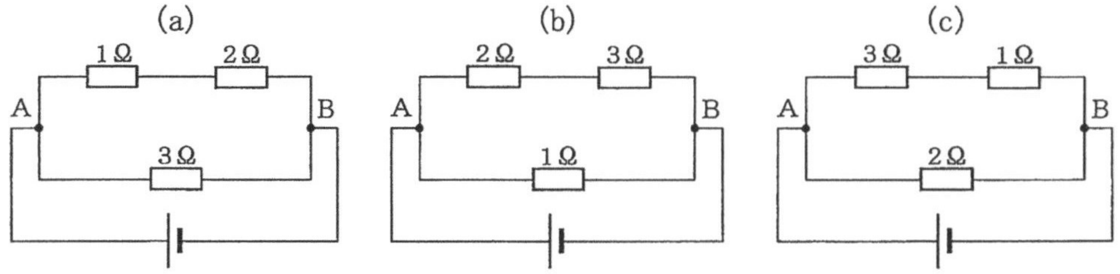

図5

3 次の会話文を読んで，後の問いに答えよ。

Sさん：長崎県の形はずいぶん複雑だね。海岸線の長さもかなり長そう。
Tさん：海に囲まれていることと気候には何か関係があるのかな。
Sさん：海は陸地に比べて「　A　」から，長崎県は全国的にみると「　B　」ほうなんだって。
Tさん：そういえば，海に近い地域では風向きが昼と夜で変化するって授業で習ったね。昼は「　C　」ことが多いんだったかな。
Sさん：長崎県の地形の成り立ちは複雑で，1いろいろな種類の岩石が見られるみたい。
Tさん：火山もあるね。平成新山（雲仙普賢岳）がある島原半島は世界ジオパークに登録されているよ。
Sさん：平成新山は2粘り気の大きい（　①　）が噴出してできた火山で，今でも山頂に（　②　）が見られるんだって。

問1　文中の空欄「　A　」～「　C　」に入る語句として適当なものを，次の選択肢の中からそれぞれ1つずつ選んで，記号で答えよ。

「　A　」の選択肢
ア　暖まりやすく冷めやすい　　**イ**　暖まりやすく冷めにくい
ウ　暖まりにくく冷めやすい　　**エ**　暖まりにくく冷めにくい

「　B　」の選択肢
ア　猛暑日※1が少なく，熱帯夜※2が少ない
イ　猛暑日が少なく，熱帯夜が多い
ウ　猛暑日が多く，熱帯夜が少ない
エ　猛暑日が多く，熱帯夜が多い

「　C　」の選択肢
ア　海から陸に向かって吹く　　**イ**　陸から海に向かって吹く

※1　猛暑日 … 最高気温が35℃以上の日
※2　熱帯夜 … 最低気温が25℃以上の夜

問2　文中の空欄（　①　），（　②　）に入る適語を答えよ。

問3　下線部1に関して，岩石に興味があるSさんは，本に載っていた岩石の分類の方法に沿って，拾い集めた石を分類した。図はその結果を示したものである。これについて（1）～（4）に答えよ。

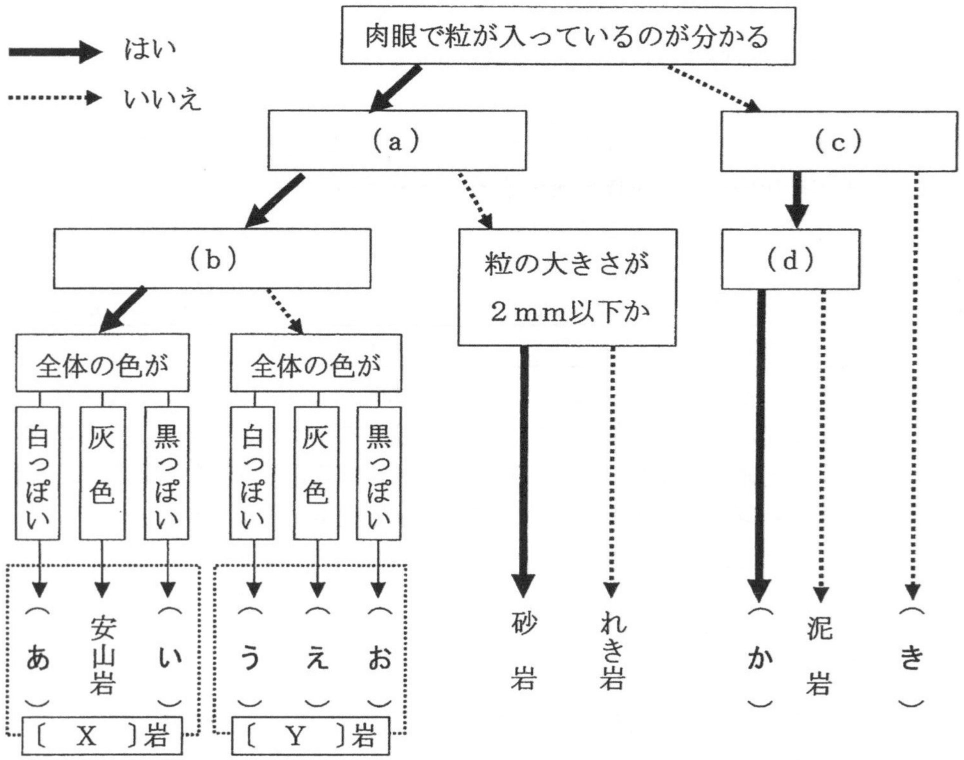

（1）図中の（a）～（d）に入る特徴として適当なものを次の**ア**～**カ**の中からそれぞれ1つずつ選んで，記号で答えよ。ただし，同じ記号を2回以上使ってはならない。
ア　石基と斑晶からなる　　**イ**　等粒状組織からなる
ウ　粒が丸みをおびている　　**エ**　粒が角ばっている
オ　ナイフや釘で傷がつく　　**カ**　薄い塩酸をかけると泡が出る
（2）図中の岩石のうち生物の遺骸《がい》が固まってできたものを2つ選べ。ただし，図中の岩石名または**あ**～**き**の記号で答えること。
（3）図中の空欄（　お　）～（　き　）に入る適当な岩石名を答えよ。
（4）図中の空欄〔　X　〕，〔　Y　〕に入る適語を答えよ。

問4　下線部2に関して，このような火山の特徴として適当なものを次の**ア**～**オ**の中からすべて選んで，記号で答えよ。
ア　噴火は比較的おだやかである。　　**イ**　火山灰は白っぽい。
ウ　火山灰中にはセキエイの粒が多く見られる。
エ　岩石中にはカンラン石が多く見られる。
オ　噴火に伴う火砕流が発生しやすい。

①

理科(高)

理高令６　(50分)

(注意)　解答はすべて解答用紙に記入せよ。
　計算問題において，答えが割り切れない場合は，四捨五入して指示された位まで答えよ。
　例：「小数第１位まで答えよ」の場合，小数第２位を四捨五入する。

1

次の(１)～(10)の問いについて，それぞれの選択肢の中から適当なものを１つずつ選んで，記号で答えよ。

(１) 維管束をもち，種子をつくらない植物はどれか。

ア　スギナ　　イ　マツ　　ウ　スギゴケ　　エ　イネ　　オ　ドクダミ

(２) エタノールが入ったポリエチレンの袋に熱湯をかけるとポリエチレンの袋は大きく膨らんだ。その理由として適当なものはどれか。

ア　エタノールの粒子一つ一つの大きさが熱によって膨張し大きくなったから。
イ　エタノールの粒子一つ一つの質量が大きくなり，全体の質量が増加したから。
ウ　エタノールの粒子がすき間なく並んだため体積が大きくなったから。
エ　袋の中のエタノールの粒子の数が増加し，袋いっぱいに広がったから。
オ　エタノールの粒子の運動が活発になり，粒子と粒子の距離が広がったから。

(３) ばねにおもりをつないで，右図のように天井からつるして静止させた。図中のＡ～Ｅの力を，つり合いの関係と作用・反作用の関係に正しく分類したものはどれか。

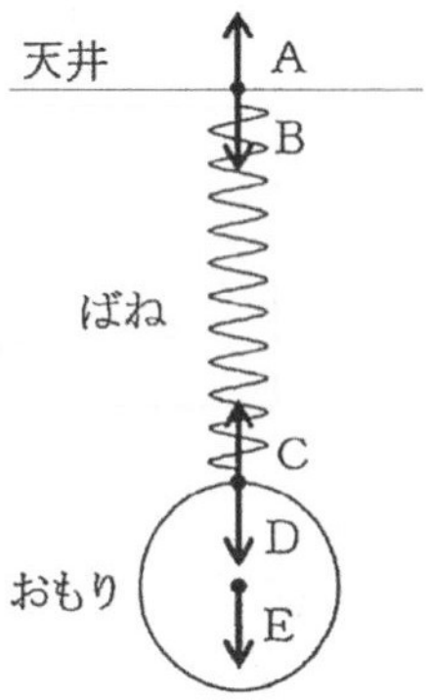

	つり合いの関係	作用・反作用の関係
ア	ＡとＢ，ＣとＤ	ＡとＤ，ＣとＥ
イ	ＡとＢ，ＣとＤ	ＢとＣ
ウ	ＡとＤ，ＣとＥ	ＡとＢ，ＣとＤ
エ	ＡとＤ，ＣとＥ	ＢとＣ
オ	ＡとＥ，ＢとＣ	ＡとＤ，ＣとＥ
カ	ＡとＥ，ＢとＣ	ＣとＥ

(４) タマネギのりん茎(食べる部分)の表皮細胞に存在しない構造はどれか。

ア　核　　イ　細胞壁　　ウ　細胞膜　　エ　葉緑体　　オ　液胞

(５) ある地震においてＰ波が伝わる速度を p〔km/秒〕，Ｓ波が伝わる速度を s〔km/秒〕および初期微動継続時間を t〔秒〕としたとき，震源距離〔km〕を求める式として適当なものはどれか。

ア　$\frac{ps}{p-s}t$　　イ　$\frac{p-s}{ps}t$　　ウ　$\frac{ps}{s-p}t$　　エ　$\frac{s-p}{ps}t$

オ　$\frac{ps(p-s)}{t}$　　カ　$\frac{ps(s-p)}{t}$

(６) 身近な物質について述べた次の文のうち**誤っているもの**はどれか。

ア　セッケン水にフェノールフタレイン溶液を入れると赤色になる。
イ　使い捨てカイロが温かくなるのは，鉄粉が酸化されるときに熱を放出するからである。
ウ　氷が水に浮くのは，氷のほうが水より密度が大きいからである。
エ　スナック菓子の袋の中には，食品の酸化やカビを防ぐため窒素が入っている。
オ　ドライアイスを空気中に放置すると液体にならずに気体となる。

(７) 右の図は日本付近で見られる温帯低気圧を模式的に示したものである。これについて述べた次の文ａ～ｆのうち，正しいものの組み合わせはどれか。

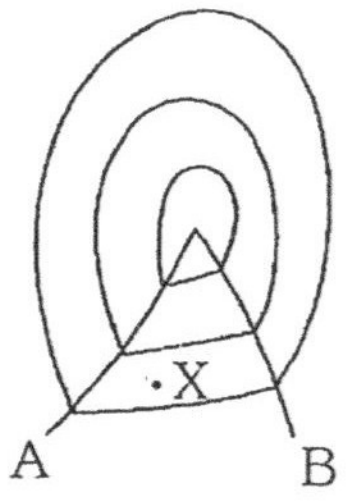

ａ　Ａは温暖前線，Ｂは寒冷前線である。
ｂ　Ａは寒冷前線，Ｂは温暖前線である。
ｃ　Ａの前線がＢに追いつくと停滞前線ができる。
ｄ　Ａの前線がＢに追いつくと閉塞《そく》前線ができる。
ｅ　地点Ｘ付近は暖気に覆われている。
ｆ　地点Ｘ付近は寒気に覆われている。

ア　ａ，ｃ，ｅ　　イ　ａ，ｃ，ｆ　　ウ　ａ，ｄ，ｅ　　エ　ａ，ｄ，ｆ
オ　ｂ，ｃ，ｅ　　カ　ｂ，ｃ，ｆ　　キ　ｂ，ｄ，ｅ　　ク　ｂ，ｄ，ｆ

(８) 次の文のうち**誤っているもの**はどれか。

ア　午前０時の南の空に見えたオリオン座は１か月後の同時刻には西に約30°移動して見える。
イ　月の出の時刻は１日につき約50分早くなる。
ウ　同じ星座が南中する時刻は１日につき約４分早くなる。
エ　北の空の星は天の北極付近を中心として，１時間に約15°反時計回りに移動する。
オ　日本において天の南極付近の星は１年を通して観測することはできない。

※教英出版注
音声は，解答集の書籍ＩＤ番号を教英出版ウェブサイトで入力して聴くことができます。

Listening 英文

Artificial Intelligence, or AI, is a smart and powerful technology that's changing our world in a big way. Let's look at the good and not-so-good things about AI to understand it better and find out how it affects our lives.

One of the great things about AI is how it makes our lives more convenient. Think about the assistants in your phone, like Siri or Google Assistant. They can do many tasks, like reminding you, answering questions and playing music you like. This can help you save time and do daily jobs quickly.

However, there's a problem with this convenience. To be helpful, AI needs to learn about us – our habits and what we like. Some people worry that this can invade our privacy. It is important to be careful about the information we share with AI to protect our privacy.

AI is also helpful in healthcare. It can look at lots of medical information very quickly and help doctors find out what's wrong with patients more accurately and saves lives.
However, some people worry that AI can take jobs from humans in other areas. For example, in factories, AI robots can do the same job as people. This can help businesses save money but can make people lose their jobs.

AI makes things safer, especially in transportation. Self-driving cars use AI to drive safely. This can prevent accidents caused by human mistakes. But there also are worries about AI's safety. Hackers can possibly use AI to do bad things, for example cause a traffic accident. This is a big worry, and we need to make sure that AI is safe.

AI helps with our planet, too. It looks at climate information from many places to understand climate change. This helps us make good choices to save our planet.
But AI also makes ethical choices for us. For example, in self-driving cars, AI decides what to do in accidents. In such cases it is hard to figure out who is responsible.

AI makes entertainment fun. Some streaming services use AI to show us movies we like. This helps us find great shows and movies to watch. But there's a problem with this. AI only shows us things it thinks we like. This means we might not see new and different things and may become stuck in a "filter bubble".

So, AI has both positive and negative sides. It's handy and convenient, helps in health, keeps us safe, and helps our planet. But we also need to think about our privacy, jobs, safety, difficult decisions, and not staying in a bubble. It's important to use AI carefully and wisely.

1. **What is one way AI helps make our lives easier?**

a) By making us work harder.
b) By saving us time and doing tasks for us.
c) By helping us to rest.

2. **What is a worry related to AI's convenience in our lives?**

a) It invades our privacy.
b) It reduces our productivity.
c) It increases our stress levels.

3. **In which field does AI play an important role by analyzing medical data quickly?**

a) Climate.
b) Entertainment.
c) Healthcare.

4. **What is one possible worry about AI and jobs?**

a) AI helps businesses.
b) AI can lead to job losses for workers.
c) AI has no impact on jobs.

5. **How does AI improve safety, especially in transportation?**

a) By making cars drive slower.
b) By reducing the need for traffic lights.
c) By using AI to navigate roads and prevent accidents.

3 次の英文を読んで，後の問いに答えよ。

Dogs are worth keeping as pets because they are willing to (1)(anything / belong / do / family / for / the / they / to). They guard the house, bring in the paper, and play well with children. In Korea, *Jindo dogs are known to be the smartest and most loyal dogs because of a famous story. According to this story, a Jindo dog saved a man's life even though it brought about its own (2)(　　　).

A long time ago, a man went to call on his friend in another town. The man had to walk to the other town by way of a path through the woods. He didn't like walking by himself, so the man took his dog with him.

When the man arrived at his friend's house, he saw that there was a large drinking party going on. His friend welcomed him in and brought out some wine. It was very good, so he drank a lot. He was used to (a) wine, so he was not worried about having too much. Before long, however, the man (b) very drunk. (Between you and me, I think the man had a drinking problem.) At last, the man decided it was time to call off the drinking and go home. He broke away from the party and went home with his dog.

On the way, the man began to feel tired. He sat down to rest but quickly fell asleep because of all the wine he drank. The dog (c) down by the man and waited for him to wake up. Then, all of a sudden, the dog smelled smoke. A fire broke out in the woods! A small wind was blowing, but it did not blow out the fire. The wind (d) the fire bigger!

The dog tried to wake up the man by barking, but the man was too drunk. He would not wake up. (3)(⇒ ⇒ ⇒ ⇒) The dog ran back and forth many times. Finally, the man and the ground were all wet. The fire burned all around him, but it did not harm the man. (4)Sadly, the dog was so tired from running that it fell down and died.

When the man woke up and found his dog had died, he cried. He knew that his dog had saved his life by (e) up its own life. He was very thankful for his dog. The man told all of his friends (5)(　　　). By the way, the man also gave up drinking after that.

（注）　Jindo dogs：珍島犬（ちんとうけん）韓国原産の犬種

〔Adapted from Casey Malarcher : *Everyday Idioms with Stories 1,* Compass Publishing〕

問1　下線部(1)の(　　)内の語を文脈に合うように正しく並べかえよ。

問2　下線部(2)の(　　)に入る最も適当な語を次の**ア**～**エ**から１つ選び，記号で答えよ。

ア life　　**イ** death　　**ウ** story　　**エ** friend

問3　下線部(3)の(　　)に文脈に合うように下の**ア**～**オ**の英文を正しく並べかえよ。

ア The man and the grass around him got a little wet.
イ It tried to pull the man to the river, but the man was too big.
ウ It ran to the river and jumped in.
エ Then, the dog ran back to the man and shook itself.
オ The dog heard the sound of a small river near the path.

問4　下線部(4)の英語を日本語に直せ。

問5　下線部(5)の(　　)に入る表現として最も適切なものを次の**ア**～**エ**から１つ選び，記号で答えよ。

ア what Jindo dogs are great
イ what great Jindo dogs are
ウ how are Jindo dogs great
エ how great Jindo dogs are

問6　(a)～(e)に入る最も適当な語をそれぞれ下から選んで，必要があれば形をかえて書け。ただし，同じ語を２回以上使ってはならない。

bring / call / drink / get / give / lie / make

①　英 語 科（高）

英高令６　**(60分)**

（注意）解答はすべて解答用紙に記入せよ。

（リスニングテストに関する注意）

- **リスニングテストの放送は，試験開始から約10分後に始まります。**
- 放送時間は約10分です。放送を聞きながらメモを取ってもかまいません。
- 答えの選択肢(a)～(c)は放送で読まれます。

1 これから放送される比較的長い英文を聞き，**問題用紙に与えられている質問(1)～(5)に対する答え**として最も適当なものを，放送される選択肢(a)～(c)の中から１つ選び，記号で答えよ。**英文と質問および選択肢の英語はそれぞれ２回読まれる。**

※教英出版注
音声は，解答集の書籍ＩＤ番号を教英出版ウェブサイトで入力して聴くことができます。

(1) What is one way AI helps make our lives easier?

(a)　(b)　(c)

(2) What is a worry related to AI's convenience in our lives?

(a)　(b)　(c)

(3) In which field does AI play an important role by analyzing medical data quickly?

(a)　(b)　(c)

(4) What is one possible worry about AI and jobs?

(a)　(b)　(c)

(5) How does AI improve safety, especially in transportation?

(a)　(b)　(c)

2 次はある日曜日の夕刻に，ある家族の中で交わされた会話である。よく読んで後の問いに答えよ。なお，この一家は波平，ふね夫婦とその３人の子供，さざえ，カツオ，わかめ，さざえの夫であるマスオとその子供のタラオ，以上の７人家族である。

タラオ：やったですぅ。カツオ兄ちゃんにおすもうで勝ったですぅ！

カツオ：ふぅ，国技の継承も大変だよ。

わかめ：本物のお相撲さんってどれくらい大きいのかなあ。見てみたいなあ。

カツオ：僕も。父さん，かわいい我が子と孫の教育のために，相撲を見に行くのはどうでしょうか。

タラオ：ぼくも見たいです！

波平：そんなに見たいのか。そろそろ初場所の時期だし，思い切って行ってみるか。

子供たち：やったー！

波平：見に行くのはいいとして，(A)チケットの手配はどうしたものかな。 [get]

わかめ：それなら，マスオ兄さんが詳しいはずよ。この前，お姉ちゃんのためにコンサートのチケット取ってあげてたもの。

波平：マスオ君，チケット取ってくれないか。

マスオ：お安い御用ですよ，おとうさん。

カツオ：どこに行けば買えるの。

マスオ：インターネットで買うんだよ。速いし楽だよ。早速，ホームページを見てみよう。

◇　◇　◇　◇　◇

マスオ：席の種類もいろいろあるなあ。せっかくなら土俵の近くがいいですよね, おとうさん。

波平：そうだなあ，せっかくならタマリ席で見てみたいものだ。

わかめ：ちょっと待って。【　①　】

タラオ：ぼく，お相撲さん見られないですか。

マスオ：大丈夫だよ。３歳のタラちゃんでも座れるマス席があるからね。マス席だったらみんなで座布団に座ってみられるんだよ。どれがいいかなあ・・・。平日と休日で料金違うのか。おとうさん，見に行くのは何曜日がいいですかねえ。

波平：仕事のこともあるし，日曜日がいいだろう。程よく盛り上がっている中日（なかび）はどうかな。

マスオ：そうですねえ，千秋楽は人気で空席もほとんどないみたいですし。

さざえ：(B)みんなで何の相談かしら。[are / about]

マスオ：あ，さざえ。大相撲観戦の相談だよ。チケットを予約しようと思うんだ。

さざえ：何よ，それ。私は初耳よ。

マスオ：別に隠していたわけじゃないよ。ねえ，カツオ君。

カツオ：姉さんにとって，相撲は観るというより，とるものだと思ってね。

4 下の図のように，放物線 $y=\frac{1}{2}x^2$ …① と直線 $y=x+4$ …② が2点A，Bで交わっている。点Pは x 軸上にあって，△PABはPA＝PBの二等辺三角形である。このとき，次の問いに答えよ。

(1) 2点A，Bの座標をそれぞれ求めよ。

(2) 点Pの x 座標を求めよ。

(3) △PABを x 軸のまわりに1回転させてできる立体の体積を求めよ。

(4) 大，小2つのさいころを同時に投げて，出た目の数をそれぞれ p，q とする。点C$(p,\ q)$ が放物線①と直線②で囲まれた部分（周上の点は除く）に含まれる確率を求めよ。

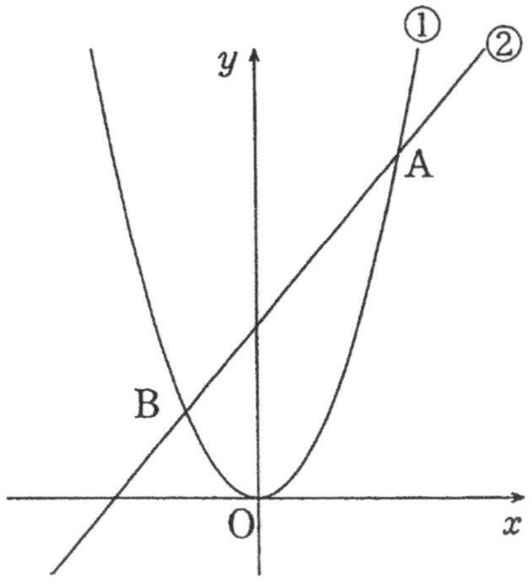

5 ある小学校のバスケットボール部に入部したい太郎さんと次郎さんの会話である。

太郎さん：昨日，日本対フィンランドのワールドカップの録画を見たら，早くバスケ部に入部したくなった。
次郎さん：すごい試合だったもんね。でも，ルールはあまり分からないけど，大丈夫かな？
太郎さん：大丈夫だよ。なんとかなるはず。
次郎さん：得点はゴールに入れたら2点だったかな？
太郎さん：1点のときもあるよ。
次郎さん：小学校の試合では1点と2点があるんだね。
太郎さん：だから，試合での総得点が奇数になることもあるんだ。
次郎さん：総得点が3点になる方法は，何パターンあるかな？
太郎さん：3パターンだね。1点ずつ3回入れる方法。それと，先に1点入れて，次に2点入れる方法。そして，先に2点入れて，次に1点入れる方法だね。
次郎さん：じゃ，総得点が5点になる方法は何パターンある？
太郎さん：ちょっと待ってね。書いてみるから……，分かった。（ア）パターンだね。
次郎さん：そんなにあるんだ。総得点が6点や7点になる方法は何パターンある？
太郎さん：規則性がありそうだけど……。思いつかないから，数えてみると，総得点が6点になる方法は（イ）パターンで，総得点が7点になる方法は（ウ）パターンだ。
次郎さん：計算早いね。そういえば，兄ちゃんが中学校のバスケ部だけど，この前，家で3点を決めたって言ってたよ。
太郎さん：中学校の試合では1点，2点，そして，3点があるんだ。3点は遠いところからゴールを決めないといけないらしい。
次郎さん：じゃ，最後の質問。中学校の試合で総得点が7点になる方法は何パターンある？
太郎さん：難しい。でも，書けばなんとかなるはず。
次郎さん：よく計算できるね。
太郎さん：（あ）パターンだ。
次郎さん：同じ総得点でも，色んな得点パターンがあるんだね。

このとき，次の問いに答えよ。

(1)（ア），（イ），（ウ）の値を求めよ。

(2)（あ）の値を求めよ。

① 数　学　科（高）　数高令6　(70分)

（注意）円周率は π，その他の無理数は，たとえば $\sqrt{12}$ は $2\sqrt{3}$ とせよ。
解答はすべて解答用紙に記入せよ。

1 次の問いに答えよ。

(1)　$0.3-\left(-\frac{1}{2}\right)^2-\frac{2}{3}\times 0.25$ を計算せよ。

(2)　$-(-2xy^2)^5z^2\div(4x^2y^3z)^2\times(-x)^3y$ を計算せよ。

(3)　方程式 $5-\frac{2x-3}{3}=\frac{3x-1}{2}-\frac{3-x}{5}$ を解け。

(4)　$x=\frac{3\sqrt{2}+2\sqrt{3}}{3}$，$y=\frac{3\sqrt{2}-2\sqrt{3}}{2}$ のとき，$9x^2-4y^2$ の値を求めよ。

(5)　2次方程式 $\frac{(x+2)(x-2)}{2}=x(x-2)$ を解け。

(6)　反比例を表す関数 $y=\frac{a}{x}$ のグラフが点 $(-3, 4)$ を通る。この関数について，x の値が 2 から 4 まで増加するときの変化の割合を求めよ。

(7)　数学のテストで，35 人の生徒が受験したクラスの平均点がちょうど 70 点であった。このクラスのテストの結果について，正しく述べたものを次の ① ～ ④ からすべて選び，番号で答えよ。

① 70 点を取った生徒の人数が最も多い。
② 合計点は 2450 点である。
③ 18 位の生徒が 70 点を取ったとは限らない。
④ 71 点を取った生徒は必ず 17 位以内に入っている。

(8)　下の図において，弦 AB は円の直径であり，円周上の点 C，D，E は，弧の長さについて $\overset{\frown}{CA}:\overset{\frown}{AE}:\overset{\frown}{ED}:\overset{\frown}{DB}=2:3:3:3$ を満たす。弦 AB，CD の交点を F とするとき，∠CFA の大きさを求めよ。

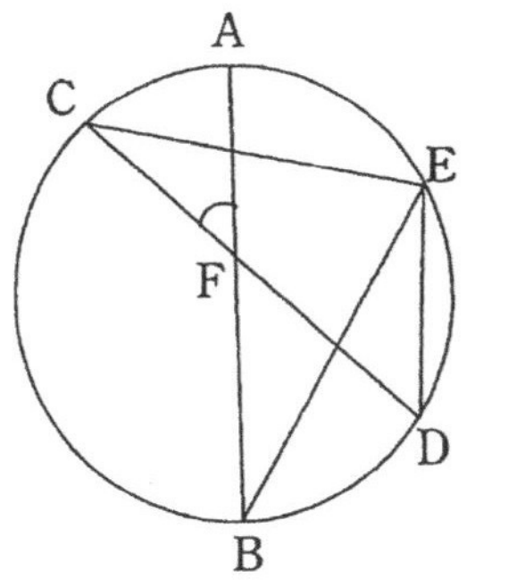

(9)　相似な 3 つの三角形 X, Y, Z がある。X と Y の面積比は 2 : 3 であり，Y と Z の相似比は 5 : 2 である。このとき，X と Z の相似比を求めよ。

(10)　底面の半径が 5 cm，高さが 12 cm である円すいの表面積を求めよ。

三　次の文章を読んで、後の問いに答えよ。

(注1)高倉院《たかくらゐん》の御時、御殿の上に(注2)鵺《ぬえ》の鳴きけるを、「悪《あ》しきことなり」とて、「aいかがすべき」といふことにてありけるを、ある人、(注3)頼政《よりまさ》に射させらるべき由《よし》、申しければ、「さりなむ《それがよかろう》」とて、召されて参《まゐ》りにけり。Aこの由を仰《おほ》せらるるに、かしこまりて、(注4)宣旨《せんじ》を承りて、心の中に思ひけるは、「昼だにも、小さき鳥なれば得がたきを、五月の空闇《やみ》深く、雨さへ降りて、いふばかりなし。われ、すでに弓箭《きゆうせん》の冥加《みやうが》《弓矢の御加護が》、尽きにけり」と思ひて、B八幡大菩薩《はちまんだいぼさつ》を念じ奉りて、声をたづねて、矢を放つ。こたふるやうにおぼえければ、寄りて見るに、あやまたずあたりにけり。C(注5)天気《てんき》よりはじめて、人々、感歎《かんたん》いふばかりなし。

後徳大寺《ごとくだいじ》左大臣、その時、中納言にて、b禄《ろく》をかけられけるに、かくなむ、

郭公《ほととぎす》雲居《くもゐ》に名をもあぐるかな

頼政、とりもあへず、

弓張月《ゆみはりづき》のいるにまかせて

と付けたりける、Dいみじかりけり。

（『十訓抄』による）

(注)　1　高倉院――第八十代天皇（一一六一～八一）。
2　鵺――想像上の怪鳥。頭は猿、からだはたぬき、手足は虎、尾は蛇、鳴き声はとらつぐみに似るという。
3　頼政――源頼政。平安時代後期の武将・歌人。
4　宣旨――勅命の趣旨を述べ伝えること。また、その文書。
5　天気――帝《みかど》の御機嫌。

問1　二重傍線部a、bの本文中での意味として最も適当なものを、次の各群の**ア**～**オ**のうちからそれぞれ一つずつ選び、記号で答えよ。

a　いかがすべき
ア　どうすることもできない
イ　何が起こるのだろうか
ウ　何が原因なのだろうか
エ　どうしたらよいだろうか
オ　なんとかして助けたい

b　禄
ア　期待
イ　声
ウ　手紙
エ　ほうび
オ　疑い

問2　傍線部A「この由」とあるが、この内容の説明として最も適当なものを、次の**ア**～**オ**のうちから一つ選び、記号で答えよ。
ア　御所の上で鵺《ぬえ》が鳴いていることが不思議だったので、頼政《よりまさ》に尋ねてみることになったという趣旨。
イ　御所の上で鳴き続けている鵺が騒がしかったので、頼政に射させることになったという趣旨。
ウ　御所の上で鵺が鳴いていることが屈辱的だったので、頼政に追い払わせることになったという趣旨。
エ　御所の上で鳴き続けている鵺が不気味だったので、頼政に調べさせることになったという趣旨。
オ　御所の上で鵺が鳴いていることが不吉だったので、頼政に射させることになったという趣旨。

問3　傍線部B「八幡大菩薩を念じ奉りて」とあるが、このときの頼政の心情として最も適当なものを、次の**ア**～**オ**のうちから一つ選び、記号で答えよ。
ア　自分は神仏ではないのに、この鵺の命を奪っていいのか悩んでいて、八幡大菩薩《はちまんだいぼさつ》からのお告げに従おうとしている。
イ　自分は神仏に見放されたようだが、なんとか鵺を仕留めなければならないと思い、八幡大菩薩の力に頼っている。
ウ　自分は弓矢に対する修練を怠っていたので、なんとか八幡大菩薩の力を借りて、射止めることができたらと願っている。
エ　自分には神仏の御加護《ごかご》がなく、このまま勅命に背いた罪で罰せられてしまうので、八幡大菩薩に助けを求めている。
オ　自分は弓矢に関して自信を持っていて、今回鵺を仕留めることで八幡大菩薩に勝っていることを示そうとしている。

問4　傍線部C「天気よりはじめて、人々、感歎いふばかりなし。」とあるが、それはなぜか。次の文の空欄Ⅰ、Ⅱにあてはまる語句を答えよ。ただし、Ⅰは五字以内、Ⅱは十字以内とする。

頼政が［　Ⅰ　］なかで期待に応えてくれたことに驚き、彼の［　Ⅱ　］に感心したから。

問5　傍線部D「いみじかりけり」とあるが、筆者がこのように述べるのはなぜか。その説明として最も適当なものを、次の**ア**～**オ**のうちから一つ選び、記号で答えよ。
ア　頼政が、今回の自らの功績についてこれまでの鍛錬によるものだと引き合いに出しながら即座に巧みな技法で詠んだから。
イ　後徳大寺《ごとくだいじ》左大臣が、頼政の功績について技巧を凝らした巧みな句を詠んだことで、頼政の才能が世間で評判になったから。
ウ　後徳大寺左大臣が、頼政の功績について技巧を凝らした巧みな句で称えたのに対し、頼政も即座に巧みな句をつけたから。
エ　頼政が、今回勅命を果たすことができたのは自分が使っている弓のおかげだと謙虚に詠んだ人柄が素晴らしかったから。
オ　後徳大寺左大臣が頼政の功績について称えたのに対して、頼政は後徳大寺左大臣のおかげだと感謝の気持ちを示したから。

問2 傍線部A「上手いこと思考が巡ってくれない。」とあるが、それはなぜか。その説明として最も適当なものを、次の**ア**〜**オ**のうちから一つ選び、記号で答えよ。

ア 幹一《かんいち》は皆愛《みなみ》が修学旅行先でたまたま芸能プロダクションの人に声をかけられたのだと思っていて、飯島やママに勧められて面接に行っていたということを全く考えたことがなかったから。

イ 幹一は皆愛のSNSが偶然東京のテレビ局に見られたことで有名人になったと思っていて、皆愛は芸能人になりたくて自分から応募していたなんて想像すらしたことがなかったから。

ウ 幹一は皆愛が町の慰霊祭に参加したことで芸能プロダクションから声をかけられたと思っていて、皆愛の方から芸能プロダクションに履歴書を送ったということを全く知らなかったから。

エ 幹一は皆愛が偶然芸能プロダクションから声をかけられて芸能人になっただけだと思っていて、皆愛の方から芸能プロダクションに応募するということを全く考えたことがなかったから。

オ 幹一は皆愛が修学旅行先でたまたま芸能界の人に声を掛けられて芸能人になったと思っていて、皆愛と柊《ひいらぎ》木が以前から個人的なつながりがあったとは全く想像したことがなかったから。

問3 傍線部B「そりゃあ、だってよ……」とあるが、このときの幹一の心情として最も適当なものを、次の**ア**〜**オ**のうちから一つ選び、記号で答えよ。

ア 皆愛に自分はだまされていたと責めたが、ママから皆愛が女優になっていくことについて指摘されると、我慢できない自分に気づいて皆愛を悪く言ったことを反省している。

イ 皆愛は反対されるだろうから言わなかったと考えたが、ママから皆愛に反対する姿が浮かぶということを指摘されると、自分の度量の小ささを反省して言葉に詰まっている。

ウ 皆愛が正直に話してくれれば応援していると言ったが、ママからその言葉はウソで今でも反対していると指摘されると、皆愛への自分の態度を振り返って反省している。

エ 皆愛には看護師になってもらいたいと思っていたが、ママから皆愛が女優の道を進んでいることを指摘されると、皆愛への思いが募ってきて切なさのあまり動揺している。

オ 皆愛には最初から本音を話してもらいたかったと言いはしたが、ママから皆愛が本当に女優になったときのことを指摘されると、皆愛への思いの強さから動揺している。

問4 傍線部C「まああっぱれあっぱれだわな。」とあるが、これはどういうことか。その説明として最も適当なものを、次の**ア**〜**オ**のうちから一つ選び、記号で答えよ。

ア 皆愛が幹一に寂しい思いをさせないようにしながら女優になるという夢を実現させていったのは、娘が父を大切にする姿勢であって、感服すべきであるということ。

イ 皆愛が幹一を孤独にしないように周囲に相談しながら女優になるという夢を進んでいったのは、子どもが必死に考えた方法であり、放っておくべきであるということ。

ウ 皆愛が幹一に反対されたくなかったので無視しながら女優になるという夢を実現させていったのは、娘が父のことを理解した結果であって、感心させられるということ。

エ 皆愛が幹一を裏切ることにためらいながら結局女優になるという夢を選んでいったのは、子どもの夢を奪うことはできないことを示し、考えさせられるということ。

オ 皆愛が幹一から怒られないために周りの協力をあおぎながら女優になるという夢を叶《かな》えていったのは、娘と父の関係が強く現れていて、驚くべきものであるということ。

問5 傍線部D「金色の長髪に小洒落たロングコートを羽織った柊木が、こちらに手を振りながら歩いていた」、傍線部E「海風が彼の金色の髪を横に靡かせている。」とあるが、これらの表現に関する説明として最も適当なものを、次の**ア**〜**オ**のうちから一つ選び、記号で答えよ。

ア 柊木がおしゃれな装いで現れて、幹一に皆愛のことを熱心に語る姿によって、柊木が幹一たちを見下していることが示されている。

イ 柊木がビジネスマンらしい格好で現れて、幹一に皆愛のことを真面目に語る姿によって、柊木が優秀な人物であることが示されている。

ウ 柊木が格好つけた姿で現れて、幹一に皆愛の価値を細かい金額で語る姿によって、柊木が皆愛のことを理解していることが示されている。

エ 柊木が派手な身なりで現れて、幹一に皆愛のことを懸命に語る姿によって、柊木が皆愛について真剣に考えていることが示されている。

オ 柊木が都会じみた格好で現れて、幹一に皆愛について誠実に説明する姿によって、柊木が皆愛から信頼されていることが示されている。

問6 傍線部F「おまえの娘はすごいぞ——」とあるが、この説明として**適当でない**ものを、次の**ア**〜**オ**のうちから一つ選び、記号で答えよ。

ア 幹一は、皆愛が、柊木に直接かけあってもらったこともあり、所属する芸能プロダクションから多額の資金を費やされていることに驚いている。

イ 幹一は、皆愛がいつの間にか芸能人になっていて、所属する芸能プロダクションから一人で仕事をすることを認められていることに驚いている。

ウ 幹一は、皆愛が自分たちの町に関わったことで多くの人が来たことをあらためて考えて、町にもたらした経済効果の大きさに驚いている。

エ 幹一は、皆愛の存在に多くの人が心動かされて、それが明日への活力となり、いずれは国全体に影響を与える存在であることに驚いている。

オ 幹一は、皆愛が自分に隠れて女優になるという夢を追いかけていて、いつの間にか自分の娘とは思えないほど成長していたことに驚いている。

お詫び
著作権上の都合により、文章は掲載しておりません。
ご不便をおかけし、誠に申し訳ございません。
教英出版

お詫び
著作権上の都合により、文章は掲載しておりません。
ご不便をおかけし、誠に申し訳ございません。
教英出版

お詫び
著作権上の都合により、文章は掲載しておりません。
ご不便をおかけし、誠に申し訳ございません。
教英出版

（染井為人「娘は女優」『小説宝石２０２３年４月号』光文社所収）

（注）　１　顎足枕——食費・交通費・宿泊費のこと。

問１　二重傍線部ａ～ｃの本文中での意味として最も適当なものを、次の各群の**ア**～**オ**のうちからそれぞれ一つずつ選び、記号で答えよ。

ａ　吐露した

- **ア**　心にもないことを述べた
- **イ**　感慨深そうに述べた
- **ウ**　心の中を隠さずに述べた
- **エ**　気持ちを込めて述べた
- **オ**　悲しみながら述べた

ｂ　目尻を下げて

- **ア**　言いづらそうにして
- **イ**　やる気のない顔で
- **ウ**　ふざけた顔で
- **エ**　目線をそらして
- **オ**　満足げな顔で

ｃ　澄まし顔

- **ア**　真面目そうな顔
- **イ**　あきれた顔
- **ウ**　退屈そうな顔
- **エ**　ふてくされた顔
- **オ**　無関心な顔

二 次の文章は、染井為人《ためひと》「娘は女優」の一節である。村田幹一《むらたかんいち》は家業を継ぎ、妻の結子《ゆうこ》と娘の皆愛《みなみ》とともに暮らしていたが、東日本大震災によって妻と両親を亡くしてしまう。皆愛は芸能プロダクションのマネージャーである柊木《ひいらぎ》に説得され、皆海という名前で芸能の仕事を行っている。以下はそれに続く場面である。これを読んで、後の問いに答えよ。

お詫び
著作権上の都合により、文章は掲載しておりません。
ご不便をおかけし、誠に申し訳ございません。
教英出版

お詫び
著作権上の都合により、文章は掲載しておりません。
ご不便をおかけし、誠に申し訳ございません。
教英出版

お詫び
著作権上の都合により、文章は掲載しておりません。
ご不便をおかけし、誠に申し訳ございません。
教英出版

問2　傍線部A「僕は僕で、自分が手にしてしまった権力に居心地の悪さを覚える。」とあるが、それはなぜか。その説明として最も適当なものを、次の**ア**～**オ**のうちから一つ選び、記号で答えよ。

ア　筆者は他の人のためにもなる環境をつくりたくて、自分の公園で実ったものは困窮している人に配ろうということを決めたが、無制限に渡し続けることはできないということにやるせなさを感じていたから。

イ　筆者は野菜は自然のものであるという考えにもとづいて、自分の公園で実ったものは誰でも無制限で収穫していいことにしたが、実際に収穫され続けた場合はルールが必要となることにためらいがあったから。

ウ　筆者は人と共に生きていく環境づくりということで、自分の公園で実ったものは自由に取っていいということにしたが、取られすぎた場合はルールを作らなければならないということに戸惑いがあったから。

エ　筆者は誰もが遊べる場所をつくろうとする中で、自分の公園で実ったものはどれだけでも持って帰っていいということにしたが、自分勝手な人がいた場合は制限しなければならないことを怖がっていたから。

オ　筆者はみんなが生きていける環境をつくりたくて、自分の公園の訪問者には無制限の権利を与えることにしたが、実際に無制限に収穫され続けた場合のルールについてイメージが湧かなくて困っていたから。

問3　傍線部B「国の政治も食える公園の政治も、その根本はきっと大きくは違わない。」とあるが、筆者がそのように述べるのはなぜか。その説明として最も適当なものを、次の**ア**～**オ**のうちから一つ選び、記号で答えよ。

ア　政治は日常生活の中にあり、人びとで悩み抜くものであって、筆者は「食える公園」においてもルールに手を加えることなく自主性を重んじようと考えているから。

イ　政治はたくさんの書物を通して概念を身につけるものであって、筆者は「食える公園」においてもさまざまな考えをもとにして仕組みを作っていこうと考えているから。

ウ　政治は日常生活で起こっている問題を暴き出すことから始まるものであって、筆者は「食える公園」においても人びとの意見をもとに作り上げていこうと考えているから。

エ　政治は日常生活の中にあり、人々で共に築いていくものであって、筆者は「食える公園」について農作業を通して愛着を深めてもらい、発展させようと考えているから。

オ　政治は日常生活の中にあり、みんなで具体的に考えるものであって、筆者は「食える公園」においても自分たちの手で維持できるようにしていこうと考えているから。

問4　傍線部C「僕は土地に対する手続きを何も知らないことに気づいた」とあるが、これはどういうことか。その説明として最も適当なものを、次の**ア**～**オ**のうちから一つ選び、記号で答えよ。

ア　筆者は「食える公園」に残ったたくさんの木を見て、人間とは関係のない所でこれまで生きてきたのだと思い、それらはこの公園のシンボルになるのではないかと考えたということ。

イ　筆者は「食える公園」に残ったたくさんの木を見て、この土地に昔から住んでいたのだと思い、人間がそれらの所有者になってはいけないのではないかと反省したということ。

ウ　筆者は「食える公園」に残ったたくさんの木を見て、その成長した大きさに神々しさを感じ、人間だけの都合でその命を奪っていいものなのかわからず、悩み続けていたということ。

エ　筆者は「食える公園」に残ったたくさんの木を見て、この土地に深く関わった存在だと思い、それらの成長を自分が奪っていいものなのか答えを出すことができなかったということ。

オ　筆者は「食える公園」に残ったたくさんの木を見て、子供の頃の思い出が浮かんできて、これらを利用する者がいる中で切っていいものなのか判断することができなかったということ。

問5　傍線部D「この土地に続く偶然性の連なり」とあるが、これはどういうものか。その説明として最も適当なものを、次の**ア**～**オ**のうちから一つ選び、記号で答えよ。

ア　一本の木から始まって、そこにたくさんの生き物が集まってきて土壌を豊かにしており、これからもそこからさまざまなものが育っていくという流れ。

イ　一本の木があったことで、多くの人が自分の公園に集まってきて管理してくれていて、これからはここの畑でさまざまな野菜が育っていくという流れ。

ウ　一本の木から始まって、その根元で暮らそうと多様な生き物が集まってきて土地が豊かになり、そこにさらに科学の力が加わっていくという流れ。

エ　一本の木があったことで、そこで暮らすために生き物が集まってきて多様性を築いており、人びとが暮らすことができる環境になったという流れ。

オ　一本の木によって、そこにたくさんの生き物が集まってきて土地に多様な野菜がもたらされ、これからはさらに実り豊かな畑に変わっていくという流れ。

問6　傍線部E「僕はだんだんと、木を切るのならば、その前に『祈る』というような行為が必要に思えてきた。」とあるが、これはどういうことか。その説明として最も適当なものを、次の**ア**～**オ**のうちから一つ選び、記号で答えよ。

ア　筆者は木を切ることに理不尽さを感じていてその作業をためらっていたところ、自分たちが除去する土や木を別の場所で再利用すればいいのではないかと考えたということ。

イ　筆者は木を切ることを人間の都合だけでおこなっていいのか考えていたところ、その働きを奪ってしまう土や木に対して誠意をもった対応をしなければならないと思ったということ。

ウ　筆者は木を切ることにどのような価値があるのか考えていたところ、その役目を終えてしまう土や木に対してこれまでの感謝の気持ちを示さなければならないと思ったということ。

エ　筆者は木を切ることをどのような形で進めればいいのか悩んでいたところ、神に作業が無事に終わることを願って真摯に進めることが肝要だという考えに至ったということ。

オ　筆者は木を切った後にその木をどのように利用するか考えていたところ、使えなくなってしまう土や木に対して人間と同様に礼儀を尽くすべきだという考えに至ったということ。

問7　傍線部F「人は、自分自身が土と同様の力を持つことを忘れている。」とあるが、これはどういうことか。六十字以内で説明せよ。

① 国語科（高）

青雲高等学校

国高令6

（60分）

（注意）解答はすべて解答用紙に記入せよ。

一　次の文章を読んで、後の問いに答えよ。

もともと自給用の野菜を育てるために借りていた畑だったが、個人のaヨウトを越えて、ここを公園と呼び、公共の畑であるとした。自分たちが生き延びるためだけではなく、人と共に生きていける環境をつくりたいという気持ちが湧いてきたからだ。

以来、僕は公園の管理者という肩書きを得て、権力者となった。ルールも自由につくることができる。誰が蒔《ま》いた種でも、誰が植えたbナエでも、「食える公園」で実ったものは、誰でもいつでもどれだけでも収穫していいと公言した。訪問者は無制限の権利を得ている。でも僕は、その気になれば特定の人物の出入りを禁じることもできる。たんなる貧乏本屋の店主である僕が突然得た権力。さて、この権力とどう向き合っていくべきか。

「食える公園」の環境が生み出す問いは、「政治とは何か」「金とは何か」「労働とは何か」「権力とは何か」「公共とは何か」など、さまざまだ。どれも人間が長い間向き合い、考え続け、いまだにベストな解を得ることができていない。A僕は僕で、自分が手にしてしまった権力に居心地の悪さを覚える。なるべくパワーを使いたくない。だが、もし実際に無制限に実りを収穫され続けた場合、なんらかのルールを設けざるを得ないかもしれない。僕は権力というものと直に向き合い、自分の問題として悩み、ジタバタともがいてみたいのだ。

元は梨畑でジャングル状態だった「食える公園」を、僕はcカイタクしている。草、低木、竹をガシガシ刈り取っていく。政治をはじめるという行為はコントロール可能な状態にするということだ。「〇〇に政治を持ちこむな」と日本ではよく言われる。でもそれは、議会や政治家だけが占有しているものでもなければ、哲学書や思想書、小説の中だけにある概念でもない。政治というものは日常生活の中に常にあるのだということを暴き、人々と共に悩み抜きたい。

僕は「食える公園」に持ちこんだ政治を、「表層の政治」と呼んでいる。政治とは本来、表層程度にすぎない。ルールを加えることや変えること、分配方法について考え意見していくこと。政治は自分たちの手で創造していく事柄なのだということを、関わる人々と共に確信していきたい。B国の政治も食える公園の政治も、その根本はきっと大きくは違わない。

僕が自分自身に与えられた権力を発揮しようとした時、最初に問われたのが、木をどうするかという問題だった。

ひととおり刈払機《かりはらいき》をかけた後、「食える公園」にはたくさんの木が残った。僕はこの木を切り倒すべきかどうかを三年間悩み続けている。僕には木々が先住者のように思えた。なんらかの偶然でこの土地に種が落ち、芽吹き、この時まで成長を続けた。そしてこれから先も、僕が切らなければずっと成長を続けていく。この偶然の産物の時間を自分が切断してもいいものなのだろうか。

畑として見れば、dヒカゲは少ない方が良い。合理性に委ねて木を切り倒すべきか。しかし、土地には人間だけでは収まらないものがある。人間は、土地に区画をつくるし、所有者も変える。利用方法も所有者の意向ひとつで決定される。だがそれらはすべて人間の世界の表層での手続きで、C僕は土地に対する手続きを何も知らないことに気づいた。

それは自然科学の問題でもあるが、なんらかの礼儀に関する問題でもあるような気がしている。一本の木があることで、どれほどの生き物が暮らしていくことが可能なのかを、僕はよくわかっていない。多様な生きものがいるということが、その土地を豊かにしているのであれば、木を残すことで結果的に野菜がよく育つ可能性もあるのではないか。農業をきっちり勉強した人であれば、そのことを科学によって解決するだろう。しかし、やはり畑を営むには木を切るほうがよいのだとして、Dこの土地に続く偶然性の連なりを切断するということへのうしろめたさは、どうすればいいのか。

草や低木、竹だって、同じように偶然性の連なりによって、そこに生きているには違いないのだが、そのライフサイクルの短さが僕を躊躇《ためら》わせることなく刈らせる。しかし木には僕と対等、もしくはそれ以上の時間の流れがある。ネイティブアメリカンが木を「この人」と、人間と同様に呼ぶ感覚がわかるような気がした。

(注1)レベッカ・ソルニットは、庭仕事が好きだった(注2)ジョージ・オーウェルが植えた薔薇《ばら》と七〇年以上の時を超えて出会い、オーウェルの思想や植物と政治との関係を考える『オーウェルの薔薇』を書いた。オーウェルは、木を植えることは、「後世の人に残すことのできる贈り物」だと言っている。では、木を切ることはどうなのか。

E僕はだんだんと、木を切るのならば、その前に「祈る」というような行為が必要に思えてきた。表層の政治が地へと至る時、そこには土や木に対するなんらかの手続きが要る。

こうした(注3)スピリチュアリティに関する行ないは、現代の日本でも失われてはいない。家を新築する前には「eジチン祭」が行なわれる。目的は工事が無事に終わることだが、深層心理には人が土を占有してしまうことへのうしろめたさがあるように思う。一度家を建ててしまえば、その土からは何も芽吹くことがない。

土からは常にありとあらゆる植物が芽吹こうとすることを、畑を始めて実感した。いろいろな事情でこの一年ほぼ放置してしまった「食える公園」は、元のジャングルに戻りつつあるほどだ。土は人の事情にお構いなく、つねに芽吹こうとする力を内包し、その力は人だけでなく、あらゆる植物、虫、動物の糧を育んでいる。僕が感じている罪悪感の正体は、この芽吹こうとする力を支配することにあるのではないか。

人の世界は政治で動いているが、それはあくまでも表層の範囲に限られる。世界にはもっと深みがある。そしてそれは人も同様だ。表層には名前や肩書きがあり、その時々の役割を持つが、その下には身体があり、身体には固有の力がある。それは土と同じく、芽吹こうとする力、生きようとする力に満ちている。現代社会は、この力をあまりにもコントロールしようとしすぎている。F人は、自分自身が土と同様の力を持つことを忘れている。そのことを思い出し、表層を覆う政治を突き破りたい。

（モリテツヤ「モリのガジュマル」『図書２０２３年２月号』岩波書店所収による）

（注）
1　レベッカ・ソルニット――アメリカ合衆国の著作家。（一九六一――）
2　ジョージ・オーウェル――イギリスの作家、ジャーナリスト。（一九〇三――一九五〇）
3　スピリチュアリティ――宗教的な意識・精神性。

問１　波線部a～eのカタカナを漢字に直せ。

a　ヨウト　b　ナエ　c　カイタク　d　ヒカゲ　e　ジチン（祭）

社会科（高）　社高令5

受験番号	

※100点満点

解答用紙

13点

1

問1	A	川	B	台地	C	半島
問2		問3		問4		
問5	(1)		(2)		問6	
問7						

19点

2

問1	B	川	D	川	問2						
問3		問4		問5		問6		問7		問8	
問9	日系企業										
	ハンガリー										

15点

3

問1		問2		問3	
問4		問5			
問6		問7		問8	
問9					
問10		問11		問12	
問13		問14		問15	

20点

4

問1		問2		問3		問4		問5	
問6		問7		問8		問9		問10	

33点

5

問1									
問2	10	20	25						
問3	S		T		問4		問5		
問6	(1)		(2)		問7	(1)		(2)	
	(3)		問8						
問9		問10		問11					
問12		問13							
問14		問15		問16		問17			

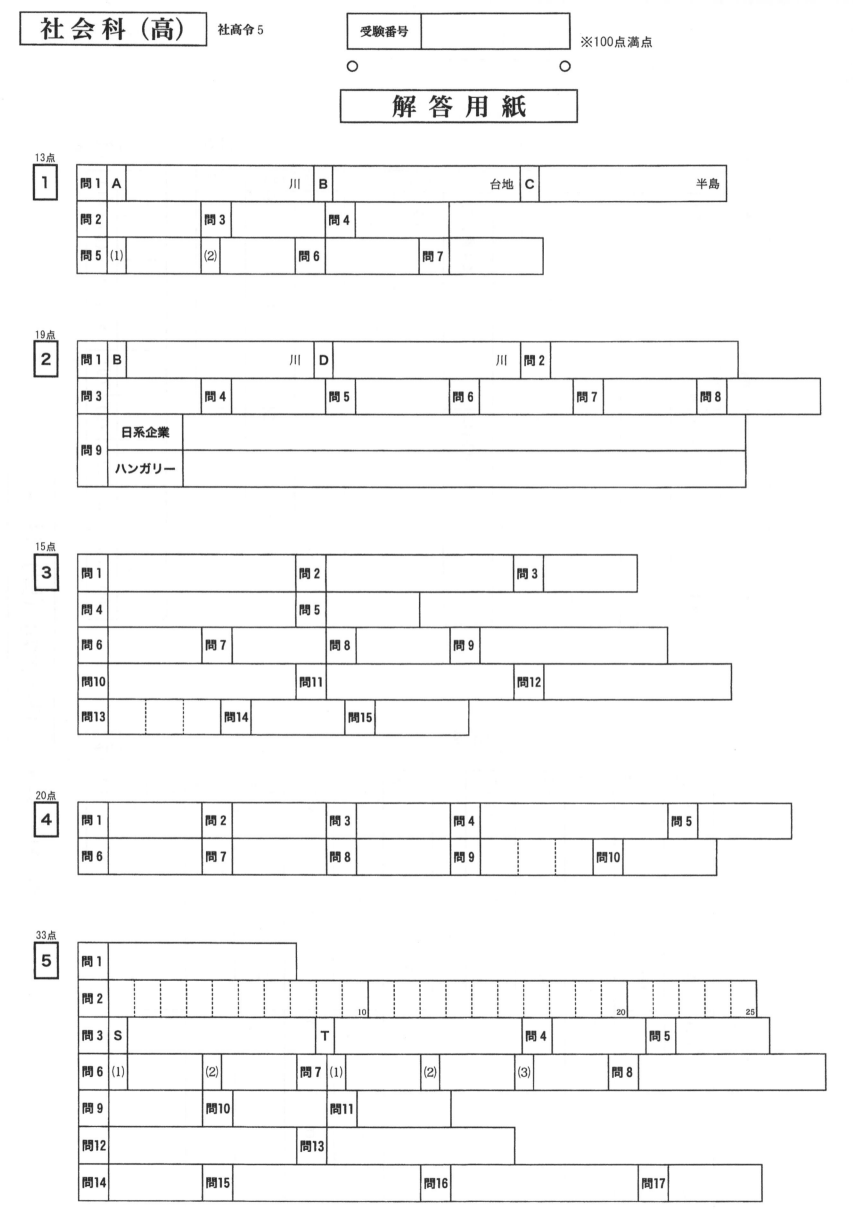

理科（高）解答用紙

理高令5　※100点満点

受験番号

1　20点

(1)	(2)	(3)	(4)	(5)	(6)	(7)	(8)	(9)	(10)

2　18点

問1			
問2	①	②	③
問3			
問4	(1)		
	(2)		
	(3) 酸素量	二酸化炭素量	

3　20点

問1		
問2	(1) g	(2)
問3	(1)	
	(2) 時 分 秒	(3) km
	(4) km	(5)

4　20点

問1				
問2				
問3				
問4	g			
問5	A	B	C	D
	E	F	G	H
問6	%			

5　22点

問1	(1)	(2)
問2	cm	
問3	(1) cm／s	(2) cm／s
問4	cm	
問5	(1) 倍	(2) 倍

英語科（高）　解答用紙

英高令5

※100点満点

受験番号

21点

1

	(1)	(2)	(3)	(4)	(5)
(A)					

	(1)	(2)
(B)		

25点

2

(A)	(1)	
	(2)	
	(3)	
	(4)	

	(1)3番目	5番目	(2)3番目	5番目	(3)3番目	5番目
(B)						

27点

3

問1	
問2	
問3	
問4	
問5	

27点

4

問1	
問2	
問3	
問4	
問5	
問6	
問7	

数 学 科（高） 解答用紙

数高令5

※100点満点

48点

1

(1)	(2)
(3)	(4)
(5) $x=$ ， $y=$	(6) $x=$
(7) $a=$ ， $b=$	(8) DB＝

(9)	① A	B	② C	D

受験番号

10点

2

(1)	(2)
(3)	

7点

3

(1)	(2)

10点

4

(1) $b=$	(2) $a=$
(3) AD×BC＝	

11点

5

(1)	(2)
(3)	

14点

6

(1)	(2)
(3)	(4)

解答用紙

※100点満点

国高令5

国語科（高）

受験番号の欄は左端にある。記入を忘れないこと。

一　35点

問1　a　b　c　d　e

問2

問3

問4

問5

問6

問7

二　35点

問1　a　b　c

問2

問3

問4

問5

問6

問7　Ⅰ　Ⅱ

三　30点

問1　a　b　c

問2

問3

問4

問5

受験番号

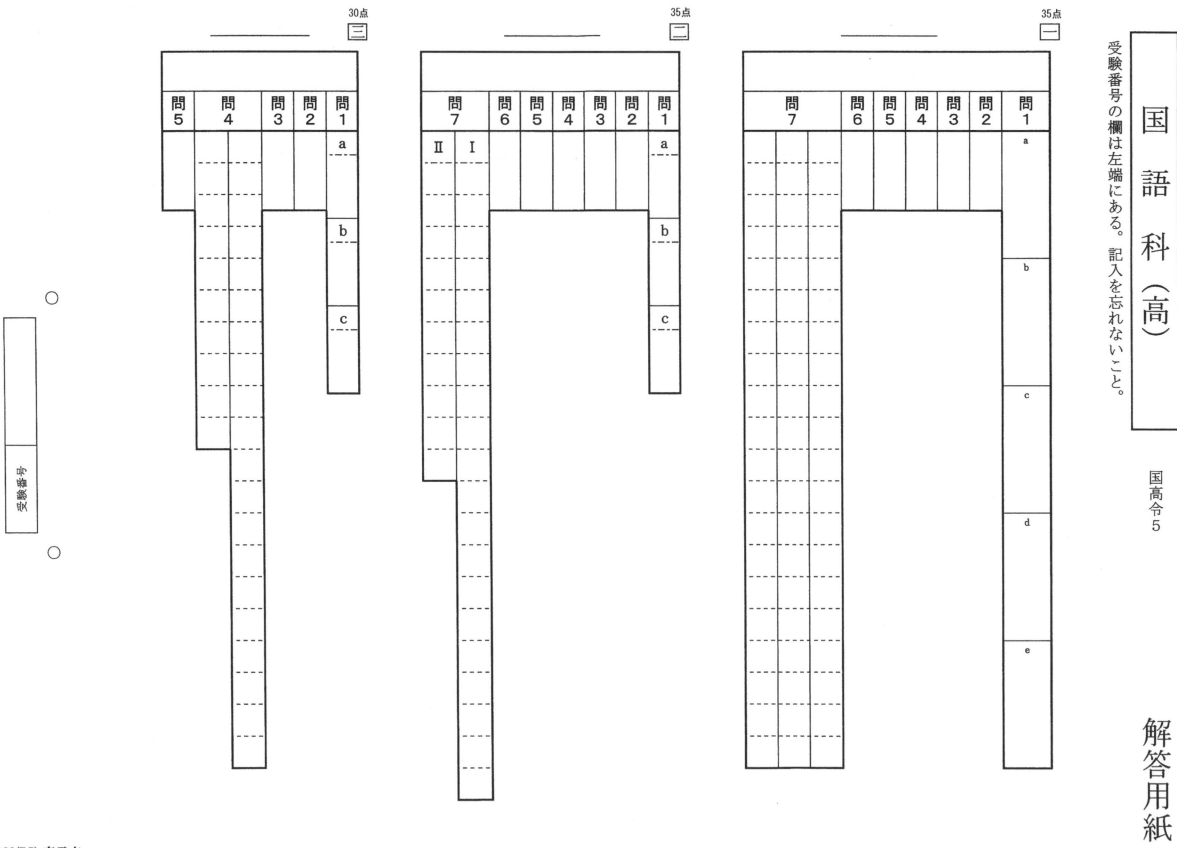

問7　下線部⑦に関して，選挙の結果，参議院と衆議院における各政党の議席の割合は次のようになった。これについて次の(1)～(3)に答えよ。

参議院

日本共産党　国民民主党

X	Y	Z	日本維新の会			その他
48.0%	15.7%	10.9%	8.5%	4.4	4.0	8.5%

衆議院

国民民主党 2.4%　その他 3.0%

X	Y	日本維新の会	Z			
56.1%	20.6%	8.8%	6.9%			

日本共産党 2.2%

(1)　図中**X**～**Z**にあてはまる政党の組み合わせとして正しいものを，次のア～カから一つ選んで記号で答えよ。

ア．**X**－公明党　**Y**－自由民主党　**Z**－立憲民主党
イ．**X**－公明党　**Y**－立憲民主党　**Z**－自由民主党
ウ．**X**－自由民主党　**Y**－公明党　**Z**－立憲民主党
エ．**X**－自由民主党　**Y**－立憲民主党　**Z**－公明党
オ．**X**－立憲民主党　**Y**－公明党　**Z**－自由民主党
カ．**X**－立憲民主党　**Y**－自由民主党　**Z**－公明党

(2)　2022年の参議院議員通常選挙直後の時点での政権における「与党」の組み合わせとして正しいものを，次のア～カから一つ選んで記号で答えよ。

ア．公明党・自由民主党　イ．公明党・日本共産党　ウ．公明党・立憲民主党
エ．自由民主党・日本共産党　オ．自由民主党・立憲民主党　カ．日本共産党・立憲民主党

(3)　2022年の参議院議員通常選挙直後の時点で予測される国会の状況について述べた次の文a・bの正誤の組み合わせとして正しいものを，下のア～エから一つ選んで記号で答えよ。なお，選挙直後の時点での「改憲勢力(憲法改正に前向きな勢力)」は，与党および日本維新の会，国民民主党の4党を指す。

a　与党が賛成し野党が反対する法案が，衆議院では可決され，参議院では否決される可能性のある「ねじれ国会」になっている。

b　衆議院・参議院両院で，改憲勢力が憲法改正を発議できる議席数を確保している。

ア．a－正　b－正　イ．a－正　b－誤
ウ．a－誤　b－正　エ．a－誤　b－誤

問8　下線部⑧に関して，政治参加には，選挙における投票だけでなく，国や地方公共団体，政治家に働きかけるという政治参加の方法もある。経営者団体，医療関係団体，農業団体などの中には，下線部⑧のように集団の固有の目的を実現するために，議員や政党などを説得したり応援したりする団体がある。このような団体を総称して何というか，答えよ。

問9　下線部⑨について述べた文a～dのうち，正しいものの組み合わせを，下のア～エから一つ選んで記号で答えよ。

a　このときの世界的なインフレの原因の一つに，食料価格の上昇がある。
b　アメリカはこのときのインフレを抑えるため，国内の金利を引き下げる政策をとった。
c　国内が不景気になると，一般的にインフレが加速する傾向になる。
d　インフレが起こった国では，一般的に政府の税収額は増加する傾向にある。

ア．a・c　イ．a・d　ウ．b・c　エ．b・d

問10　下線部⑩に関して，ICT機器について述べた文として**明らかに誤っているもの**を，次の中から一つ選んで記号で答えよ。

ア．ICT機器に保存されている個人情報は，デジタル・デバイドによって保護されている。
イ．ICT機器は，1990年代のインターネットの普及にともない急速に発展した。
ウ．ICT機器を使用して発信した情報は，拡散するとすぐに取り消しや訂正をすることができない。
エ．ICT機器を使用して複製したデータは，知的財産権に気をつけながら使用しなければならない。

問11　下線部⑪に関して，日本の企業について述べた文として正しいものを，次の中から一つ選んで記号で答えよ。

ア．私企業の中には，独立行政法人のように国の資金で運営される企業もある。
イ．株式会社は，株主総会に出席しない株主に無限責任を負わせなければならない。
ウ．企業は利潤を求めるだけでなく，社会的責任を果たすべきだと考えられている。
エ．既存の大企業が先端技術分野の開発に成功すると，ベンチャー企業に成長する。

問12　下線部⑫に関して，電気料金や鉄道運賃など，人々の生活に大きな影響を与える料金は，国や地方自治体が価格を決めたり認可したりする。このような料金を何というか答えよ。

問13　下線部⑬について，この協定の名称を答えよ。

問14　空欄 ⑭ にあてはまる，従来の流通の説明として最も適切なものを，次の中から一つ選んで記号で答えよ。

ア．生産者と個別の小売業者が直接取引をする
イ．生産者が卸売市場を通じて消費者に直接販売する
ウ．卸売業者が生産者から商品を集荷して個別の小売業者に流通させる
エ．卸売業者が個別の小売業者の商品を集荷して消費者に販売する

問15　下線部⑮について，このようなブランドを何というか，カタカナで答えよ。

問16　空欄 ⑯ にあてはまる語句をカタカナで答えよ。

問17　下線部⑰に関して，現代社会における労働について述べた文として正しいものを，次の中から一つ選んで記号で答えよ。

ア．日本国憲法の中には，労働者の団結権や団体行動権を直接認めた条文がある。
イ．労働者の労働時間や最低賃金などの労働条件は，労働関係調整法により定められている。
ウ．男女雇用機会均等法により，育児や介護のために勤務時間を短縮する権利が認められている。
エ．宅配業者のように勤務時間が一定でない労働者は，非正規労働者とよばれる。

問8　下線部⑧について述べた次の文a・bの正誤の組み合わせとして正しいものを，下のア～エから一つ選んで記号で答えよ。

a　第二次世界大戦は，サラエボ事件がきっかけとなって始まった。

b　この戦争中に，日本では治安維持法が初めて制定された。

ア．a－正　b－正　　イ．a－正　b－誤

ウ．a－誤　b－正　　エ．a－誤　b－誤

問9　空欄［⑨］にあてはまる語句をアルファベット3字で答えよ。

問10　下線部⑩に関して，1960年代後半の日本の状況として正しいものを，次の中から一つ選んで記号で答えよ。

ア．国民総生産が，資本主義国の中でアメリカに次いで第2位となった。

イ．沖縄が日本に返還された。

ウ．サンフランシスコ平和条約を結び，日本は独立を回復した。

エ．日中平和友好条約が結ばれた。

5　ロシア・ウクライナ戦争とその影響に関する次の文章を読んで，後の問いに答えよ。

2022年2月，ロシアがウクライナへの軍事侵攻を開始した。その背景には，ウクライナの［①］加盟を阻止し，ロシアに対する欧米の脅威に対抗することなどがある。侵攻開始直後に②国際連合の安全保障理事会では，ロシア軍の即時撤退などを求める決議案が採決にかけられたが否決された。続けて国際連合では緊急の総会が開かれ撤退決議が採択されたが，安全保障理事会の決議とは異なり総会決議には強制力がないため，ロシアに対する抗議の姿勢を国際世論に示すにとどまった。

このようななかで日本は，③自衛隊から防弾チョッキなどの非殺傷物資をウクライナに提供するなどの支援をおこない，他国とともにロシアに対する経済制裁を追加した。これに対してロシアは日本との平和条約交渉を中断する旨を発表し，④北方領土問題などの解決は難航している。

ロシア・ウクライナ戦争は日本国内の政治や経済に大きな影響を与えている。政治面では，⑤昨年7月におこなわれた第26回参議院議員通常選挙で，「外交・安全保障」が主な争点の一つになった。⑥防衛費の増額を公約に掲げる政党もあり，⑦選挙の結果を受け，⑧日本経済団体連合会（経団連）も激動の国際情勢を念頭に置いた外交・安全保障政策の遂行を期待する旨を発表した。

経済面での影響として，原油価格などの高騰がある。原油価格の高騰は電気料金や輸送費に影響し，これを通して物価全般に影響し，⑨世界的にインフレが進行した。電気は日々の活動に不可欠のエネルギーになっている。生活家電の使用はもちろん，⑩仕事や学習で使用するICT機器にも電気は必要である。日本では，電気は各地の電力会社が供給している。電力会社は⑪株式会社の形態をとる私企業だが，電気料金は原則として⑫国によって価格の上限が決められている。このため原油価格の高騰は電力会社の経営を圧迫している。⑬2015年には世界の平均気温の上昇を産業革命以前と比較して2℃未満に抑えることを目標とする協定が締結され，二酸化炭素の排出削減に向けた努力も重ねられているので，再生エネルギーの活用などで化石燃料に依存した発電を抑えることの重要性がいっそう高まった。

原油価格の高騰は輸送費にも影響を与え，流通業はその対応に苦慮している。現代社会において，流通業は私たちの生活を支える重要な産業になっている。かつては［⑭］ことが一般的だったが，現在は大規模小売業者が生産者から商品を直接仕入れて販売することが多くなっている。⑮大規模小売業者の中にはみずから商品を企画し，生産者に商品の生産を依頼して独自のブランドで販売することも多くなった。また，近年はECサイトが普及したことにより，流通の一端を担う宅配業者の役割も今まで以上に重要になった。新型コロナウイルスが広がるとともに在宅勤務という働き方が普及したが，宅配業者は重要な社会インフラの一つであり，社会機能を維持するために在宅勤務ができない仕事である。宅配業者や医療従事者など，社会機能を維持するための労働者は［⑯］ワーカーと呼ばれるが，⑰宅配業者は「働き方改革」が求められる仕事の一つとして知られるようになった。このような中での原油高は，流通業へのさらなるダメージとなっている。

問1　空欄［①］には，2022年7月にフィンランドとスウェーデンが加盟議定書に調印したことでも話題となった軍事同盟の名称が入る。空欄［①］にあてはまる語句を答えよ。

問2　下線部②について，安全保障理事会での理事国の賛否は下の表のようになり，賛成国が多かったにもかかわらず否決された。この決議が否決された理由を25字以内で説明せよ。

	国の数	主な国
賛成	11か国	アメリカ，イギリス，フランスなど
反対	1か国	ロシア
棄権	3か国	中国，インド，アラブ首長国連邦（UAE）

問3　下線部③に関して，次の条文は自衛隊の統制に関係するものの一部である。空欄［S］・［T］にあてはまる語句を答えよ。

憲法第66条②　［S］その他の…(略)…は，［T］でなければならない。
自衛隊法第7条　［S］は，…(略)…自衛隊の最高の監督権を有する。

問4　下線部④に関して，日本がロシアに返還を求めている「北方領土」に**含まれないもの**を，次の中から一つ選んで記号で答えよ。

ア．得撫島《うるっぷ》　　イ．択捉島《えとろふ》　　ウ．国後島《くなしり》　　エ．色丹島《しこたん》

問5　下線部⑤について述べた文として正しいものを，次の中から一つ選んで記号で答えよ。

ア．二つの県から一人の議員しか選出しない選挙区は廃止された。

イ．25歳以上であれば議員に立候補できるようになった。

ウ．インターネットによる投票ができるようになった。

エ．前回(2019年)の選挙と合わせて248人の参議院議員が選出された。

問6　下線部⑥について，次の(1)・(2)に答えよ。

(1)　日本の歳出(2022年度予算)に占める防衛費の割合として最も適当なものを，次の中から一つ選んで記号で答えよ。

ア．5.0%　　イ．14.8%　　ウ．22.6%　　エ．33.7%

(2)　日本のGDP(国内総生産)に占める国防支出の割合(2020年)として最も適当なものを，次の中から一つ選んで記号で答えよ。

ア．1.0%　　イ．3.0%　　ウ．5.2%　　エ．7.1%

4 次の先生と生徒の会話文を読んで，後の問いに答えよ。

先生：夏休みの社会の自由研究で，福岡県の歴史を調べるのかな。

生徒：はい，いま住んでいる長崎県の歴史でもいいのですが，どちらにしようか迷っています。福岡県といえば，まず①金印が発見された志賀島を思い浮かべます。

先生：そうだね，金印からもわかるように，福岡県をはじめとする九州北部地方は，中国との関係が深かったんだよ。13世紀には元軍の襲来があったし，②14世紀からは，壱岐・対馬や松浦地方を根拠地とする倭寇が朝鮮半島や中国北部沿岸を荒らしていたね。

生徒：江戸時代には，長崎は天領になりましたが，長崎と福岡のかかわりはあるんですか。

先生：福岡藩は佐賀藩とともに長崎警備を命じられていたんだよ。

生徒：そうですか。では③幕末の動乱期には，プチャーチンの長崎来航に対応するなど，何かと大変な苦労があったでしょうね。

先生：そうだろうね。そして明治維新後の④1871年の廃藩置県を経て，1876年にはほぼ現在の福岡県の領域が定まったんだよ。でもこの時期には，全国で学制，徴兵制，⑤地租改正などの新しい政策が実施されたんだけど，これらに対しては現在の福岡県を含む全国各地で激しい反対運動が起こったんだ。

生徒：明治時代のはじめ頃は大きな混乱があったのですね。ところで，明治時代には政府が工業化に力を入れましたよね。福岡県にも官営八幡製鉄所が建設されましたが，なぜ福岡県に建設したのでしょうか。

先生：それは製鉄に必要な石炭と鉄鉱石が得やすかったからだよ。石炭は近くの筑豊・三池炭田から採れ，鉄鉱石は中国から輸入したんだ。

生徒：官営八幡製鉄所はいつ建設されたんでしたっけ。

先生：八幡製鉄所は⑥日清戦争後から建設が始まり，1901年溶鉱炉に点火され操業が開始されたんだよ。

生徒：その後どうなっていったんですか。

先生：⑦1930年代に釜石鉱山・富士製鋼などと合同して半官・半民の日本製鉄会社となったんだ。経済的・軍事的な面から鉄鋼を安く豊富に供給するために⑧第二次世界大戦に向かっていくなかで規模を拡大していったんだよ。

生徒：今は八幡製鉄所ってありませんよね。

先生：そうだね。終戦直後に［　⑨　］の指令による経済の民主化の一環で分離され，八幡製鉄として再出発したんだ。⑩1960年代後半から富士製鉄との再合併の話が浮上していたんだけど，「独占禁止法に違反する」という指摘もあって難航し，1970年にようやく新日本製鉄となったんだ。そして今は日本製鉄九州製鉄所の一部として残っているんだよ。

生徒：そんな歴史もあったんですね。ますます福岡県の歴史について興味をもちました。家でもいろいろと調べてみようと思います。

問1　下線部①に関して，この金印が日本に贈られたと思われる紀元後1世紀のできごとについて述べた文として正しいものを，次の中から一つ選んで記号で答えよ。

ア．ギリシアでは，都市国家であるポリスで民主政がおこなわれていた。

イ．イエスは神の前では皆平等で，神を信じるものは誰でも救われると説いた。

ウ．秦の始皇帝が初めて中国を統一した。

エ．メソポタミア全域を支配したハンムラビ王が法典をつくった。

問2　下線部②に関して，14世紀の世界の状況を述べた文として正しいものを，次の中から一つ選んで記号で答えよ。

ア．ローマ教皇がイスラム勢力の中にある聖地エルサレムを奪い返すように呼びかけた。

イ．アラビア半島でムハンマドが，唯一神アッラーの教えを伝えた。

ウ．古代ギリシア・ローマの文化を理想とするルネサンスとよばれる新しい風潮が生まれた。

エ．ルターは教皇や教会の権威を否定して「聖書だけが信仰のより所である」と説いた。

問3　下線部③に関して，幕末の日本の状況を述べた文として正しいものを，次の中から一つ選んで記号で答えよ。

ア．安政の大獄をおこなった阿部正弘は，桜田門外で暗殺された。

イ．開国後はアメリカが一貫して最大の貿易相手国であった。

ウ．幕府は公武合体策をとり，天皇の妹を将軍の夫人に迎えた。

エ．生麦事件の報復として，四国艦隊が長州藩の下関砲台を占拠した。

問4　下線部④に関して，日本で廃藩置県がおこなわれたこの年に，ヨーロッパではプロイセン王国が小国に分かれていたドイツを統一し，ドイツ帝国が誕生した。このドイツ帝国の宰相として富国強兵を進めた人物は誰か，答えよ。

問5　下線部⑤について述べた文として正しいものを，次の中から一つ選んで記号で答えよ。

ア．政府は土地の生産高を調査して，これを課税対象とした。

イ．農民には土地の所有権・売買権を認めて所有者に地券を与えた。

ウ．農地を直接耕作する小作人にも納税義務を課した。

エ．地租は江戸時代同様に，米で納めることとした。

問6　下線部⑥について述べた文として正しいものを，次の中から一つ選んで記号で答えよ。

ア．日本はこの戦争で遼東半島を獲得したが，その後の三国干渉で清に返還した。

イ．清から賠償金が得られず，不満をもつ人びとが日比谷焼き打ち事件を起こした。

ウ．吉野作造は，この戦争中に民本主義を唱え，政党内閣制の確立を説いた。

エ．与謝野晶子は「君死にたまふことなかれ」という反戦の詩を発表した。

問7　下線部⑦に関して，1930年代のできごとについて述べた文として正しいものを，次の中から一つ選んで記号で答えよ。

ア．日本は，関東大震災の直後に多くの企業が倒産し，恐慌に陥った。

イ．アメリカのウィルソン大統領は，失業者を救済するためニューディール政策を実施した。

ウ．イギリスは，本国と植民地との貿易を拡大しながら，他国の商品を締め出す経済圏をつくった。

エ．ドイツでは，ヒトラーの率いるファシスト党が政権を獲得し，再軍備を進めた。

③ 社高令5

B ⑥12世紀後半の平氏政権では中国から銅銭が積極的に輸入され，再び銅銭が使用されるようになった。13世紀に⑦鎌倉に造立された大仏の青銅とこの銅銭の金属成分が近いことから，輸入された銅銭は貨幣として使用されただけではなく，溶かして青銅製品の原料にもなった可能性が指摘されている。

⑧鎌倉・室町時代を通して日本列島内の経済が著しく成長したこともあり，輸入銭だけでは貨幣が十分に人びとに行き渡らなくなった。この銭不足に対処するため，国内では様々な動きがあった。鎌倉幕府を倒した［⑨］天皇は，建武の新政の一環として約300年ぶりに朝廷の手で貨幣をつくることを計画したが，実現にはいたらなかった。

室町時代には，日本列島の北と南でも，銅銭の使用がみられた。15世紀には，⑩本州の人々(和人)が蝦夷地南部に館を築いて進出し，アイヌの人びとと交易をおこなった。これとともに銅銭も蝦夷地に移入され，蝦夷地南部の志《し》苔《のり》館《たて》跡近くでは30万枚以上の銅銭が発掘された。一方沖縄島では，14世紀頃から中国銭を貨幣として使用しはじめ，沖縄島を統一した琉球王国は大世通宝などの独自の貨幣を発行した。

問6 下線部⑥に関して，平清盛の外交政策に関連して述べた文として正しいものを，次の中から一つ選んで記号で答えよ。

ア．中国との国交を開くために小野妹子を派遣した。
イ．中国に派遣した貿易船に勘合という証明書を持たせた。
ウ．中国との貿易の拠点として十《と》三《さ》湊《みなと》を整備した。
エ．貿易船の航海の安全を祈るために厳島神社を参詣した。

問7 下線部⑦に関して，鎌倉の大仏造立は，源平の争乱によって焼失した東大寺の再建事業の影響を受けたものとされる。鎌倉時代の東大寺再建事業に関連して述べた文として正しいものを，次の中から一つ選んで記号で答えよ。

ア．東大寺再建事業には，南宋に渡って大陸の建築技術を学んだ行基が参加した。
イ．再建された東大寺の大仏殿には，狩野永徳が制作した襖《ふすま》絵《え》が置かれた。
ウ．再建された東大寺の南大門には，運慶が制作した彫刻が置かれた。
エ．鎌倉時代に再建された東大寺は，後に織田信長によって焼き討ちされた。

問8 下線部⑧に関して，鎌倉・室町時代の経済の発達について述べた文として**誤っているもの**を，次の中から一つ選んで記号で答えよ。

ア．二毛作がおこなわれるようになった。　イ．千歯こきなどの農具が普及した。
ウ．各地で定期市が開かれるようになった。　エ．馬借と呼ばれる運送業者が出現した。

問9 空欄［⑨］にあてはまる天皇名を答えよ。

問10 下線部⑩に関して，このような交易の中で，1457年に和人との大規模な戦いを起こしたアイヌの首長は誰か，答えよ。

C 15世紀までの金属貨幣は主に銅銭であったが，16世紀以降に金貨・銀貨が加わって，異なる3つの貨幣を並列して用いる「三貨制度」が成立した。金に関しては，全国を統一した豊臣秀吉が16世紀後半に京都の彫金師である後藤家に［⑪］大判という金貨をつくらせた。銀は15世紀まで輸入していたが，生産技術の革新などを背景に⑫日本国内の銀が増産され，16世紀には中国やスペイン・ポルトガルなどに輸出されるようになった。

17世紀に成立した江戸幕府は，「三貨制度」を一層整備していった。数多くの直轄鉱山をもつ幕府は，金座などの常設の貨幣製造所を設置し，貨幣の安定的な供給を目指した。東日本では金貨を，西日本では銀貨を主に用いたため，江戸時代には⑬異種貨幣の交換業が発達し，幕府は金貨・銀貨・銭貨の法定交換比率をたびたび設定した。

江戸時代につくられた貨幣の質は，時代によって変化した。例えば第5代将軍の［⑭－X］は，寺院などの建設で幕府財政が苦しくなると貨幣に含まれる金銀の量を減らすことで収入を増やそうとした。この政策は［⑭－Y］を招くことになり，その後に幕府の政治を主導した新井白石は，貨幣の質を元に戻した。また第8代将軍の⑮徳川吉宗は，当初は新井白石の政策を継承して質の高い貨幣をつくったが，貨幣の供給量を増やすために元文金銀という質を落とした貨幣をつくり，経済成長を達成した。

明治時代に入ると，新貨条例によって円単位の通貨制度に一本化され，この「三貨制度」は終わりを迎えた。

問11 空欄［⑪］にあてはまる語句を答えよ。

問12 下線部⑫に関して，戦国時代において日本最大級の産出量を誇り，その遺構がユネスコの世界文化遺産に登録されている中国地方の銀山は何か，答えよ。

問13 下線部⑬に関して，異種貨幣の交換業を専門とする商人を何というか，漢字3字で答えよ。

問14 空欄［⑭－X］・［⑭－Y］にあてはまる人名・語句の組み合わせとして正しいものを，次の中から一つ選んで記号で答えよ。

ア．X－徳川家光　Y－物価の上昇　　イ．X－徳川家光　Y－物価の下落
ウ．X－徳川綱吉　Y－物価の上昇　　エ．X－徳川綱吉　Y－物価の下落

問15 下線部⑮に関して，徳川吉宗がおこなった享保の改革について述べた文として正しいものを，次の中から一つ選んで記号で答えよ。

ア．上米の制を定めて大名から米を徴収した。
イ．株仲間を解散させて商人の自由な取り引きを認めた。
ウ．銅座を設けて輸出品である銅の専売制を実施した。
エ．旗本・御家人の札差に対する債務を帳消しにした。

問4　右の図は，地図中のアスワン，ベオグラード，クスコ，ウボンにおける最暖月と最寒月の気温差と年平均気温を示したものである。図中**あ**～**え**はこの4都市のいずれかにあてはまる。クスコにあてはまるものを一つ選んで記号で答えよ。

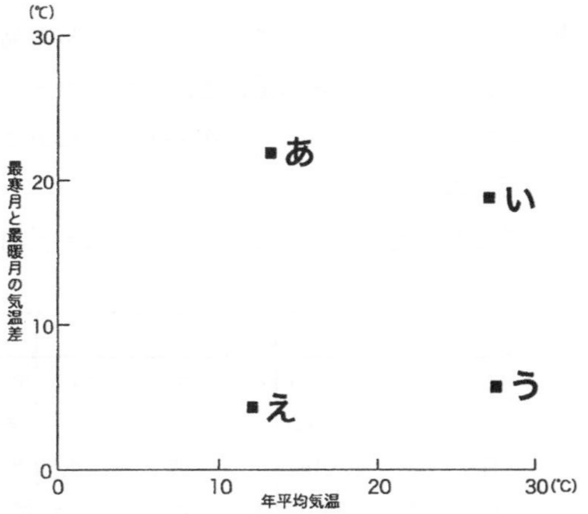

気象庁「ClimatView」より作成

問5　地図中の**ア**～**エ**の山脈・高原および台地のうち，新期造山帯のものを一つ選んで記号で答えよ。

問6　地図中**A**～**D**の河川の流域でおこなわれている農業について述べた文として正しいものを，次の中から一つ選んで記号で答えよ。

ア．**A**川の流域では，農業水利施設が整備され，小麦や綿花の栽培のほかに，稲作がおこなわれている。

イ．**B**川の流域では，乳製品の生産を中心に，小麦やじゃがいもなどの食料生産を組み合わせる混合農業がおこなわれている。

ウ．**C**川の流域では，森林を焼き払い，灰を肥料として小麦などを栽培する移動式農業が営まれている。

エ．**D**川の流域では，豊富な降水量を生かして羊の遊牧がおこなわれている。

問7　右の表は地図に示した**A**～**D**の河川の流域国のうち，それぞれの河川の流域国の中で最も人口が多い国についてまとめたものである。**D**川の流域国にあてはまるものを，表中ア～エから一つ選んで記号で答えよ。

	人口　千人	人口密度　人/km²	自然増加率　‰
ア	212,559	25	7.2
イ	114,964	104	25.5
ウ	97,339	294	10.1
エ	83,784	234	−1.9

二宮書店『データブック　オブ・ザ・ワールド2022年版』より作成

問8　次の表は**A**川の流域のエジプト・エチオピア・ケニアにおける輸出品目とその割合を示したものである。**X**～**Z**と国名の組み合わせとして正しいものを，下のア～カから一つ選んで記号で答えよ。

X		Y		Z	
茶	20.3	コーヒー豆	24.3	金(非貨幣用)	10.9
野菜と果実	10.8	ごま	18.2	原油	10.8
切り花	9.5	いんげん豆	7.3	野菜と果実	10.7
石油製品	6.7	やぎの肉	5.6	機械類	6.6
衣類	5.1	機械類	5.1	衣類	5.1

単位は％　二宮書店『データブック　オブ・ザ・ワールド2022年版』より作成

ア．**X**－エジプト　**Y**－エチオピア　**Z**－ケニア
イ．**X**－エジプト　**Y**－ケニア　**Z**－エチオピア
ウ．**X**－エチオピア　**Y**－エジプト　**Z**－ケニア
エ．**X**－エチオピア　**Y**－ケニア　**Z**－エジプト
オ．**X**－ケニア　**Y**－エジプト　**Z**－エチオピア
カ．**X**－ケニア　**Y**－エチオピア　**Z**－エジプト

問9　**B**川流域のハンガリーには自動車や電気機械などを作る日系企業が多数進出している。このことについて，日系企業とハンガリー双方の利点をそれぞれ述べよ。

3　貨幣の歴史について述べた次の文章**A**～**C**を読んで，後の問いに答えよ。

A　2024年度に日本銀行券の図柄が変更されることが発表されており，新紙幣の表の図柄は，1万円札が［①］，5千円札が津田梅子，千円札が北里柴三郎になる。なお，2千円札については，今回は更新されず，従来通り，②「源氏物語絵巻」と沖縄の守礼門の図柄のものが継続して使用される。紙幣をはじめとする貨幣は，ものの価値をはかったり，ものやサービスの交換を円滑におこなうために欠かせない存在である。そこで，日本の貨幣の歴史をみてみよう。

日本列島では6世紀以前のものとされる貨幣は出土していない。しかし，貨幣が出土しないことは，交易がおこなわれていなかったことを意味するわけではない。③卑弥呼が治めた邪馬台国連合では，市が開かれ，それを監督する特別な役人が置かれていたとされている。

現在，確認されている範囲で，日本で最初につくられたとされる銅銭は，天武天皇のときの［④］である。［④］が実際に貨幣として流通した銅銭なのか，まじない用の銅銭であったのかは定かではない。

日本列島で初めて本格的に流通したと考えられている貨幣は，⑤和同開珎である。朝廷はその後も，次々に新しい貨幣として銅銭を発行していったが，しだいに国内の銅の生産量が低下したことなどを理由として，10世紀には銅銭を発行しなくなった。さらに11世紀には京都周辺を除いて銅銭は流通しなくなり，米や布などが銅銭の代わりとして用いられるようになった。

問1　空欄［①］にあてはまる人名を答えよ。なお，この人物は富岡製糸場や大阪紡績会社の設立に関わり，日本経済の発展に尽力したことで有名である。

問2　下線部②に関して，2千円札の裏面の右側には『源氏物語』の作者である人物も描かれている。この人物は誰か，答えよ。

問3　下線部③に関して，卑弥呼と邪馬台国連合が存在した頃の日本列島について述べた次の文a～dのうち，正しいものの組み合わせを，下のア～エから一つ選んで記号で答えよ。

a　卑弥呼は，魏に使いを送り，「親魏倭王」の称号を授けられた。
b　卑弥呼は，南朝の宋に使いを送り，朝鮮半島南部の軍事的な指揮権を認められた。
c　邪馬台国連合が存在した頃の日本列島は，大陸と陸続きであった。
d　邪馬台国連合が存在した頃の日本列島では，稲作がおこなわれていた。

ア．a・c　イ．a・d　ウ．b・c　エ．b・d

問4　空欄［④］にあてはまる語句を答えよ。

問5　下線部⑤に関して，和同開珎の鋳造が開始された年と最も近い年の出来事を，次の中から一つ選んで記号で答えよ。

ア．平将門の乱が鎮圧された。　イ．比叡山に延暦寺が開かれた。
ウ．墾田永年私財法が制定された。　エ．都が平城京に遷《うつ》された。

①　社会科（高）　社高令5　(50分)

（注意）　解答はすべて解答用紙に記入しなさい。

1　次の地図に関する問いに答えよ。

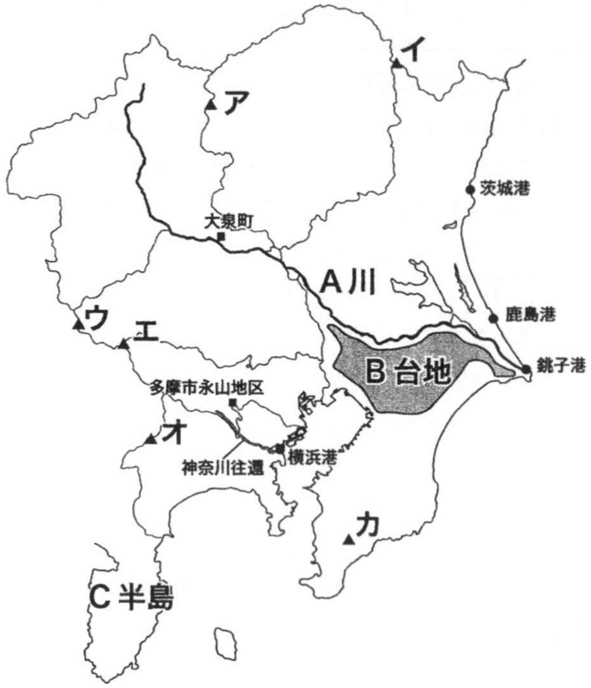

問1　地図中の**A川・B台地・C半島**の地名を答えよ。

問2　地図中に示した関東地方各都県における最も高い標高点**ア～カ**のうち，最も標高が低い点を一つ選んで記号で答えよ。

問3　次の文は図中の茨城港，鹿島港，銚子港，横浜港について説明したものであり，ア～エはこの４つの港のいずれかにあてはまる。鹿島港にあてはまるものを一つ選んで記号で答えよ。

ア．港周辺では再開発が進み，商業施設や国際会議場が集まっている。

イ．砂丘を掘込んで港が建設され，石油化学や鉄鋼のコンビナートが立地している。

ウ．付近に好漁場があることから，日本最大級の水揚げを誇る漁業基地となっている。

エ．2011年に高速道路が開通したことで，栃木県や群馬県で生産された工業製品の輸出港になっている。

問4　右の図は地図中に示した多摩市永山地区における0歳から75歳までの年齢別人口構成を示したものである。この図を参考にして多摩市永山地区について説明した文a～dのうち，正しいものの組み合わせを，下のア～エから一つ選んで記号で答えよ。

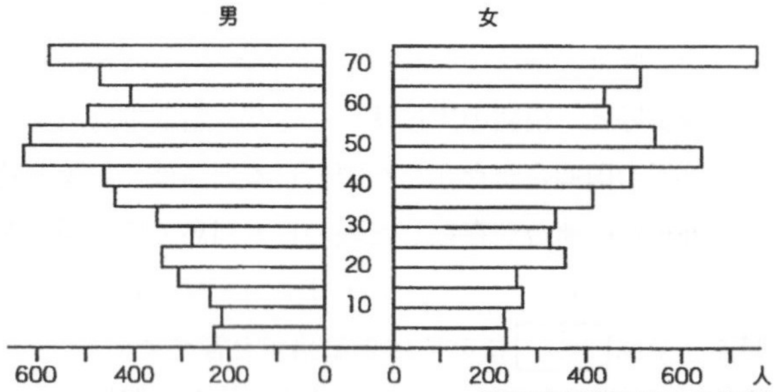

(2020年国勢調査より作成)

a　副都心として発展し，多数の企業が事業所を設置している。

b　高度経済成長に伴う大都市圏への人口集中で，住宅地が不足したことにより開発された。

c　子ども世代が独立し，高齢者だけの世帯が多くなっている。

d　良好な居住環境があることから，高齢者世帯が流入し続けている。

ア．a・c　　　イ．a・d　　　ウ．b・c　　　エ．b・d

問5　次の表は関東地方で生産額が多い製造品５品目について，全国の出荷額上位５都道府県を示したもので，ア～オは情報通信機器，石油製品・石炭製品，鉄鋼業，パルプ・紙・紙加工品，輸送用機械器具のいずれかにあてはまる。次の⑴・⑵にあてはまるものを，表中のア～オからそれぞれ一つずつ選んで記号で答えよ。

⑴　情報通信機器　　　⑵　パルプ・紙・紙加工品

ア		イ		ウ		エ		オ	
静岡	858	愛知	2,513	愛知	26,934	長野	1,116	千、葉	3,126
愛媛	542	兵庫	1,927	静岡	4,483	神奈川	874	神奈川	2,333
埼玉	500	千葉	1,742	神奈川	4,160	福島	556	大阪	1,522
愛知	446	大阪	1,518	福岡	3,548	東京	550	岡山	1,505
北海道	395	広島	1,321	群馬	3,533	埼玉	375	山口	1,126

単位は十億円　二宮書店『データブック　オブ・ザ・ワールド2022年版』より作成

問6　地図中の群馬県大泉町にはさまざまな国籍の外国人が居住しているが，そのうちある国籍の居住者は57.8%(『2021年在留外国人統計』)と多く，他の国籍の居住者の割合と比べ大きな開きがある。この国籍にあてはまる国を，次の中から一つ選んで記号で答えよ。

ア．中国　　　イ．ベトナム　　　ウ．アメリカ　　　エ．ブラジル

問7　地図中に示した神奈川往還は，横浜港開港(1859年)から神奈川往還と並行する鉄道の開通(1908年)までの間，横浜港へ輸送された物の名前にちなんで「 X の道」と呼ばれた。空欄 X にあてはまる語句を，次の中から一つ選んで記号で答えよ。

ア．絹　　　イ．綿花　　　ウ．石炭　　　エ．鉄

2　次の地図は複数の国をまたがって流れる河川A～Dにおける，流域国の一部を示したものである。この地図に関する以下の問いに答えよ。ただしそれぞれの地図の図法・縮尺は異なる。

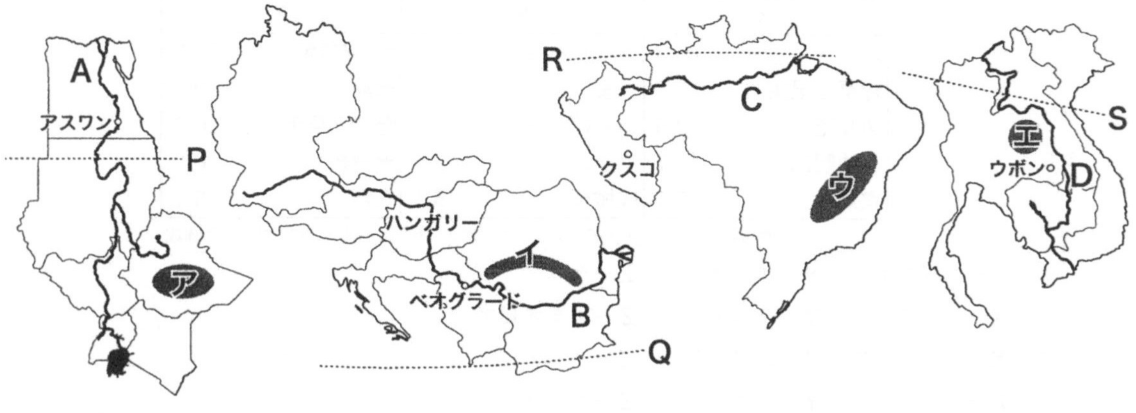

問1　**B川**と**D川**の河川名を答えよ。

問2　複数の国の領域や国境を流れ，外国の船が自由に航行できるように沿岸国間で条約を結んだ河川を何というか，答えよ。

問3　図中の**P～S**の緯線のうち，同じ緯度の組み合わせを一つ選んで記号で答えよ。

ア．**P・Q**　　イ．**P・R**　　ウ．**P・S**　　エ．**Q・R**　　オ．**Q・S**　　カ．**R・S**

5 次の文章を読んで，後の問いに答えよ。

図1のように，斜面の点Aに小球を置いて静かに手をはなすと，小球は斜面ABをすべりおり，なめらかにつながる水平面を運動した。水平面の右側の壁にはばねが取り付けられており，小球は点Cでばねに接触し，ばねを押し縮めて点Eで一瞬静止した後，押し戻された。このときの運動をストロボスコープを用いて撮影したところ，点Aを動きはじめてから，1.2秒後に点B，1.8秒後に点C，2.4秒後に点Eに達した。この運動では小球にはたらく摩擦や空気の抵抗は考えないものとする。

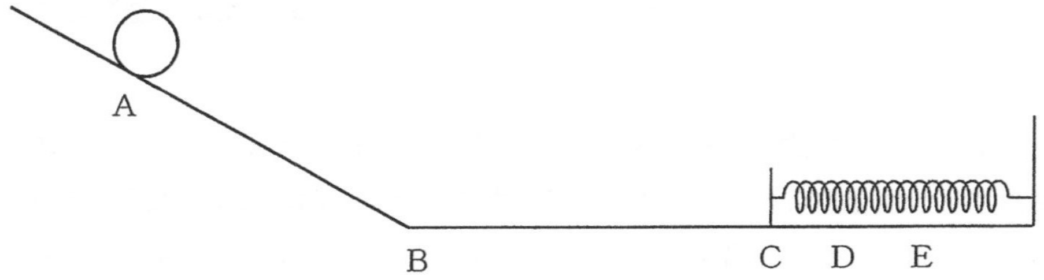

図1

問1　次の（1），（2）の区間で小球が受ける力を最も適切に表しているものを，それぞれア～エの中から1つずつ選び，記号で答えよ。

（1）区間AB

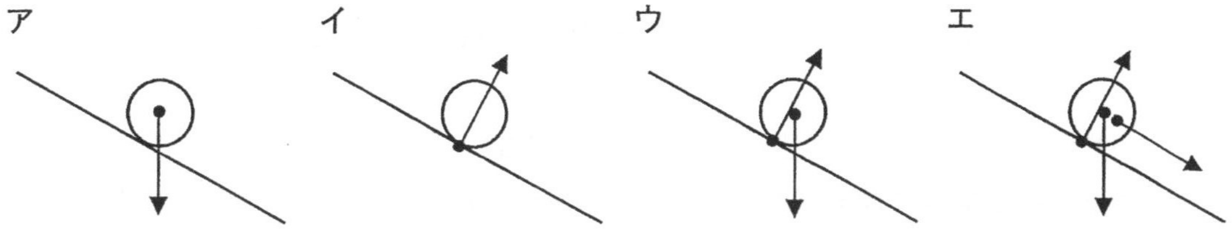

（2）区間BC

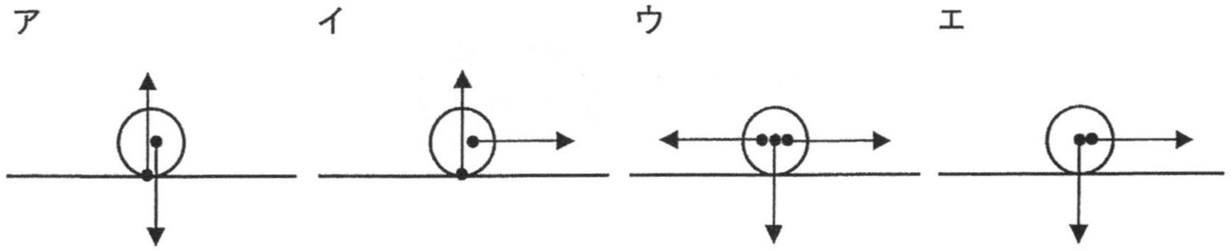

次に，小球が点Aを動きはじめてから点Eで静止するまでに0.2秒ごとに進んだ距離をを調べ，紙テープを進んだ距離と同じ長さに切り取って，①～⑫の番号をふった。その紙テープを左から順に台紙に貼ると，図2のようになった。紙テープのそれぞれの長さは表のとおりである。

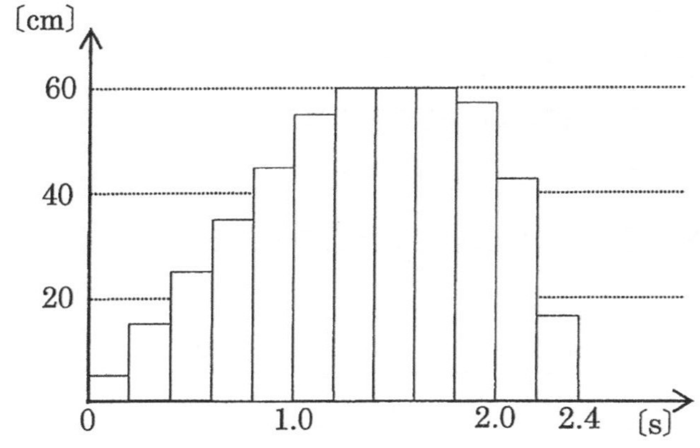

図2

表

テープ番号	cm
①	5
②	15
③	25
④	35
⑤	45
⑥	55
⑦	60
⑧	60
⑨	60
⑩	57
⑪	42
⑫	16

問2　AB間の距離は何cmか。整数で答えよ。

問3　小球が点Aを動きはじめてからの時間が，次の（1），（2）のときの小球の速さはそれぞれ何cm/sか。整数で答えよ。

（1）0.8秒後　　（2）1.4秒後

問4　ばねの縮みの最大値（CE間の距離）は何cmか。整数で答えよ。

問5　次の（1），（2）のときに，小球がばねから受ける力の大きさは，小球が点Eにあるときのばねから受ける力の大きさと比べて何倍か。ただし，割り切れない場合は小数第3位を四捨五入して，小数第2位まで答えよ。

（1）小球がCEの中点Dを通過する瞬間

（2）小球が点Aを動きはじめてから2.2秒後

4 銅とマグネシウムの酸化に関する次の〔実験1〕，〔実験2〕を行った。後の問いに答えよ。ただし，用いたステンレス皿は酸化されないものとする。

〔実験1〕

① 銅の粉末をステンレス皿に正確にはかりとった。

② 銅の粉末をうすく広げて，図のように強い火で十分に加熱した。

③ 加熱をやめ皿を冷ましてから，できた酸化銅の質量を求めた。

さらに，銅の質量を変えて，同じ手順①～③を繰り返した。

表1は銅の質量とできた酸化銅の質量との関係を表したものである。

表1

銅の質量〔g〕	0.40	0.60	0.80	1.00	1.20
酸化銅の質量〔g〕	0.50	0.75	1.00	1.25	1.50

〔実験2〕

銅の粉末の代わりに，けずり状のマグネシウムを用いて実験1と同様の実験を行った。

表2はマグネシウムの質量とできた酸化マグネシウムの質量との関係を表したものである。

表2

マグネシウムの質量〔g〕	0.30	0.60	0.90	1.20	1.50
酸化マグネシウムの質量〔g〕	0.50	1.00	1.50	2.00	2.50

問1　実験1で加熱により，銅の粉末は何色に変化したか，最も適当なものを次のア～オの中から1つ選び，記号で答えよ。

ア 赤　イ 黒　ウ 白　エ 青　オ 黄

問2　これらの実験に関して，次の文章中の空欄（　　）に入る適語を答えよ。

反応の前後で，その反応に関係している物質全体の質量は変わらない。これを（　　）の法則という。

問3　銅を加熱して酸化銅（CuO）が生じる反応を化学反応式で表せ。

問4　銅の粉末を2.80 gはかりとって十分に加熱すると，酸化銅は何g得られるか。小数第2位まで答えよ。

問5　表1と表2から銅原子とマグネシウム原子の質量比を求めたい。次の文章中の空欄（A）～（H）に入る適切な数値を答えよ。ただし，最も簡単な整数比になるように答えること。

表1から，酸化銅中の銅と酸素の質量比は銅：酸素＝（A）:（B）と求められる。生成された酸化銅の化学式はCuOで表されるため，銅の原子と酸素の原子が1：1の数の比で結びついた化合物である。つまり，表1から求めた質量比は，原子1個の質量比を表している。

同様に考えて，表2から酸化マグネシウム中のマグネシウムと酸素の質量比は，マグネシウム：酸素＝（C）:（D）と求められる。生成された酸化マグネシウムの化学式はMgOで表されるため，マグネシウム原子と酸素原子の数の比はマグネシウム原子：酸素原子＝（E）:（F）である。これらのことから，銅原子とマグネシウム原子の質量比は銅原子：マグネシウム原子＝（G）:（H）であることがわかる。

問6　少量のマグネシウムが混ざった銅の粉末が7.50 gあった。この混合物を十分に加熱したところ2.50 gの酸素が結合したことが分かった。加熱する前の混合物中に含まれる銅の割合は何%か，整数で答えよ。ただし，加熱後はすべて酸化銅CuO，酸化マグネシウムMgOに変化したものとする。また，銅の割合は次の式で与えられるものとする。

$$\text{銅の割合〔\%〕} = \frac{\text{銅の質量〔g〕}}{\text{混合物の質量〔g〕}} \times 100$$

3　次の文章を読んで，後の問いに答えよ。

中学校の理科の授業で，「地球」について学んだ。[1]地球は，球形の天体で大気に覆われている。大気中には水蒸気が含まれ，[2]大気が冷やされると雲が発生し，雨や雪となって大地をうるおす。また，地球表面は十数枚のプレートに覆われており，地球内部は[3]地震波の分析などによって高温の物質でできていることがわかっている。

問1　下線部1について，次の文章中の空欄（ ① ），（ ② ）に入る語の組み合わせとして正しいものはどれか。下の**ア**～**カ**の中から1つ選んで，記号で答えよ。

地球は半径約（ ① ）km の球形の天体で，窒素約 78%，（ ② ）約 21%の大気に覆われている。

	①	②
ア	1700	酸素
イ	1700	二酸化炭素
ウ	6400	酸素
エ	6400	二酸化炭素
オ	71000	酸素
カ	71000	二酸化炭素

問2　下線部2について，次の（1），（2）に答えよ。

（1）気温 17℃で，湿度 80%の空気がある。この空気を冷やして7℃まで温度を下げたときにできる空気1 m^3 あたりの水滴の量は何 g か。割り切れない場合は，小数第2位を四捨五入して小数第1位まで答えよ。ただし，17℃，7℃の飽和水蒸気量をそれぞれ 14.5 g/m^3，7.8 g/m^3 とする。

（2）空気が冷やされて，空気中の水蒸気の量が飽和水蒸気量に達し，水滴ができ始めるときの温度を何というか。

問3　下線部3に関して，下の表は，ある地震におけるA，Bの2地点の記録をまとめたものである。この地震におけるP波の速さは 8 km/s，S波の速さは 4 km/s とする。また，A地点は震源の真上にある。次の（1）～（5）に答えよ。

観測地点	P波による初期微動が始まった時刻	S波による主要動が始まった時刻	震源距離
A	9時15分30秒	9時15分36秒	48km
B	9時15分34秒	9時15分44秒	―

（1）初期微動が始まってから主要動が始まるまでの時間を何というか。

（2）地震の発生時刻はいつか。

（3）B地点の震央距離は何 km か。割り切れない場合は，小数第1位を四捨五入して整数で答えよ。

（4）震央距離が 36 km のC地点では，緊急地震速報が伝わってから5秒後にS波が到着した。緊急地震速報が伝わってから8秒後にS波が到着したD地点の震源距離は何 km か。割り切れない場合は，小数第1位を四捨五入して整数で答えよ。ただし，緊急地震速報はC地点とD地点で同じ時刻に伝わったものとする。

（5）地震に関して述べた文として最も適当なものを次の**ア**～**オ**の中から1つ選んで，記号で答えよ。

ア　地震の震度は震度0から7までの8階級に分けられる。
イ　マグニチュードが1増えると地震のエネルギーは 100 倍，2増えると 1000 倍になる。
ウ　震源からの距離が等しい場所では，震度はどこでも同じである。
エ　津波は太平洋だけで発生し，日本海では発生しない。
オ　日本付近の震源の深さは太平洋側で浅く，日本側にいくにしたがって深くなっていく。

2　次の文章を読んで，後の問いに答えよ。

おおくのカエルはヒトと同じように肺呼吸をおこなうが，肺をふくらませるための横隔膜がない。肺呼吸だけでは十分に呼吸できないので皮ふ呼吸もおこなっており，皮ふ呼吸の割合は，活動時で全呼吸量の２分の１から３分の１程度であるといわれている。

問１　カエルと同じ両生類に分類される動物を次のア～オの中からすべて選んで，記号で答えよ。

ア　ヤモリ　　**イ**　イモリ　　**ウ**　トカゲ　　**エ**　サンショウウオ　　**オ**　スッポン

問２　次の文中の空欄（　①　）～（　③　）に入る適語を下の**ア**～**エ**の中からそれぞれ１つずつ選んで，記号で答えよ。ただし，同じ記号を用いてもよい。

ヒトが息を吸うときは，ろっ骨が（　①　）り，横隔膜が（　②　）ると，肺内部の圧力（気圧）が（　③　）なるので，肺に空気が吸いこまれる。

ア　上が　　**イ**　下が　　**ウ**　高く　　**エ**　低く

問３　皮ふ呼吸をおこなうカエルの皮ふの表面にはどのような特徴があるか。１行で答えよ。

問４　カエルの呼吸について調べるため，下図の装置を用いて実験をおこなった。次の（１）～（３）に答えよ。

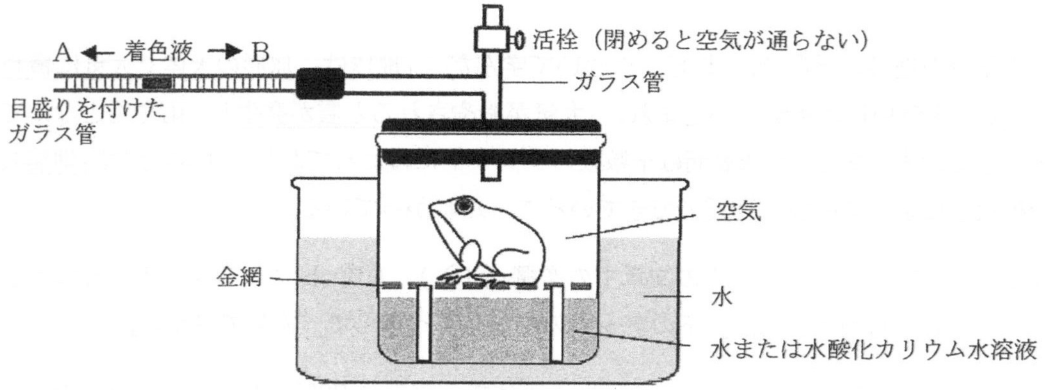

（１）カエルの入った容器を水の中に入れているのはなぜか。最も適当なものを次の**ア**～**エ**の中から１つ選んで，記号で答えよ。

ア　カエルが呼吸をさかんにしやすいようにするため。
イ　カエルは水の中にいると安静にしているため。
ウ　カエルの入った容器の中の温度が変化しないようにするため。
エ　カエルは水の中にいると活発に活動するため。

（２）カエルを入れる容器に水酸化カリウム水溶液を入れ，活栓を閉めてしばらくすると，ガラス管内の着色液が移動した。着色液は図のA，Bどちらの向きに移動したと考えられるか。

（３）カエルを入れる容器に水酸化カリウム水溶液を入れた場合は着色液が10目盛り移動し，水を入れた場合は着色液が水酸化カリウム水溶液の場合と同じ向きに２目盛り移動した。この目盛りの数から，実験に用いたカエルが一定時間の中で，呼吸で吸収した酸素量と排出した二酸化炭素量を目盛りの数値で示すことができる。吸収した酸素量と放出した二酸化素量の数値をそれぞれ答えよ。なお，実験を行った時間はどちらも同じで，その間の呼吸量は同じであるとする。

（7）次の特徴をすべてもつ生物はどれか。

・ 背骨がある　　　　　　・ 肺で呼吸する

・ 卵生で，授乳する　　　・ 恒温動物である

ア　カモノハシ　　イ　クジラ　　ウ　コウモリ　　エ　ペンギン

（8）図のように，うすい塩酸に亜鉛板と銅板を入れて電子オルゴールにつないだところ，電子オルゴールが鳴った。このとき，電池の正極で起きた反応はどれか。ただし，電子は ⊖ で表している。

ア　$Zn \rightarrow Zn^{2+} + 2\ominus$

イ　$Zn + 2\ominus \rightarrow Zn^{2+}$

ウ　$Cu \rightarrow Cu^{2+} + 2\ominus$

エ　$Cu + 2\ominus \rightarrow Cu^{2+}$

オ　$2H^{+} \rightarrow H_2 + 2\ominus$

カ　$2H^{+} + 2\ominus \rightarrow H_2$

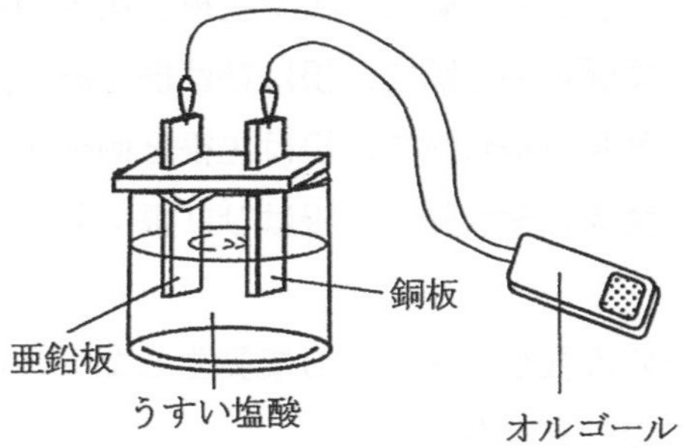

（9）A～DおよびP，Qの6地点でボーリング調査を行った。図はこの地域を上空から見たものである。PはAの真北に位置し，AP間とAB間の水平距離は等しい。また，QはCの真西に位置し，QC間の水平距離はCD間のちょうど半分である。また，表は4地点A～D，およびP，Qの標高，および同じ時代に堆積した凝灰岩を含んだ層の地表面からの深さを示したものである。なお，この地域では地層の上下逆転や断層がなく，地層は互いに平行に重なっており，一定の方向に傾いているものとする。表中の①，②に入る数値の組み合わせはどれか。

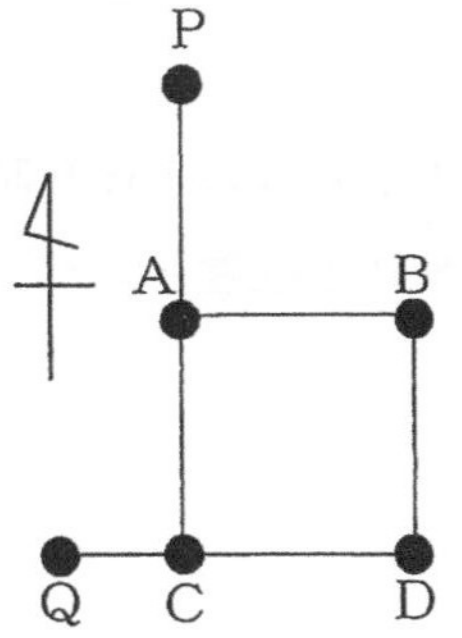

	A	B	C	D	P	Q
標高〔m〕	70	65	65	60	①	68
凝灰岩を含んだ層の地表面からの深さ〔m〕	10	10	5	5	20	②

ア　①75　②5　　イ　①75　②5.5　　ウ　①80　②5　　エ　①80　②5.5

（10）図のように電源とつながった導線の点 a，点 b の間に電熱線を接続して水の温度上昇を調べる〔実験1〕，〔実験2〕を行った。

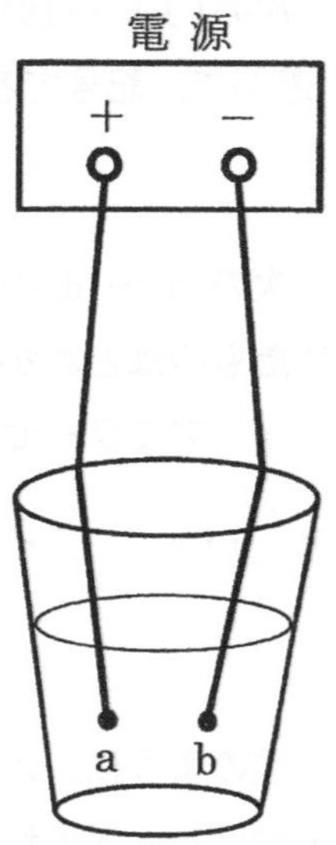

〔実験1〕1つの電熱線を点 a，点 b の間に接続して，電圧を一定時間加えて電流を流したところ，水温は1℃上昇した。

〔実験2〕実験1に使用した電熱線と同じ抵抗値の電熱線を3つ用意した。3つの電熱線をすべて使用して直列接続や並列接続を組み合わせ，A，B，C，Dの4通りのつなぎ方で点 a，点 b の間に接続した。このとき，3つの電熱線すべてに電流が流れるようにしている。点 a，点 b の間の電圧は実験1の2倍の電圧を加え，時間は実験1の3倍の時間電流を流し，A，B，C，Dのそれぞれについて，水温の上昇を測定した。

実験2において，A，B，C，Dの4通りのうち，2番目に大きい水温の上昇は何℃か。なお，すべての実験において水の量は一定であり，はじめの水温も同じであった。また，発生した熱はすべて水温の上昇に使われたものとする。

ア　3℃　　イ　6℃　　ウ　9℃　　エ　18℃　　オ　24℃　　カ　36℃

①

理科（高）

理高令５　(50分)

（注意）解答はすべて解答用紙に記入せよ。

1　次の（1）～(10) の問いについて，それぞれの選択肢の中から適当なものを１つずつ選んで，記号で答えよ。

（1）次の a ～ d の消化酵素のうち，すい液に含まれる消化酵素を過不足なく組み合わせたものはどれか。

a　アミラーゼ　　b　ペプシン　　c　リパーゼ　　d　トリプシン

ア　a・c　　イ　b・d　　ウ　a・c・d　　エ　b・c・d

（2）図のように，水平な地面に対して同じ高さからA，B，Cの向きに同じ速さで小球を投げるときの地面に落ちるまでの時間をそれぞれ，t_A，t_B，t_C とする。また，地面にぶつかる直前の速さをそれぞれ，v_A，v_B，v_C とする。これらの関係を正しく表したものはどれか。ただし，小球にはたらく空気の抵抗は考えない。

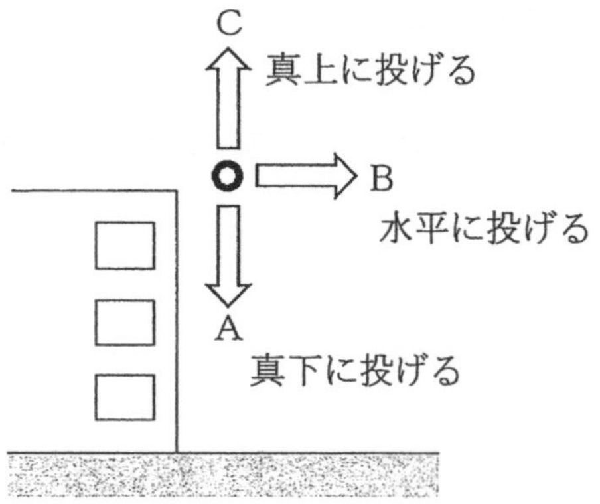

	時間の関係	速さの関係		時間の関係	速さの関係
ア	$t_A < t_C$	$v_A > v_B > v_C$	エ	$t_A = t_C$	$v_A > v_B > v_C$
イ	$t_A < t_C$	$v_A < v_B < v_C$	オ	$t_A = t_C$	$v_A < v_B < v_C$
ウ	$t_A < t_C$	$v_A = v_B = v_C$	カ	$t_A = t_C$	$v_A = v_B = v_C$

（3）地表付近での大気圧はおよそ 1000hPa である。底面の辺の長さがそれぞれ１m，２m で，質量が 100g の板を水平な台の上に順にきれいに重ねていく。重ねた板によって生じる圧力が 1000 hPa になるのは，この板を何枚重ねたときか。質量 100g の物体にはたらく重力の大きさを１N とする。

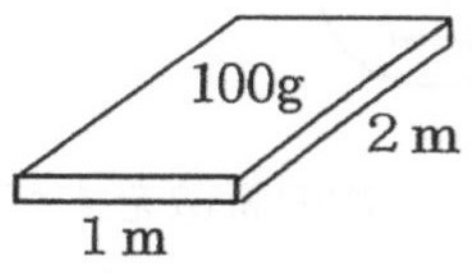

ア　10 枚　　イ　20 枚　　ウ　1000 枚　　エ　2000 枚
オ　100000 枚　　カ　200000 枚

（4）ツユクサの葉脈と根について，正しく述べたものはどれか。

ア　葉脈は平行脈で，根は主根と側根からなる。
イ　葉脈は平行脈で，根はひげ根である。
ウ　葉脈は網状脈で，根は主根と側根からなる。
エ　葉脈は網状脈で，根はひげ根である。

（5）気体の発生方法ＡとＢで発生した気体の性質について述べたもののうち，**誤っているもの**はどれか。

Ａ　石灰石に塩酸を加える。
Ｂ　塩化アンモニウムに水酸化カルシウムを加えて加熱する。

ア　Ａで発生した気体は，地球温暖化の原因物質であるといわれている。
イ　Ａで発生した気体は，石灰水を白く濁らせる。
ウ　Ａで発生した気体は，水に少し溶け，BTB 液を黄色にする。
エ　Ｂで発生した気体は，刺激臭がある。
オ　Ｂで発生した気体は，空気より密度が大きい。
カ　Ｂで発生した気体は，水によく溶け，フェノールフタレイン液を赤色にする。

（6）１月 10 日の午後 10 時にオリオン座は南中していた。その１か月後の午後６時に同じ場所で観測すると，オリオン座の位置は，１月 10 日の午後８時の位置と比べてどのようになるか。

ア　東に約 15° 移動する。
イ　東に約 30° 移動する。
ウ　西に約 15° 移動する。
エ　西に約 30° 移動する。
オ　ほぼ同じ位置にある。

リスニング英文

※教英出版注
音声は，解答集の書籍ＩＤ番号を教英出版ウェブサイトで入力して聴くことができます。

A

Chopsticks are one of the simplest, oldest and most widely used tools for eating, and are still the primary eating tool for over 22 percent of the world's population today. Historical evidence of putting together two sticks to use during cooking or eating, have been found in East Asia and the Middle East.

Earliest forms of chopsticks history date back 5,000 years where they were likely used for cooking, in order to grab food from a pot of hot water. Chopsticks have been a table tool for the last 3,000 to 3,500 years, from around the time of the Shang Dynasty.

The use of chopsticks spread throughout Asia, and by around 500 CE, they were common in what is now Korea, Japan, Taiwan, Mongolia, Laos, Thailand, and Vietnam. With western expansion, the use of chopsticks became less and less in Laos and Thailand where the hand, fork and spoon are more popular, though disposable chopsticks are still commonly available in Chinese restaurants.

The first chopsticks came to Japan by way of Korea, around the area of Wakasa Bay on the Sea of Japan. This was a waypoint for travelers passing through between China and Kyoto, and is considered the east end of the Silk Road and the front gate of Japan. Chopsticks in Japan were thought of as precious and used in religious ceremonies. Their earliest chopsticks were joined at the top like tweezers.

While chopsticks have been and are called by many different names in Asia, such as “kuai-zi” in China and “hashi” in Japan, the English word chopsticks is likely derived from Chinese pidgin English “chop-chop” meaning quickly. Therefore chopsticks means “quick-sticks”, perhaps a good description given by the earliest western explorers as they first experienced people quickly eating with chopsticks. The earliest written English use of the word “chopsticks” was published in 1699.

Wood and bamboo were the natural early forms of chopsticks, and are still the most common materials today. Over time, bone, ivory, bronze, brass, silver, gold, jade, coral and other exotic materials have been used, especially for wealthy chopstick owners.

Silver chopsticks were popular with royalty for security. It was thought that silver would detect poison in food by changing color to black. Unfortunately for those who found out the hard way, silver has no reaction to poisons such as cyanide or arsenic, but does change color in the presence of rotten eggs, onion and garlic.

B

Do you like quizzes? I’m going to give you some hints about two animals and I want you to guess what they are.

They are both usually kept as pets, though in the wild they are often prey. The first one is really small, whereas the second one is usually much bigger.

The first one is usually kept in a cage by itself, but the second one should be kept in a bigger space or allowed to play around the house or garden.

They both have fur on their bodies and whiskers to help them sense things. They both have big front teeth and they both eat only vegetables like cabbage and carrots.

The first one is nocturnal, which means it is active at night, but the second one is crepuscular, meaning it is most active at dusk and dawn.

The first one has really bad eyesight and relies on its sense of hearing and smell, whereas the second one has very good eyesight though it can’t see colors very well. It has really long ears for hearing well too whereas the first one has cute, tiny ears.

They both like to exercise. The first one likes running, usually on a wheel in its cage, whereas the second one loves to hop and jump around.

The first one likes burrowing and hiding and doesn’t really like being touched so much, whereas the second one is more social and likes to play and to be touched.

So, what are they? Did you guess? Choose the picture.

④ 英高令5

4 次の英文を読んで，後の問いに答えよ。

Many Japanese believe that Japan is a homogeneous country; that all Japanese are very similar to each other. Many Japanese also feel that they are unique and different from other countries and cultures around the world. (1)These feelings are made stronger because Japan is an island country and because it has a long history without an (2)invasion from other countries. In some ways, there has been (3) mixing of cultures and peoples than in many other countries. All of this strengthens in Japanese a feeling of "us" and "them."

But is this feeling of homogeneity really true? Are almost all Japanese people really similar? There is no simple answer to this question. If we look at a country like the United States, for example, we can see a bigger variety of races, religions, and ethnic backgrounds. There is much more (4)diversity. "Diversity" has become an important word in the U.S. and in many other countries. Diversity means that a country or *region has different groups of people with some kind of major difference (for example, race, religion, or ethnic background).

By this *definition, diversity in Japan is clearly increasing. More and more foreigners are immigrating to Japan to work and live. International marriage is increasing. More Japanese schools have students from other countries and different races. There are also more Japanese "returnees," who often act differently from other Japanese.

The increasing diversity in Japan has been good in many ways, but it also has created problems. In Japan, (5)(a group / a member of / being / important / is / very). In fact, group membership is an important part of Japanese identity, and this is usually a good thing. Groups can encourage cooperation and closeness. 【 A 】 But groups can also be exclusive—keeping out those people who may want to belong. This can sometimes lead to *bullying and *discrimination.

Any difference can be viewed either with *tolerance or discrimination. In Japan, there have been social problems caused by intolerance, such as discrimination against certain races or ethnicities (cultural backgrounds), the lack of rights and opportunity for disabled people, and the problems that returnees face when coming back to Japan. 【 B 】 Each culture has in-groups and outsiders. However, in recent years in Japan, many people, many groups, and the government are fighting intolerance and trying their best to provide equal opportunity for all.

In this age of globalization, with increasing mobility and growing diversity, (6)it is important to expand our thinking and welcome those who are different into our groups. Japan has been opening to the outside world in recent years, starting with the *yutori*-style of education and continuing with a national push to become more globalized. 【 C 】 We become richer in experience and wiser when our groups become more diverse—and we become more open and tolerant as individuals. In addition, Japan is better prepared to deal with the outside world when Japanese are more familiar with, and accepting of, diversity.

【注】region: 地域　definition: 定義　bullying: いじめ　discrimination: 差別
tolerance: 寛容

〔Adapted from Peter Vincent : *Speaking of Intercultural Communication,* NAN'UN-DO〕

問１ 下線部(1)が指す内容を日本語で書け。

問２ 下線部(2)の単語の意味として適切なものを**ア**～**エ**の中から１つ選び，記号で答えよ。

ア 貿易　**イ** 侵略　**ウ** 移住　**エ** 招待

問３ 空所(3)に入る最も適当な語を**ア**～**エ**の中から１つ選び，記号で答えよ。

ア many　**イ** more　**ウ** few　**エ** less

問４ 下線部(4)の diversity とは何か。本文の内容に即して日本語で説明せよ。

問５ 下線部(5)の（　）内の語句を文脈に合うように正しく並べかえよ。

問６ 下線部(6)の英語を日本語に直せ。

問７ 次の英文を入れる位置として最も適切なものを，本文中の【 A 】～【 C 】より１つ選び，記号で答えよ。

In fact, all countries and all cultures deal with similar problems.

③ 英高令５

My dearest son,

I think of you all the time. I'm sorry that I came to your house and frightened your children a few years ago.

I saw one of your old classmates recently, Toby Adams, and he said he saw your name on the list of people who would be attending your school meeting. I was so glad when I heard you were coming for the school meeting. But I'm not too well and I may not be able to get out of bed to see you.

I'm sorry that I always made you feel ashamed when you were growing up. You see, when you were very little, you had an accident and lost an eye. As a mother, I couldn't stand watching you having to grow up with one eye. So I gave you one of mine.

I was so pleased that my son wouldn't have to grow up with people laughing at him. I was also pleased that he would be able to see the world for me with that eye.

With all my love to you,

Your mother

【注】frighten: ～を怖がらせる　hide: 隠れる　ignore: 無視する　of my own: 自分自身の
somehow: どういうわけか　comfort(s): 快適な設備　lie: 嘘をつく

〔出典：『英語で泣けるちょっといい話』アルク〕

問１　下線部(1)の具体的内容を日本語で答えよ。

問２　下線部(2)の理由を 20 字前後の日本語で答えよ。

問３　下線部(3)の理由として，あてはまらないものを**ア～エ**の中から１つ選び，記号で答えよ。

ア　He was so happy to see his mother again.

イ　He knew that his mother was dead.

ウ　He was very thankful to his mother for giving him her eye.

エ　He felt very sorry for having been unkind to his mother.

問４　母親が息子に宛てた手紙の中で息子に自分の目を与えたとあるが，そのことには母親のどのような願いが込められていたか。手紙文中より２点探し，それぞれ日本語で答えよ。

問５　次の英文のうち，本文の内容と一致するものを**ア～カ**の中から２つ選び，記号で答えよ。ただし，「author」とはこの文章の著者を意味する。

ア　The author didn't like his mother when he was a child.

イ　The author got married to a woman he met abroad.

ウ　The author did not tell his wife that he was going to visit his old hometown.

エ　The author's wife was not nice to his mother when they met for the first time.

オ　The author's children were very glad when their grandmother came.

カ　The author met one of his old classmates on a business trip.

2 (A) 次の３人の対話文を読んで，下線部(1)～(4)の日本語をそれぞれ英語で表せ。

A ： 来週の木曜日はユミの誕生日だね。

B ： ああ，そうだった。すっかり忘れていたよ。

C ： (1)今度の日曜日に僕の家でパーティーを開くのはどうかな。

A ： いいね。(2)僕はモール(the mall)に彼女のプレゼントを買いに行くよ。

B ： それじゃあ，(3)パーティーに来てもらいたい人たちに僕がメールを送るよ。

C ： 分かった。(4)パーティーが楽しみだ。

(B) 次の英文中の下線部(1)～(3)の（　　）内の語句を文脈に合うように正しく並べかえ，３番目と５番目に来る語句をそれぞれ記号で答えよ。

There are about 6,500 languages in the world today. Language gives us the ability to do so many things, including sharing our thoughts, opinions and feelings. We can make new friends, negotiate, tell jokes, write stories, tell lies, share secrets, and get people to do (1)(ア do　イ the things　ウ them　エ want　オ to　カ we). We can also talk about the past and future, something animals cannot do.

In addition to speaking and listening, humans have the ability to write and read. Writing became popular thousands of years ago when civilizations became more advanced. The ability to (2)(ア gives　イ knowledge　ウ the power　エ share　オ to　カ write　キ us). It also lets us communicate with people in the future.

Communication has changed greatly over the last twenty years. Technology has changed the way we communicate on a daily basis. We now use email, chat, text, share on social networks, and do so much more. We do research on the Internet and gain information as well as entertainment from the various forms of media, including computers, TV, and movies. Our ancestors would be shocked to see the different ways we communicate today. Just imagine (3)(ア he could　イ your great great grandfather　ウ would think　エ if　オ see　カ what) you on your computer or smart phone.

3 次の英文を読んで，後の問いに答えよ。

My mom had only one eye. I don't remember a time when she had two eyes. When I was little, her missing eye *frightened me. When people saw us together, I tried to *hide. I did love her and care about her, but I was ashamed of her because of it.

One day we were at the mall and ran into some of my classmates. They pointed at her and laughed. The next day at school, one of them said, "Your mom only has one eye!" Then they all laughed again. I wanted to disappear. When I got home, I told my mom (1)what had happened at school. I said, "I'm so ashamed. I don't want to go out with you anymore." I felt bad about saying that but I hated the other kids at school laughing at me. I *ignored my mom's feelings.

I wanted to leave home, and have nothing to do with her. So I studied very hard and got a chance to study abroad.

Time passed and I got married. I bought a house *of my own. I had kids of my own. I was happy with my life, my kids and my *comforts.

Suddenly one day, my mom came to visit me. She hadn't seen me in years and she hadn't met her grandchildren. When she stood by the door, my children looked at her and were shocked. My daughter started to cry. Then my wife, who had never met my mother, went to the door. She said, "Who are you? What do you want?" To this, my mother quietly answered, "Oh, I'm so sorry. I must have the wrong address." I just stood watching from the window. I think she saw me but when I stayed where I was, my mother turned around and left. I felt sorry for her, but when my wife asked if I had seen the woman at the door, I said no.

A few years passed. One day, I got a letter about a meeting of my old classmates. (2)I had always told my wife that I never wanted to return to my hometown because I didn't have any good memories of it. But *somehow I wanted to go to the meeting, so I *lied to my wife, saying that I was going on a business trip.

After the meeting, I went to our old house just to see it. My neighbors said that my mother had died. They handed me a letter that she had wanted me to have. After I read it, I felt terrible. Although I am a grown man, (3)I cried and cried.

①

英　語　科（高）

英高令５　(60分)

（注意）解答はすべて解答用紙に記入せよ。

（リスニングテストに関する注意）

- **リスニングテストの放送は，試験開始から約 10 分後に始めます。**
- 放送時間は約 12 分です。放送を聞きながらメモを取ってもかまいません。

※教英出版注
音声は，解答集の書籍ＩＤ番号を教英出版ウェブサイトで入力して聴くことができます。

1 次のリスニング問題 (A)，(B) にそれぞれ答えよ。

(A) これから放送される比較的長い英文を聞き，**問題用紙に与えられている質問(1)～(5)に対する答え**として最も適当なものをそれぞれ**ア～エ**の中から１つ選び，記号で答えよ。**英文は２度読まれる。**

(1) **What percentage of the world's population today uses chopsticks?**

ア Almost 22 percent.

イ More than 22 percent.

ウ Less than 22 percent.

エ Exactly 22 percent.

(2) **What were the earliest forms of chopsticks likely used for?**

ア For eating rice.

イ For putting on the table.

ウ For cooking.

エ For grabbing a pot of hot water.

(3) **How did the earliest chopsticks come to Japan?**

ア By way of Korea.

イ By way of China.

ウ By way of Thailand.

エ By way of Dejima, in Nagasaki.

(4) **Where does the English word "Chopsticks" come from?**

ア From the Chinese word "kuai-zi."

イ From the Japanese word "hashi."

ウ From the English word "quick-sticks."

エ From the Chinese pidgin English word "chop-chop."

(5) **Why were silver chopsticks used by royalty?**

ア Because they were wealthy and silver chopsticks were expensive.

イ Because silver chopsticks were more beautiful than wooden ones.

ウ Because silver chopsticks were black and looked cool.

エ Because they thought silver chopsticks would save them from poison.

(B) これから放送される２つの動物に関する英文を聞いて，その動物を表すものを次の**ア～オ**の中からそれぞれ選び，記号で答えよ。**英文は２度読まれる。**

ア dog　イ fish　ウ rabbit　エ bird　オ hamster

(1) The first animal is a ＿＿＿＿.

(2) The second animal is a ＿＿＿＿.

5 1，2，3，……，13の数を1つずつ書いたカードがそれぞれ4枚と0と書いたカードが1枚ある。これら53枚のカードを用いて以下のようなゲームを行う。

これら53枚のカードを参加者に分配し，自分がもつ同じ数字のカードを2枚組みにして捨てる。その後，順にほかの人からカードを1枚引き，同じ数字のカードがあればそれらを2枚組みにして捨てる。そして，手持ちのカードがなくなったときに，その人の勝ちが決まる。勝ちが決まった人はゲームから抜ける。

終盤でAさんとBさんの二人が残り，この後はAさんがBさんからカードを引くところから始まる。これ以降について，次の問いに答えよ。ただし，どのカードを引くかは同様に確からしいとする。

(1) Aさんが1枚のカード，Bさんが2枚のカードをもっている。Aさんが1回目に引いて，次にBさんが引く前にAさんの勝ちが決まる確率を求めよ。

(2) Aさんが1枚のカード，Bさんが2枚のカードをもっている。Aさんが1回目に引いて，続けてBさんが引く。次にAさんが引く前にBさんの勝ちが決まる確率を求めよ。

(3) Aさんが2枚のカード，Bさんが3枚のカードをもっている。
以下の[Ⅰ]，[Ⅱ]について，正しいものをア，イ，ウの中から1つ選び記号で答えよ。

[Ⅰ] AさんとBさんが1回ずつ引き，Aさんが 2 回目に引いて，次にBさんが引く前にAさんの勝ちが決まる確率

[Ⅱ] AさんとBさんが2022回ずつ交互に引き，Aさんが2023回目に引いてBさんの勝ちが決まる確率

ア．[Ⅰ]の方が大きい
イ．[Ⅱ]の方が大きい
ウ．[Ⅰ]と[Ⅱ]は等しい

6 次のような2数の掛け算の方法，すなわち2数の積を求める方法がある。
2つの正の整数A，Bに対して，次の**【作業X】**，**【作業Y】**を行う。

【作業X】 まず，2つの正の整数A，Bから次の手順で新しい2つの正の整数A'，B'をつくる。

$A'=2A$

Bが偶数のとき，$B'=B\div 2$

Bが奇数のとき，$B'=(B-1)\div 2$

次に，これら新しい2つの正の整数A'，B'をあらためてA，Bと考え，上の手順を，B'が1になるまでくり返す。

【作業Y】 **【作業X】**でB'が奇数のときのA'の和を求める。ただし，最初のBが奇数のときは最初のAもこの和に加える。

この**【作業Y】**で求めた和の値がAとBの積となる。

例えば，7と6の積をこの方法で求めると次のようになる。
Aを7，Bを6とすると，1回目の**【作業X】**で，$A'=14$，$B'=3$，2回目の**【作業X】**で，$A'=28$，$B'=1$となり，**【作業X】**は終了する。最初のBは偶数であり，ここまででB'が奇数のときのA'は14と28であるから**【作業Y】**は$14+28$となる。このとき，$14+28$を計算することで，7と6の積42を求めることができる。
また，このときの**【作業Y】**の結果を和の形で表したときの項の数は2である。

次の問いに答えよ。

(1) 257と50の積を，Aを257，Bを50として上の方法で計算したとき，**【作業Y】**の結果を和の形で答えよ。（$p+q+r+\cdots$の形で答えよ。上の例では$14+28$の形）

(2) 257と50の積を，Aを50，Bを257として上の方法で計算したとき，**【作業Y】**の結果を和の形で答えよ。（(1)と同様に$p+q+r+\cdots$の形で答えよ。）

(3) **【作業Y】**の結果を和の形で表したとき，項の数が少ないのは次のア，イのどちらか。記号で答えよ。

ア．Aを31，Bを514として上の方法で計算したとき
イ．Aを514，Bを31として上の方法で計算したとき

(4) AとBの積を上の方法で計算して**【作業Y】**の結果を和の形で表したとき，項の数が2となった。このとき，4桁で最小の正の整数Bを求めよ。

[2] 1辺が4の正方形ABCDを底面とし，他の辺が$\sqrt{29}$である四角すいO－ABCDがある。球Kがこの四角すいに内接しているとき，次の問いに答えよ。

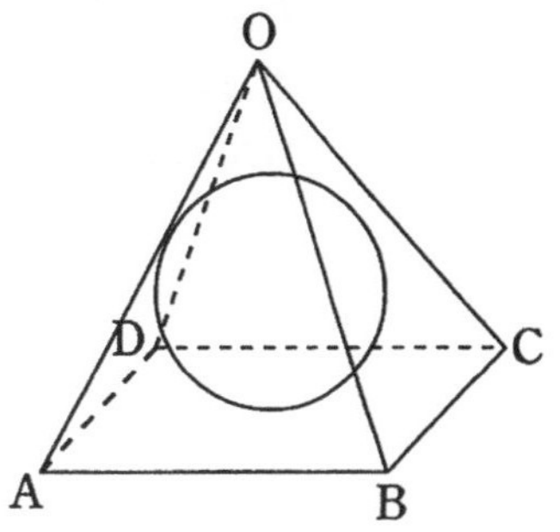

(1) 四角すいO－ABCDの体積を求めよ。

(2) 球Kの半径を求めよ。

(3) 球Kと四角すいO－ABCDの側面との4つの接点すべてを通る平面で球Kを切断すると，断面は円になる。この円の半径を求めよ。

[3] 放物線 $y=x^2$ 上に点A，放物線 $y=-\frac{1}{2}x^2$ 上に2点B，Cをとる。原点をOとし，点Aのx座標は$\sqrt{3}$で，△OBCは正三角形である。次の問いに答えよ。ただし，点Cのx座標は正である。

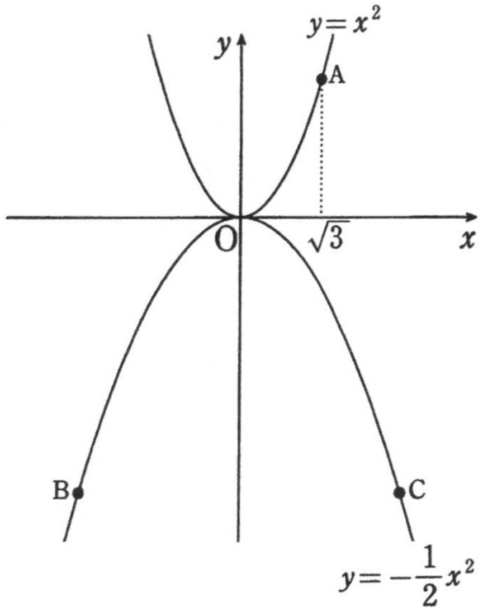

(1) 点Cの座標を求めよ。

(2) 放物線 $y=-\frac{1}{2}x^2$ 上に点をとり，この点と点A，Bを結んだ三角形が直角三角形となるようにすると，この点は2つ存在する。このうち，x座標が小さい方をPとする。さらに，△ABPの外接円上に点Qをとる。△QBCの面積の最大値を求めよ。

[4] 中心Oの円に内接する△ABCについて，
$\overset{\frown}{BC}:\overset{\frown}{CA}:\overset{\frown}{AB}=7:3:2$ である。BC$=a$，CA$=b$，AB$=c$とするとき，次の問いに答えよ。

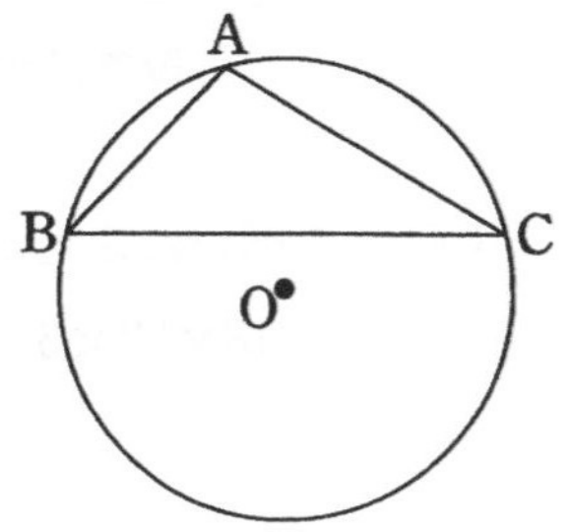

(1) bをcを用いて表せ。

(2) aをcを用いて表せ。

(3) 円の半径をR，直線AOと直線BCの交点をDとするとき，ADの長さとBCの長さの積をRを用いて表せ。

①

数　学　科（高）

数高令５　（70分）

（注意）円周率は π，その他の無理数は，たとえば $\sqrt{12}$ は $2\sqrt{3}$ とせよ。
解答はすべて解答用紙に記入せよ。

1 次の問いに答えよ。

(1)　$18\times22\times3.14-20^2\times3.14$ を計算せよ。

(2)　$\left(\frac{2}{3}xy^2\right)^3\times\left(-\frac{1}{6}x\right)^2\div\left(-\frac{2}{9}x^2y^3\right)$ を計算せよ。

(3)　$\sqrt{(-3)^2}-\frac{\sqrt{16}}{\sqrt{2}}-(\sqrt{2}+1)^2$ を計算せよ。

(4)　$(x^2+2x+1)+5a(x+1)+6a^2$ を因数分解せよ。

(5)　方程式 $2x+3y+9=\frac{x+1}{3}-\frac{3y-1}{2}+\frac{5}{6}=3x-y$ を解け。

(6)　2次方程式 $2(x-2)^2=(x-5)(x+3)+30$ を解け。

(7)　関数 $y=-2x^2$ において，x の変域が $-2\leqq x\leqq a$ のとき，y の変域が $-18\leqq y\leqq b$ である。a，b に当てはまる数を求めよ。

(8)　右図の直角三角形ABCにおいて，点Aが点Mに重なるように，線分DEを折り目に折り返した。DBの長さを求めよ。

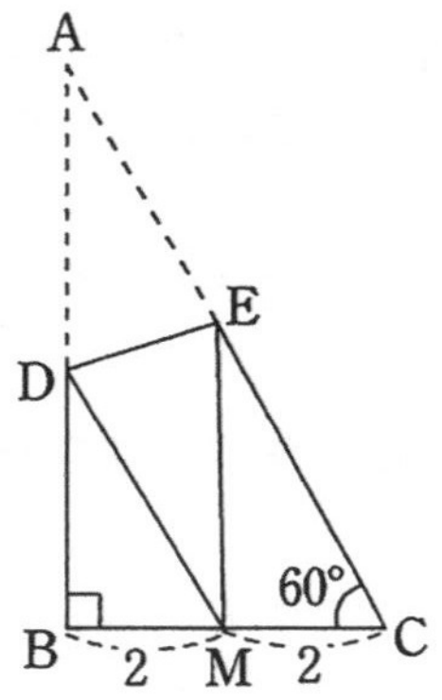

(9)　あるグループで小テストを行ったとき，その点数は以下のようになった。

出席番号	1	2	3	4	5	6	7	8	9
点数	37	38	39	41	42	41	38	39	35

一人一人の点数から40を引いた値の合計は $\boxed{A}$ である。これを用いることで，グループの小テストの平均を容易に求めることができる。

つまり，$(\text{平均})=40+\frac{\boxed{A}}{9}=\boxed{B}$ である。

後に，ある一人の生徒の点数を集計していないというミスが発覚し，この生徒を加え，10人のグループとして新たに集計し直した。加えた生徒の点数は40であった。はじめの9人のグループを G_1，この生徒を加えた10人のグループを G_2 とする。以下の問いに答えよ。

①　A，B に当てはまる数を答えよ。ただし，B は小数第2位を四捨五入して小数第1位までの数で答えよ。

②　以下の文章の空らんに入る最も適切な言葉をア，イ，ウの中から1つずつ選び記号で答えよ。

G_2 の生徒一人一人の点数から40を引いた値の合計は G_1 のとき $\boxed{C}$。

G_2 の平均は G_1 の平均 $\boxed{D}$。

ア．よりも高い
イ．よりも低い
ウ．と等しい

三　次の文章は、「発心集」の一節である。平安時代、堀河院が天皇の位にあった時代は天下がよく治まって世の中がのどかであり、人々はありがたい時代だと喜んでいた。堀河院は優雅で風流な方面にも秀でていた。本文はその堀河院が亡くなったあとの話である。これを読んで、後の問いに答えよ。

(注1)その時、a身はいやしながら、(注2)蔵人所《くらんどどころ》に候《さぶら》ひて（出仕して）朝夕つかうまつる男（堀河院にお仕えする）ありけり。及ばぬ心にも御有様《おんありさま》（院のご様子）をかぎりなくbめでたく思ひしめて、何の我が（我が）身を立てんことまでも思はず（身の出世さえも考えず）、ただかかる(注3)御代《みよ》に生まれ合ひて、(注4)御垣《みかき》の内に明かし暮らすこと、万《よろづ》の愁《うれ》へもなく（万事何一つ不満もなく）、なぐさみて心ばかりつかうまつれど（なごやかな気持ちで心からお仕えしたが）、我が身かずならねば（身分はものの数にも入らないので）、cあらはるる便りもなし。

かかる程に、(注5)無常はかしこきも愚かなるも遁《のが》れぬ習ひなれば（逃れられない決まりなので院にも訪れ）、Aさかんなる花の雨風にしぼみぬる心地して、いささか才《ざえ》ある人は（少しでも才能ある人は）身一つの嘆きと悲しびあへるさま、Bことわりにも過ぎたりけり。

かの男、かくれおはしましける日より（堀河院が崩御（死去）なさった日から）、あるは有るにもあらず（生きている心地もなく）、夜の明け、日のくるるわかちも知らぬ様にてなん通ひける。終《つひ》にかしらおろして（とうとう出家をして）、ここかし(注6)聴聞《ちやうもん》などしありきけれど、物も言はず、なす事もなし。蝉《せみ》のもぬけのごとくにて、生けるものとも見えざりけり。常にはもろもろの仏神に、「かの(注7)生まれ所をしめし給《たま》へ」と、ふたごころなく祈り申しける程に、年へて後（何年か後）、西の海に大竜《だいりゆう》に成りておはします(注8)由《よし》を夢に見えたりければ、限りなくうれしくて、忽《たちま》ちに(注9)筑紫《つくし》のかたへ行きて、C東風《こち》のはげしく吹きたりける日、舟に乗りておし出でにけり。しばしは波間《なみま》によろびつつ見えけれど（ゆらゆらして見えたが）、後には行く末もしらずなりにければ、見る人涙をながして、そのころの世がたりになんしける（その当時の語りぐさ）。万の事、志《こころざし》によることなれば（志によって決まるのだから）、身をかへて必ず参り合ひてつかうまつりなんかし（ことであろう）。

（注）
1　その時――堀河院が天皇であった時。
2　蔵人所――天皇関係の雑務をつかさどる天皇直属の機関。
3　御代――天皇の治世の敬った呼び方。
4　御垣――垣に囲まれた宮中。
5　無常――死。
6　聴聞――寺で説教などを聞くこと。
7　生まれ所――死後生まれかわるところ。
8　由――話のおおむね。趣旨。
9　筑紫――九州北部地方一帯。

問1　二重傍線部a～cの本文中での意味として最も適当なものを、次の各群のア～オのうちからそれぞれ一つずつ選び、記号で答えよ。

a「身はいやしながら」
ア　身体はやせ細っているが
イ　身分は低いながら
ウ　身なりはみすぼらしいが
エ　身体はくつろぎながら
オ　身だしなみは下品だが

b「めでたく思ひしめて」
ア　すばらしいと思い込んで
イ　お祝いしたいと一人で思って
ウ　魅力的だと強く思いつめて
エ　見たいと身にしみて思って
オ　愛されたく思い悩んで

c「あらはるる便り」
ア　はっきりと告げる手紙
イ　姿を現す方法
ウ　さっぱりときれいになった服装
エ　仕事を続けるための手がかり
オ　院に知られるような機会

問2　傍線部A「さかんなる花の雨風にしぼみぬる心地」とはどういう心情か。その説明として最も適当なものを、次のア～オのうちから一つ選び、記号で答えよ。

ア　人から華麗さをもてはやされる花が雨風に遭って散った後のように、取り残された自分を惨めに思う心情。
イ　満開の花が雨風に遭ってしぼんでも再び咲くように、自分が頑張らなければと前向きになっている心情。
ウ　勢いのある花が雨風に遭って出鼻をくじかれるように、理解者からの支援に頼っていた自らを反省する心情。
エ　咲き誇っている花が雨風に遭ってしおれてしまったように、失った存在の大きさにひどく落胆する心情。
オ　数多く咲いている花が雨風に遭って数を減らすように、一人また一人といなくなることを寂しく思う心情。

問3　傍線部B「ことわりにも過ぎたりけり」とあるが、これはどういうことか。その説明として最も適当なものを、次のア～オのうちから一つ選び、記号で答えよ。

ア　新しい天皇に取り立てられて辞退するにも及ばなかったということ。
イ　人々の悲哀・追悼の思いは並み一通りではなかったということ。
ウ　死別の悲しみは時間の経過とともに自然に過ぎていったということ。
エ　人々が何も手につかないでいることの言い訳になったということ。
オ　悲しみの最中に何をすべきかを判断するまでもなかったということ。

問4　傍線部C「東風のはげしく吹きたりける日、舟に乗りておし出でにけり」とあるが、この男はなぜこのようなことをしたのか。三十字以内で説明せよ。

問5　本文の内容と合っているものを、次のア～オのうちから一つ選び、記号で答えよ。

ア　主人公の男は、堀河院に仕えている自分のことを大変立派だと考えていた。
イ　作者は堀河院の崩御に際して、茫然自失《ぼうぜんじしつ》の状態となってしまった。
ウ　主人公の男は、心の空白を埋めるために出家して積極的に修行に励んだ。
エ　主人公の男は九州に行く前に、亡くなった堀河院と夢で再会した。
オ　作者は、主人公の男が生まれ変わって堀河院に仕えているだろうと考えた。

問3 傍線部B「それはそうだ。」とあるが、これはどういうことか。その説明として最も適当なものを、次のア～オのうちから一つ選び、記号で答えよ。

ア おじさんからトマトは野菜なのか果物なのかわからないものであり、その分類について国ごとにばらばらであることを聞き、おじさんが思ったように、トマトのためにも早く研究を進めてはっきりさせるべきだということ。

イ おじさんからトマトは野菜なのか果物なのかはっきりしないものであり、その扱いに関して人々が争うことがあると聞き、おじさんが思ったように、トマトにとってはどちらであろうが構わないことであるということ。

ウ おじさんからトマトは開発が進められて野菜と果物の特徴を併せ持つようになったが、その扱いを国によっては裁判で決めることがあると聞き、おじさんが思ったように、トマトにとっては迷惑な話であるということ。

エ おじさんからトマトは野菜なのか果物なのかわからないものであり、その判断を裁判によって行った国もあることを聞き、おじさんが思ったように、トマトはどんどん自分のことがわからなくなって悩まされるということ。

オ おじさんからトマトは詳しく調べてみると野菜でも果物でもないことがわかり、その判断が大きな問題となったことがあることを聞き、おじさんが思ったように、トマトにとってはどうでもいいことであるということ。

問4 傍線部C「濁流のように何かが押し寄せる中、一人でもがいているだけ。」とあるが、この時の「私」の心情として最も適当なものを、次のア～オのうちから一つ選び、記号で答えよ。

ア 父さんから父さんか母さんかが親権を持つと法律上決まっていて、どちらが持つ方がいいかしつこく聞かれているが、父さんの姿から強い愛情が伝わってきてその気持ちを裏切ることに心を痛めている。

イ 父さんから父さんと母さんのどちらが親権を持つか話し合っていて、どちらと住むか考えるように迫られているが、自分としては再び家族で暮らしたくてそのための方法を父さんに提案している。

ウ 父さんから父さんか母さんかのどちらかが親権を持つというのが法律であり、どちらに親権を与えるのかを決めるように迫られていて、自分としては両親と暮らしたいがそれが叶《かな》わない現状を嘆いている。

エ 父さんから親権に関して父さんと母さんとで話し合った結果とお前の意向が合わなければ裁判になると厳格に告げられていて、自分としては大好きな両親と対立している状態につらさを覚えている。

オ 父さんから父さんか母さんかが親権を持つことになるのが決まりであり、どちらと一緒に暮らしたいか厳しく尋ねられていて、自分としては二人と住みたいがそれは無理なことだと自覚している。

問5 傍線部D「おっちゃんが心配そうに私を見る。」とあるが、それはなぜか。その説明として最も適当なものを、次のア～オのうちから一つ選び、記号で答えよ。

ア お客さんが勢いよく店に現れて野菜を絶賛し、その人がシェフをしているお店にまで誘われて喜ばしかったが、「私」にはその日が母さんと二人暮らしを始めるという大きな意味をもつ日だったから。

イ お客さんが突然店にやってきて、野菜が美味《おい》しかったということでその人の店に招待されてうれしかったが、「私」はその日から母さんとの二人暮らしを始めていて、いち早く母さんのもとに行きたかったから。

ウ お客さんが店に殴り込んできて、結局その人のお店と勝負することになってしまい驚いていたが、「私」にはその日、母さんと新しいアパートで暮らし始めるという重要な予定が入っていたから。

エ お客さんが店に押しかけてきて何事かよくわからないでいたら、店に感謝を伝えにきただけとわかって安心したものの、「私」はその日が引っ越しで、母さんに手伝う約束をしていたので息つく暇もなかったから。

オ お客さんが急に店へ押しかけてきたので、お客さんに迷惑をかけてしまったことをひたすら謝って疲れていたが、「私」にはその日が母さんと暮らすために引っ越す日で大変な一日になってしまったから。

問6 傍線部E「可哀想なトマトと私。」とあるが、なぜ「私」はそのように言うのか。その説明として最も適当なものを、次のア～オのうちから一つ選び、記号で答えよ。

ア 人間は一人一人に名前がついて存在し、トマトも品種や育て方による味の違いでそれぞれに良さがあるにもかかわらず、「私」やトマトはみんなから無視されて自分が存在する意義がわからなくなっているから。

イ 人間は一人一人に名前をつけてもらえるが、トマトは誰からも名前の由来すら関心をもたれないように、「私」にも名前がついているもののトマトと同じように周りの人から関心をもたれていないから。

ウ 人間は一人一人が愛情をもって育てられ、トマトも一つ一つがこだわりをもって育てられるが、「私」やトマトからすれば周りの都合で過酷な環境に追いやられていて、大切にされている実感がないから。

エ 人間は一人一人が異なる存在であり、トマトも品種や環境によって一つ一つが違っているにもかかわらず、「私自身」や「トマトそのもの」としてその存在を周りから認められ、大切にしてもらっていないから。

オ 人間は一人一人が思いを込めて大切に育てられるが、トマトは料理されてもそのおいしさをわかってもらえなくて、「私」もトマトと同じようにみんなから自分の気持ちを心配してもらっていないから。

問7 傍線部F「私、大丈夫な気がする。」とあるが、このときの「私」の心情を説明した次の文中の空欄Ⅰ、Ⅱに入れる語句を、Ⅰは二十字以内、Ⅱは十字以内で答えよ。

真っ赤なスープを一口すると、トマトが［　Ⅰ　］ことに感動し、自分もトマトのように［　Ⅱ　］ことを決意している。

④

私はカードをポケットにしまった。
レストランは、小綺麗《こぎれい》で品の良い造りだった。おっちゃんが「こんなとこ来たことねえわ」と引き返そうとするのを、植物学者のおじさんと私とで引っ張り込む。純白のエプロンと三角巾をつけたシェフが、迎えてくれた。
「待ってたわよ」
奥の席に案内される。机も椅子もぴかぴかで、埃《ほこり》一つ落ちていない。
「開店前なんですか？」
「月末オープンなの。まだ不安だけど、もう借金しちゃったし。そこそこの野菜も手に入るとわかったし。やるしかないってとこ」
「イタリアで修業されたんですか」
写真立てには、赤毛の外国人男性と肩を組んでいる写真が飾られていた。
「ま、ね。でも恋人は死んじゃったし、お金も全部なくなったから。当分行きたくないね。ほい、サラダ。飲み物は何にする？」
人生、色々あるのは私だけじゃない。「やおうめ」に訪れる人を見ていれば、何となくわかることでもある。
「俺は日本酒」
「ねえよ」
おっちゃんはしょんぼり。シェフがキッチンに去ったところで、声をひそめて言った。
「イタリアの野菜がどうとか言ってたけど、そんなに味が違うもんかね。結局は鮮度だろ？」
「いえ、まず品種の違いがあります。それから育て方。フルーツトマトだってね、あれ、わざと過酷な環境で育てるとあの甘味《あまみ》が出るんですからね」
「詳しいな」
「僕、大学で研究してるんです。そして土ですね。外国と日本でかなり違うんで、味に現れます。あとは日照時間も違う、降雨量も違う。結局ね、一つとして同じトマトなんてないんです」
「あんた、トマトの話ばかりしてるな」
「ええ、そもそもトマトの名前の由来は、メキシコ語で……」
ふと、両親の言葉が思い浮かんだ。
——名前の由来？ 父さんが勇実《いさみ》で、母さんが果歩《かほ》だから、一文字ずつ取って、実果。でも、もう一つ意味があるんだよ。父さんと母さんが出会って、引かれ合って、その果てに実ったもの。掛け替えのないあなた。そこから新しい何かが、きっと芽吹きますように。
「何あんた、全然食べてないじゃない。体調悪いの？ スープだけでも飲みなさいよ、食欲出るわよ」

（注） 1 おっちゃん——「青果やおうめ」の店主。

ことんと目の前に置かれたのは、白い器に真っ赤なスープ。芳醇《ほうじゅん》なトマトの香り。
「……つまりね、果物とか野菜とか、イタリアとか日本とか、それ以前にトマトなんです。トマトの一つ一つに思いを馳《は》せてやってほしいんです。一人一人の人間に名前をつけるようにね」
「わかったわかった、学者さん。まあ食おうや」
銀色のスプーンを手に持つ。とろみのあるスープをすくう。
名前がついていたって、人間みんなが大切にされるわけじゃない。
E可哀想なトマトと私。
目を伏せながら、スープを一口する。
そして、b息を呑《の》んだ。
酸っぱい。凄《すご》く酸っぱい。ミカンやレモンとも違う、鋭い酸味。酸っぱいだけじゃない。濃い。甘味、旨味、苦味。口中に鮮烈で複雑な味が広がる。こんなに違うもの？ さんさんと照る太陽の暖かさ、ふかふかの土に抱かれた幸せな記憶、透き通った水の清々《すがすが》しさ、全部詰まってる。行ったことはないけれど、イタリアってこういう国なんだってわかる。トマトの誇らしげな声が聞こえてきそう。
どう？ 私、すっごいでしょ。可哀想なんかじゃないよ。果物とか野菜とか、そんなの小さなこと。そう思えるような味でしょ。
「ちょっと、どうしたの」
シェフが素っ頓狂な声を上げた。
鼻がつんとする、と思ったらもう止まらなかった。私は声を上げて泣いた。こぼれた涙がナプキンに落ちる。
「トマトが。思ったより酸っぱくて」cしゃくりあげながら言う。
「酸っぱいの嫌い？」
首を横に振る。
「いえ、何だか嬉《うれ》しくて」
「つまり美味しいってこと？」
必死に頷く。シェフはけらけら笑った。
「わかりにくいのよ、あんたの表現！ 美味しいでしょう。美味しく食べれば、大丈夫。元気になるわよ」
おっちゃんはうろたえている。植物学者のおじさんは何やら瞳を輝かせていた。あなたもトマトの気持ちがわかるんですね、と言わんばかり。
うん。F私、大丈夫な気がする。初めてそう思えた。
いつか父さんと母さんを連れて、このお店に来よう。それまでに私も、自分の味を育てるんだ。誰にも負けない、すっごい味を。

（二宮敦人「可哀想なトマト」『飛ぶ教室 第67号』所収 光村図書出版）

問1 二重傍線部a～cの本文中における意味として最も適当なものを、次の各群の**ア**～**オ**のうちからそれぞれ一つずつ選び、記号で答えよ。

a「肩を持つ」
ア 相手を信用している
イ 一方の味方をする
ウ 近しい間柄にある
エ ある分野に詳しい
オ 深い因縁がある

b「息を呑んだ」
ア 静かに待った
イ ゆっくり味わった
ウ 心を落ち着けた
エ 緊張が高まった
オ はっと驚いた

c「しゃくりあげながら」
ア 息を吸い上げて泣きながら
イ 涙を手で押さえながら
ウ 気持ちを切り替えながら
エ 涙で鼻を詰まらせながら
オ 突然のことに驚きながら

問2 傍線部A「おじさんは硬直し、寂しそうに瞬きした」とあるが、それはなぜか。その説明として最も適当なものを、次の**ア**～**オ**のうちから一つ選び、記号で答えよ。
ア おじさんはトマトが果実であることから、スイカやメロンと同じ所に並べる方が自然だと思っているが、「私」からトマトは他の野菜と調理した方がおいしく、デザートとして食すことはないと言われたから。
イ おじさんはトマトの特徴が実の美しさにあることから、スイカやメロンと同じように並べるべきだと思っているが、「私」からトマトを果物コーナーに置くのは違和感があり、むしろ売れなくなってしまうと言われたから。
ウ おじさんはトマトが果実であることから、スイカやメロンと同じ所に置いた方がいいと思っているが、「私」からトマトを果物として思っている人はおらず、デザートとして売れることはないと言われたから。
エ おじさんはトマトが果実を食べるものだから、スイカやメロンと同じ所に置くのが正しいと思っているが、「私」からトマトは野菜として使われており、果物としてはおいしいと思わないと言われたから。
オ おじさんはトマトが甘みをもっていることから、スイカやメロンと同じように売った方がいいと思っているが、「私」からトマトはずっと野菜として売られており、デザートとして好む人はいないと言われたから。

二　次の文章は、二宮敦人「可哀想なトマト」の一節である。中学生の「私」（実果《みか》）は、不仲となった両親のいる家にいたくないという理由から、「青果やおうめ」の手伝いに行っている。以下はそれに続く場面である。これを読んで、後の問いに答えよ。

「僕はいつも、トマトを思うと悲しくなるんです」

私に言っているのだろうか。

「ねえ、どうしてここにトマトがあるんですか。アスパラガスがあって、隣にニラ、大根、玉ねぎと来てトマトです。何か根拠がありますか」

実は私、こういうお客さんの相手が苦ではない。

「ええと、色合いが映えるものや、旬のものから並べてます。ネギとか、需要の多いものも見やすい場所に」

「なるほど。合理的な理由があるのか」

おじさんは肩を落とした。それからお客さんがあまり入っていないのを見てとると、さらに聞いた。

「でもね、可哀想《かわいそう》でしょう。あっちにはスイカにマンゴー、マスカットにメロンまである。夏の果物フェア、とまで書いてある。トマトは仲間外れだ」

「トマトは果物じゃありませんので」

「トマトはれっきとした果実ですよ。実なんですよ。分類としてはスイカやメロンのお友達。葉っぱや根っこと一緒に並べられてる方が、肩身が狭いと思うんです」

「でも、トマトは野菜コーナーにあった方がわかりやすいし、しっくり来ますよ」

「どうして。サラダに入れるから？　パイナップルだって酢豚に入るのに。決めつけないでやってくださいよ、トマトのことを」

「じゃあ果物コーナーに置いた方がいい、と言うんですか。それはそれで、トマトが気の毒ですよ。デザートが欲しくて来たお客さんみんなに、無視されちゃいます」

そう言うと A おじさんは硬直し、寂しそうに瞬《まばた》きした。

「そう。そうなんですよね」

「おじさん、やけにトマトの a 肩を持つみたいですけれど、一体……」

トマトの何なんですか。聞くより前に、教えてくれた。

「僕はね、大学で植物を研究しています。特にトマトには、交換日記をしていたクラスメイトのような親しみを感じるんですよ。ただトマトには悲しい定めがある。野菜なのか果物なのかわからない。フランスでは文句なくフルーツです。でも日本では野菜だ。中でもアメリカの悲劇をご存じですか」

「いえ」

「裁判になったんですよ。税金のかかり方が変わってくるのでね、トマトは野菜だ、いや果物だと大問題になって最高裁まで行った」

「それは結局、どっちに……」

「アメリカでは野菜と決まりました。でも、そんなのトマトにとっては関係ないでしょう？」

覗《のぞ》き込まれて、私は黙した。B それはそうだ。

「勝手に二つに分けたのは人間の都合じゃないですか。一方的すぎます。どうして何も悪くないトマトが、それに振り回されるのか」

「ほんとに、そうですね」

つい、拳に力が入る。

「トマトからすれば、こうも言いたくなるんじゃないですか。野菜とか果物とか、そんなことよりもまず私自身を見てよ、と」

「はい。私もそう言ってやりたいです」

「トマトが可哀想でしょう」

「可哀想だ」

二人で力強く頷《うなず》いた。

「最近は、フルーツトマトってのもあるぞお」

空気を読まず、(注1)おっちゃんが横から口を挟んだ。

父さんは喫茶店のテーブルで私と向かい合い、悲しそうに目をしばたたかせた。

「実果。顔色があまり良くない。頼むから嘘《うそ》はつかないでくれ」

「ついてないよ」

「父さんも母さんも、たくさん話し合いをしてきた。二人とも仕事をしながらだ。疲れてるんだ。父さんはな、最近、胃の薬を飲んでる」

知らないよ。私だって、薬を飲みたいくらいだよ。

「お前、父さんの前では父さんと住みたいと言って、母さんの前では母さんと住みたいと言ってるだろう？」

裏切者を責めるかのように、父さんは私を見た。

「嘘じゃない。本当にそう思ってるの」

「お前の気持ちもわかる。酷だとも思っている。だけど、もうその段階は過ぎたんだ」

父さんはノートを一冊取り出す。表紙には几帳面《きちょうめん》な字で「夫婦の今後に関する事項⑧」と書かれていた。ページをめくりながら続ける。

「親権はどちらか、決めなくてはならない。これは法律上の決まりなんだよ。だからお前の意向を聞いているんだぞ」

俯《うつむ》いて、ティーカップの中の紅茶を見つめる。

「私は決めたくない」

「それが答えでいいんだな。なら、父さんと母さんで話し合って、もし折り合いがつかなければ裁判で決めるが、本当にいいんだな」

店内のBGMやざわめきをかき消して、父さんの声だけが天井から降りかかってくるようだった。

「嫌だ。そんなの」

そう言ったけれど、下唇を噛《か》んで涙をこらえていたから、うまく声にならなかった。

「言っておくが、母さんも同じ意見だぞ」

私一人が逆らったところで、押しとどめられない。C 濁流のように何かが押し寄せる中、一人でもがいているだけ。それでも、私は言うしかない。

「嫌だ」

ぽつん、と紅茶に水滴が落ち、波紋が揺れる。そのまま二人ともパスタに手を出さず、時間だけが過ぎた。

三日後に伝えられた。親権は母さんが持つそうだ。

八百屋の一番奥、乾物や調味料が置いてある場所で、私は椅子に座っていた。

「チャオ！　あら、なんか元気ないわね。生きてる？」

話しかけられて、頷いた。全身ピンクで、額にフォークのタトゥーをしたお客さんがため息をつく。

「殴り込みに来たってのに、これじゃ張り合いが出ないわ」

「すみません。あれから調べました。フィノッキオって、ウイキョウのことだったんですね。今度仕入れるように、店長に言っておきましたんで」

「そんな話はどうでもいいの。あんたね、あんなカリフローレやポモドーロを、よくも売りつけてくれたわね」

「お味に問題がありましたか」

「問題おおありよ、とっても美味《おい》しかったじゃないの！　これはイタリアへの挑戦と受け取ったわ。今度はこっちが攻める番。お店が終わったら来なさい」

首を傾《かし》げる私に、カードが突きつけられた。イタリアンレストラン・エスプロジオネ、駅からすぐ、と書かれている。この人、シェフだったのか。なんだなんだ、と駆け寄ってきたおっちゃんの顔面に、シェフは鋭いパンチを放つ。かのごとく、やはりカードを渡す。

「あんたも来なさい」

「はあ」

「ポモドーロというと、イタリア語でトマトだね。私はトマトには生き別れた兄弟のような思いがあってね。トマトは可哀想なんだよ」

いつのまにか今日も野菜コーナーに来ていた植物学者のおじさんにも、なぜかカードが突きつけられる。

「そういうことなら、あんたも来なさい」

茫然《ぼうぜん》とする私たちをよそに、シェフは肩で風を切って帰っていった。D おっちゃんが心配そうに私を見る。

「うーん。悪い人じゃなさそうだけど。でも、いいのか？　帰りが遅くなっても、実果は」

「大丈夫です」

今日は引っ越しだった。三人で暮らした家じゃなく、駅のそばに借りた母さんのアパートに帰る。その時を少しでも、遅らせたかった。

「行きましょう」

②

3 先ほど触れたギブスンの詩——本論考のタイトルに掲げた「平坦な戦場で僕らが生き延びること」のこと。アメリカ合衆国の作家、ウィリアム・ギブスン（一九四八―）の詩から引用した一節。

問1 波線部**a**〜**e**のカタカナを漢字に直せ。

a ショウガイ　**b** フキュウ　**c** バイカイ　**d** キバン　**e** ハイジョ

問2 傍線部**A**「このような決定論的な人生観」とあるが、これはどのようなものか。その説明として最も適当なものを、次の**ア**〜**オ**のうちから一つ選び、記号で答えよ。

ア 子どもは自分で生まれる環境を選ぶことができないが、自分の人生は自分が培ってきた能力によって決まってしまうという考え。

イ 子どもは自分で親を選ぶことができず、その後の人生も自分では何一つ自由に選択できないまま必然的に決まってしまうという考え。

ウ 子どもは親の意志でこの世に生まれ、その後の人生も親がどのような人間に育てたいと考えているかで決まってしまうという考え。

エ 子どもは自分を生む親を選ぶことができず、その後の人生は自分が生まれた時点の諸条件によって必然的に決まってしまうという考え。

オ 子どもは自分の意志をもって生まれてきているが、人生は自分の親がどのような人物であるかということで決まってしまうという考え。

問3 傍線部**B**「今日では、努力のコストパフォーマンスは大幅に低下しているのである」とあるが、それはなぜか。その説明として最も適当なものを、次の**ア**〜**オ**のうちから一つ選び、記号で答えよ。

ア 現在の若者は生活水準や学歴が固定化された中で生きていて、努力したとしても評価されなくて不満が溜《た》まっていくから。

イ 現在の若者は高く平坦《へいたん》な道のりが続く社会を生きていて、克服していって実現すべき成長した未来が想定しにくいから。

ウ 現在の若者は高い目標を掲げて日々努力するという経験がなく、どのように努力したらよいか具体的に浮かんでこないから。

エ 現在の若者はある程度の豊かな暮らしを手にした中で、社会全体を底上げし他の人の暮らしも良くしようとしているから。

オ 現在の若者は生活水準においても学歴においても、親世代のレベルを容易に超えており、目標となるものが存在しないから。

問4 傍線部**C**「その意志をもっていない者」とあるが、これはどのような人か。その説明として最も適当なものを、次の**ア**〜**オ**のうちから一つ選び、記号で答えよ。

ア 拡大する経済格差をもとにして作られた関係格差が子どもたちの活動範囲を限定した結果、進学や通学についての知識がない人。

イ 家庭の経済状況の影響を受け、友人関係においても自尊感情が傷つかないように、進学や通学での失敗を恐れている人。

ウ 家庭の経済状況の影響を大きく受けて教育にかけられる時間や費用が少なくなり、学習に対する意欲が低くなっている人。

エ 経済格差の拡大によって学力格差が拡大し、学習意欲の低い友人たちに囲まれたために、進学や通学の意志をもっていない人。

オ 家庭の経済状況によって自尊感情が傷つかないように周りとの関係を避けていて、進学や通学の意志をもっていない人。

問5 傍線部**D**「つながりの構築にも回せるような生活全般を包括する経済的支援こそが重要である。」とあるが、それはなぜか。その説明として最も適当なものを、次の**ア**〜**オ**のうちから一つ選び、記号で答えよ。

ア 自分の人生に価値や期待を見いだしてチャレンジするきっかけとなるのは友人との語り合いであり、家庭の経済状況を改善することでそれまでとは生活環境の異なった友人と関わるため。

イ 見知らぬ世界について考えたり触れたりしようとするのは友人とともに過ごしている時であり、家庭の経済状況に応じて支援をすることで子どもたちの大学への進学率を向上させるため。

ウ 自分の人生について振り返るきっかけとなるのは自分とは生活環境の異なった友人と語り合うことであり、家庭の生活水準を良くすることで友人と一緒に過ごす時間を増やすため。

エ 自分の人生に価値を感じて将来に期待をもつ機会を与えてくれるのは学校内での友人との関わりであり、家庭の生活水準を高くすることでクラスの中での地位を高くするため。

オ 悪い結果で挫折しても努力を続けてみようと思うことができるのは身近にいる友人の存在であり、家庭の経済状況を改善することで再びチャレンジできるような環境を整えるため。

問6 傍線部**E**「自らのアイデンティティの揺らぎ」とあるが、これはどのようなものか。その説明として最も適当なものを、次の**ア**〜**オ**のうちから一つ選び、記号で答えよ。

ア 自分が持っている能力をもとに社会に貢献することが生きがいであったが、現代社会のように社会的評価の基準が変化しやすい中で、自分を評価してもらえない怒り。

イ 自ら努力して身につけた能力によって自分という存在を定めてきたが、現代社会のように評価の基準が不安定な中では、自分の価値を見つけることができない不安。

ウ 自分なりに努力して残すことができた順位によって自分の存在価値を理解してきたが、現代社会のように価値が多様化する中では、自分の価値が定まらない戸惑い。

エ 自らの努力で獲得した能力によって人生の拠《よ》り所を見いだしてきたが、現代社会のように各人の出自が重視される中では、努力することに意義がなくなってしまった失望。

オ 一人一人が能力を発揮することでより豊かな社会を築いてきたが、現代社会のように社会的な価値が日々変動していく中で、社会に貢献することができない苦しみ。

問7 傍線部**F**「現代社会への警句」とあるが、これはどういうことか。六十字以内で説明せよ。

① 国語科（高）

国高令5

（60分）

（注意）解答はすべて解答用紙に記入せよ。

青雲高等学校

一　次の文章を読んで、後の問いに答えよ。

近年、「親ガチャ」という言葉をよく耳にするようになった。子どもは親を選べず、人生は運次第というわけである。そこで目が向けられているのは、これからの時間ではなく、これまでの時間である。ガチャで何が出てくるかは、くじを引いた時点ですでに決まっている。それと同様に、これからの人生がどうなるかも、出生時の諸条件であらかじめ定まっている。したがって正確には、人生は「出生時の」運次第なのである。

すごろくゲームのような運不運に左右されるものとして人生を捉えることは従来からあった。しかし親ガチャでは、これから振るサイコロの目によって順位が決まるわけではない。そもそもスタート地点が大きく異なっており、これからどんなサイコロの目が出たとしても順位は変わらない。しかも、ガチャは工夫次第でリセマラ（リセットマラソン。(注1)ソーシャルゲームで目当てのアイテムを入手するまで何度もリセットすること）ができるし、すごろくゲームもやり直しできるが、親ガチャを引けるのは[a]ショウガイで一度きり（いや、それすらも自分では引いていない！）で再チャレンジはできない。

「親ガチャ」が表わすのは、様々な偶然の結果の積み重ねではなく、出生時の諸条件に規定された必然の帰結として自らの人生を捉える、宿命論的な人生観である。親ガチャにおいて偶然に依拠しているのは、出生時の諸条件だけである。以後の人生は、すべてそれに規定されている。[A]このような決定論的な人生観が高原社会に登場したのは、けっして偶然ではない。それは、今日の時代精神がもたらした必然の産物である。

生活水準においても、学歴においても、親世代のレベルを上回ることを容易に実感しえた右肩上がりの時代はすでに終わっている。ほぼ平坦《へいたん》な道のりが続く高原社会に生まれ育った現在の若年層にとって、これから克服していくべき高い目標を掲げ、輝かしい未来の実現へ向けて日々努力しつつ現在を生きることなど、全く現実味のない人生観に思えてもおかしくはないだろう。

かつての若者たちが、見上げるように急な坂道を上り続けることができたのは、現在の若者たちより努力家だったからではない。後ろから強い追い風が吹き上げていたからである。社会全体が底上げされ続けていたからである。しかし[B]今日では、努力のコストパフォーマンスは大幅に低下しているのである。

それだけではない。経済格差が拡大し、さらに世代間連鎖によって固定化しつつある現実も、今日の人生観に決定論的な趣を与えている。経済格差の拡大が学力格差の拡大を招き、それが格差の固定化を助長していることは、すでによく知られた事実だろう。子どもの教育にかけられる時間や費用は、家庭の経済状況によって大きく異なるからである。しかし、それだけが理由ではない。じつは関係格差もまた、学力格差に影響を及ぼしている。

たとえば近年は、学習中に質問したい箇所をすぐにSNS等で相談できる仲間が身近にいるかどうかも、学習の効率や意欲を左右する大きな要因となっている。ネットというコミュニケーション・ツールが[b]フキュウしたからだけではなく、(注2)先述したように、そもそも今日では友人関係の重要度がかつて以上に高まっているからである。そして、このような友人関係もまた、家庭の経済状況の影響を大きく受けている。

たとえば、試合の遠征費やユニフォーム代が負担となる家庭の子どもは、部活動への参加をためらうだろう。遊興施設へ出向いて遊ぶには小遣いの足りない子どもは、放課後の遊び仲間に加わることをためらうだろう。いちいち誘いを断らねばならない友人を作るより、いっそのこと孤立を選んだほうが、自尊感情を傷つけられずにすむからである。

このような点に留意するなら、経済的に苦しいために進学や通学を断念せねばならない生徒に対して奨学金の支給を充実させるだけでは、格差の是正策として不十分だといえる。この支援によって救われるのは、進学や通学の意志があるのに、経済的な理由でそれが困難な者だけである。[C]その意志をもっていない者は、そもそも奨学金の支給対象にならない。

私たちは、自分の人生に価値があると思えるとき、自分の将来に期待をかけてもいいと思えるとき、確かにコストパフォーマンスが悪くなってはいるものの、それでも努力を続けてみようと思うことができる。そして、見知らぬ世界について考えてみたり、新しい刺激に触れてみたりする機会を与えてくれる最大の存在は、教員でも親でもなく、まずもって友人である。それも、できれば自分とは生活環境の異なった友人との語り合いである。その体験こそが、未知の世界へチャレンジしてみようという意欲をかき立ててくれる。

私たちの意欲は、人間関係のなかで育まれる面が大きい。家庭の経済状況が関係格差を拡大させ、その関係格差が意欲格差を[c]バイカイに学力格差も拡大させていくとすれば、この世代間連鎖を断ち切るために必要なのは、奨学金のように使途が限定された支援だけではない。[D]つながりの構築にも回せるような生活全般を包括する経済的支援こそが重要である。

親ガチャには、成育家庭の経済状況だけでなく、頭や容姿のよしあし、対人能力の有無なども含まれている。それらを親からの遺伝や、幼少期からの環境で決まる資質や才能と捉え、自分の人生を規定する大きな要因と考えるようになっている。今日の宿命論的な人には、このような生得要因によって自分の人生が規定されるという見方も含まれている。

これまで私たちは、自らの努力で獲得した能力を重視する社会を築こうとしてきた。学歴を含めた各種の資格が評価されてきたのも、その能力を証明するものだったからである。しかし、出自からの解放は、いったい自分は何者なのかという不安をかき立てることにもなった。とくに昨今では、社会的評価の基準も容易に移ろいやすく、現在の評価が5年後、10年後も続くとは思えなくなっている。自分の安定した尺度とはみなされにくくなっているのである。

だとすれば、変化しようのない生得的な資質や属性に重きを置き、そこに自分の人生の拠《よ》り所を見出そうとしても不思議ではない。それは、[E]自らのアイデンティティの揺らぎを抑え込みたいという潜在的な願望の表われともいえる。生得的とみなされる属性は、改変が困難で固定性が強いがゆえに、見方によっては安定したアイデンティティの[d]キバンになりうるとも感じられるからである。

人間関係の内閉化もそれに拍車をかけている。異なった生活環境にある人と自分を比較することが難しくなっていくからである。そんな心性が広がるなかで、社会的孤立に陥った人たちも、それを自身の至らなさゆえと捉えたり、自らの宿命と考えたりしがちになっている。そもそも多様な他者と関係を築く機会がこの社会から消失しつつあることの結果としての社会的孤立であると自覚することは、その環境下ではきわめて難しいに違いない。

(注3)先ほど触れたギブスンの詩には、こんな一節もある。〝look at the leaves / how they circle in the dry fountain（落ち葉を見よ。涸《か》れた噴水の中で回り続ける様を）〟。干上がった噴水の底に溜《た》まった落ち葉は、秋風に吹かれてもその器の内側をくるくると舞うばかりで、外側へ飛び出していこうとしない。これはまさに内閉化した人間関係の隠喩であり、[F]現代社会への警句ではないだろうか。他者の[e]ハイジョを狙った意図的な攻撃ではなく、関係の内閉化による無関心の広がりこそが、今日の社会的孤立の背景要因となっている。

（土井隆義「平坦な戦場で僕らが生き延びること」による）

（注）1　ソーシャルゲーム――主にパソコンや携帯電話のSNS（ソーシャルネットワーキングサービス）で提供されるゲームの総称。

2　先述したように――本文より前に、「都市在住の若者の行動と意識調査」によると、友人数が多い者ほど、自己肯定感も高い傾向が見られ、また自分の将来は明るいと考える傾向も強い、という記述がある。

社会科（高）　社高令4

受験番号	

※100点満点
（配点非公表）

解答用紙

1

問 1	①		③		⑤		⑥				
問 2	1 月 日 時	問 3		問 4	(1)		(2)				
問 5		問 6		問 7							

2

問 1	(1)		(2)		問 2	(1)		(2)		(3)	
問 3		問 4	記号	都市名	問 5						
問 6	(1)		(2)		(3)						

3

問 1		問 2		問 3		問 4		問 5	
問 6		問 7		問 8					
問 9	10	20							
問10		問11		問12		問13			

4

問 1		問 2		問 3		問 4	
問 5		問 6		問 7		問 8	
問 9		問10		問11		問12	

5

問 1	(1)		(2)		問 2		
問 3	10 15	問 4		問 5			
問 6		問 7					

6

問 1							
問 2	(1)		(2)				
問 3		問 4		問 5		問 6	
問 7	10 20 30 40						
問 8							

理科（高）解答用紙

理高令４　※100点満点（配点非公表）

受験番号

1

(1)	(2)	(3)	(4)	(5)	(6)	(7)	(8)	(9)	(10)

2

問1	g			
問2	①			
	②			
問3	水素イオン		水酸化物イオン	
問4				
問5	①	②	③	④
	⑤	⑥	⑦	⑧

3

問1	度			
問2	①		②	
	③			
問3	a	b	c	d
問4	A	B	C	D
問5				

4

問1	①	②
	③	④
問2	(1)	(2)
問3		
問4	(1)	(2)
問5		

5

問1	Ω
問2	J
問3	
問4	V
問5	mA
問6	Ω

英語科（高）　解答用紙

英高令4

※100点満点
（配点非公表）

受験番号

1

(A)	(1)	(2)	(3)	(4)	(5)

(B)	(6)	(7)	(8)	(9)	(10)

2

(1)
(2)
(3)
(4)

3

問1		問2		問3	
問4					
問5					
問6					
問7					

4

問1				
問2				
問3				
問4		問5	(5)	(6)
問6		問7		
問8	(1)A	(1)B		
	(2)	(3)		

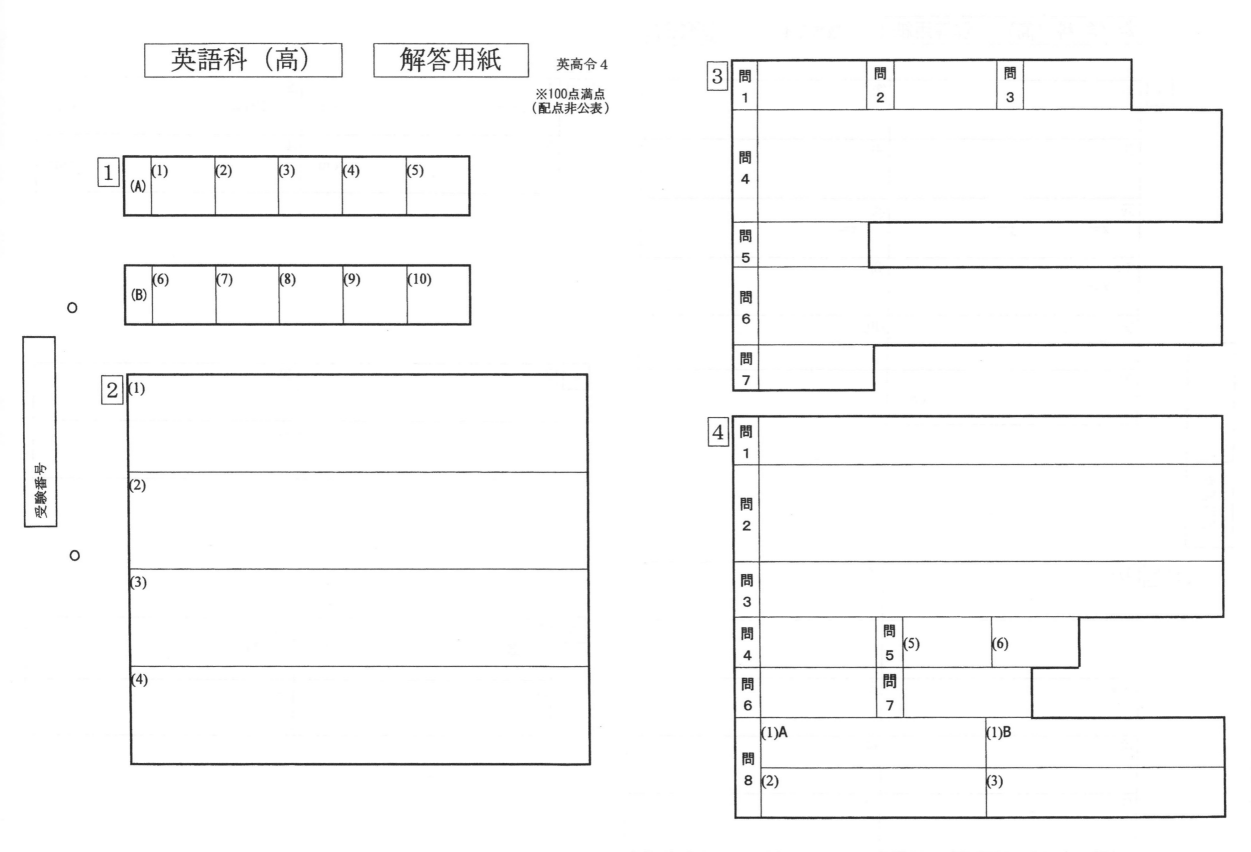

数学科（高）　解答用紙

数高令4

※100点満点（配点非公表）

1

(1)	(2)
(3)	(4)
(5) $x=$, $y=$	(6) $x=$
(7) $n=$	(8) 人
(9) $a=$	(10) $\angle x=$
(11) cm	

受験番号

2

(1)ア	イ
ウ	エ
(2)い	ろ
は	に
ほ	へ

3

(1) CF= cm	(2) EH= cm
(3) cm^2	(4) cm^2

4

(1)	(2)
(3)	(4)

5

(1) B(,)	(2) D(,)
(3)	(4)

国語科（高）

受験番号の欄は左端にある。忘れないこと。

国高令4

※100点満点
（配点非公表）

解答用紙

一

- 問一 a b c d e
- 問二 Ⅰ Ⅱ
- 問三
- 問四 ア イ ウ エ オ
- 問五
- 問六

二

- 問一 A B C
- 問二
- 問三
- 問四
- 問五
- 問六
- 問七

三

- 問一 A （りて） B （る）
- 問二 C D
- 問三 X Y
- 問四
- 問五
- 問六 (1) (2)
- 問七

受験番号

⑥ 社高令4

問4　下線部④についての説明として正しいものを，次の中から一つ選んで記号で答えよ。

ア．各地方公共団体が借り入れる，返済義務のある財源

イ．各地方公共団体が，その地域の住民から直接徴収する財源

ウ．国が義務教育や道路整備など使いみちを指定して支給する財源

エ．国が，地方公共団体間の財政格差をおさえるために支給する財源

問5　下線部⑤に関して，法律の制定や改正について述べた文として正しいものを，次の中から一つ選んで記号で答えよ。

ア．内閣提出法案より議員提出法案の方が成立率が高い。

イ．衆議院で可決された後，参議院で否決された法律案は直ちに廃案となる。

ウ．法律の改正は，各議院の総議員の３分の２以上の賛成を得なければならない。

エ．法案審議の過程で，利害関係者や学識経験者からの意見をきく公聴会が開かれることがある。

問6　下線部⑥に関して，少子高齢化は平均寿命がのびる一方で，出生率が低下することによって生じる。一人の女性が一生の間に生む子どもの平均人数を合計特殊出生率とよぶが，2019年の日本の合計特殊出生率として最も適切なものを，次の中から一つ選んで記号で答えよ。

ア．4.32　　イ．2.07　　ウ．1.36　　エ．0.63

問7　下線部⑦に関して，日本国憲法の解釈上，人にはみずからの個人情報をみだりに公開されない権利があるとされている。この権利を何というか答えよ。

6

次の会話は，高校生の愛さんと，兄の誠さんが，両親の結婚記念日を前に交わしたものである。この会話文を読んで，後の問いに答えよ。

愛：お兄ちゃん，来週のお父さんとお母さんの結婚記念日，何かプレゼントするの？

誠：ああ，７月２３日のことだね。せっかく①祝日になったことだし，「ＡＢＣ珈琲《コーヒー》」にみんなで行ってみようか。ぼくがごちそうするよ。

愛：ついこの前②国道沿いにオープンしたコーヒーのチェーン店ね。私，行ってみたかったんだ。③会社もお休みなのね。

誠：そうなんだ。ちょうど買ったばかりの僕の車もあるし。

愛：社会人１年生で，車を買うなんてリッチだよね。

誠：④銀行で借りたローンの支払いがたいへんだよ。

愛：おばあちゃんに頭金を出してもらったでしょ。おばあちゃんは⑤年金で暮らしているんだから，あんまり甘えちゃ駄目よ。

誠：はい，はい。わかりました。それで，愛はどうするの？

愛：私は一日家の仕事を全部しようかなと思ってる。

誠：全部！？　たいへんじゃないか。

愛：もちろん，お兄ちゃんも一緒にするの！　うちは⑥両親とも外に仕事をもって，その「たいへん」なことも２人でこなしているんだから，これぐらい当然だわ。

誠：それで食事のメニューとかは決めているの？

愛：家の庭で茄子《なす》とトマトが収穫できるから，夏野菜のカレーとサラダにしようと思っているの。足りない材料は，当日の朝⑦地元の農産物の直売所に買いに行くから，ご自慢の新車の運転，よろしくね。

誠：ええと，買うものはカボチャとキュウリと⑧牛肉と…

愛：肉とカレールーを買うのに，スーパーマーケットにも寄ってね。

問1　下線部①に関して，2021年7月23日が祝日になった理由を簡潔に述べよ。

問2　下線部②に関して，近年のコーヒー店においては，手話のできる店員を雇用し，手話の手元や口の動きが見やすいように照明を明るくし，さらにドリンクができあがったときに番号表示されるデジタル掲示板を設置するところがある。このことについて，次の⑴・⑵に答えよ。

⑴　これらの工夫はどのような顧客を対象としているか簡潔に指摘せよ。

⑵　このように，誰でもが使いやすいことを念頭において，製品や環境に工夫をほどこすことを何というか，カタカナ10字で答えよ。

問3　下線部③に関して，会社企業について述べた文として**誤っているもの**を，次の中から一つ選んで記号で答えよ。

ア．会社企業には，電力・水道など公共性の高い業種の公企業が含まれる。

イ．株式会社の株主は，株主総会で保有する株式数に応じた議決権を行使できる。

ウ．地場産業の担い手や，高い技術力で独自の地位を確立した中小企業がある。

エ．会社企業は，法令や社会的規範を守りながら利潤を獲得する責任を負う。

問4　下線部④に関して，銀行と金融について述べた文として正しいものを，次の中から一つ選んで記号で答えよ。

ア．銀行から資金を借り入れることは，直接金融にあたる。

イ．銀行は貸付業務のほか，預金の受け入れと為替業務をおこなう。

ウ．借入金の金利は，一般に預金金利より低く設定される。

エ．市中銀行は，他の金融機関から資金を借り入れることが禁じられている。

問5　下線部⑤に関して，日本の現行の社会保障制度は，次の「四つの柱」で構成されている。このうち「年金」に最も関連の深いものを，次の中から一つ選んで記号で答えよ。

ア．社会保険　　イ．公的扶助　　ウ．公衆衛生　　エ．社会福祉

問6　下線部⑥に関して，男女がともに協力しながら利益と責任を分かち合う社会の実現をめざして，1999年に制定された法律の名称を答えよ。

問7　下線部⑦に関して，ある地域で生産されたものを，産地と同一の地域内で消費することを「地産地消」という。地産地消にはさまざまなメリットがあることが指摘されているが，このうち，生産者と消費者の物理的距離が近いことから生じる消費者のメリットを，40字以内で述べよ。

問8　下線部⑧に関して，外国産の牛肉が日本国内で値下がりする要因となり得るものを，次の中から一つ選んで記号で答えよ。

ア．外国為替市場において，円安が進行した。

イ．天候不順の影響により，世界的に家畜飼料が値上がりした。

ウ．日本政府が，一時的に牛肉の輸入関税を引き上げた。

エ．感染症対策として，外食産業に休業が求められた。

問7　下線部⑦に関して，明治時代には同志社英学校など独自の校風をもつ私立学校が設立されたが，山川捨松とともに女子留学生として岩倉使節団に同行してアメリカに渡り，帰国後に女子英学塾を創設し，女子への高等教育を進めた人物は誰か答えよ。

問8　空欄［　⑧　］にあてはまる人名を答えよ。

問9　下線部⑨に関して，大正時代の女性に関して述べた文として**誤っているもの**を，次の中から一つ選んで記号で答えよ。

ア．タイピストや電話交換手など，職業をもつ「職業婦人」が増加した。
イ．女性の洋装が少しずつ広がり，先端的な洋装をする女性は「モガ」とよばれた。
ウ．平塚らいてうは，女性の政治活動の自由を求める運動を推進した。
エ．普通選挙法の制定にともない，満25歳以上の女性に選挙権が与えられた。

問10　下線部⑩に関して，兵士が深刻な怪《け》我《が》を負った背景には，科学技術の発達により兵器の殺傷能力が強まったことがある。このように，実際の戦闘だけでなく経済活動や科学技術など，国力のすべてをつぎ込むような戦争のあり方を何というか。漢字３字で答えよ。

問11　下線部⑪に関して，戦時中は多くの労働者が戦地に召集されて労働力が不足したため，中学生や女学生が授業を受けるかわりに工場などで働くこととなった。このことを何というか，漢字４字で答えよ。

問12　下線部⑫に関して，GHQの指導による戦後改革について述べた文として**誤っているもの**を，次の中から一つ選んで記号で答えよ。

ア．教育の民主化が推進され，教育基本法が制定された。
イ．財閥解体と地租改正により，財閥や地主の力の削減が図られた。
ウ．国民主権，人権尊重，平和主義を三大原則とする新憲法案が示された。
エ．労働運動が奨励され，労働三法が相次いで制定された。

5　国勢調査について述べた次の文章を読んで，後の問いに答えよ。

2020年には，５年に１度の国勢調査がおこなわれた。国勢調査とは，国内の人口や①世帯の実態を明らかにするため，②外国人も含めた日本に住んでいるすべての人および世帯を対象におこなわれる統計調査である。調査の実施事務は総務省の統計局が担当し，実地調査に関する事務は地方公共団体に委託されている。住民基本台帳でも氏名や出生年月日，男女の別などを把握することができるが，国勢調査では男女・年齢別などの基本事項と組み合わせた産業別・職業別の就業者数，昼間人口と夜間人口の違いなど，より生活実態に即したデータを得ることができる。

この調査による人口の統計は，③衆議院議員選挙の小選挙区の区割りの改定，④地方交付税交付金の配分額，都市計画の策定，過疎地域の要件などにおいて，基準とすることが⑤法律で定められている。また，それ以外にも我が国の⑥少子高齢化の将来予測，地域の人口の将来見通し，防災計画の策定など，国や地方公共団体の行政のさまざまな場面で広く利用される。さらには民間企業や研究機関にも利用され，国民生活に役立てられている。

このような理由から，統計法は国勢調査の調査対象者に報告を義務づけている。また，調査に従事するすべての人に対して，調査で知り得た⑦個人情報を漏らさないよう規定している。

問1　下線部①に関して，日本の世帯を家族類型でみたとき，親と子ども，あるいは夫婦だけの世帯が多くみられる。これについて次の(1)・(2)に答えよ。

(1)　親と子ども，あるいは夫婦だけの世帯を何というか答えよ。
(2)　親権，婚姻できる年齢などの親子関係や夫婦関係について定めている法律は何か答えよ。

問2　下線部②に関して，次のグラフは日本で暮らす外国人の割合を示したものである。グラフ中のX・Yにあてはまる国名の組み合わせとして正しいものを，下のア～カから一つ選んで記号で答えよ。ただし，選択肢内でのX・Yの順序は問わないこととする。

X	Y	韓国	フィリピン	ブラジル	その他
27.0%	15.5%	14.8%	9.7%	7.2%	25.8%

グラフ：令和２年末における「国籍・地域別在留外国人」の構成比（法務省ホームページより）

ア．アメリカ・オーストラリア　　イ．アメリカ・中国
ウ．アメリカ・ベトナム　　エ．オーストラリア・中国
オ．オーストラリア・ベトナム　　カ．中国・ベトナム

問3　下線部③はどのような目的でおこなわれるか，2009年，2012年，2014年に最高裁判所が出した違憲判決を念頭において，15字以内で説明せよ。

問11 下線部⑪に関して，禁中並公家諸法度の発令と同年(1615年)，第２代将軍徳川秀忠の名で武家諸法度が発せられた。以後，将軍の代替わりごとに武家諸法度が発せられているが，次の文ａ～ｄのうち，その内容に含まれるもの２つの組み合わせを，下のア～エから一つ選んで記号で答えよ。

ａ　城を修理する際に必ず幕府の許可を得ること。
ｂ　日本人の海外渡航と帰国を禁止すること。
ｃ　外国船が接近してきたら大砲を撃って打ち払うこと。
ｄ　大名は領地と江戸に交替で住むこと。

ア．ａ・ｃ　　イ．ａ・ｄ　　ウ．ｂ・ｃ　　エ．ｂ・ｄ

問12 下線部⑫に関して，この狂歌が詠《よ》まれた時期の文化について述べた文として最も適切なものを，次の中から一つ選んで記号で答えよ。

ア．杉田玄白や前野良沢らにより，『解体新書』が刊行された。
イ．尾形光琳が装飾画を大成し，『風神雷神図屏風』などの作品を残した。
ウ．千利休は，質素で静かな雰囲気を重んじる茶道を大成した。
エ．人形浄瑠璃では，脚本家の近松門左衛門が『曽根崎心中』を発表した。

問13 下線部⑬に関して，孝明天皇の在位した期間に起こった次のできごとⅠ～Ⅲを，年代の古い順に正しく配列したものを，下のア～カから一つ選んで記号で答えよ。

Ⅰ　強権をふるった幕府大老の井伊直弼が暗殺された。
Ⅱ　長州藩が外国船の砲撃の報復を受け敗北した。
Ⅲ　日米修好通商条約に基づいた自由貿易が始まった。

ア．Ⅰ→Ⅱ→Ⅲ　　イ．Ⅰ→Ⅲ→Ⅱ　　ウ．Ⅱ→Ⅰ→Ⅲ
エ．Ⅱ→Ⅲ→Ⅰ　　オ．Ⅲ→Ⅰ→Ⅱ　　カ．Ⅲ→Ⅱ→Ⅰ

4 看護の歴史について述べた次の文章を読んで，後の問いに答えよ。なお，現在は医療現場で看護をおこなう人を「看護師」と称するが，2002年以前は「看護婦」(女性)，「看護士」(男性)という呼称が使用されていた。設問の都合上，文中ではこれらの呼称を混在させて使用している。

けが人や病人の手当や世話をする看護という活動は，古くからおこなわれてきた。中世ヨーロッパでは修道院が看護活動の場となり，①フランス革命では医療改革も進められ，女子修道会から看護婦が動員された。近代看護の生みの親とされるのが，19世紀中期の②クリミア戦争での看護活動で活躍し「クリミアの天使」とよばれた［　③　］である。この人物は従軍看護師として活躍する一方，兵士の死亡原因の分析や看護学校の設立などの活動でも大きな足跡を残した。

日本における看護教育の先駆者として，山川(大山)捨松《すてまつ》と高木兼寛《かねひろ》が知られている。山川捨松は1871年の岩倉使節団に随行した女子留学生の一人としてアメリカに渡り，さまざまな学問を修める中で上級看護婦の免許も取得した。一方，高木兼寛も1870年代にイギリスに留学し，［　③　］が設立した看護学校も視察して看護の重要性を学んで帰国した。高木は看護学校の設立は急務と考えていたが，④1880年代は国内外で問題が山積していた時期であり，財源の確保が難しかった。そのような中，捨松が⑤鹿鳴館でバザーをおこない，この収益金などによって日本初の看護学校の設立が実現した。

⑥日清・日露戦争の際には，新島八重が篤志《とくし》看護婦として従軍し，看護師の地位向上に努めた。⑦新島八重は夫の新島襄とともに同志社英学校(現在の同志社大学)の設立・運営に尽力した人物である。また，1918年には看護婦養成所が設置されたが，この養成所の設置を進めたのは，破傷風の血清療法の発見や伝染病研究所の設立でも知られる細菌学者の［　⑧　］である。このような人びとの活動もあり，大正時代には看護婦という職業が定着し⑨女性の社会進出にも大きな影響を与えた。

多くの兵士が傷つく戦地は，看護活動が必要な場所でもある。第一次世界大戦では看護活動のために日本人看護婦たちがパリに派遣されたが，日露戦争での看護活動を経験した彼女たちでも，⑩ここでの負傷兵の数の多さや怪我《けが》の様子の深刻さには恐怖をおぼえたという。また太平洋戦争では戦局の悪化とともに多くの従軍看護婦も犠牲となった。特に⑪沖縄戦では女学生が看護要員としてひめゆり隊などの女子学徒隊に編制され，その多くが戦場で命を落とした。

戦後，日本では⑫GHQの指導により看護婦などの活動を支援する職能団体が設立され，1951年に日本看護協会となった。この協会の活動などにより，現在でも看護活動の向上や看護領域の拡大が進められている。

問１ 下線部①に関して，フランス革命は医療や看護だけでなくさまざまな場面で影響を与えたが，フランス革命の影響について述べた文として正しいものを，次の中から一つ選んで記号で答えよ。

ア．ロックは革命の影響を受けて，人間の自由や平等を主張する啓蒙思想を唱えた。
イ．ナポレオンは，法の下の平等や経済活動の自由を定める民法を制定した。
ウ．フランスはヨーロッパの大部分を支配し，世界に先がけて産業革命を実現した。
エ．自由と平等を求める革命はイタリアにも及び，ビスマルクが革命を指導した。

問２ 下線部②に関して，クリミア戦争はロシアが黒海から地中海に進出しようとして起こった戦争であるが，このように地中海や中央アジアなどに進出しようとするロシアの対外政策を何というか。漢字４字で答えよ。

問３ 空欄［　③　］にあてはまる人名を答えよ。

問４ 下線部④に関して，1880年代のできごとについて述べた文として正しいものを，次の中から一つ選んで記号で答えよ。

ア．政府に不満をもつ士族は，西南戦争などの反乱を起こした。
イ．大久保利通は，内閣制度を創設し初代の内閣総理大臣となった。
ウ．日本は，朝鮮で勃発した甲午農民戦争に介入した。
エ．東日本を中心に，民権派が関係する大規模な騒動が起こった。

問５ 下線部⑤について，この洋館は当時の条約改正交渉を担当した外務卿による欧化政策の一環として1883年に建設された。この外務卿を次の中から一つ選んで記号で答えよ。

ア．陸奥宗光　　イ．渋沢栄一　　ウ．井上馨　　エ．大隈重信

問６ 下線部⑥に関して，日清戦争から日露戦争にかけての次のできごとⅠ～Ⅲを，年代の古い順に正しく配列したものを，下のア～カから一つ選んで記号で答えよ。

Ⅰ　義和団が北京にある各国公使館を包囲し，清が日本などに宣戦布告した。
Ⅱ　日本はイギリスとの間に日英同盟を結び，ロシアに対抗する姿勢を示した。
Ⅲ　韓国における日本の優越権を認める内容の講和条約が結ばれた。

ア．Ⅰ→Ⅱ→Ⅲ　　イ．Ⅰ→Ⅲ→Ⅱ　　ウ．Ⅱ→Ⅰ→Ⅲ
エ．Ⅱ→Ⅲ→Ⅰ　　オ．Ⅲ→Ⅰ→Ⅱ　　カ．Ⅲ→Ⅱ→Ⅰ

3 年号(元号)や改元に関する歴史について述べた次の文章**A**～**C**を読んで，後の問いに答えよ。

A わが国最初の年号は「大化《たいか》」(西暦645～650年)とされる。年号は①遣隋使や遣唐使の派遣によってもたらされた中国文化の一つで，中国では漢の武帝のときの「建元《けんげん》」に始まる。後醍醐天皇が用いた「建武《けんむ》」は，②後漢の光武帝に倣《なら》ったものである。また，日本では「明治《めいじ》」改元にともなって一世一元の制が採用され，年号は元号とよばれるようになったが，中国ではすでに③明の洪武帝(朱元璋)のときに一世一元の制がとられている。「大化」以後は年号が存在しない時期もあったが，文武天皇のときの④「大宝《たいほう》」以後は継続的に年号が用いられた。日本の年号は漢字２字がほとんどであるが，⑤奈良時代には「天平勝宝《てんぴょうしょうほう》」や「天平宝字《てんぴょうほうじ》」など４字年号が使用されたこともあった。年号・元号に使用された文字は⑥「永」が最も多く29回である。ちなみに，「令和《れいわ》」の「和」は５番目で20回目になるが，「令」は初めて採用された。

問１ 下線部①に関して，日本と東アジア諸国との交流について述べた文として最も適切なものを，次の中から一つ選んで記号で答えよ。

ア．推古天皇は，隋に朝貢するため聖徳太子らを派遣した。

イ．遣隋使によって，日本に初めて漢字が伝えられた。

ウ．８世紀に日本から派遣された鑑真は，帰国のあと天台宗を開いた。

エ．奈良時代には，唐のほか新羅や渤海とも外交使節が往来した。

問２ 下線部②に関して，後漢の時代と同時期の日本列島の状況について述べた文として最も適切なものを，次の中から一つ選んで記号で答えよ。

ア．人びとは農耕をおこなわず，狩猟と採集により食料を獲得した。

イ．占いやまじないの風習がさかんで，数多くの埴輪がつくられた。

ウ．青銅製の金属器が，集団の祭りのための宝物として使われた。

エ．大阪平野には，大仙古墳などの巨大な前方後円墳がつくられた。

問３ 下線部③に関して，明は1368年に建国され1644年まで続いた。この間に世界で起こったできごとを，次の中から一つ選んで記号で答えよ。

ア．マゼランの艦隊が世界一周を達成した。

イ．西ヨーロッパ諸国が第１回十字軍を派遣した。

ウ．アメリカで南北戦争が始まった。

エ．イギリスが「世界の工場」とよばれた。

問４ 下線部④に関して，大宝元年には大宝律令が制定された。律令のしくみについて述べた次の文**a**～**d**のうち，正しいもの２つの組み合わせを，下のア～エから一つ選んで記号で答えよ。

a 戸籍に登録された６歳以上の人に，性別や身分に応じた口分田が与えられた。

b 郡司や里長などの地方の行政官は，すべて中央政府から交代で派遣された。

c 租・調・庸などの税は国司のもとに集められ，国司が中央政府へ納付した。

d 成年男子には兵役が課され，九州北部の防衛のため防人に選ばれる者もいた。

ア．**a**・**c**　　イ．**a**・**d**　　ウ．**b**・**c**　　エ．**b**・**d**

問５ 下線部⑤に関して，奈良時代の文化作品に**あてはまらないもの**を，次の中から一つ選んで記号で答えよ。

ア．興福寺阿修羅像　　イ．中尊寺金色堂　　ウ．鳥毛立女屏風　　エ．螺鈿紫檀五絃琵琶《らでんしたんごげんびわ》

問６ 下線部⑥に関して，「永」の文字がつく年号のときのできごとを，次の中から一つ選んで記号で答えよ。

ア．天智天皇の弟が皇位をめぐる争いに勝利し，天武天皇として即位した。

イ．後鳥羽上皇が北条義時追討を命じたが，幕府軍に敗れて隠岐へ流された。

ウ．北条泰時が御家人社会を対象として，初めての武家法を制定した。

エ．元軍が襲来したが，石塁や御家人の奮闘に阻まれて上陸できず撤退した。

B 幕末期の「[⑦]」以前は，一世一元の制が採用されていなかったため，しばしば改元がおこなわれた。改元をおこなうのは朝廷であったが，年号の使用には政治情勢が強く反映されることもあった。例えば，1180年に始まる源平の争乱は，年号をとって「治承《じしょう》・寿永《じゅえい》の乱」とよばれるが，源頼朝は朝廷が改元した「養和《ようわ》」(西暦1181～82年)とそれに続く「寿永」(西暦1182～83年)の年号を認めず，改元以前の「治承」の年号を用いた。これは，「治承」から「養和」への改元が，[⑧]の娘が高倉天皇との間にもうけた安徳天皇の即位にともなうものであったことによる。⑨1336年からの50数年間は，同時期に二つの年号が使用されたこともあった。また，時の政権掌握者の意向によって改元されることもあり，1570年に「永禄《えいろく》」から改元された「元亀《げんき》」は，室町幕府15代将軍足利義昭が長寿の象徴である「亀」を年号に織り交ぜて幕府の長久を願ったものといわれるが，1573年には足利義昭を京都から追放した[⑩]の意向によって「天正《てんしょう》」へ改元された。

問７ 空欄[⑦]にあてはまる年号を，次の中から一つ選んで記号で答えよ。

ア．慶応　　イ．正徳　　ウ．慶長　　エ．戊辰

問８ 空欄[⑧]にあてはまる人名を答えよ。

問９ 下線部⑨について，この時期に二つの年号が同時期に使用された理由を，文章**B**の内容を参考にしながら20字以内で説明せよ。

問10 空欄[⑩]にあてはまる人名を答えよ。

C 江戸時代になると，幕府は⑪禁中並公家諸法度を出して，改元の権限を事実上幕府のものとした。改元は，従来と同じく，天皇の即位などの慶事や天変地異などの凶事を理由におこなわれた。1772年には江戸の三大大火の一つに数えられる目黒行人坂《めぐろぎょうにんざか》の大火が起こり，この年が「明和九年《めいわくねん》」すなわち「迷惑年」であるとして，「安永《あんえい》」に改元された。当時は物価上昇が続いており，これは改元によっても変わらなかったため，⑫「年号は安く永しと変われども　諸色高色《しょしきこうじき》(注)いまにめいわ九」という狂歌が詠《よ》まれた。当時の政権に対する狂歌には，「浅間しや富士より高き米相場　火の降る江戸に灰の降るとは」もあり，天明の飢饉《ききん》の被害を拡大させることになった浅間山の大噴火とその降灰が詠み込まれている。幕末期の⑬孝明天皇の在位中(1846～67年)には，動乱の世相を反映して，「安政《あんせい》」や「文久《ぶんきゅう》」など６回も改元されている。

(注) 諸色高色：諸物価が上昇していること。

② 社高令4

2 次の図は日本を北から南まで新幹線で移動したときの経路を示したものである。これに関して，後の問いに答えよ。

経路A

新函館北斗 ＝①＝ 新青森 ＝②＝ 仙　台 ＝③＝ 宇都宮 ＝④＝ 東　京

経路B

東　京 ＝⑤＝ 新横浜 ＝⑥＝ 静　岡 ＝⑦＝ 名古屋 ＝⑧＝ 新大阪

経路C

新大阪 ＝⑨＝ 岡　山 ＝⑩＝ 広　島 ＝⑪＝ 博　多 ＝⑫＝ 鹿児島中央

問1　経路A～Cに示された13の駅が所在する都市(「東京駅」は東京都区部＝東京23区として考える)に関して，次の(1)・(2)に答えよ。

(1)　これらの13の都市のうち，昼夜間人口比率が100を超えていない都市が2つある。そのいずれかを**駅名で**答えよ。なお，昼夜間人口比率とは昼間人口÷常住人口(夜間人口)×100で求められる数値で，常住人口100人あたりの昼間人口の割合を示す。

(2)　(1)で選んだ都市について，昼夜間人口比率が100を超えていないことから推定される状況を述べた文として最も適切なものを，次の中から一つ選んで記号で答えよ。

ア．人口が100万人を超えており，今後も急速な人口の増加が見込まれている。

イ．人口は100万人を超えているが，今後は急速な人口の減少が見込まれている。

ウ．近隣の都市にある企業や学校に，多くの通勤・通学者を送り出している。

エ．企業や学校が集中する大都市で，近隣から多くの通勤・通学者を受け入れている。

問2　次の(1)～(3)の河川は，いずれも新幹線の経路を横切っている。図中①～⑫のどの区間で横切るか，それぞれ番号で答えよ。

(1)　阿武隈川　　(2)　天竜川　　(3)　木曽川

問3　図中①の区間は，本州と北海道を結ぶ海底トンネルになっている。このトンネルが通っている海峡名を答えよ。

問4　図中②・⑨・⑫の区間には，経路上に県庁所在地の都市がそれぞれ一つずつある。次の表は，これらの都市についてまとめたものである。⑨の区間に位置する都市を，表中のア～ウから一つ選んで，記号で答え，さらに都市名も答えよ。

	人口(万人)	都市の情報
ア	72.7	県名と同じ名称の政令指定都市
イ	148.4	県名と異なる名称の政令指定都市
ウ	28.6	県名と異なる名称で政令指定都市ではない

人口のデータは二宮書店『データブック オブ・ザ・ワールド2021年版』による。

問5　図中⑦の区間には，フォッサマグナとよばれる大地溝帯が存在する。フォッサマグナについて述べた文として**誤っているもの**を，次の中から一つ選んで記号で答えよ。

ア．「フォッサマグナ」はラテン語で「おおきなみぞ」という意味で，多くの断層が集まっている。

イ．フォッサマグナより東側では，山脈の向きはほぼ南北方向に並んでいる。

ウ．フォッサマグナには多くの火山が噴出し，火山噴出物はおもに西側に多く堆積している。

エ．フォッサマグナの西側の線は，日本海側の糸魚川市と太平洋側の静岡市を結んだ線付近であると考えられている。

問6　図中の太枠で囲んだ仙台・新横浜・名古屋・広島の各駅が所在する都市に関して，次の(1)～(3)に答えよ。

(1)　これらの都市のうち，人口が2番目に多い都市はどこか答えよ。

(2)　駅弁には，その地域の文化や特色が反映されたものも多い。次のア～エの駅弁のうち，広島駅(広島市)で販売されているものを一つ選んで，記号で答えよ。

ア．さんま寿司　　イ．しゃもじかきめし　　ウ．元気甲斐《かい》　　エ．高原野菜とカツの弁当

(3)　次の表は，これらの都市が所在する各県の人口密度・鉄鋼業出荷額・米の生産量を示したものである。このうち，仙台が所在する県はどれか，表中のア～エから一つ選んで，記号で答えよ。

	人口密度(人/km²)	鉄鋼業出荷額(億円)	米(水稲)(トン)
ア	316.7	1,915	377,000
イ	1,459.9	25,210	134,300
ウ	3,806.8	7,117	14,200
エ	330.7	13,237	112,800

矢野恒太記念会『日本国勢図会2021/22』より作成

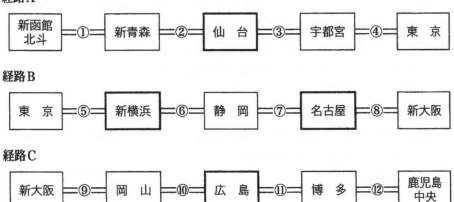

①　社会科（高）

社高令4　(50分)

（注意）　解答はすべて解答用紙に記入しなさい。

1　次の表は，1996年～2016年の間に夏季オリンピックが開催された都市が所在する国の人口，面積およびその国の輸出品上位5品目を示したものである。また，下の図は，オリンピックが開催された都市を経緯線上に示したものである。これらに関して，後の問いに答えよ。

国	面　積（千㎢）	人　口（千人）	輸出品 1位	2位	3位	4位	5位
A	9,834	331,003	機械類	自動車	石油製品	精密機械	原　油
B	7,692	25,500	鉄鉱石	石　炭	金(非貨幣用)	肉　類	機械類
C	132	10,423	石油製品	機械類	野菜と果実	医薬品	アルミニウム
D	9,600	1,439,324	機械類	衣　類	繊維と織物	金属製品	自動車
E	242	67,886	機械類	自動車	医薬品	金(非貨幣用)	原　油
F	8,516	212,559	大　豆	原　油	鉄鉱石	機械類	肉　類

二宮書店『データブック オブ・ザ・ワールド2021年版』より作成

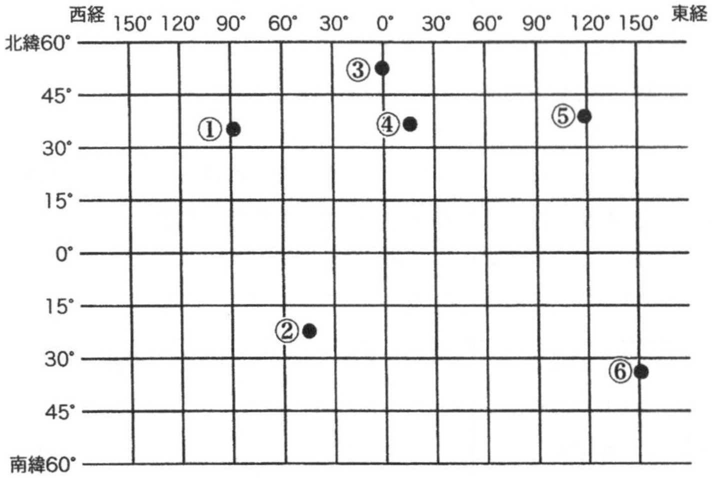

問1　図中①・③・⑤・⑥の都市が所在する国を，表中のA～Fからそれぞれ選んで記号で答えよ。

問2　図中③の都市が1月3日午後4時の時，⑥の都市は1月何日の何時になるか答えよ。

問3　図中④の都市，および次にあげるかつての夏季オリンピックの開催都市には気候に関する共通点がみられる。このことについて述べた文として正しいものを，次の中から一つ選んで記号で答えよ。

ローマ(1960年)　　ロサンゼルス(1932年・1984年)　　バルセロナ(1992年)

ア．気温の年較差が大きく，年間を通して降水量が多くみられる気候。

イ．夏季に高圧帯の影響を受けて乾燥し，冬季に降水がみられる気候。

ウ．偏西風や暖流の影響を受け，年間を通して気温と降水量の差が小さい気候。

エ．年間を通して雨が少なく，背の低い草原が広くみられる気候。

問4　表中のA国に関して，次の(1)・(2)に答えよ。

(1)　この国のおもに西部の放牧地帯で見られ，濃厚飼料で集中的に肥育する肉牛の肥育場を何というか答えよ。

(2)　この国では，輸出品の5位に原油が入っているように，地下資源の産出が近年増加している。この国に豊富に埋蔵されており，地下数千メートルの深い頁岩《けつがん》層から取り出されている天然ガスを何というか答えよ。

問5　表中のB国について述べた文として正しいものを，次の中から一つ選んで記号で答えよ。

ア．東部には環太平洋造山帯に属するけわしい山脈がみられる。

イ．主要言語はポルトガル語であるが，先住民の言語も話されている。

ウ．中央部に草原が広がり，ハリケーンの被害を受けることもある。

エ．APECに参加して，アジアとの結びつきを強めている。

問6　表中のC国に関して，次の表中のア～エは，イギリス・フランス・スウェーデンおよびC国における耕地・樹園地，牧場・牧草地，森林の割合と農業従事者一人あたりの農地面積を示したものである。このうちC国はどれか，一つ選んで記号で答えよ。

	耕地・樹園地 (%)	牧場・牧草地 (%)	森林 (%)	農業従事者一人あたりの農地面積 (ha)
ア	25.0	22.4	31.5	13.6
イ	6.3	1.1	68.9	33.7
ウ	25.3	46.9	13.0	45.9
エ	35.5	16.9	31.0	40.0

二宮書店『データブック オブ・ザ・ワールド2021年版』より作成

問7　次のⅠ～Ⅲの文は，表中のD国に関して述べたものである。Ⅰ～Ⅲの正誤の組み合わせとして正しいものを，下のア～クから一つ選んで記号で答えよ。

Ⅰ　人口を抑制するために，子どもの数を原則1人に制限する政策が，すべての民族に実施され，現在も続けられている。

Ⅱ　1980年代以降，外国企業の進出を促し，経済を発展させるためにシェンチェンやチューハイなどに経済特区を設けた。

Ⅲ　地下資源の多い内陸部は，生産性が高く，沿岸部よりも人口一人あたりの総生産額が高い地域が多くみられる。

ア．Ⅰ－正　Ⅱ－正　Ⅲ－正　　イ．Ⅰ－正　Ⅱ－正　Ⅲ－誤

ウ．Ⅰ－正　Ⅱ－誤　Ⅲ－正　　エ．Ⅰ－正　Ⅱ－誤　Ⅲ－誤

オ．Ⅰ－誤　Ⅱ－正　Ⅲ－正　　カ．Ⅰ－誤　Ⅱ－正　Ⅲ－誤

キ．Ⅰ－誤　Ⅱ－誤　Ⅲ－正　　ク．Ⅰ－誤　Ⅱ－誤　Ⅲ－誤

5　次の文章を読んで，後の問いに答えよ。ただし，割り切れない場合は，小数第3位を四捨五入して小数第2位まで答えよ。

豆電球は，ガラス球の中にあるフィラメントに電流が流れることで発熱し高温になって発光する。豆電球Aにかかる電圧を 0Vから 0.20Vまで変化させながら，豆電球に流れる電流を測定した。

また，オームの法則が成り立つ抵抗Bについても同様に測定した。それらの結果は，図1のようになった。

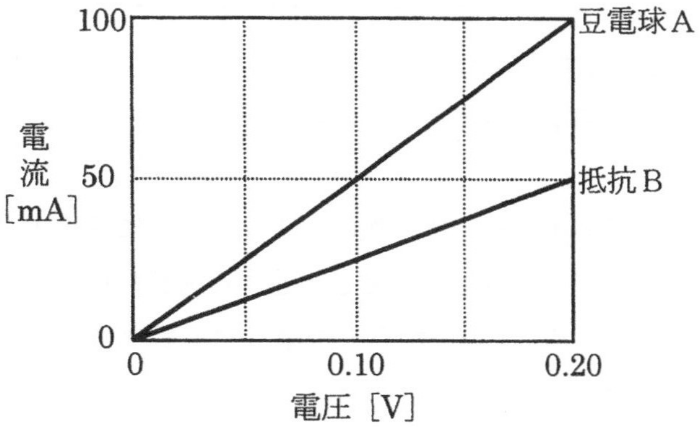

図1

問1　抵抗Bは何Ωか。

問2　豆電球Aに 0.10Vの電圧をかけ，電流を 10 分間流した。この間に豆電球Aに発生した熱量は何Jか。

次に，豆電球A，抵抗Bと同じものを2つずつ用意して図2のように接続し，その両端L，Mに電圧をかけた。a点～d点の各点を流れる電流をそれぞれ I_a，I_b，I_c，I_d とする。このとき，a点を流れる電流 I_a は，90mA であった。

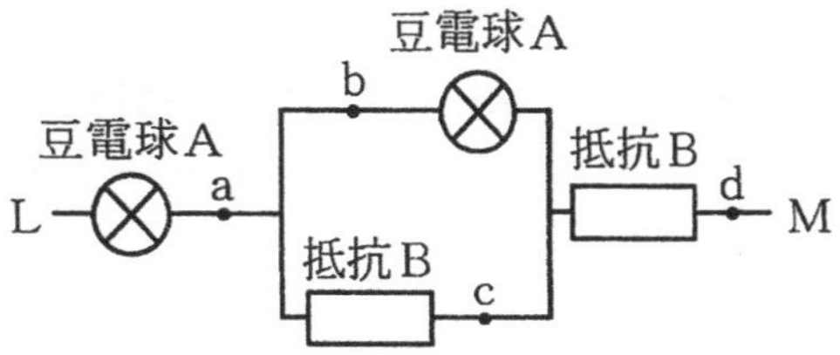

図2

問3　各点を流れる電流の大小関係を正しく表しているのはどれか。次のア～カの中から1つ選んで，記号で答えよ。

ア　$I_a = I_b = I_c = I_d$　　**イ**　$I_a > I_b > I_c > I_d$

ウ　$I_a > I_c > I_b > I_d$　　**エ**　$I_a = I_d > I_b = I_c$

オ　$I_a = I_d > I_b > I_c$　　**カ**　$I_a = I_d > I_c > I_b$

問4　このときの両端L，Mの電圧は何Vか。

次に，豆電球Aにかかる電圧を 0V から 1.10V まで変化させながら，豆電球Aに流れる電流を測定した。また，抵抗Bについても同様に測定したところ，図3のようになった。この測定において，豆電球Aのフィラメントは，電圧が 0.80V を過ぎたころから赤みをおび，電圧が 1.00V を過ぎたころにはフィラメントが光り始めた。

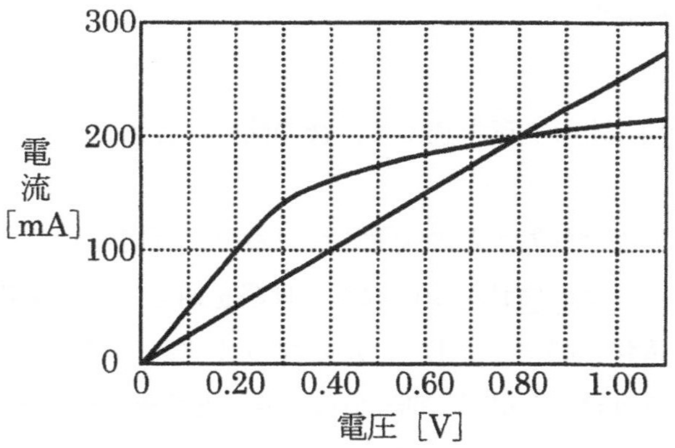

図3

また，豆電球Aと2つの抵抗Bを図4のように接続し，両端P，Qに電圧をかけるとe点を流れる電流は 200 mA であった。

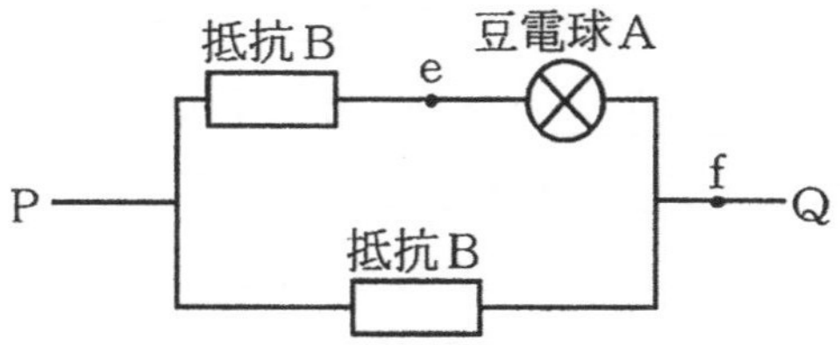

図4

問5　f点を流れる電流は何mAか。

次に，図5のように抵抗Bとは異なる抵抗値の抵抗Cを用意して両端S，Tに図4の両端P，Qにかけた電圧と同じ電圧をかけた。このとき，抵抗Cの消費電力は図4のP－Q間の消費電力の総和と等しかった。

図5

問6　抵抗Cは何Ωか。

4 次の文章を読んで，後の問いに答えよ。

動物は外界からの刺激を受け取り，反応したり行動を起こしたりしている。1目は光を，耳は空気の振動を受け取り，神経を通してその情報を脳に送る。このように感覚器官からの情報を脳や（　①　）からなる（　②　）神経に伝える神経を感覚神経，（②）神経からの信号を筋肉に伝える神経を運動神経という。（②）神経から枝分かれした感覚神経や運動神経は（　③　）神経という。

反応には，意識的に行う反応と2意識とは無関係に起こる反応である（　④　）がある。膝の下辺りをハンマーで軽くたたくと思わず足が跳ね上がるのも無意識に起こる反応で，この反応の（②）は（①）である。右図はカエルの（②）神経を模式的に示したものである。カエルを用いて次のような実験を行った。

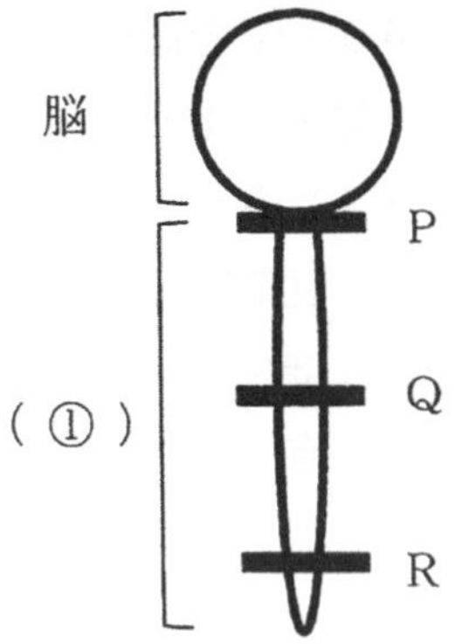

図

〔実験1〕図のP～Rのいずれかの位置で切断したのち，頭部，背中，後足の足先のいずれかに酢酸をしみ込ませた小さなろ紙を置いた。このろ紙を後足で払い落とす反応が起こるかどうかを観察したところ，右表のような結果が得られた。＋は反応が見られたこと，－は反応が見られなかったことを表す。

表

	ろ紙を置いた場所		
切断部位	頭	背中	足先
P	－	＋	＋
Q	－	－	＋
R	－	－	＋

〔実験2〕図のP～Rは切断せず，P－Q間，Q－R間，Rより下のいずれかの部分に出入りする感覚神経または運動神経を切断し，背中に酢酸をしみ込ませたろ紙を置き，後足で払い落とす反応が起こるかどうかを観察した。

問1　文章中の空欄（　①　）～（　④　）に入る適語を答えよ。

問2　下線部1について，次の（1），（2）に答えよ。

（1）光を受容する細胞は眼の何という部分に存在するか。

（2）鼓膜の振動をより大きくしてうずまき管に伝えるはたらきをするものは何か。

問3　下線部2に関して，次のア～オの記述の反応のうち，意識とは無関係に起こるものをすべて選んで記号で答えよ。

ア　暗い場所から明るい場所に入ると瞳孔（ひとみ）が小さくなる。

イ　熱いやかんに触れた瞬間に手を引っ込める。

ウ　信号が青に変わった瞬間に歩き出す。

エ　名前を呼ばれて振り返る。

オ　相手の投げたボールを取る。

問4　実験1について，次の（1），（2）に答えよ。

（1）背中に与えた刺激を伝達する感覚神経は，図のどの部分で（①）に入るか。次のア～エの中から1つ選んで，記号で答えよ。

ア　Pより上　　イ　PとQの間　　ウ　QとRの間　　エ　Rより下

（2）後足を動かす運動神経は，図の（①）のどの部分から出るか。（1）の選択肢ア～エの中から1つ選んで，記号で答えよ。

問5　実験2について，観察の結果，反応が**見られなかったもの**を次のア～カの中からすべて選んで，記号で答えよ。

ア　PとQの間に入る感覚神経を切断したとき。

イ　PとQの間から出る運動神経を切断したとき。

ウ　QとRの間に入る感覚神経を切断したとき。

エ　QとRの間から出る運動神経を切断したとき。

オ　Rより下から入る感覚神経を切断したとき。

カ　Rより下から出る運動神経を切断したとき。

3 次の文章を読んで，後の問いに答えよ。

夜空にはたくさんの星が輝いている。太陽と同じように自ら輝く（ ① ）や地球と同じように太陽の周りを公転している惑星だけでなく，ときにはほうき星ともよばれる（ ② ）なども見ることもできる。地球の周りを公転している月は，最も身近な天体の1つである。これらの星の地球からの距離はさまざまだが，地球上の観測者からは大きな球面にはりついているように見え，この見かけの球面を天球という。日本では，天頂ではなく（ ③ ）を中心として天球が｛ a ： **ア** 時計回り　**イ** 反時計回り ｝に1時間に約【 A 】度の速さで回転しているように見える。

月の満ち欠けの周期（満月から次の満月まで）は約29.5日なので，月の出は1日ごとに約【 B 】分ずつ｛ b ： **ア** 早く　**イ** 遅く ｝なり，同じ時刻に見た月の位置は1日につき約【 C 】度｛ c ： **ア** 西から東　**イ** 東から西 ｝にずれる。地球は太陽の周りを1年で公転しているため，星座の位置も少しずつ異なって見える。同じ星座を2か月後同じ位置で見るためには【 D 】時間｛ d ： **ア** 早い時刻　**イ** 遅い時刻｝に観察すればよい。

惑星の天球上での動きはさらに複雑である。下図はある年の1月から9月までの地球とある外惑星（地球の外側を公転している惑星）の位置関係と，天球上での見え方を示した模式図である。数字は各月を表し，毎月1日の同じ時刻における位置を示している。惑星が天球上を西から東へ移動することを「順行」，逆向きに移動することを「逆行」とよぶ。

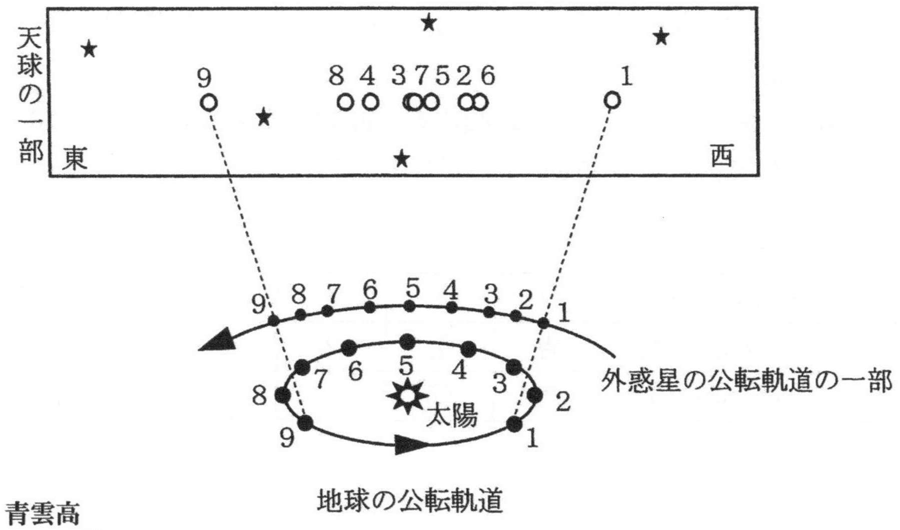

問1　長崎市の北緯を33度，公転面に垂直な方向に対する地軸の傾きを23.4度とすると，夏至の日の長崎市における太陽の南中高度はいくらか。

問2　文章中の空欄（ ① ）～（ ③ ）に入る適語を答えよ。

問3　文章中の｛ a ｝～｛ d ｝の中からそれぞれ適切なものを選んで，記号で答えよ。

問4　文章中の空欄【 A 】～【 D 】に入る数値として適当なものを次の**ア**～**キ**の中からそれぞれ1つずつ選んで，記号で答えよ。

ア 1　**イ** 2　**ウ** 4　**エ** 12
オ 15　**カ** 30　**キ** 50

問5　図に示した外惑星の見え方について述べた文として適当なものを，次の**ア**～**オ**の中からすべて選んで，記号で答えよ。

ア　内惑星（地球の内側を公転している惑星）と同様に，地球との位置関係によって満ち欠けして見える。
イ　2月頃は明け方の空に見えているため観測しにくい。
ウ　5月頃が最も明るく，大きく見えるため観測しやすい。
エ　地球が外惑星を追い越していくとき，順行から逆行に変化する。
オ　10月から11月にかけて逆行する様子が観測できる。

2　塩酸と水酸化ナトリウム水溶液を用いた〔実験1〕，〔実験2〕について，後の問いに答えよ。

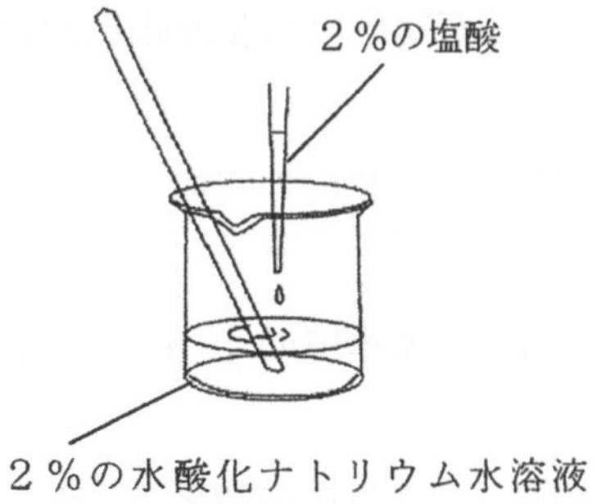

図1

〔実験1〕2％の水酸化ナトリウム水溶液5 cm^3 が入ったビーカーにBTB溶液を1～2滴加えて水溶液の色を観察した。その後，図1のように，こまごめピペットを用いて，2％の塩酸を2 cm^3 ずつ加えて，ガラス棒でかき混ぜてから水溶液の色を観察した。その結果を下の表1に示す。

表1

加えた塩酸の体積〔cm^3〕	0	2	4	6	8
水溶液の色	青	青	青	黄	黄

〔実験2〕実験1で黄色になった水溶液に2％の水酸化ナトリウム水溶液を1滴ずつ加え，水溶液が緑色になったところで加えるのをやめた。

この緑色の水溶液に，図2の装置で一定の電圧をかけると，電流が流れた。

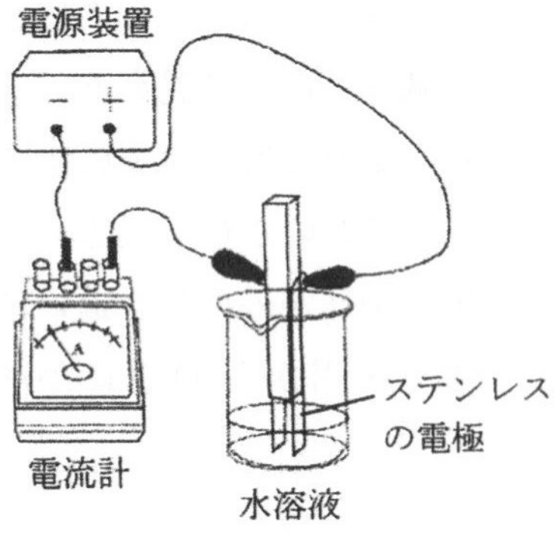

図2

問1　2％の水酸化ナトリウム水溶液5 cm^3 に含まれる水酸化ナトリウムの質量は何gか。ただし，2％の水酸化ナトリウム水溶液の密度を1 g/cm^3 とする。

問2　実験1に関して説明した次の文章中の空欄（　①　）には適語を，空欄（　②　）には化学反応式を答えよ。

BTB溶液の色が変化したのは，水酸化ナトリウム水溶液と塩酸が反応して，たがいの性質を打ち消しあったからである。この反応を（　①　）という。また，このときの化学変化を化学反応式で表すと，（　②　）となる。

問3　実験1に関して，加えた塩酸の量に対するイオンの数を表すグラフとして適当なものを，水素イオンと水酸化物イオンのそれぞれについて，次の**ア**～**オ**の中から1つずつ選んで，記号で答えよ。

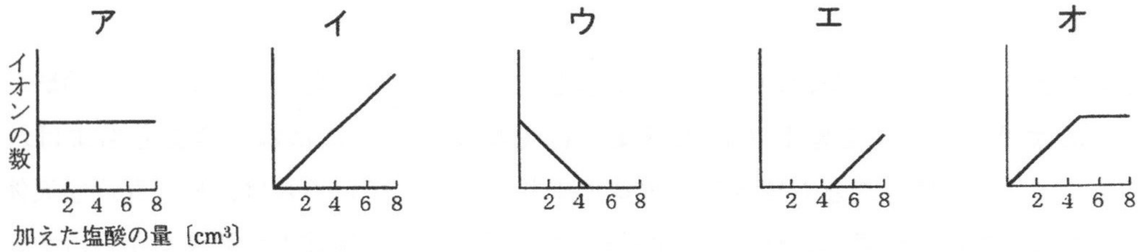

問4　実験2に関して，緑色になった水溶液中のナトリウムイオンと塩化物イオンの様子として最も適当なものを次の**ア**～**オ**の中から1つ選んで，記号で答えよ。ただし，ナトリウムイオンを ●，塩化物イオンを ○ で表している。

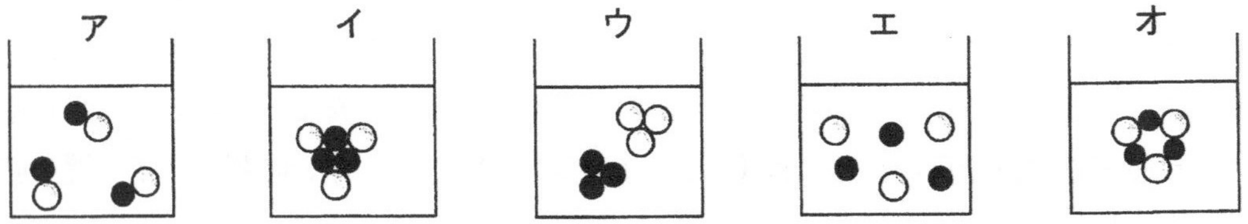

問5　下記に示すようにビーカーAとビーカーBに水溶液をつくり，それぞれのビーカーに実験1と同様にBTB溶液を1～2滴加えた。さらに，それぞれのビーカーに2％の塩酸を　2 cm^3 ずつ加え，水溶液の色を観察した。実験結果をまとめた表2の空欄①～⑧に水溶液の色を答え，表を完成させよ。

ビーカーA：2％の水酸化ナトリウム水溶液5 cm^3 に，水を加えて全体を10 cm^3 にした水溶液。

ビーカーB：2％の水酸化ナトリウム水溶液5 cm^3 に，水を加えて全体を10 cm^3 にした水溶液から，5 cm^3 とりだした水溶液。

表2　実験結果

加えた塩酸の体積〔cm^3〕	0	2	4	6	8
ビーカーAの水溶液の色	青	①	②	③	④
ビーカーBの水溶液の色	青	⑤	⑥	⑦	⑧

（７）次の文**ア〜オ**を植物細胞の体細胞分裂の過程で見られる順に並べかえたとき，３番目にくるものはどれか。

ア　細胞の中央あたりに仕切りができる。　**イ**　染色体が見えなくなる。
ウ　染色体が見えるようになる。　**エ**　染色体が細胞の両端に移動する。
オ　染色体が細胞の中央部分に集まる。

（８）岩石について述べた文として正しいものはどれか。

ア　花こう岩は火成岩で石英を多く含む。
イ　斑れい岩は火山岩でカンラン石を多く含む。
ウ　石灰岩に塩酸をかけると塩素が発生する。
エ　流紋岩は堆積岩でサンゴの化石を含むことが多い。
オ　チャートは柔らかい岩石で吸水性が高い。

（９）斜面と水平面をなめらかにつないでコースを作り，物体を点Ａで静かに放すと，物体はコースに沿って運動した。図は，時刻（横軸）とそのときの物体の速さ（縦軸）をグラフにしたものである。ＡＢ間，ＢＣ間，ＣＤ間において，物体にはたらく力の合力の向きを正しく表したものはどれか。ただし，合力の向きが，物体が進む向きにはたらくときは正，逆向きのときは負，合力の大きさが０で向きがないときは「－」と表す。なお，物体と斜面および水平面との摩擦や空気抵抗は考えないものとする。

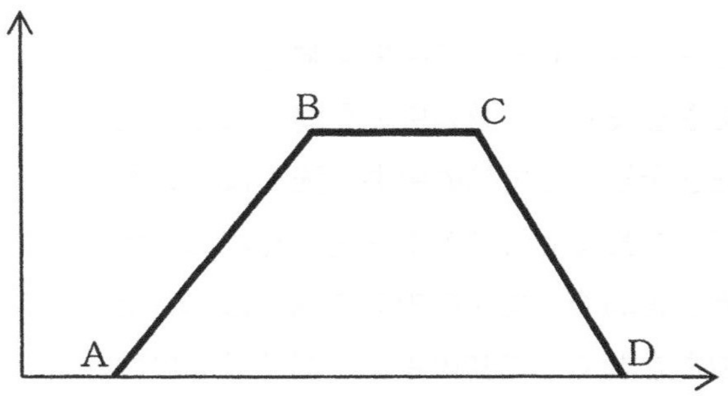

	ＡＢ間	ＢＣ間	ＣＤ間
ア	正	正	正
イ	負	正	正
ウ	正	－	負
エ	負	－	正
オ	正	負	－
カ	負	負	－

(10) 水 100 gに物質を溶かして飽和水溶液にしたとき，溶けた溶質の質量の値をその物質の溶解度〔g/水 100g〕という。下の表は，10℃と 80℃における硝酸カリウムの溶解度を示したものである。80℃で 30 g の硝酸カリウムを含む水溶液 100 g を 10 ℃に冷却すると，何 g の結晶が析出するか。

水の温度	10℃	80℃
硝酸カリウムの溶解度	22.0	168.8

ア　5.6　　**イ**　6.6　　**ウ**　8.0　　**エ**　8.6　　**オ**　14.6

①

理科（高）

理高令４　(50分)

（注意）解答はすべて解答用紙に記入せよ。

1　次の(１)～(10)の問いについて，それぞれの選択肢の中から適当なものを１つずつ選んで，記号で答えよ。

(１) 次の植物のうち，花が**咲かないもの**はどれか。

ア　スギナ　　**イ**　アブラナ　　**ウ**　ナズナ　　**エ**　コマツナ　　**オ**　ニガナ

(２) 前線について述べた文として正しいものはどれか。

ア　寒冷前線付近では寒気が暖気の上をはい上がるようにして進む。
イ　寒冷前線の通過後は東寄りの風に変わり，気温が下がる。
ウ　温暖前線通過後，寒冷前線が近づいてくるまで雨が降り続く。
エ　寒冷前線の方が温暖前線よりも進む速度が速い。
オ　寒冷前線と温暖前線がつながったものを停滞前線という。

(３) 2021年７月，奄美大島，徳之島，沖縄北部および西表島がユネスコの世界自然遺産に登録されることが決定した。日本にはすでに４つの地域が世界自然遺産に登録されている。次の地域のうち，世界自然遺産**ではないもの**はどれか。

ア　知床　　**イ**　尾瀬ケ原　　**ウ**　白神山地　　**エ**　小笠原諸島　　**オ**　屋久島

(４) 次の文章中の空欄（ ① ），（ ② ）に入る語の組み合わせとして正しいものはどれか。

　水素や酸素などの分子のように１種類の原子だけでできている物質を単体といい，２種類以上の原子が組み合わさってできている物質を（ ① ）という。（ ① ）には，（ ② ）などがある。

	①	②
ア	混合物	空気
イ	混合物	ヘリウム
ウ	混合物	水蒸気
エ	化合物	空気
オ	化合物	ヘリウム
カ	化合物	水蒸気

(５) ある金属の質量を電子てんびんではかったところ，53.8 gであった。この金属を50.0 cm^3の水が入ったメスシリンダーに静かに入れると，右図のようになった。この金属はどれか。

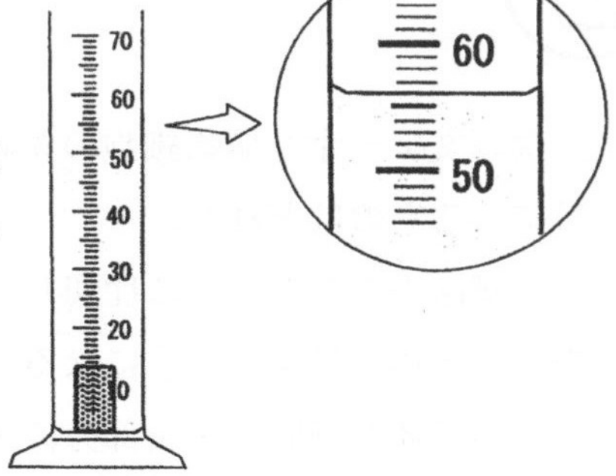

表　金属の密度

金属	鉄	銅	アルミニウム	金	銀
密度〔g/cm^3〕	7.87	8.96	2.70	19.3	10.5

ア　鉄　　**イ**　銅　　**ウ**　アルミニウム　　**エ**　金　　**オ**　銀

(６) モノコードの弦の中央をはじいたときに出た音を，マイクロホンを使ってコンピュータに入力したところ，画面には図１のように表示された。画面の左右方向は時間経過を表し，上下方向は振動の幅を表している。同じモノコードの弦で「弦の張りの強さ」，「弦の長さ」，「弦をはじく強さ」の３つの条件を調整したところ，コンピュータの画面には図２のように表示された。この３つの条件について正しく述べているのはどれか。ただし，図２の画面の目盛りは，図１と全て同じである。

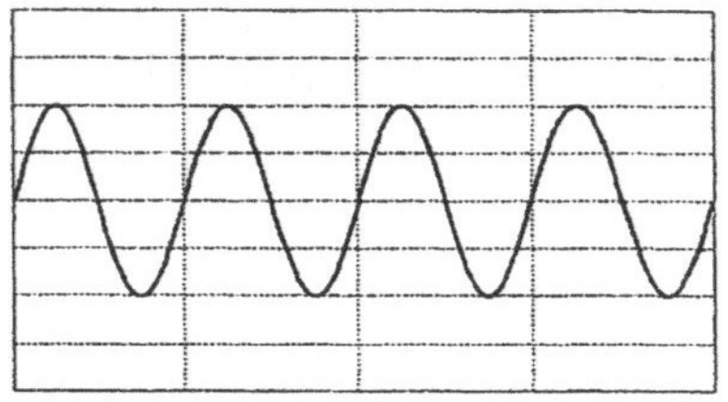

図１

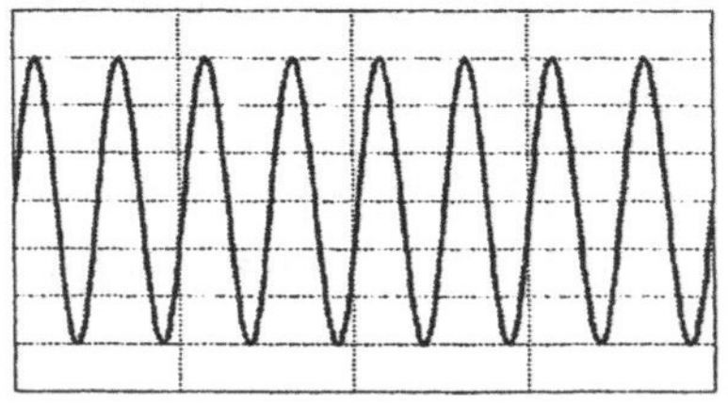

図２

ア　弦の張りの強さは変えずに，弦の長さを長くして弦の中央を強くはじいた。
イ　弦の張りの強さは変えずに，弦の長さを長くして弦の中央を弱くはじいた。
ウ　弦の張りの強さは変えずに，弦の長さを短くして弦の中央を強くはじいた。
エ　弦の長さは変えずに，弦の張りの強さを強くして弦の中央を弱くはじいた。
オ　弦の長さは変えずに，弦の張りの強さを弱くして弦の中央を強くはじいた。
カ　弦の長さは変えずに，弦の張りの強さを弱くして弦の中央を弱くはじいた。

リスニング問題：放送指示原稿

※教英出版注
音声は，解答集の書籍ＩＤ番号を教英出版ウェブサイトで入力して聴くことができます。

問題Ａ

これから放送される比較的長い会話を聞き，**問題用紙に与えられている質問**(1)～(5)**に対する答え**として最も適当なものをそれぞれ**ア～エ**の中から１つ選び，記号で答えなさい。**会話は**<u>**２度**</u>**読まれます。**　１度目の後，約 30 秒後に２度目が読まれます。では始めます。

Tom　:　Hey, Shaun.　What are you doing today?
Shaun　:　Hi, Tom.　I'm going shopping for a birthday present.
Tom　:　Really, whose birthday is it?
Shaun　:　It's my little brother Jimmy's birthday on the 31st of January.　He will be 8 years old.
Tom　:　What are you planning to buy him?
Shaun　:　To be honest, I don't know.　He likes action figures and model cars, but I think I'll buy him some clothing.　A sweater or maybe a cool baseball cap.
Tom　:　Sounds like a good idea.　So his birthday is on the 31st?
Shaun　:　Yes, it is, but we will hold the birthday party on the 29th of January.　It's on a Saturday.
Tom　:　Well, you better go shopping.　It's now 3 p.m. and the shops will close at 6 p.m. today.
Shaun　:　You're right.　I better hurry.　Would you like to come with me Tom?
Tom　:　Sure.　I'd love to.　Let me get my coat.　By the way, what time is the next bus?
Shaun　:　The next bus is at 3:15 p.m.　But that bus takes a long time to get to the city center.　It goes on Great North Road and the traffic is always heavy.　The bus at 3:30 p.m. is faster as it stops at Central and Town Hall before arriving at the city center.
Tom　:　What time do the buses arrive in the city center?
Shaun　:　The 3:15 bus arrives at 4:00 p.m. but the 3:30 bus arrives at 3:50 p.m.
Tom　:　Let's take the 3:30 p.m. bus.　By the way, Shaun, how much is the bus fare?
Shaun　:　Do you have a student ID card?　A one-way ticket is $1.50 and a return ticket is $3.00 if you have a student ID card.
Tom　:　I have a student ID card but I left it at home.　How much will the ticket cost?
Shaun　:　Well, Tom, without your student ID card a one-way ticket costs $1.80 or $3.60 for a return ticket.
Tom　:　OK.　I'll take the $3.60 return ticket.　Anyway, let's walk to the bus stop.
Shaun　:　Let's go.

(30 seconds) Listen again.

問題Ｂ

これから放送される(6)～(10)のそれぞれの英文について，<u>放送される質問の答え</u>として最も適当なものを**ア～エ**の中から１つ選び，記号で答えなさい。**英文と質問はそれぞれ**<u>**１度だけ**</u>**読まれます。**

No. 6　Kenji wants to learn French, so at first he bought some textbooks.　However, they were too difficult for him to understand as he didn't know any French at all.　His friend suggested that he download a language-learning application on his smartphone which he uses too.　The application has questions and answers in French and is like a game, so it is a fun way to learn. Kenji has already learned a lot of new words in French since he downloaded it.

Question: How is Kenji learning French now?

No. 7　Attention all students.　There will be an English test in room 433 from 1 p.m. to 3 p.m. this afternoon.　We would like to ask all students in other classes not to make any loud noises during this time, especially when you're moving your chairs to sit and stand up.　Also, please be quiet when you're walking near room 433.　Thank you for your understanding and cooperation.

Question: What is one thing the announcement says?

No. 8　Momo is studying to be a doctor.　She studies very hard and tries to learn as much as she can.　Tomorrow, she will go to a big hospital in another city to take part in a special course. She will watch doctors while they are working and they will show her what they do in an emergency.　Momo can't wait to visit them and learn about this.

Question: What will Momo do tomorrow?

No. 9　Oliver makes dinner for himself every evening after work.　He often cooks extra food so that he can eat it for lunch at his office the next day.　Sometimes he makes enough food to share with his friends at work.　His food is so good that they all think that he should be a professional chef and often tell him that he should open his own restaurant.　Oliver is thinking about quitting his job and doing just that.

Question: What is Oliver thinking about doing?

No. 10　After Abdul retired from his job last year, he would go to the coffee shop with his wife every morning for breakfast.　However, he noticed that the paper cups they were using were being thrown away after each cup.　He thought it was bad to waste so much paper, so he and his wife started to bring their own cups to the coffee shop.　Soon, other people started to do the same and the amount of paper waste in the coffee shop became much less.

Question: Why did Abdul start to bring his own cup to the coffee shop?

※これでリスニングの放送を終わります。

4 次の英文を読んで，後の問いに答えよ。

People often say that a vegetarian *diet is good for your health. Vegetarians usually have lower levels of heart disease, and studies have also shown that they have a lower risk of *diabetes (1) [eat / meat / people / than / who]. Most people don't realize, however, that a vegetarian diet is also better for the health of our environment.

Recently, researchers from the Union of Concerned Scientists in the U.S. *released a report on how *consumer behavior *affects the environment. (2) Their study showed that meat *consumption is one of the main ways that humans can damage the environment, *second only to the use of motor vehicles.

So, (3) [a negative / can / eating / effect / have / how / the environment / meat / on]? For a start, all livestock animals such as cows, pigs, and sheep release *methane (4) *expelling gas from their bodies. One cow can produce up to sixty liters of methane each day. Methane gas is the second most common greenhouse gas after *carbon dioxide. Many environmental experts now believe that methane is more *responsible for global warming than carbon dioxide. It is said that twenty-five percent of all methane released into *the atmosphere comes from farm animals.

Another way meat production affects the environment is through the use of water and land. Two thousand five hundred *gallons of water are needed to produce one *pound of beef, but twenty gallons of water are needed to produce one pound of wheat. One *acre of farmland used for raising livestock animals can produce 250 pounds of beef. One acre of farmland used for crop production can produce 40,000 pounds of potatoes, 30,000 pounds of carrots, or 50,000 pounds of tomatoes.

Many people now see the good points of switching to a vegetarian diet, not just for health reasons, but also because it plays a very important role in protecting the environment. However, some *nutritionists advise against switching to a totally strict vegetarian, or vegan, diet. They believe a vegan diet, which (5) excludes all products from animal sources, such as cheese, eggs, and milk, can be (6) deficient in many of the necessary vitamins and minerals our bodies need.

Today, many people know that it is important to take better care (7) their bodies, and to use the earth's resources more efficiently. As this understanding spreads, more people may realize that (8) the environment and for the human race to survive, more of us will need to become vegetarian.

〔出典：Neil J Anderson, *ACTIVE Skills for Reading Book 2*, Thomson HEINLE〕

【注】diet：食事　diabetes：糖尿病　release：出す　consumer behavior：消費者の行動
affect：影響を及ぼす　consumption：消費　second only to ~：～に次ぐ
methane：メタン　expel：出す　carbon dioxide：二酸化炭素
(be) responsible for ~：～の原因となる　the atmosphere：大気
gallon：ガロン（液量の単位）　アメリカでは 1 ガロン ＝ 約 3.8 リットル
pound：ポンド（重さの単位）約 450 グラム　acre：エーカー（土地面積の単位）約 4000 ㎡
nutritionist：栄養士

問1　下線部(1)の [　] 内の語を正しい順番に並べかえよ。

問2　下線部(2)を日本語に直せ。

問3　下線部(3)が「肉を食べることがどのように環境にマイナスの影響を与えうるのだろうか。」という意味になるように [　] 内の語（句）を正しい順番に並べかえよ。

問4　空所（ 4 ）に入る最も適当な語をア～エから１つ選び，記号で答えよ。
ア to　イ into　ウ by　エ at

問5　下線部(5)，(6)の単語の意味に最も近いものをそれぞれア～エから１つずつ選び，記号で答えよ。

(5) ア does not look like　イ covers
ウ turns off　エ does not use

(6) ア healthy　イ not enough　ウ useful　エ not important

問6　空所（ 7 ）に入る最も適当な語をア～エから１つ選び，記号で答えよ。
ア from　イ for　ウ in　エ of

問7　空所（ 8 ）に入る最も適当な語をア～エから１つ選び，記号で答えよ。
ア to help　イ helping　ウ help　エ helped

問8　本文の内容に合うように，次の文中の（　）に入る適当な日本語の語句や数字を答えよ。
(1)（ A ）は（ B ）に次ぐ最も一般的な温室効果ガスである。
(2) 1 ポンドの牛肉を生産するのに必要な水は，同じ量の小麦を生産するのに必要な水の（　）倍である。
(3) 1 エーカーの農地で生産される牛肉の量は，同じ広さで生産されるトマトの量の（　）分の 1 である。

2 次の２人の対話文を読んで，下線部の日本語をそれぞれ英語で表せ。

ケンタ：おはよう，タカシ。

タカシ：やあ，おはよう，ケンタ。(1)遅れてごめん。

ケンタ：大丈夫だよ。それにしても今朝はとても寒いね。(2)テレビではこの冬一番の寒さだと言ってるよ。

タカシ：本当に寒いよね。(3)あまりにも寒かったから，起きるのがいつもより遅くなってしまったよ。

ケンタ：朝ご飯はちゃんと食べたの。

タカシ：いや，実は何も食べてないんだ。

ケンタ：それはよくないなあ。(4)何か温かいものでも飲んでから出発しようか。

タカシ：いや，大丈夫だよ。駅で缶コーヒーを買うつもりだから。とにかく駅まで急ごう。

ケンタ：わかった。そうしよう。

3 次の英文を読んで，後の問いに答えよ。

A business owner borrowed much more money than he could pay back. He didn't know what to do. Some people were demanding the money back from him, others were demanding payment. He sat on a park bench, with his head in his hands and wondered if anything could save him from (A) his business.

Suddenly an old man appeared before him. "I can see that something is troubling you," he said. After he listened to the business owner's story, the old man said, "(B)" He asked the man his name, *wrote out a check, and pushed it into his hand. He said, "Take this money. Meet me here in exactly one year, and you can pay me back then." Then he turned and disappeared as quickly as he had come.

The business owner saw in his hand a check for $500,000 signed by John D. Rockefeller, one of (C) in the world! He said to himself, "My *money worries have disappeared *in an instant!"

However, the owner decided to put the check in his safe. (1) He thought that just knowing it was there might give him the *strength to save his business.

With new (2) determination, he began working hard again. He *persuaded his business partners to let him pay the money back later. He was *willing to take any job. Within a few months, he paid back all the money and even started making money once again. Exactly one year later, he returned to the park with the check. As he promised, the old man appeared. But just when he was about to hand back the check and tell his success story, a nurse came running up and caught the old man.

"I'm so glad I caught him!" she cried. "I hope he hasn't been giving you a bad time. He's always escaping from the *rest home and telling people he's John D. Rockefeller."

(3) The surprised business owner just stood there without saying a word. For twelve months, he'd been *wheeling and dealing, buying and selling, believing he had $500,000 behind him.

Suddenly, he realized that it wasn't the money that had turned his life around. It was (D) that had given him the power to *achieve anything.

〔出典：*Page-Turner : A Collection of 51 Moving Tales in English*, ALC PRESS INC. 〕

【注】 write out a check：小切手（現金に換えることができる証券）に記入する
money worries：金銭上の悩み　　in an instant：一瞬のうちに
strength : strong の名詞形　　persuade…to～：…に～するように説得する
willing to～：～してもかまわない　　rest home：療養施設
wheel and deal：精力的に働く　　achieve：成し遂げる

問１ 空所(A)に入る最も適当なものをア～エから１つ選び，記号で答えよ。
ア lose　イ losing　ウ to start　エ starting

問２ 空所(B)に入る最も適当なものをア～エから１つ選び，記号で答えよ。
ア I believe I can help you.
イ I will introduce you to a good book company.
ウ I'm sorry, but I can't help you.
エ I will tell your name and address to a lawyer.

問３ 空所(C)に入る最も適当なものをア～カから１つ選び，記号で答えよ。
ア the most rich men　イ the richer man　ウ richest man
エ the richest men　オ richer men　カ the richest man

問４ 下線部(1)を日本語に直せ。ただし，it と there が指し示す内容も明らかにすること。

問５ 下線部(2)の単語の意味に最も近いものをア～エから１つ選び，記号で答えよ。
ア result　イ fact　ウ decision　エ problem

問６ 下線部(3)の理由を日本語で答えよ。

問７ 空所(D)に入る最も適当なものをア～エから１つ選び，記号で答えよ。
ア the nurse　イ his business partners
ウ his new self-confidence　エ his $500,000 check

①

英　語　科（高）

英高令４　(60分)

（注意）解答はすべて解答用紙に記入せよ。

（リスニングテストに関する注意）

- **リスニングテストの放送は，試験開始から約 10 分後に始めます。**
- リスニングの放送時間は約 10 分です。
- 放送を聞きながら，メモを取ってもかまいません。

※教英出版注
音声は，解答集の書籍ＩＤ番号を教英出版ウェブサイトで入力して聴くことができます。

1 次のリスニング問題 (A)，(B) にそれぞれ答えよ。

(A) これから放送される比較的長い会話を聞き，**問題用紙に与えられている質問**(1)～(5)**に対する答え**として最も適当なものをそれぞれ**ア**～**エ**の中から１つ選び，記号で答えよ。**会話は２度読まれる。**

(1) **Whose birthday is on the 31st of January?**

ア It is Shaun's birthday.
イ It is Shaun's father's birthday.
ウ It is Shaun's mother's birthday.
エ It is Shaun's little brother's birthday.

(2) **When will the birthday party be held?**

ア It will be held at 3 p.m.
イ It will be held at 6 p.m.
ウ It will be held on the 29th of January.
エ It will be held on the 31st of January.

(3) **Which of the following sentences is true?**

ア Shaun is thinking about buying a sweater or a baseball cap.
イ Shaun is thinking about buying action figures and model cars.
ウ Jimmy is thinking about buying action figures or model cars.
エ Tom is thinking about buying a sweater or a baseball cap.

(4) **Which bus will Shaun and Tom take?**

ア They'll take the bus that leaves at 3:15 p.m.
イ They'll take the bus that leaves at 3:30 p.m.
ウ They'll take the bus that leaves at 3:50 p.m.
エ They'll take the bus that leaves at 4:00 p.m.

(5) **How much will Tom's return ticket cost?**

ア It will cost $1.50.
イ It will cost $1.80.
ウ It will cost $3.00.
エ It will cost $3.60.

(B) これから放送される(6)～(10)のそれぞれの英文について，**放送される質問の答え**として最も適当なものを**ア**～**エ**の中から１つ選び，記号で答えよ。**英文と質問はそれぞれ１度だけ読まれる。**

(6) ア By playing games in French class.
イ By using a smartphone application.
ウ By using his textbooks.
エ By practicing with his friend.

(7) ア There will be an English test tomorrow.
イ Students should all go to room 433.
ウ Students should be quiet this afternoon.
エ Students should move their chairs.

(8) ア She will take part in a special course.
イ She will help people in an emergency.
ウ She will help doctors while they work.
エ She will move to another city.

(9) ア Making more food for his friends.
イ Making more food for his lunch.
ウ Speaking to a professional chef.
エ Opening his own restaurant.

(10) ア Because he could get free coffee.
イ Because other people were doing it.
ウ Because he thought it was bad to waste paper.
エ Because his wife made him do it.

2 次の[　]をうめて，正しい説明を完成させよ。

(1) すべての面が[ア]な[イ]で，どの[ウ]にも[エ]だけ面が集まるへこみのない多面体を，正多面体という。

(2) 正多面体の1つである正二十面体には，[い]個の頂点と[ろ]本の辺がある。正二十面体の1つの頂点Aに対し，この頂点に集まる辺の3等分点のうち，Aに近いほうの点を通る平面で切断し，正五角錐を取り除く操作を「頂点Aの角を切り落とす」とよぶことにする。正二十面体のすべての頂点に対して角を切り落とす操作を行ってできた多面体を考える。この多面体には正五角形の面が[は]個と正六角形の面が[に]個あり，したがって，全部で[ほ]個の頂点と[へ]本の辺がある。

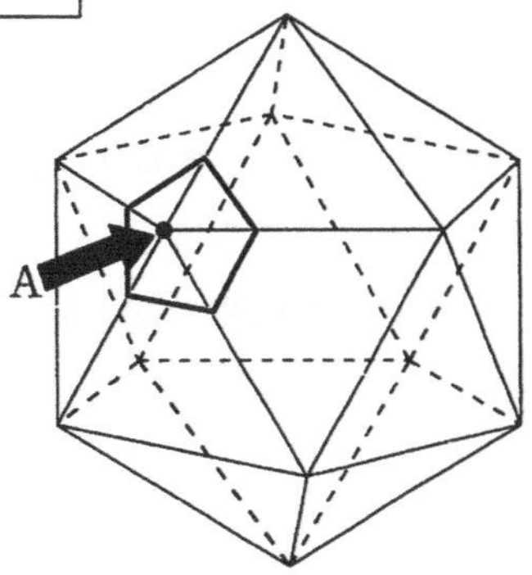

3 $BC=2\sqrt{2}$ cm，$\angle BAC=30^\circ$，$\angle ACB=90^\circ$の$\triangle ABC$がある。右の図の$\triangle DEC$は，$\triangle ABC$を点Cを回転の中心として時計の針の回転と同じ向きに30°回転移動したものである。ACとDE，ABとDE，ABとCEの交点をそれぞれF，G，Hとするとき，次の問いに答えよ。

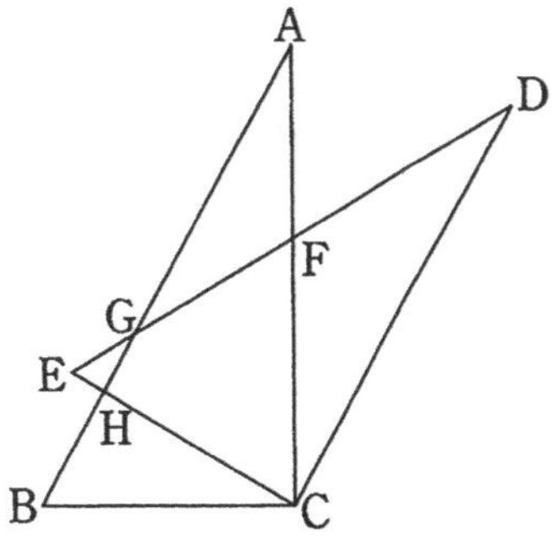

(1) 線分CFの長さを求めよ。

(2) 線分EHの長さを求めよ。

(3) $\triangle GEH$の面積を求めよ。

(4) 四角形CFGHの面積を求めよ。

4 3個のさいころA，B，Cを同時に1回投げる。Aの出た目の数をa，Bの出た目の数をb，Cの出た目の数をcとする。このとき，次の問いに答えよ。

(1) $\dfrac{3}{a}+\dfrac{2}{b}$の値が整数となる確率を求めよ。

(2) $a+b+c$が奇数になる確率を求めよ。

(3) $a<b<c$となる確率を求めよ。

(4) $\sqrt{abc}$が整数となる確率を求めよ。

5 関数$y=x^2$のグラフを①とする。右の図のように，①上に点Aがあり，点Aのx座標を-1とする。点Aを通り傾きが1の直線を②とし，①と②の交点のうちAでない方をBとする。次に，点Bを通り傾きが-1の直線を③とし，①と③の交点のうちBでない方をCとする。さらに，点Cを通り傾きが1の直線を④とし，①と④の交点のうちCでない方をDとする。このとき，次の問いに答えよ。

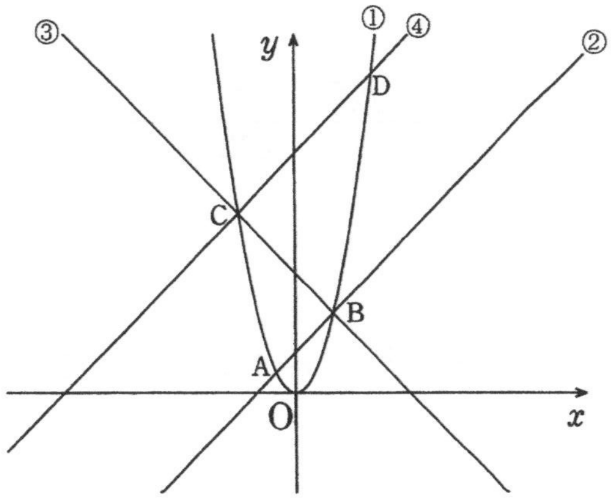

(1) 点Bの座標を求めよ。

(2) 点Dの座標を求めよ。

(3) $\triangle OCD$をx軸の周りに1回転させてできる立体の体積を求めよ。

(4) $\triangle OCD$をy軸の周りに1回転させてできる立体の体積を求めよ。

①

数　学　科（高）

数高令4　（70分）

（注意）円周率は π，その他の無理数は，たとえば $\sqrt{12}$ は $2\sqrt{3}$ とせよ。
解答はすべて解答用紙に記入せよ。

1 次の問いに答えよ。

(1) $\left(-\dfrac{4}{3}xy^2\right)^2\times\left(-\dfrac{9}{4}x^3y^4\right)\div\left(-\dfrac{3}{2}x^2y\right)^3$ を計算せよ。

(2) $-2^4+\dfrac{1}{2}+(-3)^3+\dfrac{(-3)^2}{2}$ を計算せよ。

(3) $\sqrt{48}-\dfrac{\sqrt{27}}{4}-\dfrac{15}{\sqrt{12}}+\left(\dfrac{\sqrt{3}-1}{\sqrt{2}}\right)^2$ を計算せよ。

(4) $(2x+1)^2-3(x-1)(x+2)-27$ を因数分解せよ。

(5) 連立方程式 $\begin{cases}2(x+y)-3(x-4)=6\\ \dfrac{x}{2}-\dfrac{2y-4}{3}=2\end{cases}$ を解け。

(6) 2次方程式 $\dfrac{1}{2}(\sqrt{2}x-1)^2-1=0$ を解け。

(7) 自然数 n と 12 の最小公倍数が 180 のとき，n の値をすべて求めよ。

(8) ある祭りの参加人数について，男子中学生と男子高校生の比は 2：5 であった。また，女子中学生は 14 人で，女子高校生は中学生の総人数より 4 人多くて，中学生の総人数と高校生の総人数の比は 1：3 であった。参加している高校生の総人数を求めよ。

(9) 2つの関数 $y=x^2$ と $y=8x-3$ において，x の値が a から $a+3$ まで増加するときの変化の割合が等しい。a の値を求めよ。

(10) 右図の△ABC において，辺 BC の中点を M とし，辺 AB，辺 AC にそれぞれ垂線 CD，垂線 BE を引くとき，$\angle x$ の大きさを求めよ。

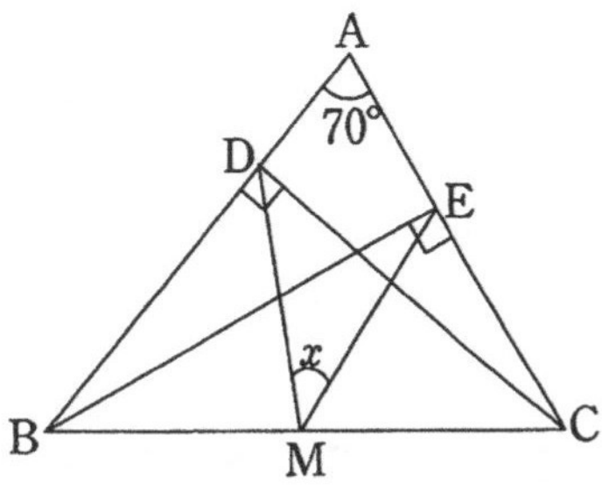

(11) $AB=BC=CA=6\sqrt{3}$ cm，$PA=PB=PC=3\sqrt{7}$ cm の正三角錐 P－ABC のすべての面に接する球の半径を求めよ。

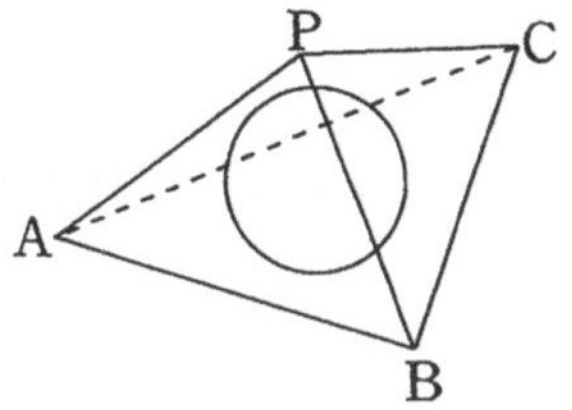

三　次の文章を読んで、後の問いに答えよ。

※1禅林寺※2深覚《しんがく》僧正、※3宇治殿《うぢどの》へ消息を[A]奉りて、「法蔵《ほふざう》の破れて[B]侍るに、修理してたまはらむ」と申されたりければ、※4家司《けいし》それがしに仰せ付けられて、まづ※5損色《そんじき》をとらせに[C]つかはしたりければ、[1]僧正、この由を聞き給ひて、かの使《つかひ》を前に呼び寄せて、「『[2]いかにかく不覚におはしますぞ。かくては※6君の[X]御後見はせさせ給ひなんや』と申せ」とありければ、御使帰り参りて、「法蔵の破れたるほども見せられ候はず。ただ御前《おまへ》に召されて、『かうかうなむ[D]申せ』と侍る」と申しければ、殿も[Y]心得ずおぼしけるほどに、御前に年老いたる※7女房候ひけるが、「あはれ、御腹の内の損じたるを、法蔵とのたまへるにこそ」と申しければ、「さもあるらむ」とて、魚の※8あはせ、いみじく調《ととの》へて、つかはしたりければ、「[3]材木たまはりて、法蔵の破れ、つくろひ侍りぬ」とぞ、申されける。[4]思ひはかり深きたぐひ、かくのごとし。

（『十訓抄』による）

〔注〕※1「禅林寺」――京都市左京区東山にある寺院。
※2「深覚僧正」――「宇治殿」の大叔父に当たる僧。
※3「宇治殿」――藤原頼通。関白藤原道長の子。
※4「家司」――宇治殿の家政を担当する者。
※5「損色」――建物の破損の図面。
※6「君」――帝。
※7「女房」――貴人にお仕えする女性。
※8「あはせ」――おかず。

問一　波線部A「奉（りて）」・B「侍（る）」の読みを、それぞれ平仮名で答えよ。

問二　波線部C「つかはしたりければ」・D「申せ」の動作主は誰か。最も適当なものを次の**ア～オ**のうちからそれぞれ一つずつ選び、記号で答えよ。

ア　深覚僧正　**イ**　宇治殿　**ウ**　家司それがし　**エ**　使ひ　**オ**　年老いたる女房

問三　二重傍線部X「御後見」・Y「心得ず」の本文中における語句の意味として最も適当なものを、次の各群の**ア～オ**のうちからそれぞれ一つずつ選び、記号で答えよ。

X「御後見」　**ア**　御夫人　**イ**　御後継　**ウ**　御退位　**エ**　御補佐　**オ**　御指示

Y「心得ず」　**ア**　理解できないと　**イ**　引き受けないと　**ウ**　無視できないと　**エ**　正しくないと　**オ**　関われないと

問四　傍線部1「僧正、この由を聞き給ひて」とあるが、それはどういうことか。その説明として最も適当なものを、次の**ア～オ**のうちから一つ選び、記号で答えよ。

ア　僧正は、使いの者から法蔵を修理しなければならない理由を尋ねられたということ。

イ　僧正は、どうして法蔵の破損の状況を確かめているのかを使いの者に尋ねたということ。

ウ　僧正は、使いの者から法蔵の修理は急がなくてもよいのではないかと言われたということ。

エ　僧正は、頼通が使いの者に法蔵の修理の件を任せていることを聞いたということ。

オ　僧正は、使いの者が法蔵の破損の状況を見に来ているということを聞いたということ。

問五　傍線部2「いかにかく不覚におはしますぞ」とあるが、この部分の解釈として最も適当なものを、次の**ア～オ**のうちから一つ選び、記号で答えよ。

ア　なぜこのような愚かな人に仕えていらっしゃるのか。

イ　なんともこのように忠誠心に欠ける方でいらっしゃることだ。

ウ　どのような理由でこのような愚かなことをなさったのか。

エ　どうしてこのように思慮が足りない方でいらっしゃるのか。

オ　ぜひとも間違っているということをお伝えください。

問六　傍線部3「材木たまはりて、法蔵の破れ、つくろひ侍りぬ」について、次の(1)・(2)の問いに答えよ。

(1)　「材木たまはりて」とあるが、実際は何をたまわったのか。本文中から抜き出して答えよ。

(2)　「法蔵の破れ、つくろひ侍りぬ」とあるが、実際は何をつくろったのか。本文中から五字以上十字以内で抜き出して答えよ。

問七　傍線部4「思ひはかり深きたぐひ、かくのごとし。」とあるが、それはどういうことか。その説明として最も適当なものを、次の**ア～オ**のうちから一つ選び、記号で答えよ。

ア　宇治殿が失敗をした際に、身分に関わりなく謝ったこと。

イ　年老いた女房が嫌がられても、自分の考えを貫き通したこと。

ウ　年老いた女房が状況を踏まえ、あれこれと考えを巡らしたこと。

エ　宇治殿が身分の低い人の意見でも認めて、それに従ったこと。

オ　深覚僧正が思いを強く持ったので、その思いが実現したこと。

問二 傍線部1「声が震える。膝もだ。」とあるが、この時の「私」の心情として最も適当なものを、次の**ア～オ**のうちから一つ選び、記号で答えよ。
ア 自分が待ち合わせの時間を間違えていると指摘されたが、自分では間違えたつもりがなく、怒っている二人にどのようにして証明するか悩んでいる。
イ 自分は待たせてしまったことを一応謝ったのに、二人から強く責められて困惑し、怒っている二人に釈明しようにも上手く言葉が出てこないでいる。
ウ 自分が遅刻したという状況はわかったが、どうしてそうなったのかわからなくて動転し、迷惑をかけた二人に説明もできずに申し訳なく思っている。
エ 自分が遅刻したために二人を怒らせてしまったが、自分では遅刻した原因がわからなくて戸惑い、執拗《しつよう》に説明を求めてくる二人におびえている。
オ 自分が時間を間違えている状況はわかったが、どうして勘違いしてしまったのかわからず、佐藤編集長が謝っていることに申し訳なく思っている。

問三 傍線部2「私はこらえきれずに溜め息をついた」とあるが、この時の「私」の説明として最も適当なものを、次の**ア～オ**のうちから一つ選び、記号で答えよ。
ア 普段の自分なら絶対にしないような失敗を肝心な時にしてしまったことが不甲斐なく、他の人に話を聞いてもらって気持ちを軽くしようとしている。
イ 自分がよく失敗することは身をもって知っていたが、今回は他の人たちに大変な迷惑をかけてしまったことで自分の危機感の無さに落ち込んでいる。
ウ 自分が若い頃からしてきたものと同じような失敗をしたことに自分の成長の無さを感じて落ち込み、これからどうすればいいのか途方に暮れている。
エ 自分が不注意な人間だと自覚していたから念入りに確認して忘れないようにしたのに、同じような失敗をしてしまうことにつくづく嫌気がさしている。
オ 自分は若い頃から数多くの失敗を経験してきたが、今回は自分で書いた字を読み違えてしまったことにやるせなくなって、夫に当たり散らしている。

問四 傍線部3「ぐっと喉が詰まって、変な声がもれそうになった。」とあるが、それはなぜか。その理由として最も適当なものを、次の**ア～オ**のうちから一つ選び、記号で答えよ。
ア 「私」は自分のせいで待たせてしまったのだから榊原氏が機嫌を損ねることは当然だと思っていたが、彼がこれまでの「私」の行動を評価して許してくれたから。
イ 「私」は榊原氏が長い間待たされたので機嫌を悪くすることはわかっていたが、彼が「私」に対して説明する機会を与え、読み間違えた理由に共感してくれたから。
ウ 「私」は自分のせいで損ねてしまった榊原氏の機嫌をなんとか直してもらおうと必死に釈明していたが、彼がこれまでの行動から「私」のことを信頼し、許してくれたから。
エ 「私」は機嫌を損ねている榊原氏におびえてしまって、遅れた理由を説明することができなかったが、彼は「私」に丁寧に問いかけて遅刻した理由を理解してくれたから。
オ 「私」は自分の遅刻が原因なので榊原氏にどのような説明をしても責められると思っていたが、彼は「私」の仕事ぶりを認めていて期待の言葉をかけてくれたから。

問五 傍線部4「きみ、ここを出たらすぐにどこか専門店に寄って、まずはその眼鏡を何とかしなさい」とあるが、この時の榊原氏の説明として最も適当なものを、次の**ア～オ**のうちから一つ選び、記号で答えよ。
ア 「私」がくり返し頭を下げる姿を見て彼女が同じ失敗をすることはないと思ったので、優しい言葉をかけてあげて彼女の気持ちを慰めている。
イ 「私」が何度も謝罪する姿から彼女の仕事への強い熱意を感じたので、彼女にアドバイスを送ることでお互いの信頼関係を高めようとしている。
ウ 「私」から同じ失敗をくり返されて迷惑を受ける心配があったので、彼女の悪い所をきちんと指摘し、仕事でした約束を守る秘訣《ひけつ》を教えている。
エ 「私」に二度と同じような失敗をしてもらいたくなかったので、厳しい言葉を送って彼女が絶対に今回の失敗を忘れることがないようにしている。
オ 「私」から同じような失敗をくり返されると非常に迷惑なので、彼女にはただ謝るだけでなく、悪い所はきちんと直してもらうように求めている。

問六 傍線部5「あれが私にとって透明な鎧のようなものだったとしたら、やはり捨て去って正解だったのかもしれない。」とあるが、それはなぜか。その理由を七十字以内で説明せよ。

問七 この文章の表現に関する説明として**適当でないもの**を、次の**ア～オ**のうちから一つ選び、記号で答えよ。
ア 波線部i「榊原先生、13：30。」は「私」が改めて手帳に残したスケジュールを確認し、自分が自分の字を13：30と書いてあると認識していることを表している。
イ 波線部ii「けれど――」は「私」が仕事のときにした失敗のことがずっと頭から離れないでいて、夜になってもその日の出来事を考えている様子を表している。
ウ 波線部iii「私は、自分の目を指さしてみせた。」は「私」が榊原氏に言われた通りではなく、恐がっていたコンタクトレンズに替えたことを夫に示す様子を表している。
エ 波線部iv「教えてくれたのは本人だ。」は「私」が譲ってもらった猫と深い絆で結ばれていて、普段から猫の気持ちを理解することができていたことを表している。
オ 波線部v「まだ少し温みの残る猫の輪郭が、滲んではぼやけ、歪んでは溶ける。」は「私」が猫をいとおしく思うあまり、涙が溢《あふ》れ続ける様子を表している。

④

た。深くふかく頭を下げる私に、氏は続けて言った。

「とはいえ、二度目はないよ。4きみ、ここを出たらすぐにどこか専門店に寄って、まずはその眼鏡を何とかしなさい」

ひととおり聞いた夫は、くすりと笑った。

「いい先生じゃない」

「そうなの。うん、ほんとにね」

会ってみたらじつはすごく腰の低い人だったとか、そんなようなことは、あったりはしない。けれど、一本きちんと筋の通った人であるのは確かだった。榊原氏にあれだけ厳しく叱ってもらえなかったら、私は今もまだぐずぐずしていたに違いない。

「で？　眼鏡は作り直したの？」

再び、首を横に振ってみせる。

「なんで。言われたんだろ？　すぐ何とかしろって」

「うん。だからね」

iii私は、自分の目を指《ゆび》さしてみせた。

けげんそうに眉根《まゆね》を寄せた夫が、

「え、うそ！」

思わずといったふうに声をあげる。

「だってきみ、あんなに……」

驚くのも無理はない。これまでずっと、何であれ異物を目の中に入れるということがどうしても怖くて受け容《い》れられなかった。

でも、榊原氏との打ち合わせのあと佐藤編集長にことわって時間をもらい、近くで専門の眼科を探して検査とフィッティングをしてもらってみたら、何ということはなかったのだ。慣れるまでは少しふわふわして酔ったような感じがしたけれど、それ以外はほんとにまったく、何ということはなかった。

「それ、今も入ってるとか？」

「もちろん入ってますよ」

夫は、へーえ、と何とも言えない声をもらした。Cまんざらでもない様子で私をまじまじと見る。

「で、感想はどうよ？」

言いながら身を乗り出してきて、私の目の中を覗き込む。

夫の顔がくっきりと見えすぎて、今さらのようにどぎまぎする。おまけに、お互いの間に眼鏡のレンズという遮蔽物《しゃへいぶつ》がないせいか、ひどく無防備なのだ。5あれが私にとって透明な鎧《よろい》のようなものだったとしたら、やはり捨て去って正解だったのかもしれない。

「なあってば、どんな感じ？」

重ねて訊《き》かれ、

「そうだなあ……」

私は言葉を探した。

「強いて言うなら、世界を取り戻した感じ、かな」

猫は、その明け方、旅立った。

私はといえば眼鏡をかけなくとも文字がよく見えるのが嬉《うれ》しくて、目の疲れを無視して延々と本を読み続けていたのだけれど、ちゃんと教えてもらったおかげで異変に気づくことができた。

iv教えてくれたのは本人だ。

『じゃあ、いってくるワ』

少し巻き舌の、知らない男の声で言うのが聞こえ、ぎょっとなってふり返ったとたんに四肢を突っ張って痙攣《けいれん》している猫の姿が目に飛び込んできたのだった。

どうせ、信じてもらえないと思う。信じなくてかまわない。これは猫と私の間にだけあった出来事であって、私だけがほんとうのことを知っていればそれでいい。

たった一週間ちょっとの付き合いだったというのに、自分でもびっくりするほど涙は次々に溢《あふ》れて頰《ほお》を伝った。コンタクトレンズが押し流されてしまうんじゃないかと思ったけれど、泣いたくらいではずれたりしなかった。

やがて息をするのをやめた灰色の猫は、寝床だった箱の中で平べったく見えた。顔を近づけると、もれてしまった尿の匂いがぷんとした。

耳のそばで、小さく呼んでみる。

「……※3チイ？」

何の違和感もなかった。姿かたちはまるで違っていても、猫は、その猫であると同時に、喪《うしな》われた私の猫でもあるのだった。

ほんとうに九生を生きるなら、またいつでも戻ってくればいい。見送るのが辛《つら》いなんていわずに、何度だってこうして見ていてあげる。

vまだ少し温みの残る猫の輪郭が、滲《にじ》んではぼやけ、歪《ゆが》んでは溶ける。

私は、痩《や》せた身体とぼさぼさの毛並みを撫《な》でた。何度も何度も、すり切れるくらいたくさん撫でさせてもらった。

（村山由佳《むらやまゆか》「世界を取り戻す」『オール讀物　二〇二一年五月号』文藝春秋刊による）

〔注〕※1「佐藤編集長」――「私」の上司。温厚で部下への理解があるものの、遅刻癖がある。

※2「猫」――「私」が取材で訪れた病院から譲ってもらった。飼い主は現れず、年を取り全身に腫瘍が広がっていて死に瀕《ひん》した状態である。

※3「チイ」――ずっと猫を飼って暮らしてきた「私」が特に記憶に残っている猫の名前。

問一　二重傍線部**A**～**C**の本文中における語句の意味として最も適当なものを、次の各群の**ア**～**オ**のうちからそれぞれ一つずつ選び、記号で答えよ。

A「うやうやしく」

ア　笑顔で愛想よく　**イ**　不慣れで頼りなく　**ウ**　慌ててぎこちなく

エ　落ち着いてそつなく　**オ**　丁寧で礼儀正しく

B「ずぼら」

ア　無能で実行できない　**イ**　無責任でだらしない　**ウ**　不注意で見落としてしまう

エ　わざと相手をこまらせる　**オ**　落ち込んでやる気がない

C「まんざらでもない」

ア　全く欠点がない　**イ**　言い表しようがない　**ウ**　よくわかっていない

エ　それほど悪くない　**オ**　気になって仕方がない

二　次の文章を読んで、後の問いに答えよ。

※1佐藤編集長は遅れずに来てくれるだろうか。打ち合わせの内容よりも、そちらのほうが気にかかってたまらない。何しろ、スマホがなくてはその場で連絡する手段もないのだ。彼の遅刻癖をどうのこうの言う前に、私自身のこの不注意を大いに反省しなくてはならない。

地下鉄を降り、地上に出て道路を渡る。なだらかな坂になった車回しの向こう、重厚なガラスドアのそばで待ち構えていたドアボーイが、白い手袋をはめた手で私のために[A]うやうやしく開けてくれた。

分厚い絨毯《じゅうたん》に靴のヒールがめりこむのを感じながら、再び腕時計を覗《のぞ》く。大丈夫、いつもの通り、約束の時間のきっかり二十分前だ。三人が座れる席は空いているだろうかとラウンジを見渡す。

目を疑った。混み合う広いラウンジの奥、モザイクの壁画を背にしたテーブルに、榊原《さかきばら》氏と佐藤編集長が向かい合っていたのだ。

ほっとする半面、こちらが遅刻したわけでもないのに気まずい、と思いながら急ぎ足でそばへ向かうと、私に気づいた編集長が、何とも言えない顔で口をぱくぱくさせながら腰を浮かせた。今日も、髪の毛がひと束ぴょこんとはねている。

「お待たせしてすみません」

二十分前だけれど一応謝りながら見ると、榊原氏の様子がおかしかった。控えめに言って、激怒していた。

「あの……？」

もしや佐藤編集長が何か機嫌を損ねるような失言をしたのだろうか、と思いかけた時、氏が、まだ立ったままの私をじろりと睨《にら》み上げて言った。

「連絡の一本くらい、入れたらどうなのかね」

「は？」

「ほんっとうに申し訳ございません！」

佐藤編集長が深々と頭を下げ、悲愴《ひそう》な感じの目を私に向けて言った。

「何があったの。さっきから何回も携帯に電話してたんだよ」

「え……ちょっと待って下さい、あの、お約束は十三時半じゃ」

「十二時半。北川さん、僕にもそう言ったよ。ほら、先週、先生から編集部にお電話頂いたあと。手帳にだって、ちゃんとその場で書きこんでたじゃない」

今度こそ、はっきりと、頭から血の気が引いていくのがわかった。

「ご……ごめんなさい、私、どうしてそんな勘違いを……」

[1]声が震える。膝《ひざ》もだ。

でも、そんなはずはない。スケジュール表なら何度も確かめている。昨日も見たし、今朝も見た。

ラウンジのスタッフがオーダーを取りに来たけれどそれどころではなくて、私はバッグをソファに置き、革の手帳を取り出して広げた。十日のスケジュールを震える指で追う。午前中にイラストの打ち合わせ、そのあと。

[i]榊原先生、13:30。

ほら、と言いかけて、はっとなった。

自分の字だけれど、どう見ても「3」に読めるこれは……。

喉《のど》が、からからに干上がる。

「五分や十分遅刻してくる人間はいくらもいたけどね」

もはやこちらを見もせずに、榊原氏は言った。

「僕をここまで待たせたのは、きみが初めてだな」

失敗なら、若い頃《ころ》からさんざんしてきた。今だったら考えられないくらい馬鹿な言動も山ほどあるし、ついうっかり忘れたり勘違いしたりということはそれ以上にある。私は、じつを言うと、もともとはひどく粗忽《そこつ》な人間なのだ。

だからこそ毎朝、持ちものを確かめ、玄関の施錠を指さし確認し、スケジュール表には自分の手と自分の字で予定を書き込むようにしているのだ。ボタンを操作してスマホに打ち込むより、そのほうがまだ忘れないで済むから、と。

[ii]けれど——

「何度も確かめたのに、自分の書いた字を読み間違えるなんてね」

夜遅く、夫と向かい合うと、[2]私はこらえきれずに溜《た》め息をついた。彼は帰宅したときから私の様子に何かを感じていたらしく、夕食後は黙って離れへ来て話を聞いてくれた。お互いの間には今、ふだんなら特別な日にだけ開けるワインのボトルが置かれている。彼が抱えてきたものだった。

※2猫はといえば、今も壁際の箱の中で寝ている。あんな衝撃的なポカの後でも、夕方、病院にだけは忘れずに立ち寄った自分を褒めてやりたい。

この一週間ほどで、駅からまず我が家とは逆の方角へ歩き出すのが習慣になりつつある。毎日の点滴もむなしく、血液検査の数値は少しずつ悪くなっていたものの、痛み止めのおかげで苦しくはなさそうなのが何よりだった。

「確かにね、榊原先生からの電話を受けた時、十二時半ですねって復唱した気はするんだ。お昼過ぎか、混んでるな、なんて思ってさ。それなのに、後から手帳を見たらそっちの数字を信じちゃって……」

「まあ、そんなに落ち込む必要はないんじゃない？」と、夫は言った。

「失敗は失敗だけど、何も[B]ずぼらで時間に遅れたわけじゃないんだからさ」

「そうだけど、それがよけいにショックでね。ずぼらだったら次から注意のしようもあるけど、ここまで確信を持って失敗したのは初めてだったから……。ちょっと、まいった」

「それで、その先生はどうしたの。怒って帰っちゃったとか？」

私は首を横に振った。

実際のところ榊原氏には、かなり長い間ご機嫌を直して頂けなかった。その末に、遅れた理由を話してみなさい、きみには説明する義務がある、と言われたので、何を申し上げても言い訳になりますがとことわった上で事情を説明すると、氏は私の手帳を覗き込み、私が読み間違えたくだんの数字を見て、ふん、と鼻を鳴らした。

そうして、ようやくこちらを見て宣《のたま》った。

「きみがそうだと言うなら信じよう、という気になるのは、これまでのきみのふるまいを見てきたからだろうな」

[3]ぐっと喉が詰まって、変な声がもれそうになった。

ありがとうございます、本当に、ほんとうに申し訳ございませんでし

②

見るというような印象を受ける。結果として、町のなかには大量の雲が漂うという状態で、これも外国人からしばしば質問を受ける点である。だが金雲によって縁取られているからこそ、中間のつなぎの部分は覆い隠されて、各場面が何を表わしているかということがよくわかるのである。

室内の情景を表わしたものとしては、これも江戸期に好んで描かれた「誰《た》が袖図《そでず》屏風」がある。これは※衣桁《いこう》にかけられた衣裳《いしょう》を中心の主題としたものだが、その衣桁が置かれた室内の様子は、壁も畳も一切描かれていない。時には画面に双六《すごろく》盤やお盆の湯呑《の》みのセットなど、人間の存在を暗示する小道具が描かれていることもあるが、登場人物の姿も消されてしまっている。このような「不在による存在の暗示」という手法は、日本美術の常套《じょうとう》手段の一つで、「留守模様」という優雅な名称すら与えられている。そしてここでも人物の代わりに登場して来るのは、一面の金地表現である。

とすれば、このような金雲や金地は、もちろん一方で華やかな装飾効果を目指すものであるには違いないが、同時に、余計なものを排除する役割も担わされていることになる。それはいわば、[3]黄金の「余白」に他ならないのである。

金屏風は、今日でも、結婚の披露宴や何かの祝賀パーティにおいてしばしば用いられる。だが[4]それは決まって無地の金屏風である。昨年の末、私はソウルの日本大使館が開催したパーティに参加したが、そこでも会場入り口に金屏風を立てて、大使が客を迎えていた。その時、同行した韓国の友人が、この金屏風はいかにも日本的だという感想を漏らした。聞けば、韓国においてもお祝いの席などに金屏風はよく登場するが、そこには必ず、松とか鶴などの吉祥モティーフが賑《にぎ》やかに描かれているという。無地の金屏風では、何か物足りなくて、淋《さび》しい感じすらするというのである。何も描かれていない一面の金地画面は、そこに日本人の独得な美意識を浮かび上がらせているのである。

（高階《たかしな》 秀爾《しゅうじ》『日本人にとって美しさとは何か』筑摩書房による）

〔注〕※「衣桁」――着物などをかけて置く家具。

問一 波線部a～eのカタカナを漢字に直せ。

a サイバイ　b ギョウシュク　c ソセキ　d トライ　e チョメイ

問二 空欄Ⅰ、Ⅱに入る語句として最も適当なものを、次の各群のア～オのうちからそれぞれ一つずつ選び、記号で答えよ。

Ⅰ　ア 一品　イ 一片　ウ 一株　エ 一句　オ 一輪

Ⅱ　ア 一幅　イ 一席　ウ 一足　エ 一脚　オ 一両

問三 傍線部1「そこ」とあるが、何を指すか。その説明として最も適当なものを、次のア～オのうちから一つ選び、記号で答えよ。

ア 庭の朝顔を摘み取らせたことの意味は、余白の排除という点にだけ尽きるものではないということ。

イ 朝顔の花のない庭というのは、それ自体美の世界を構成する重要な役割を持っているということ。

ウ 期待に満ちてやって来た秀吉は、朝顔のまったくない庭を見て失望し、不満を覚えたということ。

エ 秀吉が茶室に入ったちょうどそのとき、なお朝顔のあらぬことは彼の不満を駆りたてていたということ。

オ 床の間の朝顔にいきなり対面したとすれば、庭ですでに出会ったときと較べ印象が強いということ。

問四 傍線部2「信仰と深く結びついた美意識」とあるが、それはどういうことか。その説明として次のア～オのうち正しいものには○を、誤っているものには×を付けよ。

ア たとえば、西洋の油絵では、どんなジャンルでも、画面の隅々まで塗られるのがもともとの姿であるということ。

イ たとえば、長谷川等伯《とうはく》の《松林図》のように、墨色の濃いものを使い、力強い筆づかいで松を描いているということ。

ウ たとえば、京都御所における紫宸殿《ししんでん》の庭のように、一面の白砂が敷きつめられただけの清らかな空間であるということ。

エ たとえば、伊勢神宮のように、現在に至るまで元来の姿をもち続けている建築様式であるということ。

オ たとえば、仏教が大陸より伝わってから長い年月を経て、多種多様の寺院建築が各地に建っているということ。

問五 傍線部3「黄金の『余白』」とあるが、それはどのようなものか。その説明として最も適当なものを、次のア～オのうちから一つ選び、記号で答えよ。

ア 金地濃彩の大和絵や華麗な近世風俗画などに見られる、日本の美術でよく使われる方法で優美さを突き詰めた手法。

イ 日本芸術に見られる、中心の目的物以外はすべて拒否しようという意志のもと、周囲の要素をすべて取り除く手法。

ウ 日本芸術に見られる、縁取りのつなぎの部分をできる限り金色で覆い隠すことで、作品全体の装飾性を際立たせる手法。

エ 西洋の作品に見られる、欧米のことばでは余程表現しにくいものであるが、日本芸術との差異がよく示されている手法。

オ 仏教美術に多く見られる、誇らしい金の彩りによって中心の目的物がもっている威光をより際立ったものにする手法。

問六 傍線部4「それは決まって無地の金屏風である」とあるが、それはなぜか。六十字以内で説明せよ。

① 国語科（高）

（60分）

国高令4

（注意）解答はすべて解答用紙に記入せよ。

青雲高等学校

一　次の文章を読んで、後の問いに答えよ。

千利休の朝顔をめぐるエピソードは、比較的よく知られた話であろう。利休は珍しい種類の朝顔を[a]サイバイして評判を呼んでいた。その評判を聞いた秀吉が実際に朝顔を見てみたいと望んだので、利休は秀吉を自分の邸《やしき》に招く。ところがその当日の朝、利休は庭に咲いていた朝顔の花を全部摘み取らせてしまった。やって来た秀吉は、期待を裏切られて、当然不機嫌になる。しかしかたわらの茶室に招じ入れられると、その床の間に【Ⅰ】、見事な朝顔が活《い》けられていた。それを見て秀吉は大いに満足したという。

このエピソードに、美に対する利休の考えがよく示されている。庭一面に咲いた朝顔の花も、むろんそれなりに魅力的な光景であろう。しかし利休は、その美しさを敢《あ》えて犠牲にして、床の間のただ一点にすべてを[b]ギョウシュクさせた。【Ⅰ】の花の美しさを際立たせるためには、それ以外の花の存在は不要である。いやそれどころか邪魔になるとさえ言えるかもしれない。邪魔なもの、余計なものを切り捨てるところに利休の美は成立する。

だが庭の花を摘み取らせたことの意味は、余計なものの排除という点にだけ尽きるものではない。花のない庭というのは、それ自体美の世界を構成する重要な役割を持っている。期待に満ちてやって来た秀吉は、【Ⅰ】の花もない庭を見て失望し、不満を覚えたであろう。茶室に入ったときも、その不満は続いていたはずである。そのような状態で床の間の花と対面したとすれば、何もなしに直接花と向き合ったときと較《くら》べて、不満があった分だけ驚きは大きく、印象もそれだけ強烈なものとなったであろう。利休は[1]そこまで計算していたのではなかったろうか。

つまり床の間の花は、庭の花の不在によっていっそう引き立てられる。このような美の世界を仮りに【Ⅱ】の絵画に仕立てるとすれば、画面の中央に花を置くだけでは不充分であり、一方に花が、そして他方に何もない空間が広がるという構図になるであろう。日本の水墨画における余白と呼ばれるものが、まさしくそのような空間である。

この「余白」という言葉は、英語やフランス語には訳しにくい。西洋の油絵では、風景画でも静物画でも、画面は隅々まで塗られるのが本来であり、何も描かれていない部分があるとすれば、それは単に未完成に過ぎないからである。だが例えば長谷川等伯《とうはく》の《松林図》においては、強い筆づかいの濃墨《こずみ》の松や靄《もや》のなかに消えて行くような薄墨の松がつくり出す樹木の群のあいだに、何もない空間が置かれることによって画面に神秘的な奥行きが生じ、空間自体にも幽遠な雰囲気が漂う。また、大徳寺の方丈に探幽が描いた《山水図》では、何もない広々とした余白の空間が、あたかも画面の主役であるかのように見る者に迫って来る。

もともと余計なもの、二義的なものを一切排除するというのは、日本の美意識の一つの大きな特色である。京都御所の紫宸殿《ししんでん》の庭は、西欧の宮殿庭園に見られるような花壇や彫像や噴水はまったくなく、ただ一面に白い砂礫《されき》を敷きつめただけの清浄な空間であり、あらゆる装飾や彩色を拒否した簡素な白木造りの伊勢神宮は、今日に至るまでもとのままのかたちで受け継がれ、生き続けている。伊勢神宮の式年造替《しきねんぞうたい》（遷宮《せんぐう》）が始まったのは紀元七世紀後半のこととされており、建物の原型もほぼその頃に成立したと考えられているが、当時日本にはすでに、大陸からもたらされた仏教が一世紀以上の歴史を経て定着しており、それにともなって「青丹《あおに》よし奈良の都」と言われる通り、多彩な仏教寺院建築も、奈良をはじめ日本の各地に建てられていた。仏教寺院の場合、建築工法も、柱を[c]ソセキの上に置き、屋根は瓦葺《ぶ》きという進んだやり方で、掘立柱《ほったてばしら》、萱《かや》葺きの伊勢神宮より、保存性もはるかに高い（それゆえに、伊勢神宮は二十年ごとの建て替えが必要となる）。伊勢神宮でも、周囲にめぐらされた高欄の部分などに仏教建築の影響が認められるから、その造営にあたった工匠たちが大陸[d]トライの新技術を知らなかったわけではない。だがそれにもかかわらず、日本人は敢《あ》えて古い、簡素な様式を選び取り、しかもそれを千三百年以上にわたって保ち続けた。そこには、余計なものを拒否するという美意識――[2]信仰と深く結びついた美意識――が一貫して流れていると言ってよいであろう。

もちろん、その一方で、仏教美術の隆盛に見られるように、壮麗多彩なものを求める美意識も、日本人の大きな特色である。絵画の分野においても、水墨画と並んで、金地濃彩の大和絵や華麗な近世風俗画などに見られる装飾性が、日本美術の際立った特質であることは、たびたび指摘されて来た。実際、水墨画の本場である中国から見れば、日本美術はもっぱら華やかな飾りもののように見えたらしい。（中略）

だがその金色燦然《さんぜん》たる作品においても、日本の場合、中心のモティーフ以外の余計なものはすべて拒否しようという意識が強く認められる。例えば、代表的な作例として、光琳のよく知られた《燕子花《かきつばた》図《ず》屏風《びょうぶ》》がある。西欧の画家なら、水辺に咲き誇る花を描き出そうとするとき、池の面、岸辺、土堤、野原、おそらくは空の雲など、周囲の状況を残らず再現しようとするであろう。現に私は、ある外国人から、このかきつばたの花はいったいどこに咲いているのかと尋ねられたことがある。だが光琳は、利休が庭の花を切り捨てたように、そのような周囲の要素はすべて排除してしまった。そのために用いられたのが、あの華やかな金地である。つまり金地の背景は、同時に不要なものを覆い隠す役割を与えられているのである。

あるいは、近世初頭に多く描かれた「洛中洛外図《らくちゅうらくがいず》」がある。そこでは、二条城をはじめ、[e]チョメイな神社仏閣などの名所、町並み、年中行事である祭りの情景などが描き出されているが、それぞれの場面は、金雲と呼ばれる雲型の装飾模様で取り囲まれていて、われわれはあたかも雲の間から京都の町を覗《のぞ》き

社会科（高）

社高令3

受験番号

※100点満点

解答用紙

1 18点

問1		問2		問3	(1)		(2)
問4	10 15	問5		問6			
問7		問8	X	Y	Z		

2 15点

問1	(1)		(2)							
問2	(1)		(2)		(3)		問3	(1)		(2)
問4	10 20 ため，……									
問5		問6		問7	(1)		(2)		(3)	

3 24点

問1		問2		問3		問4	
問5		問6		問7		問8	
問9		問10		問11		問12	

4 15点

問1		問2		問3					
問4		問5		問6					
問7	10 20 30 40								
問8		問9		問10		問11		問12	

5 28点

問1		問2		問3			
問4		問5		問6	(1)		(2)
問7		問8		問9			
問10		問11		問12			

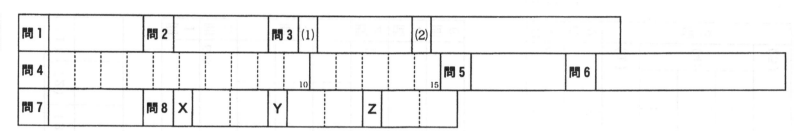

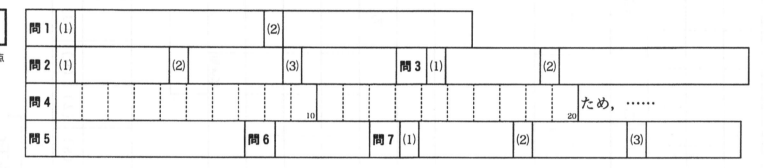

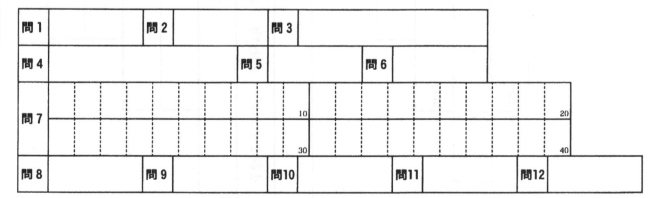

理科（高）解答用紙

理高令3　　※100点満点

受験番号

1

20点

(1)	(2)	(3)	(4)	(5)	(6)	(7)	(8)	(9)	(10)

2

19点

問1		
問2	名称	集め方
問3		
問4	①	②
問5		
問6	g	

3

22点

問1	A	B	C	D	E	F
問2						
問3	(1) m	(2) ℃	(3) ℃			
	(4)					
	(5) ℃	(6)	(7)			

4

18点

問1	
問2	
問3	
問4	
問5	(1)
	(2)　丸い種子：しわのある種子　＝　　：
問6	

5

21点

問1			
問2	cm		
問3	a	b	c
問4	cm		
問5			

英語科（高）　解答用紙

英高令3

※100点満点

受験番号

1

20点

A	(1)	(2)	(3)	(4)	(5)
B	(6)	(7)	(8)	(9)	(10)
C	(11)	(12)	(13)	(14)	(15)

2

32点

問1	①
	②
問2	(A)
	(B)
	(C)
	(D)
	(E)
問3	

3

24点

問1	(A)	(B)	
問2	(1)	(2)	(3)
問3			
問4	(　　)→(　　)→(　　)→(　　)		
問5			
問6	(6)		
	(7)		

4

24点

問1					
問2	(A)	(B)	(C)	(D)	(E)
問3					
問4	①				
	②				
問5					

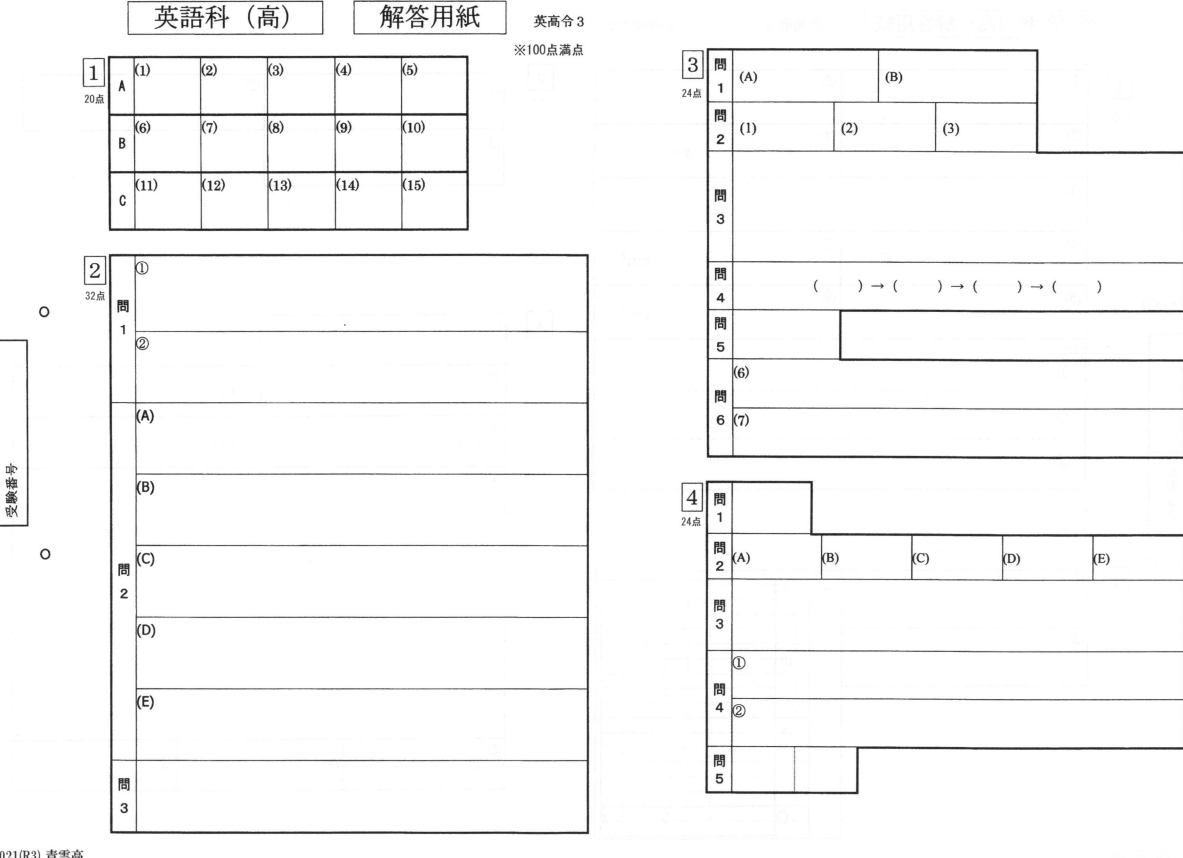

数学科（高）解答用紙

数高令３　　※100点満点

1　42点

(1)	(2)
(3)	(4) $x=$　　　，$y=$
(5)	
(6)　　　　個	(7)　　　　cm^3
(8)	(9)　　　　cm^2
(10) ① ② ③	

受験番号

2　17点

(1)	(2)
(3)	

(2)
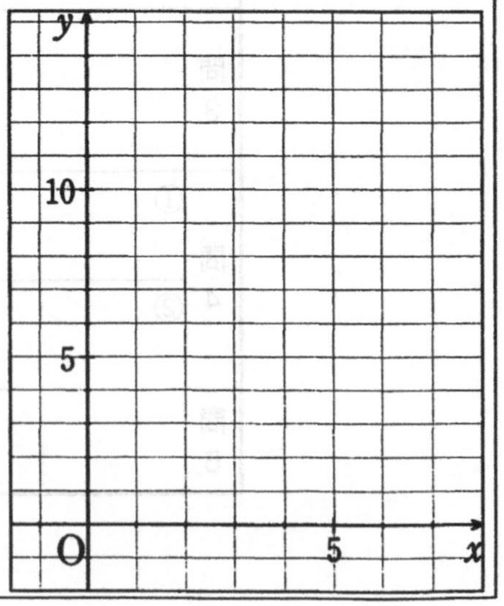

3　16点

(1)	(2)
(3)	

4　25点

(1)		
(2) (ア)	(イ)	
(3) (ウ)	(エ)	
(4)		
(5) (a)	(b)	(d)

K 教英出版　解答用紙5の2

国語科（高）解答用紙

受験番号の記入欄は左端にある。忘れずに記入せよ。

国高令3

※100点満点

一　35点

問一　a　b　c　d　e

問二

問三

問四

問五

問六

二　35点

問一　X　Y　Z

問二

問三

問四

問五

問六

三　30点

問一　a　b　c

問二

問三

問四

問五

問六

受験番号

問2　下線部②に関して，経済活動の自由を無制限に認めてしまうと格差拡大などの問題が発生するため，憲法でも制限が設けられている。これをふまえ，下に示した日本国憲法の条文の空欄□にあてはまる語句を答えよ。

> 第２９条　①財産権は，これを侵してはならない。
> 　　　　　②財産権の内容は，□に適合するやうに，法律でこれを定める。(③省略)

問3　下線部③に関して，ダムの建設などの大規模な開発事業をおこなう前には，環境がどのように変化するかなどを調査することが義務づけられている。この制度を何というか答えよ。

問4　下線部④に関して，日本の伝統文化について述べた文として**適切ではないもの**を，次の中から一つ選んで記号で答えよ。

ア．日本の伝統文化の中には，お花見や七五三などの庶民文化も含まれる。
イ．日本の伝統文化は，時代や環境が変わってもほとんど変化しないという特徴がある。
ウ．日本の伝統文化の中には，地域によって多様性が生まれたものもある。
エ．日本の伝統文化と海外の文化が融合し，新たな伝統文化が生み出されることがある。

問5　下線部⑤に関して，報道された情報は様々な角度から批判的に読み取り，自分自身で考えて判断する力が必要だとされる。このような力を何というか，カタカナで答えよ。

問6　下線部⑥に関して，地方の首長は必ずしも住民投票の結果に従う必要はない。では，住民が民意を確実に地方政治に反映させようと考えた場合，どのような方法があるだろうか。これに関する次の(1)・(2)に答えよ。なお，この住民が居住する市は有権者数40万人未満とする。

(1)　住民がダムの建設を推進したいと考えた場合に，この住民はどのような方法をとることができるか。適切と考えられる方法を次のア～エから**一つ**選んで記号で答えよ。**なお，適切なものは複数あるが，解答は一つでよい。**

ア．ダム建設を推進する条例の制定を請求する。
イ．ダム建設に反対している首長の解職を請求する。
ウ．ダム建設差止めの判決を下した地方裁判所裁判官の解職を請求する。
エ．ダム建設反対の運動をしている住民の区域外への転居を請求する。

(2)　**(1)で選んだ方法**を実行するために，この住民はどのような手続きをとる必要があるか。適切な手続きを次のオ～シの中から一つ選んで記号で答えよ。

オ．有権者のうち少なくとも３分の１以上の署名を集め，首長に請求する。
カ．有権者のうち少なくとも３分の１以上の署名を集め，選挙管理委員会に請求する。
キ．有権者のうち少なくとも３分の１以上の署名を集め，最高裁判所に請求する。
ク．有権者のうち少なくとも３分の１以上の署名を集め，内閣総理大臣に請求する。
ケ．有権者のうち少なくとも50分の１以上の署名を集め，首長に請求する。
コ．有権者のうち少なくとも50分の１以上の署名を集め，選挙管理委員会に請求する。
サ．有権者のうち少なくとも50分の１以上の署名を集め，最高裁判所に請求する。
シ．有権者のうち少なくとも50分の１以上の署名を集め，内閣総理大臣に請求する。

問7　下線部⑦に関して，現在は政治活動に多額の資金が必要であり，政党への政治献金が制限されるかわりに，政党の政治活動を支援するための資金が国庫から提供されている。このような資金を何というか，漢字５字で答えよ。

問8　下線部⑧に関して，国会での予算審議について述べた次のａ～ｃの文を，国会審議の手順通りに並べたものを，下のア～カから一つ選んで記号で答えよ。

ａ　参議院で公聴会が開催された。
ｂ　参議院の予算委員会で審議が開始された。
ｃ　衆議院の本会議で予算案が可決された。

ア．ａ→ｂ→ｃ　　イ．ａ→ｃ→ｂ　　ウ．ｂ→ａ→ｃ
エ．ｂ→ｃ→ａ　　オ．ｃ→ａ→ｂ　　カ．ｃ→ｂ→ａ

問9　下線部⑨に関して，このような考え方に基づいて，役割を最小限度にとどめる政府のあり方を何というか答えよ。

問10　下線部⑩について，この日本語訳として適切なものを，次の中から一つ選んで記号で答えよ。

ア．実現可能な科学目標　　イ．実現可能な人権目標
ウ．持続可能な開発目標　　エ．持続可能な政策目標

問11　下線部⑪に関して，現在，世界では水資源をめぐる紛争が激化しているという指摘があるが，これに対して農畜産物の貿易の拡大は水資源紛争を激化させるという考え方と，逆に水資源紛争を緩和させるという考え方がある。このことについて，農畜産物の貿易の拡大が水資源紛争を緩和させるという考え方の根拠となるものを，次のア～カから**２つ**選んで記号で答えよ。なお，ア～カで述べられた説明は，すべて事実であると考える。

ア．農畜産物の生産に必要な農業用水をダムに貯水するため，河川の水量が低下している。
イ．農畜産物の生産に地下水を利用することで，地下水位が低下し地盤沈下が発生している。
ウ．西アジアの砂漠地帯の国々の中には，石油資源の輸出と農畜産物の輸入が目立つ国がある。
エ．南アジアでは農業用水を汲み上げる電気ポンプの稼働量が増加し，大規模停電の一因となった。
オ．北アメリカの国々は１人あたりの水資源量が豊富で，アメリカ合衆国やカナダは農畜産物の輸入額より輸出額の方が大きい。
カ．牛肉の生産には他の農畜産物と比べて大量の水を必要とするが，近年は世界的に牛肉の消費量が増加している。

問12　下線部⑫に関して，アフガニスタンで医療活動と灌漑施設の建設に尽力し，2019年に現地で殺害された医師を，次の中から選んで記号で答えよ。

ア．大村智　　イ．緒方貞子　　ウ．明石康　　エ．中村哲

問10　下線部⑩に関して，昭和期の混乱を示す次の新聞記事Ｘ・Ｙと，それに関する下の説明ａ～ｄの組み合わせとして正しいものを，下のア～エから一つ選んで記号で答えよ。

聯盟よさらば！遂に
總會勸告書を採擇し
我が代表堂々退場す
四十二對一票、棄權一

X

首相遂に兇手に倒る
昨夜十一時廿六分絶命
犬養總裁は
黨葬に決定
後繼總裁は
高橋翁か

Y

（出典『東京朝日新聞』）

ａ　Ｘの記事は，満州国について日本の主張が退けられたことを報じている。

ｂ　Ｘの記事は，日本軍の真珠湾攻撃が非難されたことを報じている。

ｃ　Ｙの記事は，朝鮮の義兵運動家がおこした暗殺事件を報じている。

ｄ　Ｙの記事は，海軍将校らがおこしたテロ事件を報じている。

ア．Ｘ－ａ　Ｙ－ｃ　　イ．Ｘ－ａ　Ｙ－ｄ

ウ．Ｘ－ｂ　Ｙ－ｃ　　エ．Ｘ－ｂ　Ｙ－ｄ

問11　下線部⑪に関して，第二次世界大戦後のできごととして**誤っているもの**を，次の中から一つ選んで記号で答えよ。

ア．毛沢東を主席とする中華人民共和国が成立した。

イ．ロシア革命によって最初の社会主義国家が成立した。

ウ．平和共存を訴えるアジア・アフリカ会議が開催された。

エ．アメリカ合衆国がベトナム戦争に介入した。

問12　下線部⑫について述べた次のⅠ～Ⅲのできごとを古い順に正しく配列したものを，下のア～カから一つ選んで記号で答えよ。

Ⅰ　第四次中東戦争を契機とする石油危機により，テレビの深夜放送が自粛された。

Ⅱ　東京オリンピックの一部の種目が，カラー映像で放送された。

Ⅲ　ベルリンの壁崩壊の様子が，衛星中継によって日本でも放送された。

ア．Ⅰ→Ⅱ→Ⅲ　　イ．Ⅰ→Ⅲ→Ⅱ　　ウ．Ⅱ→Ⅰ→Ⅲ

エ．Ⅱ→Ⅲ→Ⅰ　　オ．Ⅲ→Ⅰ→Ⅱ　　カ．Ⅲ→Ⅱ→Ⅰ

5　水について述べた次の文章を読んで，後の問いに答えよ。

水は人間の生活や経済活動に不可欠な存在である。日本は豊富な水資源を持つと思われがちだが，同時に水不足にも陥りやすい国土である。また洪水や水質汚濁が発生すると，水は人間の生活を脅かす存在にもなる。

日本では洪水を防ぐ治水を目的として明治時代末期に河川法が定められたが，①水力発電などの水資源の利用の観点も含めて戦後になって新河川法が制定され，さらに1990年代に環境保全の観点から改正がおこなわれた。河川の水は農業・工業用水や水力発電のために利用され，②経済活動の自由を保障するために水資源利用の制限は最小限にしなければならないが，一方で③環境権もまた大切であり，政策の判断には両者のバランスが求められる。さらに水資源利用の意義は単純に経済的側面だけではない。日本は「瑞《みず》穂《ほ》の国」とよばれることがあるが，水田風景は日本の④伝統文化の一つであり，保護に値するという議論もある。水に関する政策は，多面的に考える必要がある。

近年，異常気象により大規模水害が発生しやすくなり，治水の議論も活発化している。ダム建設をめぐる議論は河川流域の住民だけでなく⑤新聞やテレビの報道により全国的な関心をよぶこともあり，⑥住民投票により民意が示される場合もあった。国会でも治水の方針については⑦政党によって意見に違いがあるが，治水が重要であるという認識は一致しているはずで，⑧令和２年度予算でも防災や災害復興関係の予算が増額されている。

水に関する政策として，水道法の改正により水道事業の一部民営化も進められることとなった。⑨民営化や規制緩和により政府の役割を必要最小限にすれば税も安くなり，自由な経済活動が展開される。しかし水道などの人々の生活に必要なインフラは行政が担わなければならないという考え方もある。日本のように立憲主義をとる国では，国会などで十分に議論して法律や政策を決めていく必要がある。

さて，世界的には40％ほどの人々が水不足の影響を受けているとされ，2015年に国際連合で策定された17種類の⑩Sustainable Development Goalsの中にも「安全な水とトイレを世界中に」という目標が掲げられている。一方，農業や畜産業には大量の水が必要であり，⑪農畜産物の貿易は大量の水を貿易していることと同じだという考え方がある。この考えにしたがうと，日本は大量の水を輸入しているということになるが，一方で水に関する技術は高い。⑫世界中が安全な水を確保するように努力することが，日本の使命かもしれない。

問１　下線部①に見られるように，法律などのルールの制定には関係者の利害調整という目的もある。これに関して，ルールの制定の際には効率と公正が重要であるとされるが，河川法に関する次のア～エの意見のうち，効率の観点から出された意見として最も適切なものを一つ選んで記号で答えよ。

ア．河川は工業・生活用水の利用だけでなく，レジャーなど観光利用の観点からも整備されなければならない。

イ．河川の上流に水力発電用ダムを建設する際には，地域住民に説明し意見を聞く機会を設けなければならない。

ウ．河川の下流域の生態系を維持するために，上流での護岸工事や工業用水の取得は禁止されなければならない。

エ．河川の氾濫は流域どこでも起こりえるので，治水工事の費用は流域のすべての自治体で負担しなければならない。

4 近代のメディアの発達について述べた次の文章を読んで，後の問いに答えよ。

近代に入ると，多数の受け手に対して情報を発信するマスメディアが発達し，幅広い分野に影響を与えるようになった。メディアとして幕末以降発展したのは，新聞であった。日本人が最初に発行した新聞は，幕府の洋学研究機関が発行した『官板 バタヒヤ新聞』とされる。これは，幕府の洋学研究機関が，オランダ総督府の機関誌をもとに，海外事情を国別に紹介したものである。しかし，①開港後の混乱によって攘夷論が高まったこともあり，幕府による翻訳抄録《しょうろく》の新聞は次第に衰退していった。

明治期に入って，新聞は大きく発展した。1870年に，日本最初の日刊紙である『横浜毎日新聞』が生まれ，1872年には『東京日日新聞』や『郵便報知新聞』が刊行された。また，開港場の居留地では，外国人経営の新聞がさかんに発行された。特に，イギリス人のブラックが発行した『日新真事誌』は，明治政府を去った［②］らが発表した民撰議院設立の建白書を掲載して，民権思想を人々に伝えた。自由民権運動の高まりとともに，一部の新聞は政党の機関紙のようになり，特に『郵便報知新聞』は尾崎行雄らが入社して［③］の機関紙となった。

明治政府は④条約改正を急ぐ事情もあり，急速な近代化をすすめ，1889年には⑤大日本帝国憲法を発布した。新聞各社は，この憲法発布を報じ，立憲制国家の成立を人々に知らせた。日清戦争後の⑥三国干渉によって，厳しい国際情勢があらわになると，新聞界ではロシアを警戒する論調が強まった。日露戦争勃発後は，新聞各社は激しい戦時報道合戦を繰り広げ，多数の従軍記者を派遣した。政府も，国民の戦意高揚を図るために新聞を利用し，戦時広報を新聞社に提供した。

大正時代の新聞は，民衆運動の高まりとともに成長した。寺内正毅内閣がシベリア出兵を強行すると，大戦景気による物価上昇とあいまって，米価が高騰した。これに対し，富山県で米の安売りを求める暴動がおこると，新聞各社はこれを大々的に報道し，⑦全国的な米騒動に発展して寺内内閣が倒れた。このように，民衆や新聞世論の高まりによって内閣が退陣することが相次いだ大正期には，大正デモクラシーの風潮が強まった。また，第一次世界大戦のころから海外特派員を出す新聞社が増え，⑧パリ講和会議やワシントン会議にも多数の特派員が派遣された。

1923年の関東大震災により，東京のほぼすべての新聞社が被災し，多くの東京の新聞が一時的に衰退した。その後，1925年に⑨ラジオ放送が始まった。⑩昭和期に入り，国内の政治や経済の混乱，さらに大陸での紛争が重なるなか，1938年に制定された国家総動員法などによって，軍部・政府による情報統制がすすめられた。

⑪第二次世界大戦後，メディアは連合国軍最高司令官総司令部（ＧＨＱ）の管理下に置かれ，事前・事後の検閲がおこなわれた。一方で，ラジオで流された並木路子《なみきみちこ》の「リンゴの唄」は戦後のヒット曲になり，戦後復興に従事する国民に活力を与えた。日本は，朝鮮戦争の特需景気によって鉱工業生産が戦前水準を回復し，ついにサンフランシスコ平和条約の締結で，国際社会に復帰した。その後，1950年代からメディアでは新しく⑫テレビ放送がおこなわれるようになった。さらに，1990年代には双方向型のインターネットが普及し，現在の情報社会の基礎を築いた。

問１ 下線部①に関して，開港後の貿易の状況と，それによる国内への影響について述べた次の文ａ～ｄのうち，正しいものの組み合わせを，下のア～エから一つ選んで記号で答えよ。

ａ 横浜港における最大の貿易相手国は，アメリカだった。
ｂ 横浜港における日本の主要な輸出品は，生糸だった。
ｃ 開港直後から貿易赤字が続いたため，日本の金が流出した。
ｄ 安価で良質な綿織物が輸入されたため，日本の綿織物業が打撃を受けた。

ア．ａ・ｃ　イ．ａ・ｄ　ウ．ｂ・ｃ　エ．ｂ・ｄ

問２ 空欄［②］にあてはまる人名を，次の中から一つ選んで記号で答えよ。

ア．大久保利通　イ．板垣退助　ウ．木戸孝允　エ．西郷隆盛

問３ 空欄［③］には，大隈重信が1882年に設立した政党が入る。この政党を何というか答えよ。

問４ 下線部④に関して，日英通商航海条約を締結して，領事裁判権の撤廃に成功した外務大臣を答えよ。

問５ 下線部⑤に関して，大日本帝国憲法の内容について述べた文として正しいものを，次の中から一つ選んで記号で答えよ。

ア．天皇の権限として，陸・海軍の指揮権を明記した。
イ．帝国議会は，衆議院と参議院から構成されるとした。
ウ．内閣を構成する大臣は，連帯して議会に対して責任を負うとした。
エ．臣民に対して，内閣の定める範囲で言論の自由を認めた。

問６ 下線部⑥に関して，三国干渉によって日本が清に返還した場所を，右の地図中の**ア～エ**のうちから一つ選んで記号で答えよ。

問７ 下線部⑦に関して，寺内内閣のあとをうけ内閣総理大臣に就任した人物の普通選挙運動への対応について，この首相の名前を挙げたうえで具体的に40字以内で述べよ。

問８ 下線部⑧に関して，この二つの会議とその会議の影響について述べた次の文ａ～ｄのうち，正しいものの組み合わせを，下のア～エから一つ選んで記号で答えよ。

ａ パリ講和会議で結ばれたベルサイユ条約によって，ドイツは海外植民地のすべてを失った。
ｂ パリ講和会議で独立が認められなかった朝鮮で，五・四運動がおこった。
ｃ ワシントン会議の結果，日英同盟が解消された。
ｄ ワシントン会議の結果，日本の山東省権益が認められた。

ア．ａ・ｃ　イ．ａ・ｄ　ウ．ｂ・ｃ　エ．ｂ・ｄ

問９ 下線部⑨に関して，ラジオ放送が始まった後におきたできごとを，次の中から一つ選んで記号で答えよ。

ア．イギリス船ノルマントン号の沈没事件　イ．秩父地方における困民党の暴動事件
ウ．ポーツマス条約締結に反対しておこった暴動事件　エ．盧溝橋付近での日中の軍事衝突事件

江戸時代になっても，しばしば自然災害や飢饉が起こり，伝染病も流行した。⑩1642年には寛永の飢饉とよばれる大飢饉が起き，幕府は農民が経済的に困窮するのを防ぐため，土地の売買やぜいたくな生活を禁じる法令を出した。江戸時代中期には，天候不順に浅間山の大噴火が重なって天明の飢饉が起こり，百姓一揆や打ちこわしが増加したことが，⑪当時の老中の失脚につながった。その後も⑫天保の飢饉に際して大塩の乱が起こるなど，飢饉は，人々の生活だけでなく政治にも大きな影響を与えた。

問1　下線部①に関して，縄文時代に死者の霊の復活を防ぐためにおこなわれていたと考えられているものを，次の中から一つ選んで記号で答えよ。

ア．屈葬　　イ．抜歯　　ウ．土偶の制作　　エ．埴輪《はにわ》の制作

問2　下線部②に関して，この当時の仏教について述べた文として最も適当なものを，次の中から一つ選んで記号で答えよ。

ア．伝染病や災害などの不安から国家を守ることが期待され，中国から鑑真が招かれた。
イ．仏教を中心とした国づくりがおこなわれ，豪族は権威の象徴として寺院を建立した。
ウ．禅宗などの仏教思想の影響で，枯山水や水墨画がつくられた。
エ．山奥の寺院で，学問や厳しい修行が広くおこなわれた。

問3　下線部③に関して，この天皇がおこなったことを述べた文として正しいものを，次の中から一つ選んで記号で答えよ。

ア．能力や功績のある者を役人に取り立てるため，冠位十二階を定めた。
イ．坂上田村麻呂を征夷大将軍に任命し，東北地方へ派遣した。
ウ．墾田永年私財法を出し，土地の開墾と私有を許可した。
エ．裁判の基準として，御成敗式目を定めた。

問4　下線部④に関して，九州で起きた次のⅠ～Ⅲのできごとを古い順に正しく配列したものを，下のア～カから一つ選んで記号で答えよ。

Ⅰ　大宰府を防衛するため，水城や大野城が築かれた。
Ⅱ　朝鮮に出兵するための拠点として名護屋城が築かれた。
Ⅲ　佐賀に反射炉が築かれ，大砲が製造された。

ア．Ⅰ→Ⅱ→Ⅲ　　イ．Ⅰ→Ⅲ→Ⅱ　　ウ．Ⅱ→Ⅰ→Ⅲ
エ．Ⅱ→Ⅲ→Ⅰ　　オ．Ⅲ→Ⅰ→Ⅱ　　カ．Ⅲ→Ⅱ→Ⅰ

問5　空欄 ⑤ にあてはまる人名を答えよ。

問6　下線部⑥に関して，京都の祇園祭《ぎおんまつり》は怨霊や流行病をしずめる祇園会《ぎおんえ》に始まり，京都の各町が山車《だし》を出す山鉾巡行《やまほこじゅんこう》もおこなわれるようになったが，戦乱のためしばらく中断され，その後，町衆とよばれる京都の富裕な商工業者によって1500年に再興された。この戦乱として正しいものを，次の中から一つ選んで記号で答えよ。

ア．南北朝の動乱　　イ．関ヶ原の戦い　　ウ．壇の浦の戦い　　エ．応仁の乱

問7　下線部⑦に関して，浄土信仰にもとづいて建てられた建造物として正しいものを，次の中から一つ選んで記号で答えよ。

ア．平等院鳳凰堂　　イ．鹿苑寺金閣　　ウ．東大寺南大門　　エ．東大寺正倉院

問8　下線部⑧に関して，鎌倉時代の農村について述べた文として正しいものを，次の中から一つ選んで記号で答えよ。

ア．深く耕すことができる備中鍬や，効率的に脱穀ができる千歯こきの使用が広まった。
イ．農民が自治的に運営する惣がつくられ，守護大名の支配に抵抗するようになった。
ウ．近畿地方から西日本にかけて，稲を収穫したあとに麦をまく二毛作が広まった。
エ．農民は口分田を耕して租をおさめ，さらに成人男子には庸や調が課された。

問9　下線部⑨に関して，次の史料は，正長の土一揆についての記録の一部を現代語訳したものである。この史料に書かれているできごとについて述べた文として**適当でないもの**を，下のア～エから一つ選んで記号で答えよ。

> 正長元(1428)年９月，農民たちが蜂起した。徳政であることを宣言して，酒屋・土倉・寺院などをおそって破壊し，質入れした品物などを思うままに奪い，借用証文などをすべて破り捨てた。管領は彼らをとらえて処罰した。そもそも国が亡《ほろ》びる原因としては，これ以上のものはない。日本の歴史がはじまって以来，農民たちが蜂起するのはこれが初めてである。(『大乗院日記目録』(注))

(注)『大乗院日記目録』：興福寺の僧侶が大乗院に伝わる記録などを整理・編纂《へんさん》したもの。

ア．この農民の蜂起は，京都とその周辺で起きた。
イ．農民たちは，酒屋や土倉などから借金をしていた。
ウ．幕府は，農民たちの要求をいれて，徳政令を出した。
エ．この史料の筆者は，農民の蜂起に危機感を示している。

問10　下線部⑩に関して，このころのできごとについて述べた文として正しいものを，次の中から一つ選んで記号で答えよ。

ア．財政を立て直すため大名に上げ米を命じ，裁判の基準として公事方御定書を定めた。
イ．朱子学などの学問が重視され，慈悲の精神にもとづいて生類憐みの令が出された。
ウ．錦絵が流行し，喜多川歌麿は美人画，葛飾北斎は風景画で優れた作品を残した。
エ．島原・天草一揆が起こり，幕府はポルトガル船の来航を禁止した。

問11　下線部⑪の老中は，長崎貿易で銅や俵物の輸出をさかんにしたり，蝦夷地の開拓を計画したりした。この老中の名前を答えよ。

問12　下線部⑫に関して，天保の飢饉が起きたころの世界の動きについて述べた文として正しいものを，次の中から一つ選んで記号で答えよ。

ア．エルサレムを奪い返すため，西ヨーロッパ諸国が十字軍を派遣した。
イ．ルターが免罪符の販売を批判して，宗教改革をはじめた。
ウ．名誉革命が起き，権利章典が定められた。
エ．アヘン戦争で清がイギリスに敗れた。

② 社高令3

問1　下線部①に関して，山脈は国境だけではなく，気候分布の境界になっているところもある。次の(1)・(2)にあてはまる山脈名をそれぞれ答えよ。

(1)　この山脈の北側は地中海性気候が広がり，オリーブなどの栽培がみられる。一方，南側は世界最大の砂漠が広がり，乾燥が激しい。

(2)　この山脈の東側はグレートプレーンズとよばれる大平原が広がっている。一方，西側は砂漠気候やステップ気候などがみられる。

問2　下線部②に関して，ヨーロッパを流れるライン川やドナウ川は，多くの国の国境になっている河川である。下の表は，これらの河川を国境としているスイス・ドイツ・フランス・ハンガリー・ブルガリア・ルーマニアの面積・人口・国民総所得・ＥＵ加盟年を示したものである。次の(1)～(3)の国にあてはまるものを，表中のア～カからそれぞれ一つずつ選んで記号で答えよ。

(1)　フランス　　(2)　ハンガリー　　(3)　スイス

	面積(万km^2)	人口(万人)	国民総所得(億ドル)	EU 加盟年
ア	4.1	859.1	6,856	非加盟
イ	9.3	968.5	1,265	2004年
ウ	11.0	700.0	556	2007年
エ	23.8	1936.5	1,958	2007年
オ	35.7	8351.7	36,131	原加盟国
カ	55.2	6513.0	25,609	原加盟国

(注)　ドイツは西ドイツの加盟年

二宮書店『データブック　オブ・ザ・ワールド2020年版』より作成

問3　下線部③に関して，北アメリカの五大湖には，アメリカ合衆国とカナダの国境になっている湖もある。アメリカ合衆国とカナダの民族や言語について次の(1)・(2)に答えよ。

(1)　アメリカ合衆国は移民の国として知られるが，このことに関して述べた文として**誤っているもの**を，次の中から一つ選んで記号で答えよ。

ア．もともとは，ネイティブアメリカンとよばれる先住民が居住していた。

イ．17世紀以降，イギリスの人々がやってきて，大西洋沿岸に植民地をつくった。

ウ．19世紀は，綿花栽培の労働力として，アフリカから奴隷が連れてこられた。

エ．近年では，中南米からフランス語を話すヒスパニックとよばれる人々の移民が増えている。

(2)　カナダはかつてイギリスの植民地であったこともあり英語を話す人が多いが，東部のある州ではフランス語を話す人々が多く，カナダから分離・独立を求める動きもみられる。この州の名称を答えよ。

問4　下線部④に関して，緯線や経線を利用した国境線はアフリカ大陸に多くみられる。このような緯線や経線を利用した国境の問題点を次のように説明した。空欄［X］に適切な説明を20字以内で書き，文を完成させよ。ただし，「民族分布」という語を必ず使用すること。

［　　X　　］ため，民族間の対立や紛争が起こりやすい。

問5　下線部⑤に関して，島国である日本の国境は海になるが，日本の主権がおよぶ領海は海岸線から何海里までとされているか。数字で答えよ。

問6　下線部⑥に関して，ＥＵでは国境を越えての行き来が自由になり，域内の産業がさかんになった。次の表は，ＡＳＥＡＮ・ＥＵ・アメリカ合衆国・中国における人口・ＧＤＰ(国内総生産)・貿易額を示したものである。ＥＵにあてはまるものを一つ選んで記号で答えよ。

	人口(百万人)	GDP(名目)(億ドル)	貿易額(億ドル)	
			輸出	輸入
ア	327	205,802	16,642	25,427
イ	512	187,758	59,939	57,471
ウ	654	29,715	14,330	14,197
エ	1428	136,082	25,013	21,340

矢野恒太記念会『世界国勢図会2020/21』より作成

問7　文章中の空欄［A］～［C］に関して，次の(1)～(3)に答えよ。

(1)　［A］にあてはまる国を，次の中から一つ選んで記号で答えよ。

ア．パキスタン　　イ．ノルウェー　　ウ．エジプト　　エ．チリ

(2)　［B］にあてはまる国のうち，日本より面積の大きい国を，次の中から一つ選んで記号で答えよ。

ア．スリランカ　　イ．マダガスカル　　ウ．イギリス　　エ．タイ

(3)　［C］に**あてはまらないもの**を，次の中から一つ選んで記号で答えよ。

ア．カザフスタン　　イ．ザンビア　　ウ．ベルギー　　エ．ボリビア

3

伝染病や自然災害・飢饉《ききん》などに関する歴史について述べた次の文章を読んで，後の問いに答えよ。

令和２年は，新型コロナウイルスが流行し，水害や土砂崩れなどの天災にみまわれた年となった。こうした伝染病の流行や自然災害などは，歴史上もしばしば起きており，災いが悪霊《あくりょう》や怨霊《おんりょう》によってもたらされるとも考えられていた。

①縄文時代には，すでに霊魂の存在が意識されていたことが発掘調査の結果分かっている。古墳時代に仏教が伝わると，しだいに豪族の間で信仰されるようになり，②7世紀初めには聖徳太子によって法隆寺が建てられた。奈良時代には天然痘《てんねんとう》が流行し，多くの死者が出た。藤原氏の４人の兄弟も同じ年のうちに全員が天然痘で病死している。このため，③当時の天皇は国ごとに国分寺を建て，都には大仏を造ることを命じた。この時代には唐や新羅との交流がおこなわれたが，知識や文物とともに伝染病ももたらされた。これは④九州から東へと流行することが多かったため，平安時代には大宰府に左遷されそこで亡くなった［⑤］のたたりによるものと考えられた。そこで，⑥その霊をしずめるために［⑤］は京都の北野天満宮に祀《まつ》られ，のちに学問の神様として知られるようになった。また，平安時代には飢饉や伝染病，戦乱が続いたため，人々の間では死後に極楽浄土に往生することを望む⑦浄土信仰がさかんになった。伝染病の流行や自然災害を理由に年号が改められること(改元)も少なくなかったが，⑧鎌倉時代の「弘安」という年号も伝染病の流行によって改元されたものといわれる。室町時代に正長に改元された際には⑨正長の土一揆が起こっているが，この一揆が起きた原因の一つには飢饉の発生があった。

社会科（高）

（注意）　解答はすべて解答用紙に記入しなさい。

1　次の文章を読んで，後の問いに答えよ。

日本は，①環太平洋造山帯に位置しているため，地震が多く，各地に分布する②火山も活発に活動している。このため地震や火山活動による災害も各地で多く発生している。地震によって海底の地形が変化した場合には，［X］が発生することもあり，2011年に起きた③東北地方太平洋沖地震では，沿岸部に大きな被害がもたらされた。

また，日本は④梅雨や台風などによる気象災害も多い国である。台風の通り道になりやすい地域では，強風や［Y］による被害，大雨による洪水や土石流の被害が起こることもある。特に1959年の⑤伊勢湾台風では［Y］による甚大な被害にみまわれた。一方，雨が十分に降らなかった年には，干ばつによる被害がしばしば発生する。また，東北地方では⑥冷たい湿った北東風の影響で夏の気温が上がらず，［Z］によって稲などの農作物に被害が出ることもある。

日本では，これらの現象に対する防災や減災のために，⑦さまざまな取り組みがおこなわれている。

問1　下線部①に関して，この地域に**あてはまらないもの**を，次の中から一つ選んで記号で答えよ。

ア．グレートディバイディング山脈　　イ．アンデス山脈
ウ．ニュージーランド南島　　エ．カムチャツカ半島

問2　下線部②に関して，浅間山（長野県・群馬県）では，令和年間に入ってからも火山活動が続いている。この浅間山の山麓でみられる農業について述べた文として正しいものを，次の中から一つ選んで記号で答えよ。

ア．大量の火山灰が積もってできた赤土におおわれた台地で，新鮮な農産物を生産する近郊農業がおこなわれている。
イ．シラスとよばれる古い火山噴出物が厚く堆積し，さつまいもや茶の栽培のほか，畜産もさかんである。
ウ．火山灰が厚く堆積した平野には，小麦やじゃがいも，豆類などが広大な農地で大規模に栽培されている。
エ．火山のすそのに広がる高原では，冷涼な気候を活かし，特にキャベツを多く生産している。

問3　下線部③に関して，この地震では福島県の原子力発電所も大きな被害を受けた。次の表は，2000年以降における日本の原子力発電，火力発電，水力発電および再生可能エネルギーの発電量の割合（％）を表したものである。次の(1)・(2)の問いに答えよ。

年度	A	B	C	再生可能エネルギー		
				D	E	F
2000	8.9	61.3	29.5	0.0	－	0.3
2010	7.8	66.7	24.9	0.3	0.0	0.2
2015	8.9	88.7	0.9	0.5	0.7	0.3
2017	8.9	85.5	3.1	0.6	1.6	0.2

二宮書店『データブック　オブ・ザ・ワールド2020年版』より作成

(1)　表中A・B・Cは原子力発電・火力発電・水力発電のいずれかである。A・B・Cの正しい組み合わせを，次のア～カから一つ選んで記号で答えよ。

ア．A－火力　B－水力　C－原子力　　イ．A－火力　B－原子力　C－水力
ウ．A－水力　B－火力　C－原子力　　エ．A－水力　B－原子力　C－火力
オ．A－原子力　B－水力　C－火力　　カ．A－原子力　B－火力　C－水力

(2)　表中D・E・Fは風力発電・地熱発電・太陽光発電のいずれかである。このうちDは，ドイツやデンマーク，オランダなどヨーロッパ北部でもさかんに活用が進められている。Dにあてはまる発電名を答えよ。

問4　下線部④に関して，梅雨の時期には大量の降雨があり，水害が発生することもしばしばある。近年，都市部において洪水に対する備えとして高速道路や公園の地下などにつくられているものがある。具体的にどんなものであるか15字以内で答えよ。

問5　下線部⑤に関して，この台風は明治時代以降もっとも多くの犠牲者を出した台風で知られるが，犠牲者数が最大であった県は愛知県である。次の表は，北海道，愛知県，千葉県，長野県の鉄鋼業，情報通信機械器具，石油製品・石炭製品，食料品の出荷額輸出額（十億円）を表したものである。愛知県にあてはまるものを，表中のア～エから一つ選んで記号で答えよ。

	鉄鋼業	情報通信機械器具	石油製品・石炭製品	食料品
ア	2040	129	626	1641
イ	1493	188	2232	1514
ウ	451	75	789	2160
エ	52	1019	8	580

二宮書店『データブック　オブ・ザ・ワールド2020年版』より作成

問6　下線部⑥に関して，この風の名称を答えよ。

問7　下線部⑦に関して，このような取り組みの一つにハザードマップがある。ハザードマップについて述べた文として**誤っているもの**を，次の中から一つ選んで記号で答えよ。

ア．この地図があることによって，普段から住民が防災意識を高めて自助につなげることができる。
イ．この地図には，火山の噴火や土砂崩れ，洪水など，自然災害による被害の可能性が記されている。
ウ．この地図は，すべての市町村でつくられており，迅速な作成と配布が義務づけられている。
エ．この地図には，浸水範囲や避難所などの災害に関するさまざまな情報が，特別な記号や表現で示されている。

問8　本文中の空欄［X］，［Y］，［Z］にあてはまる語句を，それぞれ漢字２字で答えよ。

2　次の文章を読んで，後の問いに答えよ。

国と国との境である国境は，多くの①山脈や②川，③湖のような自然の地形に沿って決められていることが多い。その一方で，［A］のように④緯線や経線に沿って決められているところもある。また，［B］のようにまわりを海で囲まれ，海の上に国境がある国は⑤島国とよばれている。一方，［C］のように海に面していない国は内陸国とよばれ，それらのまわりはすべて⑥ほかの国との国境線となっている。

5 凸レンズの性質を調べるために，次の［実験１］～［実験３］を行った。後の問いに答えよ。ただし，方眼の１目盛りはすべて１cm とする。

図１のように，赤色，緑色，青色の３つのLEDと電池を用い，緑のLEDの２cm 上に赤のLEDを，緑のLEDの１cm 右に青のLEDを取り付け光源に使用した。

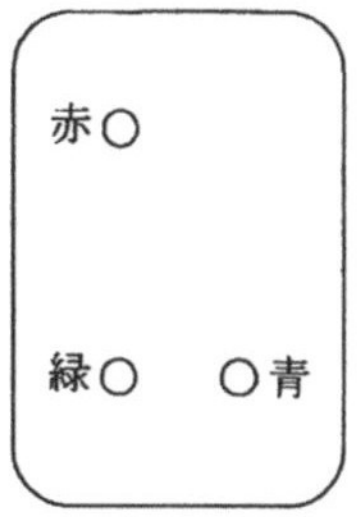

図１

図２のように，光源，焦点距離６cm の薄い凸レンズA，トレーシングペーパー（半透明の紙）を用いたスクリーンを凸レンズAの光軸上に置いた。緑のLEDが凸レンズAの光軸上にあるように調節して観測した。

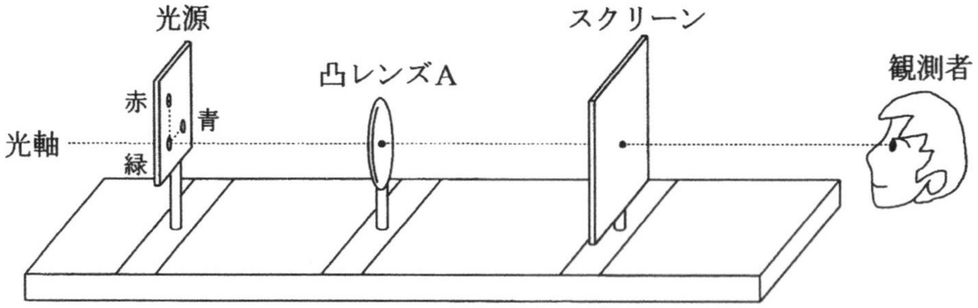

図２

［実験１］
光源と凸レンズAの距離を９cm にして，像がはっきり映る位置にスクリーンを移動させた。

問１ 観測者から見たスクリーンの像として最も適当なものを，右の**ア**～**エ**の中から１つ選んで，記号で答えよ。

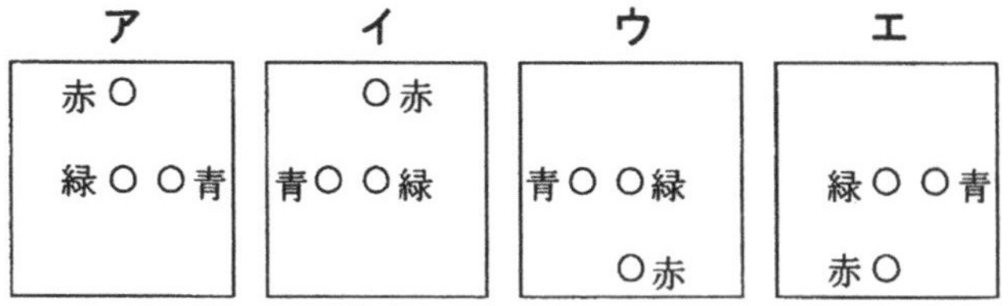

問２ 凸レンズAとスクリーンの距離は何cm か。下図を利用して答えよ。

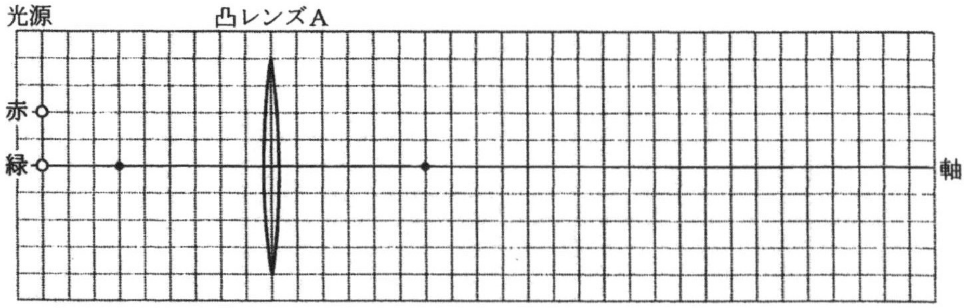

問３ 光源の赤色LEDからa，b，cのように進む光は，凸レンズAを通過後，どのように進むか。最も適当なものを，aは**ア**～**エ**の中から，bは**オ**～**ク**の中から，cは**ケ**～**シ**の中から，それぞれ１つずつ選んで，記号で答えよ。

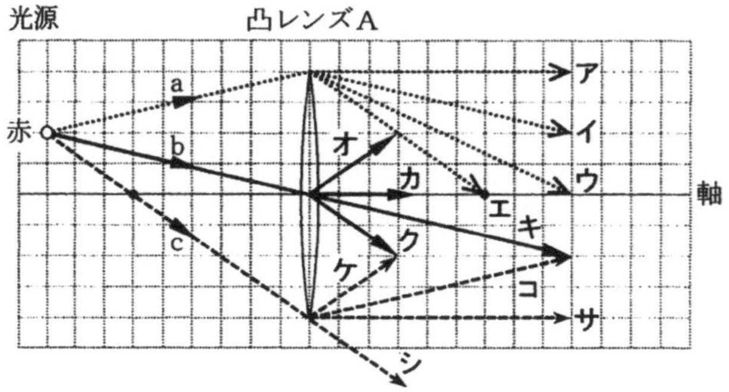

［実験２］
光源とスクリーンは［実験１］のままに固定し，凸レンズAだけを光軸を変えないようにして移動させたところ，再びスクリーンに像がはっきりと映るところがあった。このとき，像の緑色と赤色の間の距離は１cm であった。

問４ 光源と凸レンズAの距離は何cm か。下図を利用して答えよ。

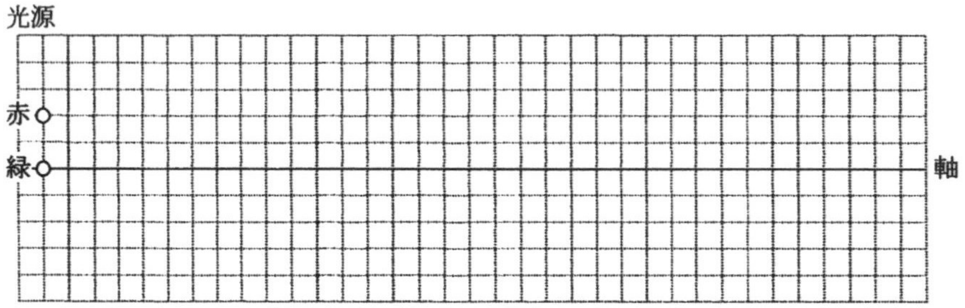

［実験３］
［実験２］でスクリーンに映った像を拡大して見るために，図３のように，焦点距離が６cm の別の凸レンズBをスクリーンから４cm のところに置いて虚像を観測した。その後，スクリーンだけを取りはずし，再び凸レンズBを通して観測したところ，スクリーンをはずす前と同じ位置に同じ大きさの虚像を観測できた。

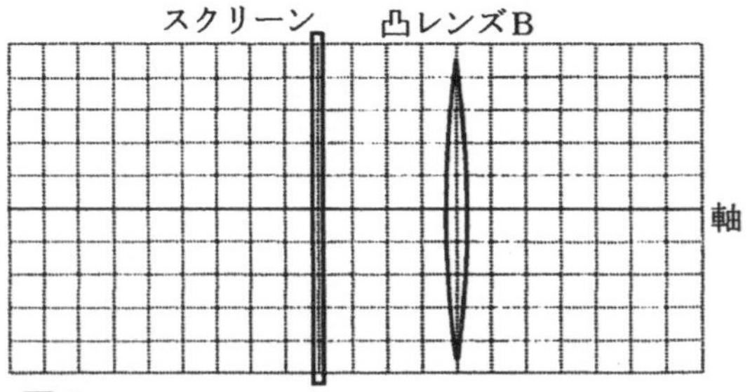

図３

問５ 凸レンズBを通して見える虚像の緑色と赤色の間の距離は何cm か。最も適当なものを，次の**ア**～**オ**の中から１つ選んで，記号で答えよ。

ア 0.5cm　**イ** 1cm　**ウ** 2cm　**エ** 3cm　**オ** 4cm

4　次の文章を読んで，後の問いに答えよ。

19世紀の中ごろ，オーストリアの修道院で司祭であったメンデルは，$_1$エンドウを育てていると，エンドウの種子の形，子葉の色など形質の中には1つの個体に同時に現れないものがあることに気がついた。メンデルはこの理由を明らかにするために数年間にわたって多くのエンドウを育て，エンドウの形質の現れ方に規則性があることを明らかにした。この規則性は，両親のそれぞれの形質を支配するある要素があって，これらの要素が父親と母親から別々に子に伝わることを示した。20世紀のはじめに，これらの要素は$_2$遺伝子とよばれるようになった。

メンデルの実験を再現するために，$_3$丸い種子をつくるエンドウどうしを何世代も交配させて丸い種子しかつくらないエンドウをつくり出した。同様に，しわのある種子をつくるエンドウどうしを何世代も交配させてしわのある種子しかつくらないエンドウをつくり出した。これらのエンドウを用いて，次の［実験1］と［実験2］を行った。ただし，エンドウの種子を，丸い形にする遺伝子としわのある形にする遺伝子を，それぞれ記号Aとaで表すこととする。

［実験1］
丸い種子としわのある種子をつくるエンドウを親（一代目）として交配させると，次の世代（二代目）はすべて丸い形の種子であった。

［実験2］
［実験1］の二代目のエンドウを自家受粉させると，次の世代（三代目）には種子の形が丸いものとしわのあるものが現れた。

問1　下線部1に関して，エンドウとタンポポのからだのつくりで共通していることとして最も適当なものを，次の**ア**～**オ**の中から1つ選んで，記号で答えよ。
ア　複数の小さな花が集まって1つの花をつくっている。
イ　花弁が1枚1枚離れている。
ウ　子葉が2枚ある。
エ　葉脈は平行脈である。
オ　胚珠がむき出しになっている。

問2　下線部2について，次の文X・Yが正しいか，誤っているかの組み合わせとして最も適当なものを，下の**ア**～**エ**の中から1つ選んで，記号で答えよ。
X　遺伝子の本体はDNAとよばれる物質である。
Y　子がもつ遺伝子の組み合わせは，両親それぞれがもつ遺伝子とすべて一致する。

	X	Y
ア	正	正
イ	正	誤
ウ	誤	正
エ	誤	誤

問3　下線部3について，世代を重ねても同じ形質しか現れないことを，その形質について何というか。

問4　［実験1］に関して，二代目の遺伝子の組み合わせを，Aとaを用いて答えよ。

問5　［実験2］に関して，次の（1），（2）の問いに答えよ。
（1）　三代目の種子の遺伝子の組み合わせとその比を最も簡単な整数で答えよ。なお，遺伝子の組み合わせにはAとaを用いること。
（2）　三代目の丸い種子としわのある種子の個数の比を最も簡単な整数で答えよ。

問6　三代目のエンドウをすべて自家受粉して得られる四代目の種子の遺伝子の組み合わせとその比を最も簡単な整数で答えよ。なお，遺伝子の組み合わせにはAとaを用いること。

3 次の文章を読んで，後の問いに答えよ。

内陸部の盆地では，冬の朝方に霧が発生することが多い。通常，地表付近の空気より上空の空気の温度が（　A　）いが，前夜の天気が（　B　）で無風の場合，地表の熱が上空に逃げてしまうため，翌朝には上空より地表付近の空気の温度が（　C　）くなってしまうことがある。これを放射冷却現象といい，この現象が起きて地表付近の空気の温度が（　D　）点より（　E　）くなると水滴ができ始める。この水滴が空気中に浮かんでいるのが霧である。

雲は上昇気流が発生したときにできる。何らかの原因で地表付近の空気塊が上昇し始めると，地表付近よりも上空の方の気圧が低いので，空気塊の（　F　）が急激に増加する。気体の（F）が急激に増加するとその空気の温度が下がる現象を断熱膨張という。上昇中の空気塊は断熱膨張によって温度が下がり，（D）点に達すると水滴ができ始める。これが雲である。水蒸気で飽和していない空気は100m 上昇するごとに温度が1℃ずつ下がり，飽和した空気は100m 上昇するごとに0.5℃ずつ下がることが知られている。

問1　文章中の空欄（　A　）～（　F　）に適する語を，次の選択肢の中からそれぞれ1つずつ選んで，記号で答えよ。

（A）（C）（E）…｛　ア　高　　イ　低　｝

（B）………………………｛　ア　晴れ　　イ　曇り　　ウ　雨　　エ　雷　｝

（D）………………………｛　ア　氷　　イ　融　　ウ　露　　エ　沸　｝

（F）………………………｛　ア　熱量　　イ　圧力　　ウ　密度　　エ　体積　｝

問2　下線部について，上昇気流の生じ方として**誤っているもの**を，次の**ア**～**エ**の中から1つ選んで，記号で答えよ。

ア　暖かい空気が冷たい空気の上に乗り上げて上昇していく。

イ　高気圧の中心に集まった空気が上昇していく。

ウ　太陽の熱で地面が暖められ，その地面から暖められた空気が上昇していく。

エ　台風の目の周りに集まった空気が上昇していく。

問3　下図は中国地方，四国地方の南北方向の断面を，西側から眺めた図である。図中の太い矢印はある日の空気塊の移動の経路を示しており，松江では気温18℃，（　D　）点12℃であった。中国山地，四国山地の山頂の標高はそれぞれ1200m，1900mで，図中の4都市の標高はいずれも海抜0mとする。これについて次の（1）～（7）に答えよ。

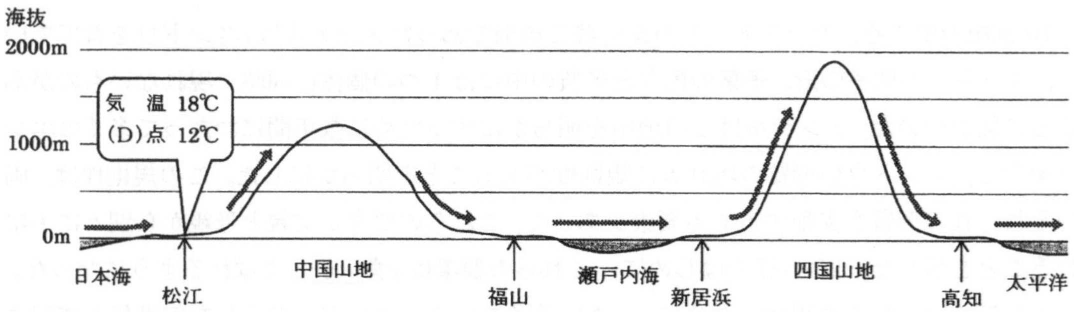

（1）　中国山地の松江側で雲ができ始める標高は何mか。

（2）　（1）の標高から降水が始まった。中国山地の山頂では気温は何℃になるか。

（3）　中国山地の山頂で雲は消えた。福山では気温は何℃になるか。

（4）　四国山地の新居浜側で雲ができ始める標高は1000mであった。雲ができ始める標高が中国山地の山頂と等しい1200mではなく1000mとなった理由を30字以内で答えよ。

（5）　高知での気温は，新居浜での気温より何℃変化したか。上昇した場合は＋を，低下した場合は－をつけて答えよ。

（6）　このように山を越えた空気の温度が変化する現象を何というか。

（7）　（6）で答えた現象が起こることで，風下側の地域で発生しやすい自然災害はどれか。最も適切なものを，次の**ア**～**エ**の中から1つ選んで，記号で答えよ。

ア　液状化現象　　**イ**　地滑り　　**ウ**　山火事　　**エ**　冷害

(8) 図1のA，Bはでき方が異なる2種類の火成岩を等しい倍率のルーペで観察してスケッチしたもので，図2は火成岩を鉱物の組成により3つのグループP，Q，Rに分けたときの鉱物含有率を表している。花こう岩と安山岩のスケッチと，P，Q，Rのグループを正しく組み合わせているのはどれか。

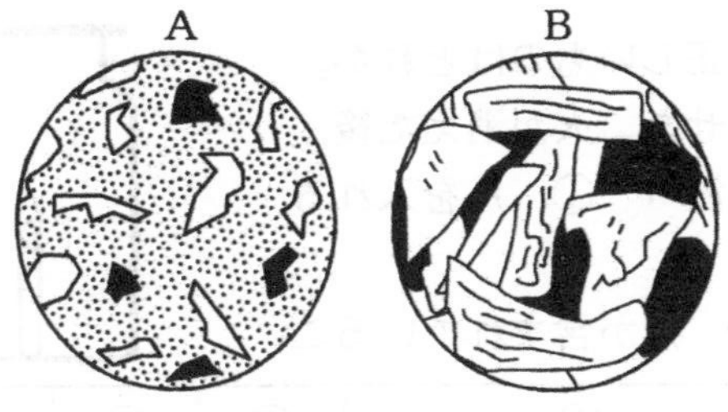

図1

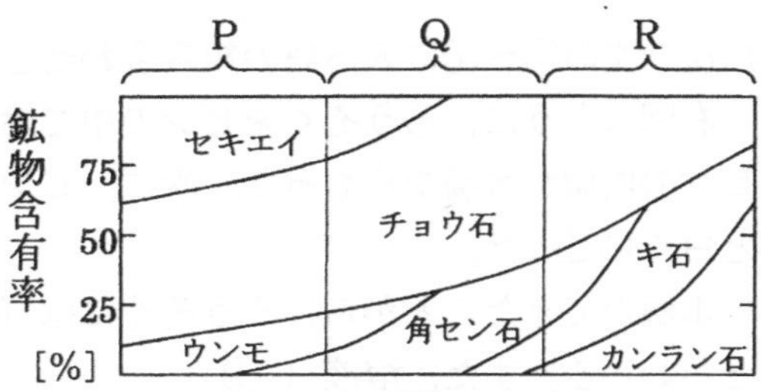

図2

ア　花こう岩はA－P，安山岩はB－Q　　イ　花こう岩はB－P，安山岩はA－Q
ウ　花こう岩はA－Q，安山岩はB－R　　エ　花こう岩はB－Q，安山岩はA－R
オ　花こう岩はA－R，安山岩はB－P　　カ　花こう岩はB－R，安山岩はA－P

(9) 右図のように，コイルに検流計をつなぎ，棒磁石のN極を真上からコイルの中心にゆっくり近づけたところ，検流計の針が右に振れた。この場合と比べて検流計の針がより大きく右に振れるのはどれか。

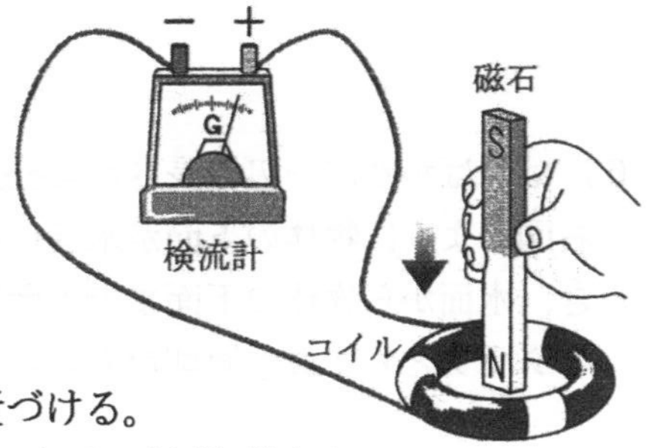

ア　すばやくS極をコイルの中心から遠ざける。
イ　強い棒磁石のS極をコイルの中心にゆっくり近づける。
ウ　コイルの巻き数を増やし，N極をコイルの中心からゆっくり遠ざける。
エ　コイルの巻き数を増やし，強い棒磁石のN極をコイルの中心に入れたままにする。
オ　コイルに鉄しんを入れ，S極をコイルの中心にゆっくり近づける。

(10) 次のA，Bは，太陽系の2つの惑星について述べたものである。A，Bが示す惑星の正しい組み合わせはどれか。

A　大きさは地球の約4倍程度で，望遠鏡で観測すると青く見える。ガスでできた木星型惑星であり，薄い環をもっている。太陽系の惑星の中でいちばん最後に発見された。この惑星の衛星の中で最も大きいトリトンには，クレーターや噴煙を上げる火山が見つかっている。

B　厚い二酸化炭素の大気で覆われ，温室効果により表面温度は480℃にもなる。地表面は岩石で覆われている。地球からは明るく見え，望遠鏡で観察すると月のように満ち欠けして見える。

	A	B
ア	土星	火星
イ	土星	金星
ウ	天王星	水星
エ	天王星	火星
オ	海王星	金星
カ	海王星	水星

2　化学式が $NaHCO_3$ で表わされる物質は重そうとして市販されており，ケーキやまんじゅうなどをふくらませるために用いられている。また，化学式が $CaCO_3$ で表わされる物質は，大理石の主成分である。重そうと $CaCO_3$ を用いて次の実験をおこなった。これらについて，後の問いに答えよ。

［実験1］　右図の装置を用いて重そうを加熱し，生じる気体を集めた。

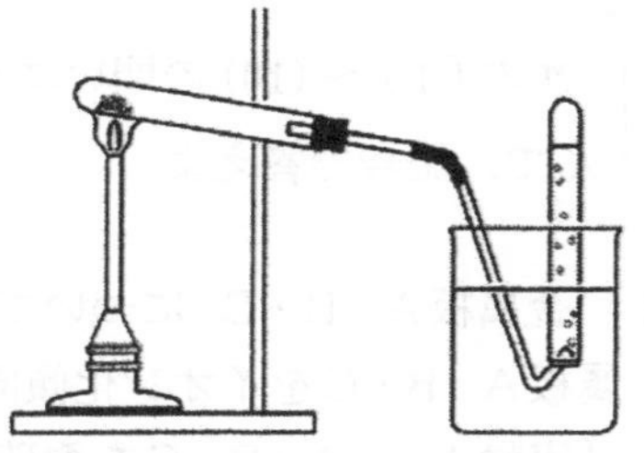

［実験2］　重そうを水に溶かして加熱したら，やがて気泡が生じてきた。加熱を続けると，大きな気泡を生じて水溶液の量が減ってきた。さらに加熱を続けると，水溶液がなくなり，白い固体が残った。

［実験3］　$CaCO_3$ を強く加熱すると分解反応が起こり，［実験1］と同じ気体が発生して白色固体が残った。$CaCO_3$ の最初の質量，加熱時間を変えて数回の実験を行い，室温に戻した後の白色固体の質量を測定したら下表のようになった。

最初の質量〔g〕	2.00	5.00	2.50
加熱時間〔分〕	10	60	120
白色固体の質量〔g〕	1.60	2.80	1.40

問1　$NaHCO_3$ の物質の名称を答えよ。

問2　［実験1］において，生じる気体は何か，物質の名称を答えよ。また，ここで用いた気体の集め方を何というか。

問3　［実験1］において，重そうを加熱した試験管の口をやや下に向けている理由を30字以内で答えよ。

問4　［実験2］で残った白い固体に少量の水を加えて，フェノールフタレイン溶液を加えると赤色になった。しかし，重そうを水に溶かした溶液にフェノールフタレイン溶液を加えると，淡い赤色にしかならなかった。これらのことから，次のように結論付けることができた。文中の空欄（ ① ）・（ ② ）に適する語を答えよ。

重そうの水溶液は弱い（ ① ）性であったが，加熱することによって生じた白い固体はやや強い（ ① ）性である。これは，重そうが加熱により化学変化して，（ ② ）が生じたからである。

問5　重そうに塩酸を加えても［実験1］と同じ気体が得られた。重そうと塩酸の反応を化学反応式で表せ。

問6　1.00gの $CaCO_3$ を［実験3］と同じ条件で120分間強く加熱した。発生した気体の質量は何gか。

理科（高）

（注意）解答はすべて解答用紙に記入せよ。

(50分)

1 次の（1）～(10)の問いについて，それぞれの選択肢の中から適当なものを１つずつ選んで，記号で答えよ。

（1）金属板A・B・C について，［実験１］と［実験２］を行った。これらの実験から，金属板A・B・Cをイオン化傾向の大きいものから順に並べたものはどれか。

［実験１］ A・B・Cを希硫酸に浸すと，BとCは気体を発生しながら反応したが，Aは変化が見られなかった。

［実験２］ Cのイオンを含む水溶液にAとBの金属板を入れると，Bの表面が変化し，灰色の固体が現れた。しかし，Aには変化が見られなかった。

ア A > B > C　　イ A > C > B　　ウ B > A > C
エ B > C > A　　オ C > A > B　　カ C > B > A

（2）動滑車Pと天井に取り付けた定滑車Qを通したロープを手でたぐりよせ，［操作１］と［操作２］を行った。［操作１］のAさんの仕事率は，［操作２］のBさんの仕事率の何倍か。なお，AさんとBさんは，どちらも，10秒間でロープを１mたぐりよせるものとする。また，滑車はなめらかに動き，滑車やロープの重さは考えなくてよい。

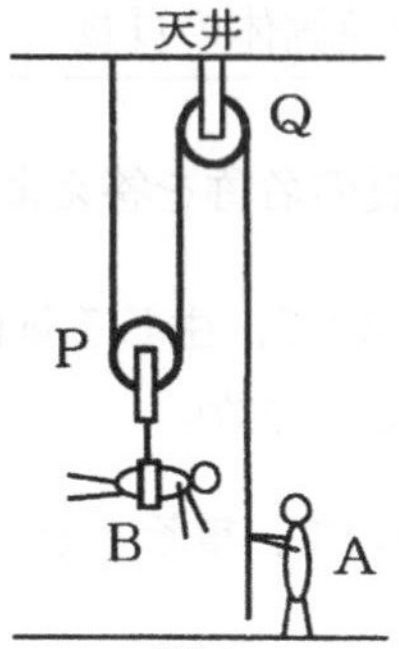

図１

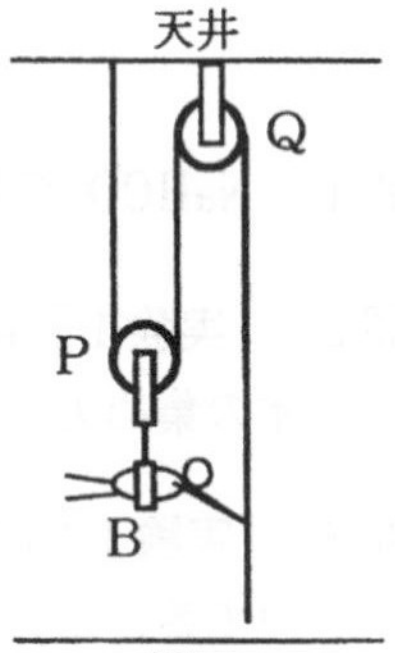

図２

［操作１］ 図１のように，Aさんが，Bさんを５m持ち上げた。

［操作２］ 図２のように，Bさんは，自分自身を５m持ち上げた。

ア 0.5倍　　イ 1倍　　ウ 1.5倍　　エ 2倍　　オ 3倍

（3）右図はある物質の溶解度曲線である。40℃においてこの物質の飽和溶液の質量パーセント濃度は何%か。

ア 25%　　イ 30%　　ウ 33%
エ 40%　　オ 50%

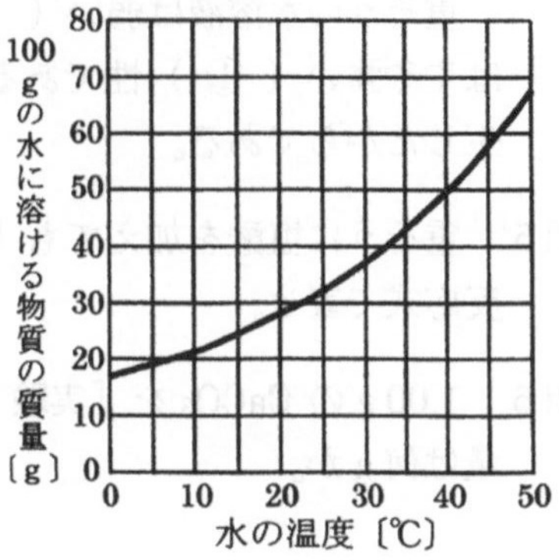

（4）ヒトの血管の特徴について述べた文のうち正しいものはどれか。

ア 動脈，毛細血管，静脈の順に細くなっていく。
イ 肺から心臓に流れる血液が通る血管を肺動脈という。
ウ 動脈と静脈の間はつながっているところと，途切れているところがある。
エ 肝臓と小腸をつなぐ血管では，小腸から肝臓に血液が流れている。
オ 動脈には逆流を防ぐ弁がついている。

（5）次の文の①～④に入る語の組み合わせとして正しいものはどれか。

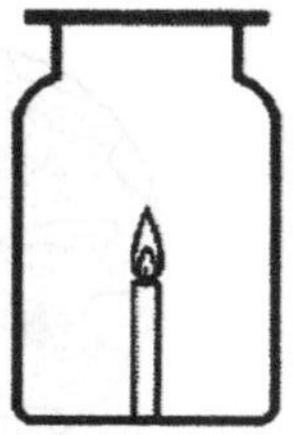

右図のように，ろうそくをビンの中で燃焼させた。火が消えた後，ビンの内側が水滴でくもった。次に，ビンに溶液（ ① ）を入れると白くにごった。

水滴ができたことから，ろうそくには（ ② ）が含まれていることがわかる。また，溶液（ ① ）が白くにごったことから，ろうそくには（ ③ ）が含まれていることがわかる。しかし，これらのことからはろうそくには（ ④ ）が含まれているかは確認できない。

	①	②	③	④
ア	水酸化ナトリウム水溶液	炭素	酸素	水素
イ	水酸化ナトリウム水溶液	水素	炭素	酸素
ウ	水酸化ナトリウム水溶液	酸素	水素	炭素
エ	石灰水	炭素	酸素	水素
オ	石灰水	水素	炭素	酸素
カ	石灰水	酸素	水素	炭素

（6）ばねばかりに一辺の長さが４cmの立方体の物体を糸でつるし，右図のように物体の下面が水面に接した状態から８cm沈めるとき，水面から物体の下面までの距離とばねばかりの値の関係を表すグラフとして最も適切なものはどれか。

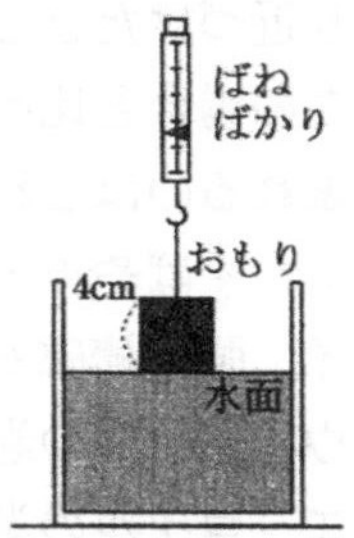

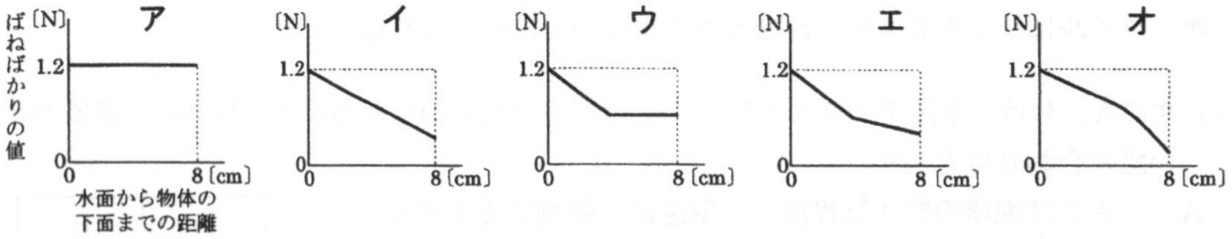

（7）消化器官とそこに分泌される消化液に含まれる消化酵素の組み合わせとして正しいものはどれか。

ア 口 ― リパーゼ　　イ 胃 ― アミラーゼ
ウ 小腸 ― トリプシン　　エ 大腸 ― ペプシン

(8) X: Adam, can you come here, please? I need to talk to you.

Y: What's up, Dad? I have to go to basketball practice now. Can it wait?

X: Oh. I wanted to talk to you about your mother and I. But we can talk when you get back.

Y: OK. I'll be back at about seven.

Question: What will Adam do next?

(9) X: I'm going shopping for a present for my wife today. If you're free, do you want to come?

Y: Sure. Sounds fun. Is it her birthday?

X: No. It's our anniversary. I have no idea what to get her.

Y: Well, let's look around town. Maybe you'll see something you like.

Question: What are they going to do?

(10) X: World English Academy. How can I help you?

Y: Hi. Can I speak to Ms. Howard, please? This is Takuya, a ninth grade student.

X: I'm sorry, Takuya, but she's in a class right now. Can you call her back again later?

Y: OK. No problem.

Question: What will Takuya do?

問題 C これから放送される比較的長い会話を聞き，問題用紙に与えられている質問(11)〜(15)の答えとして最も適当なものを，それぞれ**ア**〜**エ**の中から１つ選び，記号で答えなさい。**英文は２度読まれます。**

(Lost Property – Phoning a Police Station.)

(電話の呼出音)

Officer : Hello, this is the Rivertown Central Police Station. Officer Peter Daniels speaking. How can I help you?

Jason : Hello, officer Daniels. My name is Jason Smith, and I'm phoning because I have lost something.

Officer : Sure, Mr. Smith. Let me help you. Can you tell me what you have lost?

Jason : Well, I lost my bag. I went to the shopping mall today. I had lunch with a friend at a cafe. After my friend left, I went to see a movie at the theater. I then went to a bookstore before taking a bus home. I noticed my bag was missing when I was on the bus.

Officer : Actually, we have a few bags here at the station. Maybe one of them is yours. Could you tell me about your bag?

Jason : Yes, it is a blue, medium sized backpack.

Officer : OK. Can you tell me what is in the bag?

Jason : It had a towel, a book, and my cellphone in it.

Officer : I see. We have a blue bag here at the station. It has a towel, a book, and a cellphone in it. What color is your towel and cellphone?

Jason : My cellphone is white, and my towel is red and black.

Officer : Did you leave your wallet in the bag?

Jason : No. Thankfully, I had it in my pocket.

Officer : I think we have your bag here. Could you come down to the station to check?

Jason : I will come right now. Thank you, officer Daniels.

Officer : You are very welcome. See you soon.

リスニング

問題 A これから放送される(1)〜(5)のそれぞれの対話について，**最後の発言に続く応答**として最も適当なものを，**放送される選択肢 ABC** 3つの中から1つを選び，記号で答えなさい。**会話はそれぞれ一度だけ読まれます。**

★教英出版編集部注
問題音声は教英出版ウェブサイトで。
リスニングＩＤ番号は解答集の表紙を参照。

(1) (玄関チャイム音)

X: Yes. Hello.
Y: It's ABC Pizza. I have the pizza that you ordered.
X: I didn't order any pizza. Whose house are you looking for?
Y: Mr. Bolton's. Isn't that you?
X: No. He lives next door in the red and yellow house.

A. Oh, sorry, sir. I'll give you his pizza.
B. Oh, sorry, sir. I'll take it to him next door.
C. Oh, sorry, sir. I'll bring you a new one.

(2) (ギター演奏の音)

X: Wow, I didn't know you could play the guitar so well.
Y: Thanks. I play in a band with some friends.
X: That's great. Hey, maybe you guys will be famous someday!

A. Yes. The guitar is a famous instrument.
B. Yes. I'm a big fan of the guitar.
C. No. We're not very good. We just play for fun.

(3) X: Welcome to Nando's restaurant. I'm sorry but all our tables are full. Would you mind waiting?
Y: How long do you think it will take?
X: About 10 minutes.

A. That's all right. I'll take it.
B. That's all right. I'll have a salad.
C. That's all right. I'm not in a hurry.

(4) X: Mr. Dalton, could you check my essay, please?
Y: Sure, Taro. But I can't check it now. I have a class to teach from now.
X: Oh, OK. When should I come back?

A. I can see you at lunchtime.
B. I'm free now.
C. Here you are. I've finished checking it.

(5) X: Shall I help you make dinner, Dad?
Y: Sure. Could you cook the potatoes for me?
X: OK. How should I cook them?

A. You need five.
B. Eat them with dinner, please.
C. Boil them in that pan, please.

問題 B: これから放送される(6)〜(10)のそれぞれの対話について，放送される質問の答えとして最も適当なものを**ア〜エ**の中から1つ選び，記号で答えなさい。**会話はそれぞれ一度だけ読まれます。**

(6) (電話の呼出音)

X: Hello?
Y: Hi, Ted, it's Bob. Would you like to see the new Marvel movie on Sunday?
X: I'd love to, but I have to visit my grandmother on Sunday. How about Saturday?
Y: OK. That's fine with me. See you on Saturday after school.

Question: Why can't they go to see the movie on Sunday?

(7) X: Dad, have you seen my school uniform? I need it for school tomorrow.
Y: Isn't it in your room?
X: No it's not. I can't find it anywhere.
Y: Oh, I remember. It was really dirty, so I took it to the dry cleaner's yesterday. It should be ready this evening.

Question: Where is the boy's uniform?

4 次の英文を読んで，あとの問いに答えよ。

On a September day in 1991, two Germans were climbing the mountains between Austria and Italy. High up on a mountain pass, they found the body of a man lying on the ice. At that height (3,200 meters), (1) the ice is usually permanent. But 1991 had been an especially warm year. The mountain ice had melted more than usual and so the body had come to the *surface.

It was lying face downward. The bones were in perfect condition, but there was a large *wound in the head. There was still skin on the bones and the *remains of some clothes. The hands were still holding the wooden handle of an *ax. On the feet there were very simple *leather and cloth boots. Near the body there was a pair of gloves made of tree bark and a holder for arrows.

Who was this man? How and when had he died? Everybody had (A) answer to these questions. The mountain climbers who had found the body said it seemed thousands of years old. But others thought that it might be from this century. Perhaps it was the body of a soldier who died in World War I. In fact, several World War I soldiers had already been (B) in that area of the mountains. On the other hand, a Swiss woman believed it might be her father. He had died in those mountains 20 years before and his body had never been found.

When Italian and Austrian scientists heard about the (C), they *rushed to the mountaintop. (2) The body couldn't be the Swiss woman's father, they said. The boots, the gloves, and the ax were clearly much older. For the same reason, they said it couldn't be a World War I soldier. It had to be at least several centuries old, they said, maybe even five centuries. It could have been one of the soldiers in the army of Frederick, *Duke of Austria.

Before they could be sure about this (D), however, the scientists needed more data. They needed to bring the body down the mountain so that they could study it in their *laboratories. The question was, (E) It was lying almost exactly on the border between Italy and Austria. Naturally, both countries wanted the frozen man for their laboratories and their museums. For two days, the body lay there in the mountains while *diplomats argued. Finally, they decided that it lay on Austrian ground. By that time the body was partly unfrozen and somewhat damaged.

When the Austrian scientists *examined the body more closely, they (3) changed their minds. They did not know yet how he had died, but they did know when: about 4,700 years ago. This was a very important discovery, they said. It would teach them a great deal about this very distant period of European history. From the clothes and tools they could learn about how men lived in those times.

〔出典：Beatrice S. Mikulecky and Linda Jeffries, *More Reading Power*, Pearson Education 〕

【注】 surface：表面　wound：傷　remain：遺物　ax：斧　leather：皮革
rush to～：～に急いでいく　Duke of Austria：オーストリア公（貴族）
laboratory：研究所　diplomat：外交官　examine～：～を調べる

問1 下線部(1)の意味に最も近いものを**ア～エ**から１つ選び，記号で答えよ。

ア the ice is disappearing at a constant pace
イ you see the ice only in winter
ウ the place is normally covered with ice all year round
エ the air is often cold like ice

問2 空所(A)～(E)に入る語（句）として最も適当なものを**ア～エ**から１つずつ選び，記号で答えよ。

(A) ア a different　イ the right　ウ the wrong　エ no
(B) ア feeling sad　イ loved and respected　ウ found　エ asleep
(C) ア war　イ discovery　ウ plan　エ soldiers
(D) ア victory　イ success　ウ guess　エ dream
(E) ア whom did it belong to?　イ how should they take it to the laboratories?
ウ what kind of study should they do?　エ why was it in the mountain?

問3 下線部(2)の根拠を日本語で説明せよ。

問4 下線部(3)の内容を具体的に説明するとき，以下の空所（ ① ），（ ② ）に入る日本語をそれぞれ答えよ。

「（ ① ）から（ ② ）に変わったということ。」

問5 本文の内容と一致するものを**ア～ク**から２つ選び，記号で答えよ。

ア This passage is about a soldier who died in World War I.
イ The body was found by some Austrian scientists.
ウ The body was in good condition because the air was very dry.
エ When the body was first found, no one had any idea about where it came from.
オ When the scientists looked carefully at the body, they said it might be five centuries old.
カ The body lay on the mountain for two days because the Swiss woman didn't want anyone to touch it.
キ After examining the body, the scientists said the frozen man had died in a war.
ク We can learn about how people lived in the distant past from their clothes and tools.

3 次の英文を読んで，あとの問いに答えよ。

What happens if you don't get enough (A)? Randy Gardner, a high school student in the United States, wanted to find out. He designed an *experiment on the effects of sleeplessness for a school science project. With Dr. William C. Dement from Stanford University and two friends watching him carefully, Gardner stayed awake for 264 hours and 12 minutes. That's eleven days and nights without sleep!

What effect did sleeplessness have on Gardner? After 24 hours without sleep, Gardner started having trouble reading and watching television. The words and pictures were too (1) <u>blurry</u>. By the third day, he was having trouble doing things with his hands. By the fourth day, Gardner was (2) <u>hallucinating</u>. For example, when he saw a street sign, he thought it was a person. He also imagined he was a famous football player. Over the next few days, Gardner's speech became so (3) <u>slurred</u> that people couldn't understand him. He also had trouble remembering things. By the eleventh day, Gardner couldn't pass a counting test. In the middle of the test he simply stopped counting. He couldn't remember what he was doing.

When Gardner finally went to bed, he slept for 14 hours and 45 minutes. The second night he slept for twelve hours, the third night he slept for ten and one-half hours, and by the fourth night, he had returned to his normal sleep schedule.

(4) <u>Even though Gardner recovered quickly, scientists believe that going without sleep can be dangerous.</u>

(5)

Eventually, the rats died.

Has anyone stayed awake (B) than Randy Gardner? Yes! According to *The Guinness Book of World Records*, Maureen Weston from the United Kingdom holds the record for staying awake the longest. She went 449 hours without sleep in 1977. That's 18 days and 17 hours!

During your lifetime, you will likely spend 25 years or more sleeping. But why? What is the purpose of sleep? Surprisingly, scientists don't know for sure. Scientists *used to think we "turned our brains off" when we went to sleep. Sleep researchers now know, (C), that our brains are very active when we sleep. Some scientists think we sleep in order to *replenish brain cells. (6) <u>Other scientists think [to grow / helps / and / sleep / the body / that] *relieve stress.</u> *Whatever the reason, (7) <u>we know that [important / enough / is / get / to / it / sleep]</u>.

〔出典：Linda Lee and Erik Gundersen, *Select Readings* second edition, Oxford University Press〕

【注】 experiment：実験　　used to～：以前は～していた
replenish brain cells：脳細胞に活気を与える　　relieve～：～を和らげる
Whatever the reason：理由はどうであれ

問１ 空所(A)，(B)に入る適当な１語を英語でそれぞれ答えよ。

問２ 下線部(1)～(3)の単語の意味に最も近いものを**ア～オ**から１つずつ選び，記号で答えよ。
ア deep in sleep
イ difficult to hear
ウ long and boring
エ not looking clear
オ seeing things that aren't really there

問３ 下線部(4)を日本語に直せ。ただし，Gardner は英語のままでよい。

問４ 空所(5)には以下の**ア～エ**が入る。正しい順番に並べ替え，記号で答えよ。
ア After a few weeks without sleep, the rats started losing *fur.　　*fur：毛
イ Tests on white rats have shown how serious sleeplessness can be.
ウ And even though the rats ate more food than usual, they lost weight.
エ They say that people should not repeat Randy's experiment.

問５ 空所(C)に入る最も適当な語（句）を，**ア～エ**から１つ選び，記号で答えよ。

ア sadly　　イ for example　　ウ however　　エ I think

問６ 下線部(6)，(7)の[　]内の語（句）をそれぞれ正しい順番に並べ替え，文を完成させよ。ただし，解答欄には並べ替えた語句のみ記入すること。

② 英高令３

(C) これから放送される比較的長い会話を聞き，**問題用紙に与えられている質問(11)～(15)に対する答え**として最も適当なものをそれぞれア～エの中から１つ選び，記号で答えよ。**英文は２度読まれる。**

(11) **Where does Peter Daniels work?**
ア He works at a police station.
イ He works at a restaurant.
ウ He works at a shopping mall.
エ He works at a theater.

(12) **Where did Jason Smith notice that his bag was missing?**
ア At the shopping mall.
イ At the movie theater.
ウ On the train.
エ On the bus.

(13) **Which of the following things was NOT in Jason Smith's bag?**
ア A cellphone.
イ A towel.
ウ A book.
エ A wallet.

(14) **Which of the following sentences is NOT true?**
ア Peter Daniels is speaking to Jason Smith on the telephone.
イ Jason Smith has lost something.
ウ Jason Smith's bag is red.
エ Jason Smith took the bus home after leaving the mall.

(15) **What will Jason Smith do after this phone call?**
ア He will go to the shopping mall.
イ He will go to the police station.
ウ He will go to see a movie.
エ He will go to a restaurant.

2 次の対話について，あとの問いに答えよ。

遥　：今年はおくんちも中止かあ，つまんないなあ。
アンリ：仕方ないんじゃない？人を集めるわけにはいかないもの。
遥　：そう言ってもさあ，おくんちがない秋なんて考えられないよ。
アンリ：あなた，「おくんち命」だもんね。
遥　：もちろん，ただのお祭りじゃないんだから。(A)この祭りは350年以上の歴史があるのよ (is / three / old)。出し物だってどれも伝統的で由緒正しいものばかりなんだから。
智加：私は毎年「庭見世（にわみせ）」が楽しみなの。
アンリ：庭見世って何のことだっけ。
智加：その年におくんちで使う衣装とか道具とかのお披露目よ。本番の何日か前に公開されるの。①きれいな衣装（costumes）とかお花とか見れて楽しいよ。
アンリ：ああ，なんかニュースでやってるの見たことがある。たしか夜にやるんだよね。
遥　：前夜祭みたいなものよね。これが終わると，いよいよおくんちって感じになるの。
アンリ：でも，私にとって(B)おくんちの醍醐味《だいごみ》はやっぱり食べ物ね（most / food）。
遥　：それには賛成。(C)屋台がずらーっと並ぶよね（there / a / food stands）。食べたいものだらけなんだよなあ。
智加：(D)私は断然焼きそば（yaki-soba / best / all）。
遥　：分かるー。家で作ったやつより，屋台の焼きそばの方がおいしく感じるよね。
智加：そうそう。(E)焼いているところが見えるからね（see / the shop staff）。あれが余計に食欲をそそるのよ。それとあの音ね。ジュージューって音大好き。
遥　：それもあるけど，あの雰囲気よ。夜に屋外で食べるのがいいんだよねえ。
アンリ：分かる。でも②私は焼きそば(yaki-soba)より，焼き鳥(yaki-tori)かなあ。焼き鳥って串に刺さってるじゃない。だから（　ア　）。
遥　：確かにね。片手で食べられるものね。
智加：そうかなあ。逆に食べにくくない？ 歩きながら串からお肉を外すのって難しいのよね。
アンリ：焼きそばを歩きながら食べる方がよっぽど難しいと思うけどな。

問１ 下線部①と②の内容を英語で表しなさい。
問２ 下線部(A)～(E)を英語に直しなさい。ただし，(　)内に与えられた語を**全て，与えられた順番通りに**用いること。
問３ 空所（　ア　）に入れるのに適当な内容を自由に考え，**英語で**答えなさい。

①

英　語　科（高）

英高令3

（注意）解答はすべて解答用紙に記入せよ。

（リスニングテストに関する注意）

- **リスニングテストの放送は，試験開始から約10分後に始めます。**
- リスニングの放送時間は約12分です。
- 放送を聞きながら，メモを取ってもかまいません。

（60分）

1 次のリスニング問題（A），(B)，(C)にそれぞれ答えよ。

(A) これから放送される(1)〜(5)のそれぞれの対話について，**最後の発言に続く応答**として最も適当なものを，**放送される選択肢A〜C**の中から１つ選び，記号で答えよ。**会話はそれぞれ一度だけ読まれる。**

★教英出版編集部注
問題音声は教英出版ウェブサイトで。
リスニングＩＤ番号は解答集の表紙を参照。

(1) A
B
C

(2) A
B
C

(3) A
B
C

(4) A
B
C

(5) A
B
C

(B) これから放送される(6)〜(10)のそれぞれの対話について，**放送される質問の答え**として最も適当なものを**ア〜エ**の中から１つ選び，記号で答えよ。**会話はそれぞれ一度だけ読まれる。**

(6) ア They are both busy.
イ Bob will be at school.
ウ Ted doesn’t like the movie.
エ Ted has to visit his grandmother.

(7) ア At the dry cleaner’s.
イ At school.
ウ In his room.
エ Lost in space.

(8) ア Talk to his parents.
イ Go home.
ウ Go to basketball practice.
エ Go to his room.

(9) ア Meet his wife.
イ Go to an anniversary party.
ウ Look for his wife.
エ Go shopping.

(10) ア Call back later.
イ Wait for Ms. Howard.
ウ Leave a message.
エ Be absent from class.

2 右の図のように，直線 ℓ 上に１辺が４の正方形 ABCD と EF=6，FG=12 の直角三角形 EFG がある。
正方形の頂点Ｃと直角三角形の頂点Ｅが重なっている状態から，正方形が，秒速１で直線 ℓ にそって矢印の方向に動くとき，x 秒後に２つの図形が重なった部分の面積を y とする。直角三角形は動かないものとして，次の問いに答えよ。

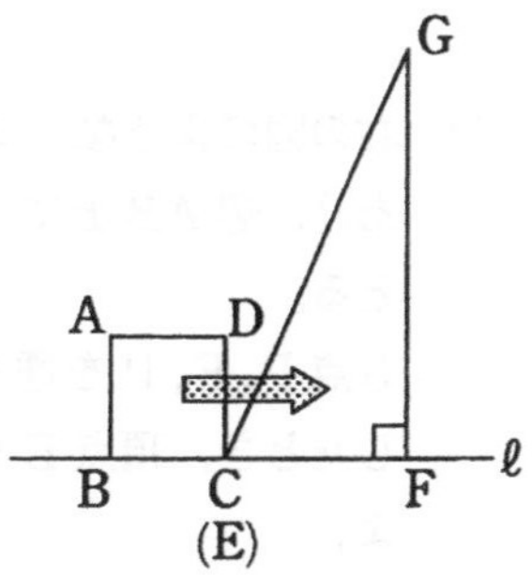

(1)　$x=2$ のとき，y の値を求めよ。

(2)　$0 \leqq x \leqq 4$ における x，y の関係のグラフをかけ。

(3)　$y=15$ となるような x の値を求めよ。

3 白玉２個，赤玉１個，青玉２個が入った袋から，玉を１個ずつ続けて３回取り出し，取り出した順に左から１列に並べるとき，次の確率を求めよ。ただし，取り出した玉は元に戻さない。

(1)　左から，白玉，赤玉，青玉の順に並ぶ確率。

(2)　両端が白玉と青玉である確率。

(3)　白玉と赤玉が隣り合う確率。

4 課題研究の授業で，島さんの班では，円周率の近似値を求めることにした。

島さん：そもそも，円周率とは，（　①　）の長さに対する円周の長さの比の値のことだから，（円周率）＝ $\dfrac{（円周）}{（①）}$ で求めることができるね。
谷さん：でも，実際に測らずに，円周の長さを求めるのはどうすればいいのだろう。
岸さん：たしか，小学生のときには，円の面積を求めるときに小さい三角形に分けてから考えたので，同じようにして小さい三角形を集めて円に近い図形を作ればいいと思うよ。
谷さん：そして，その図形の周の長さを考えていくんだね。
それならば，正百角形を作る？
島さん：でも，それは書くことも難しいからもっと簡単な図形から考えていこうよ。
岸さん：半径の長さが１の円に内接する正多角形を考えると計算がしやすくなるよ。
島さん：それでは、分担して考えてから一つの表にまとめてみよう。
谷さん：正六角形は任せてください。

正多角形	正三角形	正方形	正六角形	正八角形	正十角形	正十二角形
一辺の長さ	(ア)	(イ)	1	(ウ)	(あ)	(エ)
$\dfrac{（周の長さ）}{2}$	(a)	(b)	3	(c)	(d)	(e)

谷さん：実際に計算してみると，3.14 の値に近づいていくのがわかるね。
岸さん：今回は円に内接している正多角形を用いたので，次は円に外接している正多角形でも調べてみよう。

このとき，次の問いに答えよ。

(1)（　①　）に適切な語句を入れよ。

(2)（ア），（イ）の値を求めよ。

(3)（ウ），（エ）について，一辺の長さを２乗した値を求めよ。

(4)（あ）について，三角形の相似を用いて２次方程式を作り，（あ）の値を求めよ。
考え方も詳しく書くこと。三角形の相似については，証明せずに用いてよい。

(5) (c)，(e) の値は，電卓を用い近似値を求めると，それぞれ，3.06，3.11 になった。
$\sqrt{2}=1.41$，$\sqrt{3}=1.73$，$\sqrt{5}=2.24$ を用いて，(a)，(b)，(d) の値を求めよ。

① 数　学　科（高）　数高令3

（注意）円周率は π，その他の無理数は，たとえば $\sqrt{12}$ は $2\sqrt{3}$ とせよ。
解答はすべて解答用紙に記入せよ。

（70分）

1 次の問いに答えよ。

(1) $8a^6b^3\times(-ab^2c)\div(-2a^2c)^3$ を計算せよ。

(2) $\left(\dfrac{1}{\sqrt{3}}+\sqrt{\dfrac{8}{3}}-\sqrt{6}\right)^2$ を計算せよ。

(3) $x=-\dfrac{3}{4}$，$y=\dfrac{1}{3}$ のとき，$(3x+y)^2-(x-y)(9x-y)$ の値を求めよ。

(4) 連立方程式 $\begin{cases}\dfrac{3(x+1)}{4}-\dfrac{4(y-2)}{3}=\dfrac{23}{6}\\ -0.2x+0.25y=0.1\end{cases}$ を解け。

(5) $(x^2-2x-3)^2+13(x^2-2x-3)-90$ を因数分解せよ。

(6) $\sqrt{96-8n}$ が自然数となるような自然数 n の個数を求めよ。

(7) 右の図のような 1 辺の長さが 6 cm の立方体があり，辺 AB 上に AP : PB=2 : 1 となる点 P をとる。
3 点 P, F, H を通る平面で，この立方体を切断したとき，頂点 E を含む方の立体の体積を求めよ。

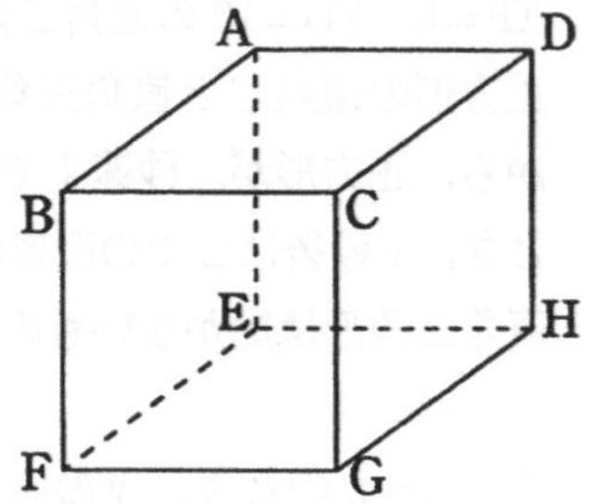

(8) 右の図において，四角形 ABCD は台形である。
AD∥EF∥BC，AD$=a$，BC$=b$，
AE : EB=1 : 3 のとき
線分 EF の長さを a，b を用いて表せ。

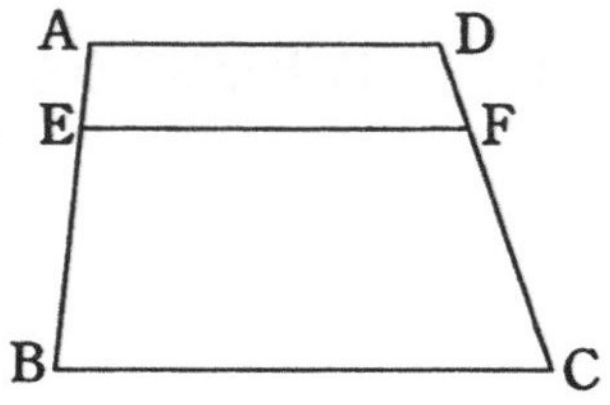

(9) 右の図において，2 つの円の中心は同じである。
2 点 A，B は大きい円の周上にあり，線分 AB は小さい円と接している。
線分 AB の長さが 16 cmのとき，影を付けた部分の面積を求めよ。

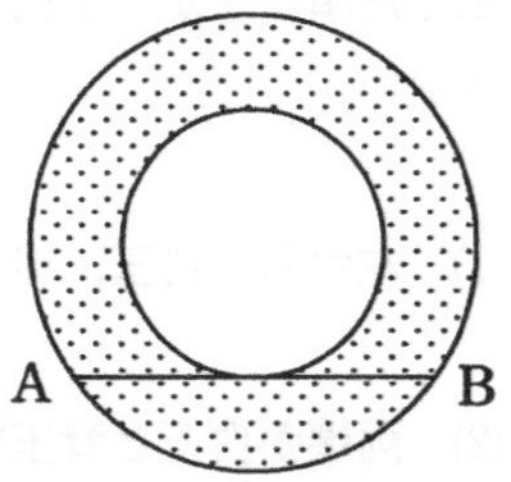

(10) 右の図において，点Aを通る円Oの接線を作図したい。
作図の手順を 3 つの段階に分けて，説明せよ。

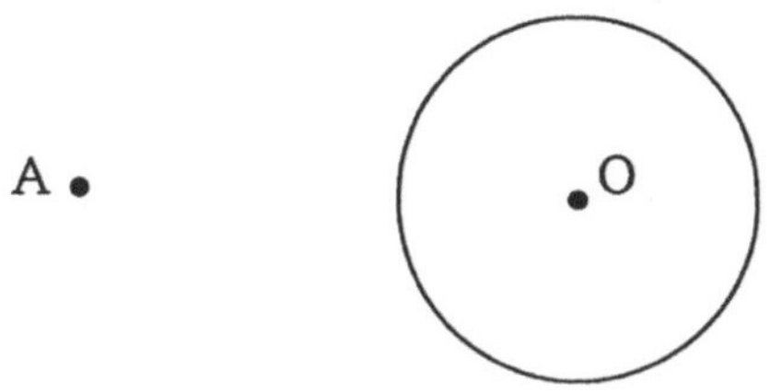

⑥

三　次の古文を読んで、後の問いに答えよ。

※1武蔵国《むさしのくに》住人都筑《つづき》の平太経家《へいたつねいへ》は高名の馬乗《うまのり》馬飼《うまかひ》なりけり。平家の※2郎等なりければ《だったので》、※3鎌倉右大将めしとりて《召し捕らえて》※4景時《かげとき》にあづけられにけり。その時、※5陸奥《みちのく》より勢大きにして1たけき悪馬をたてまつりたりけるを《献上したのを》、いかにも乗るものなかりけり。aきこえある馬乗どもに面々にのせられけれども、一人もたまる《乗りこなす》ものなかりけり。※6幕下思ひわづらはれて、「さるにてもこの馬に乗るものなくてやまむこと、口惜しきことなり。いかがすべき」と景時にいひあはせ給ひければ、「※7東八ヶ国にいまは心にくきもの候《さうら》はず。但《ただ》※8召人《めしうど》経家ぞ候《さうら》ふ」と申しければ、「さらばめせ」《と申し上げると、「それならここに召し連れよ」》とて則《すなは》ち召しいだされぬ。※9白水干《すいかん》に葛《くず》の袴《はかま》をぞきたりける。幕下「かかる悪馬あり。つかうまつりてんや《乗りこなせようか》」とのたまはせければ《おっしゃったので》、経家かしこまりて、「馬はかならず人に乗らるべき器にて候へば、いかに猛きも、人にしたがはぬことや候ふべき」と申しければ、幕下入興《じゅきょう》せられけり《お喜びになった》。「さらばつかうまつれ」《「ならば試してみよ」》とて則ち《早速》馬を引き出されぬ。まことに大きにたかくしてあたりをはらひてはねまはりけり。経家水干の袖くくりて、袴のそば高くはさみて、烏帽子《えぼし》かけして庭におり立ちたるけしき、まずbゆゆしくぞア見えける。cかねて存知したりけるにや、※10轡《くつわ》をぞもたせたりける《持参していた》。その轡をはげて《かませて》、※11さし縄《なは》とらせたりける《手に取ったが》を、すこしもイ事ともせずはねはしりけるを、さし縄にすがりてたぐりよりて乗りてけり。やがてまりあがりて《すぐにおどり上がって》出でけるを、すこしもウはしらせてうちとどめて、のどのどと《ぽくぽくと》歩ませて幕下の前にむけてたてたりけり。見るもの目をおどろかさずといふことなし。よく乗らせて、「今はさやうにこそあらめ」《「もうそのくらいでよかろう」》とのたまはせける時、エおりぬ。大きに感じ給ひて2勘当《かんだう》ゆるされて※12厩《うまやの》別当になされにけり。

（『古今著聞集』）

〔注〕※1「武蔵国」――旧国名。現在の東京都・埼玉県・神奈川県の一部を含む。　※2「郎等」――家来。　※3「鎌倉右大将」――源頼朝。
※4「景時」――梶原景時。頼朝の臣下。　※5「陸奥」――現在の東北地方に当たる地域。　※6「幕下」――源頼朝。
※7「東八ヶ国」――現在の関東地方に当たる地域にあった八つの国。　※8「召人」――捕らえられた人。
※9「白水干に葛の袴」――白色の普段着に葛布でできた袴。　※10「轡」――馬の口にかませる金具。
※11「さし縄」――馬の口に付けて引いたりつないだりする縄。　※12「厩別当」――厩を管理する役職。

問一　傍線部a「きこえ」b「ゆゆしく」c「かねて」のここでの意味として最も適当なものを次の**ア**～**オ**からそれぞれ一つずつ選び、記号で答えよ。

a　きこえ
ア　心得
イ　評判
ウ　記憶
エ　自信
オ　聴覚

b　ゆゆしく
ア　不吉に
イ　大げさに
ウ　神聖に
エ　慎重に
オ　立派に

c　かねて
ア　張り切って
イ　兼任して
ウ　あらかじめ
エ　我慢できなくて
オ　いつもの通り

問二　二重傍線部**ア**～**エ**の中で、主語が他と異なるものを一つ選び、記号で答えよ。

問三　傍線部1「たけき悪馬」とあるが、その馬の様子を具体的に表している一文を探して、その最初の四字を抜き出して答えよ。

問四　傍線部2「勘当ゆるされて厩別当になされにけり」とあるが、それはなぜか。その理由を五〇字以内でわかりやすく説明せよ。

問五　本文の内容と合っているものを次の**ア**～**オ**から一つ選び、記号で答えよ。
ア　経家は平家の一員でありながら頼朝に協力して平家を討った。
イ　頼朝は陸奥から献上された馬に自分が乗ることができないことを残念がった。
ウ　景時は経家を源氏の臣下で最も優れた馬の乗り手であるとして頼朝に推薦した。
エ　経家は頼朝に呼ばれて恐縮しながらも言葉には自信の程をにじませた。
オ　陸奥から献上された馬はその暴れ馬ぶりを存分に発揮して見る者全員を感心させた。

問六　本文からうかがわれる経家の馬についての考え方として最も適当なものを次の**ア**～**オ**から一つ選び、記号で答えよ。
ア　馬は馬具の善し悪しで人に従うかどうかが大きく違ってくるので、ふだんからきちんと準備しておくべきだ。
イ　馬は人の技量を見抜くので、自信のない人間には馬を制御することなどできるはずがない。
ウ　馬は本来、人に乗られるようにできているのだからどんな馬でも乗りこなすことができる。
エ　馬は興奮しているときに無理に乗ろうとすると激しく抵抗するので、落ち着いているときに乗ればよい。
オ　馬は意味もなく暴れることはしないので、馬の気持ちを十分に理解してやろうと努めることが大事だ。

⑤

問二　傍線部**1**「額田はひとりの思いの中にはいっていた」とあるが、それはどのような思いか。最も適当なものを次の**ア**～**オ**から一つ選び、記号で答えよ。

ア　十市皇女には長年結婚を望んでいる相手がいることを額田は知っており、本人の意思を無視して無理矢理自分の都合の良い人物と結婚させようとする大海人に疑問を感じている。

イ　娘と大友皇子との結婚は大友皇子の運命に彼女の運命も委ねるということになるが、聡明で大人びた彼とまだ幼稚な十市皇女とでは不釣り合いなのではないかと戸惑っている。

ウ　大友皇子は高貴で立派な人物であり多くの皇女たちが結婚相手として望んでいるため、周囲からの嫉妬により有間皇子のように策略に陥《おとしい》れられるのではないかと危惧《きぐ》している。

エ　大友皇子の妻として十市皇女が上手く立ち回ることができないことで皇子が政治的に不利な立場になり、結果として有間皇子と同じ運命をたどるのではないかと心配している。

オ　大友皇子はしばらくの間政治の実権を握ることはないと思われる立場の人物であり、有間皇子と同じ運命をたどる恐れもある相手に娘の運命を託すことに不安を覚えている。

問三　傍線部**2**「大海人皇子は大きく笑った」とあるが、それはなぜか。その理由として最も適当なものを次の**ア**～**オ**から一つ選び、記号で答えよ。

ア　逆らう者などいない権力者である自分からの結婚の薦めであるのに、はっきりと断る娘の態度があまりに潔く痛快だったから。

イ　信念を簡単には曲げようとしない娘の態度が、母親の額田が少女であった頃の様子を思い出させ懐かしく微笑ましかったから。

ウ　断れない話だと頭では理解していても、高市皇子との結婚以外は受け入れたがらない娘があまりに切なくいじらしかったから。

エ　皇子の中でも群を抜いて聡明な大友皇子との結婚ですら、父親からの薦めであるなら受け入れないという娘の頑固さにあきれ果てたから。

オ　保身のために利用することは許さないと、天皇の後継者である自分にも率直な意見を言う娘の成長が頼もしく嬉しかったから。

問四　傍線部**3**「額田はふいに体が小刻みに震えるのを覚えた」とあるが、それはなぜか。その理由として最も適当なものを次の**ア**～**オ**から一つ選び、記号で答えよ。

ア　中大兄皇子に惹かれながらも大海人皇子と結婚した自分と、他に思いを寄せながら大友皇子との結婚を迫られる十市皇女が重なるのに、大海人皇子の圧力に屈しつつあるような頼りない自分にすべての運命を委ねられてしまったから。

イ　幼い娘の意志を尊重するか両親の考えを優先させるかでも決めかねていたのに、大海人皇子の意思を尊重するという選択肢もあることに気づき混乱している中で、政治と無関係な自分にすべての運命を委ねられてしまったから。

ウ　この結婚は両人の愛情の有無が問題なのではなく、今後の天智天皇や大海人皇子、大友皇子たちの権力闘争にも大きく関わることなのに、その判断を政治のこともよく理解していない自分にすべての運命を委ねられてしまったから。

エ　娘である十市皇女の将来の幸せについて「母親」として深く考えたつもりであったが、生まれてから一度も手元で育てていない自分の意見が重要視され父親の大海人皇子の決定さえも関係なくすべての運命を委ねられてしまったから。

オ　大友皇子と十市皇女の結婚が決まれば、次の天皇の座を巡って父である大海人皇子と夫である大友皇子が決別し大きな戦となる可能性がある危うい政略結婚なのに、自分にすべての運命を委ねられてしまったから。

問五　傍線部**4**「ひどく不安であった」とあるが、それはなぜか。その理由を六〇字以内で具体的に説明せよ。

問六　文章の内容として、適当なものを次の**ア**～**オ**から一つ選び、記号で答えよ。

ア　十市皇女は自分の結婚相手として本心では高市皇子と結ばれたいと思っていたが、天皇である父の薦めなのであれば大友皇子との結婚もいたしかたがないことだと父への説得をあきらめた。

イ　大友皇子は母方の身分の低さを気にさせないほど聡明さと逞しさを兼ね備えた立派な青年であり、朝臣たちからも一目置かれるほど多くの人からその将来を嘱望《しょくぼう》されている青年だった。

ウ　額田は、幼い娘には皇后としての威厳が保てまいと、娘と次の天皇に即位するであろう大友皇子との結婚に対して不安な気持ちの方が大きかったが、大海人皇子の気迫に押されて承諾をした。

エ　十市皇女の母親として娘の心に添わない結婚はさせたくないという思いと、一国の皇后となることが確実なので皇女の将来は明るいものとなるという思いとの間で額田は悩んだ。

オ　大海人皇子は十市皇女の結婚相手としてふさわしいものは大友皇子の他にはいないと考えている一方で、娘の恋心を知ってしまったため決断することができず額田にその判断を託した。

④

大海人皇子はちょっと考えていたが、やがて立ち上がって部屋から出て行った。かなり長い間、額田は部屋にひとりにされていた。大海人皇子は十市皇女を連れて来るために部屋から出て行ったと思われたが、そうではなかった。大海人皇子はひとりで帰って来た。

「十市皇女は大友皇子以外の人のところならどこへでも行くと言っている」

そう言って、2大海人皇子は大きく笑った。

「つまり、大友皇子のところだけは気がすすまないということだ。いやに嫌われたものだ」

また大海人皇子は笑った。いかにもおかしくて、おかしくて堪まらぬといった笑い方だった。額田も、そういう十市皇女に驚いたが、併し、十市皇女の気持が判らぬではなかった。

大友皇子の鋭い眼光や、冴えた顔や、どこか荒々しく思われる体のこなしなど、年端《としは》もゆかぬ少女を怖がらせこそすれ、決して魅力とはなっていないに違いなかった。

「だが、いくら気がすすまぬといっても――」

大海人皇子は言った。

「他に十市皇女の相手としてふさわしいものがあるか。五、六年待てば、いま年端のゆかぬ皇子たちも若者に育つだろうが、それまで待っているわけにも行かぬだろう」

そう言われてみれば、それに違いなかった。十市皇女の配偶者の選定は限られた範囲で行われるしか仕方なかった。そうなると、Zさしずめ大友皇子ということになった。

「それとも、ひよこのような稚い十市皇女の気持を尊重するか。――どちらにするかは額田に任せてもいい」

そう言われると、額田としても困ることだった。十市皇女の気持を重んずれば、大友皇子の話は打ち切ってしまわなければならなかったが、それも軽率なことに思われた。他の皇子が成人するのを待って、その妃《きさき》となる道もあったが、それにしても差し当たって相手として考えられるのは志貴皇子や川島皇子である。志貴皇子は十四歳、川島皇子は更に二つか三つ年齢は下である。それぞれの母の出生を考えても、大友皇子よりいいとは言えなかった。それに何と言っても、大友皇子の場合、聡明であるということと、天智天皇の第一皇子であるということが、他に替え難い魅力であった。

「額田に任せてもいいと言ったのは、十市皇女の考えでもある。自分の気持は大友皇子には向かないが、併し、どうしても大友皇子の許《もと》に行けということであるなら行くしかないだろう。それは母親である額田に任せることにする」

「そうおっしゃったのでございますか」

「そう。そう言った」

3額田はふいに体が小刻みに震えるのを覚えた。十市皇女の口からそのような言葉が出るとは夢にも思ってみなかったことであった。十市皇女は本当にそう言ったのであろうか。皇女は母である自分に、併し、母として何一つ資格を持っていない自分に、己が運命を託そうとしたのであろうか。

額田の周囲を重苦しい時間が流れた。額田は今こそ自分は母でなければならぬと思った。が、母というものが、こうした場合持たねばならぬ心が判らなかった。娘の気持を大切にすべきか、あるいはそうした娘の気持など※2斟酌《しんしゃく》することなく、母親自身が考えて、これが一番いいと思うことを押しつけるべきか。

やがて額田は二つのうちの一つを選んだ。

「わたくしは大友皇子さまと御一緒になるべきだと思います」

額田は言った。顔は青白んでいた。十市皇女の運命を大友皇子に託したのである。すると、

「大海人もそう思っている。天皇も同じお考えである」

大海人皇子は言った。この大海人の言葉に依《よ》って、すでにこの話が天智天皇の許に持ち出されていることを知った。

その日、額田は館に帰ると、自分は何か大きな間違いを仕出かしたのではないかという思いに襲われた。4ひどく不安であった。その不安な思いは夜まで続き、そしてその翌日も、翌翌日も続いた。

（井上靖『額田女王』新潮文庫刊）

〔注〕※1「有間皇子」――天皇の皇子として生まれたが、中大兄皇子への謀反《むほん》を計画したと疑惑を持たれ十九歳の若さで処刑された人物。

※2「斟酌する」――心情をくみ取ること。

問一　二重傍線部X「自ら」、Y「衆目《しゅうもく》の等しく見るところ」、Z「さしずめ」の語句の本文中の意味として最も適当なものを次の**ア**～**オ**からそれぞれ一つずつ選び、記号で答えよ。

X　自ら

ア　確実に
イ　自分で
ウ　自然に
エ　身一つで
オ　単純に

Y　衆目《しゅうもく》の等しく見るところ

ア　世間の多くの人が同じように考えているところ
イ　地位のある貴族たち皆が噂しているところ
ウ　大勢の若い衆から等しく人気があるところ
エ　多くの人の視点から平等に見たところ
オ　周知の事実としてすでに決まっているところ

Z　さしずめ

ア　どうしようもなく
イ　残念ながら
ウ　言うまでもなく
エ　結局のところ
オ　とりあえずは

少年の域を出ていなかった。併《しか》し、そうした皇子たちの母方の身分や、年齢の問題を別にしても、大海人皇子が天智天皇の後継者の地位にあることは、中大兄皇子を援《たす》けて、長く苦しかった時代を切り抜けて来た経歴とその功績から考えて、極めて当然なことであった。

額田は、長い間言葉を出さなかった。額田が黙っている間、大海人皇子も黙っていた。いかにも額田に対して、充分考える時間を与えてやるから、存分に考えるがよかろう、そういう態度をとっているように見えた。

1額田はひとりの思いの中にはいっていた。大海人皇子の口から出た大友皇子という名の皇子は、いまや十市皇女の運命であった。大友皇子が多幸な運命を持つなら、十市皇女も亦《また》多幸であると見てよかった。反対に不幸な運命を持つなら、十市皇女も亦不幸であった。

額田の瞼《まぶた》の上に、ふいに※1有間皇子《ありまのみこ》の若く美しい面差しが浮かんで来た。有間皇子の悲運が、有間皇子ひとりのものだとは言いきれなかった。

額田はひとりの思いにはいっていた。同じ部屋に大海人皇子が居ることも忘れてしまったかのように、いつまでも黙って坐り続けていた。

額田は勿論《もちろん》これまで大友皇子の将来がいかなるものであるか考えたことはなかった。大友皇子は二十一歳の年齢には見えなかった。堂々たる体軀《たいく》を持ち、どこから見てももう立派に成人した大人であった。母の宅子娘が伊賀の采女であるので伊賀皇子《いがのみこ》とも称《よ》ばれているが、母方の身分の低さなどは初めからこの皇子には無関係だった。伊賀という名前を冠せられても、伊賀という地名などはこの皇子に対していかなる役割をもしていなかった。眉は秀《ひい》で、眼は鋭かった。それに母親似ではなくて、その多くのものを父天智天皇より受け継いでいた。二、三年前まではまだ何と言っても少年の稚《おさな》さを持っていたが、それが去年あたりからすっかり払い落とされている。最近朝臣たちも何となくこの皇子には一目おくようになっていた。聡明《そうめい》とか、英邁《えいまい》とか、そういうこの皇子に対する讃辞《さんじ》は、額田の耳にもはいっている。確かに聡明でもあり、英邁でもあるに違いなかった。

また実際に、額田は去年の暮、大友皇子が朝臣たちと、人の道について論じているのを、傍《そば》で聞いていたことがあった。人倫の道というものを天の訓《おし》えというものの関係において説き、その論旨は明快で、誰もそれに口を差し挟むことはできなかった。みんな口を噤んで聞いていた。こうした問題について論じると、まさに独壇場の感があった。いかにしてそうした学識を自分のものとしているか、誰もが不思議に思うことであった。

額田は、併し、この大友皇子が己が血を分けた十市皇女の運命として考えると、その運命は得体の知れぬ海のようなものとして感じられた。平穏な運命であるか、荒れ狂い逆巻く狂瀾《きょうらん》の運命であるか見当が付かなかった。

額田は顔を上げると、大海人皇子の眼をゆっくりと見入り、

「たいへん聡明な皇子さまと承っておりますが」

「いかにも」

「十市皇女がお仕合わせになりますことならば――」

「天智天皇の御子と、この大海人の姫との組み合わせである。それが仕合わせにならぬということがあろうか」

大海人皇子は言った。そう信じきっている言い方であった。

額田はまた顔を伏せて自分ひとりの思いに戻った。確かにこれ以上の組み合わせは望めない筈《はず》であった。それにしても、この大友皇子に十市皇女を配そうという考えは、一体どこから出たものであろうか。大海人皇子は、自分の考えとして持ち出して来てはいるが、それをそのまま鵜呑《うの》みにするわけにも行かなかった。天智天皇が持ち出された話であるかも知れないのである。大海人皇子が十市皇女の父であるように、天智天皇は大友皇子の父なのである。

併し、額田はそれが誰の考えであるにしても、この縁組みそのものには暗い影があろうとは思われなかった。取引きの臭いもなかった。片方が得をし、片方が損をするというようなものでもなかった。寧《むし》ろ天智天皇にとっても、大海人皇子にとっても、お互いの提携を強める意味で望ましいことに違いなかった。それなのに、額田は自分がこの話に飛びついて行く気持にならぬのを不思議に思った。なぜであろうか。やはりそこには、有間皇子の悲劇が大きく坐っていると考えないわけには行かなかった。

併し、大友皇子と有間皇子は、その境遇はまるで違っていた。有間皇子は聡明怜悧《れいり》だという噂がたつと、狂人の真似《まね》までして自分の身を守らねばならぬ立場にあった。しかもそうまでしても自分の身に振りかかる火の粉を消すことはできなかったのである。大友皇子はいくら人から聡明だと言われても、誰に遠慮することも要らなかった。

額田は顔を上げた。戸外に明るい声が聞こえたからである。

――騙《だま》されちゃった。あんな寒いところに連れて行かれて！

――何も騙したわけじゃない。陽が陰ったから寒くなっただけのことだ。

――可哀そうに、こんなに手が冷え込んでしまったじゃないの。紫色になってしまった。

――どれ。

すると、明るい悲鳴が聞こえ、あとは庭から縁側に駈《か》け上がる乱れた跫音《あしおと》がしたと思うと、部屋の中に先きに十市皇女が飛び込み、続いて高市皇子《たけちのみこ》が飛び込んで来た。二人は内部に大海人皇子と額田の二人が居ることに気付くと、はっとしたように、その場に棒立ちになった。

「向こうへ行こう」

高市皇子が言うと、

「ええ」

と十市皇女は頷《うなず》いて、二人はすぐ部屋から出て行った。

「十市皇女のお気持をお聞きになって、その上でお決めになったらいかがでしょう」

額田は言った。

「まだ、自分の考えは持っていないであろう」

「それにしても、一応お聞きになってみることが」

「うむ」

②

問一　傍線部a～eのカタカナを楷書の漢字に直せ。

a　カドウ　b　フキョウ　c　シダイ　d　カンジョウ　e　ショウライ

問二　傍線部1『スラック(余裕、ゆとり)』とあるが、「パンデミック」の例では何にあたるか。本文中の語句を用いて一〇字以内で答えよ。なお、句読点は不要である。

問三　傍線部2「危機管理の基本」とあるが、その説明として適当でないものを次のア～オから一つ選び、記号で答えよ。

ア　危機管理というものは、科学的知見に基づいて未来を予測し、それに対応する策を用意しておくことだ。

イ　危機管理というものは、最良から最悪までを予想し、無駄を覚悟で複数の対応策を用意しておくことだ。

ウ　危機管理というものは、ビジネスライクな計算に基づいて、経済最優先の対応策を用意しておくことだ。

エ　危機管理というものは、たとえ最悪の事態が起きたとしても、生き延びられる策を用意しておくことだ。

オ　危機管理というものは、いつかくる未来の危機に備えて、一見無駄に見える余裕を用意しておくことだ。

問四　傍線部3「そういう国民性」とあるが、それはどういう国民性か。一〇〇字以内で説明せよ。句読点も一字と数える。

問五　傍線部4「あれは『言霊』だったのである」とあるが、「言霊」と同じ様に、筆者が皮肉をこめて用いている端的な表現を、傍線部4より後の文中から一〇字以内で抜き出して答えよ。

問六　傍線部5「今回のパンデミックにおける日本の失敗が同一のパターンを飽きずに繰り返している」とあるが、どういうことか。最も適当なものを次のア～オから一つ選び、記号で答えよ。

ア　今回の新型コロナウイルスによるパンデミックでは、日本人は自らの危機管理ができない心性を自覚しないまま対処してしまい失敗しているが、この失敗は、先の戦争で政策決定の際に科学的・客観的な判断よりも情緒的な判断を優先したことに対する深い反省を行わなかったために起きたということ。

イ　今回の新型コロナウイルスによるパンデミックでは、日本人は多数の楽観的な意見に合わせて不吉な少数意見を排斥するという「日本流」の悪癖により失敗しているが、この失敗は、日本人が言葉の力で現実を変えようとする性質を過去の教訓に学んで改めなかったことにより繰り返されたということ。

ウ　今回の新型コロナウイルスによるパンデミックでは、日本人は不吉な未来を言葉にすれば悪い事態を招き寄せると思い込み、最悪の事態には備えずに失敗したが、この日本人に特有の心の傾きを考慮に入れないまま政策決定を下すという過ちを日本人は先の戦争以来何度も繰り返してきたということ。

エ　先の戦争では、希望的観測に基づく作戦を重視し、最悪の事態を想定しなかったことが敗戦につながったが、今回の新型コロナウイルスによるパンデミックでも、日本人は疫学的に有効な具体的対策は何ひとつ実行せず、必然的に感染を拡大させたという二度目の失敗を無自覚に繰り返したということ。

オ　東京五輪では、最悪の事態に備える危機管理を怠ったのは、政策決定者の心理の深層に千年を超えて流れ続ける日本人の伝統的な心性が残っていたためであり、今回の新型コロナウイルスによるパンデミックでも、事態はきっと良い方向に収束するだろうと言い続けてきたのもやむをえないということ。

二　次の文章は、井上靖『額田女王《ぬかたのおおきみ》』の一節である。額田は幼い時から神の声を聞く女として育てられてきた。成人後に、大海人皇子《おおあまのみこ》に愛されたが、その後大海人の兄である中大兄皇子《なかのおおえのみこ》からも愛された。中大兄が天智《てんじ》天皇として即位する際に中大兄の愛から身を遠ざける決意をする。天智天皇が即位し、新しい世が始まった。そんなある日、大海人の館《やかた》より、額田と大海人との間に生まれた娘である十市皇女《とおちのひめみこ》が来るので、ぜひ額田にも来てほしいと伝える使者が来る。十市皇女は額田が産んだ娘であったが、産んですぐに大海人の側近の女官に引き取られた。それ以来一緒に暮らしたことはなく、額田が母として接したこともない。久しぶりに娘に会いたい気持ちをもって、額田は大海人の館へ出向いてゆく。そこで額田は大海人に、大切な話があると言われる。これに続く次の文章を読んで、後の問いに答えよ。

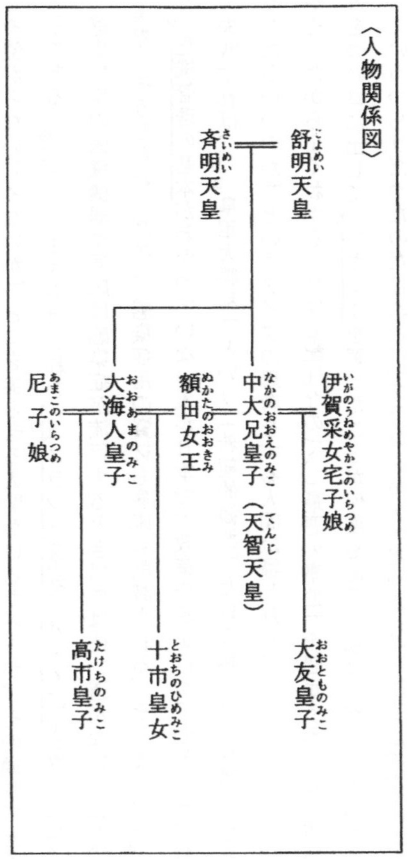

「十市皇女を大友皇子《おおとものみこ》の許《もと》に差し出すことは、いかが考えるか」

こんどは、真顔で言った。

「大友皇子さまでございますか」

額田はそう言ったまま、あとは口を噤《つぐ》んでいた。すぐには、いいとも悪いとも言えなかった。

大友皇子は中大兄皇子と伊賀采女宅子娘《いがのうねめやかこのいらつめ》との間にもうけられた皇子であり、中大兄皇子が天智天皇になられた現在は、天皇の第一皇子にほかならない。筋骨逞《たくま》しい二十一歳の皇子である。母の宅子娘が高貴の出《で》でないので、第一皇子であるとは言え、その将来には X自ら限定されたものがあった。天下の政《まつりごと》を摂《と》る立場には無縁であると見なければならなかった。

現在天智天皇の後継者の位置にあるのが大海人皇子であることは、Y衆目《しゅうもく》の等しく見るところであった。正式に立太子の儀は執り行われてはいなかったが、大海人皇子自身もそう信じていたし、朝臣《あそん》武臣のすべての者がそう信じていた。天智天皇のほかの皇子たちは、川島皇子にしても、志貴皇子《しきのみこ》にしても、まだ

①　国語科（高）

（60分）

国高令3

（注意）解答はすべて解答用紙に記入せよ。

青雲高等学校

一　次の文章を読んで、後の問いに答えよ。

危機管理というのは、「最も明るい見通し」から「最悪の事態」まで何種類かの未来について、それに対応するシナリオを用意しておくことである。どれかのシナリオが「当たる」とそれ以外のシナリオは「外れる」。そのための準備はすべて無駄になる。そういう「無駄」が嫌だという人は危機管理に向かない。※1リスクヘッジというのは「丁と半の両方に張っておく」ことだからである。

「それじゃ儲《もう》からないじゃないか」と口を尖《とが》らせる人間がいるだろうが、その通りである。危機管理は「儲ける」ためにすることではない。生き延びるためにすることである。※2エコノミストはこれを1「スラック（余裕、ゆとり）」と呼ぶ。スラックのあるシステムはそうでないシステムよりも危機耐性が強い。例えば、感染症用の医療機器や病床は感染症が流行するとき以外は使い道がない。「病床のaカドウ率を上げろ。医療資源を無駄なく使え」とうるさく言い立てると（実際にそうしたわけだが）、感染症用の資材も病床も削減される。そして、いざ※3パンデミックになると、ばたばたと人が死ぬ。

そういう2危機管理の基本がわかっていない人が日本では政策決定を行っている。先の戦争指導部はそうだった。「わが軍の作戦がすべて成功して、敵の作戦がすべて失敗すれば、※4皇軍大勝利」という「希望的観測」だけで綴《つづ》られた作戦を起案する参謀が重用され、「作戦が失敗した場合、被害を最小化するためにはどうしたらいいのか」というタイプの思考をする人間は嫌われた。

私自身がそうだからよくわかる。私は心配性なので、「最悪の事態」を想定することが習慣化している。大学在職中も「これがダメだったらどうしますか？」ということをつい口に出してbフキョウを買ったことが何度もある。私はただ「余力のあるうちにプランB、プランCも考えておきましょう」という前向きの提案をしているつもりだったのだけれど、「プランAがダメだったら」という仮定そのものが何か不吉なもののように扱われるのである。

「君のような敗北主義者が敗北を呼び込むのだ」と怒鳴られたことがあるし、もう少し穏やかに「人はこれからcシダイに状況が悪くなるという話をすると気がめいってきて、頭が働かなくなるのだ」と説明されたこともある。

たしかにその通りで、「最悪の事態にどう対応するか？」という問いを前にすると、日本人は思考能力が一気に低下する。これは国民性と言ってよい。「プランAが失敗したら」という仮定そのものを一種の「呪い」のようにみなして、忌避するのである。

「※5言霊の幸はふ国」においては、言葉には現実変成力があるとみなされている。祝言を発すれば吉事が起こり、不吉な言葉を発すれば凶事が起こると信じられている。それゆえ、日本では「プランAがダメだったら」という仮定は「凶事を招く」不吉なふるまいとして排斥される。そんな国で危機管理ができるはずがない。

それを嘆いてもしようがない。3そういう国民性なのである。経済が低迷してきたら、五輪だ、万博だ、カジノだ、リニアだ、クールジャパンだとものに憑《つ》かれたようにわめき散らしていたのは、あれは主観的には「祝言」をなしていたのである。未来を祝福して、吉事が到来するように必死に祈っていたのである。別にビジネスライクな計算に基づいていたわけではない。あれは「祈り」なのである。「言霊の力」で現実を変成しようとしていたのである。

勘違いしてほしくないが、私は「それが悪い」と言っているのではない。日本人というのは「そういう生き物だ」という事実を指摘しているだけである。それを改めろと言っているわけではない。日本社会における危機管理を論じる場合には、「日本人には危機管理ができない心性が標準装備されている」という事実をdカンジョウに入れる必要があると言っているのである。

「日本人はふつうに危機管理ができる」と思い込んでいるからリスク計算を間違える。「日本人は危機管理ができない」ということを※6与件として危機管理については考える必要がある。別にそれほど難しいことではない。文字が読めない子どもにだって文字は教えられる。それに驚いたり、怒ったりしていたら、文字は教えられない。知らないことを前提にしているから、教えられる。それと同じである。

今回の新型コロナウイルスによるパンデミックでも、日本人は「感染は日本では広がらないだろう」という疫学的に無根拠なことを信じ、広言していたが、それを「嘘《うそ》をついた」というべきではない。4あれは「言霊」だったのである。「感染は広がらないだろう」と言えば、その通りのことが起きると信じて、善意で言い続けていたのである。

「東京五輪は予定通り開催される」も同じである。「開催されないかもしれない（その場合にはどう対応するか早めに対応策を講じた方がいい）」ということを考えた人は組織委内にもいたはずである。でも、黙っていた。口にしたとたんに「不吉なことを言うな」と一喝されることがわかっていたからである。「予定通り開催される」という祈りを、「開催しない」という決定が下るまで唱え続けるのが「日本流」なのである。

同じように、感染拡大に備えて人工呼吸器や検査セットや病床の確保をしないできたのは、別に首相や知事の「不作為」や「怠慢」ではない（少なくとも主観的には）。彼らは「何も準備しない」という呪術的なふるまいによって、「準備しなければならないような事態の到来を防ぐ」ことができると信じていたのである。「何の備えもする必要がなかった未来」を「※7予祝」によってeショウライしようとしていたのである。

そうやって見直すと、5今回のパンデミックにおける日本の失敗が同一のパターンを飽きずに繰り返していることがわかる。そろそろそのことに気づいてもいいのではないか。気づかなければ、同じことがこれからも繰り返されるし、いずれはそれがわが国の命とりになる。

（二〇二〇年五月二日付長崎新聞　内田樹「新型コロナと文明」による）

〔注〕※1「リスクヘッジ」――起こりうる危険を予測し回避すること。
※2「エコノミスト」――経済学者のこと。
※3「パンデミック」――感染症が世界的規模で大流行すること。
※4「皇軍」――天皇が統率する軍隊の意で、旧日本軍のこと。
※5「言霊の幸はふ国」――ことばの霊力が幸福をもたらす国。日本のこと。出典は『万葉集』。
※6「与件」――推理・研究などの前提として与えられた、議論の余地のない事実。
※7「予祝」――あらかじめ祝うこと。前祝い。

社会科（高）

社高令2

受験番号	

解答用紙

※100点満点

1

20点

問1		問2		問3	(1)	(2)	問4	
問5		問6	(1)	(2)天然ゴム：	バナナ：	問7		

2

13点

問1		問2		問3	(1)	(2)		
問4		問5		問6	航空：	鉄道：	問7	

3

19点

問1		問2		問3		問4		
問5		問6		問7		問8		
問9	10	20	30					
問10		問11	(1)	(2)	問12			
問13		問14		問15		問16		

4

20点

問1		問2		問3			
問4		問5		問6		問7	
問8		問9		問10			

5

10点

問1							
問2	10	20	25				
問3		問4	X	Y	問5		
問6		問7		問8			

6

18点

問1		問2		問3		問4	
問5		問6		問7			
問8		問9					

理科（高）解答用紙

理高令２　※100点満点

受験番号

1

20点

(1)	(2)	(3)	(4)	(5)	(6)	(7)	(8)	(9)	(10)

2

15点

問1	①	②	③
	④	⑤	⑥
	⑦		
問2	a	b	
問3	X	Y	

3

20点

問1	①	②	
問2	(灰)　(白)	問3	
問4		問5	
問6	(1)　秒	(2)　km	

4

22点

問1		問2	
問3			
問4			
問5			
問6			
問7			
問8		問9	g

5

23点

問1				
問2	(1)	①　mA	②　Ω	③　V
	(2)	①　V	②　Ω	③　V
問3	(1)　mA	(2)　V	問4	

英語科（高）　解答用紙

英高令２

※100点満点

受験番号

1

20点

A	(1)	(2)	(3)	(4)	(5)
B	(1)	(2)	(3)	(4)	(5)

2

28点

問1	(1)	
	(2)	
	(3)	
問2	[A]	
	[B]	

3

26点

問1	イ	ロ	ハ	ニ
問2				
問3				

問4			
問5	(ア)	(イ)	(ウ)
問6			

4

26点

問1	
問2	
問3	
問4	
問5	40　60
問6	・　・

数学科（高）解答用紙

数高令2　　※100点満点

受験番号

1　40点

(1)	(2)
(3)	(4) $x=$　　　，$y=$
(5) $a=$	(6) $n=$
(7) $a=$　　　，$b=$	(8)
(9) $\angle x=$	(10)

2　12点

(1) $x=$	(2)
(3) $x=$	

3　18点

(1)	(2) C(　　　，　　　)
(3)	(4)

4　12点

(1) DE=	(2) AF:FE=
(3) AF=	

5　18点

(1)	体積　　　　　　，表面積	
(2)	(ア)	(イ)

国語科（高）

受験番号の記入欄は左端にある。忘れずに記入せよ。

国高令2

解答用紙

※100点満点

一 35点

- 問一 a b c d e
- 問二
- 問三
- 問四
- 問五
- 問六
- 問七

二 35点

- 問一 a b c
- 問二
- 問三 Ⅰ Ⅱ
- 問四
- 問五
- 問六

三 30点

- 問一 X Y
- 問二 a b c
- 問三
- 問四
- 問五
- 問六

受験番号

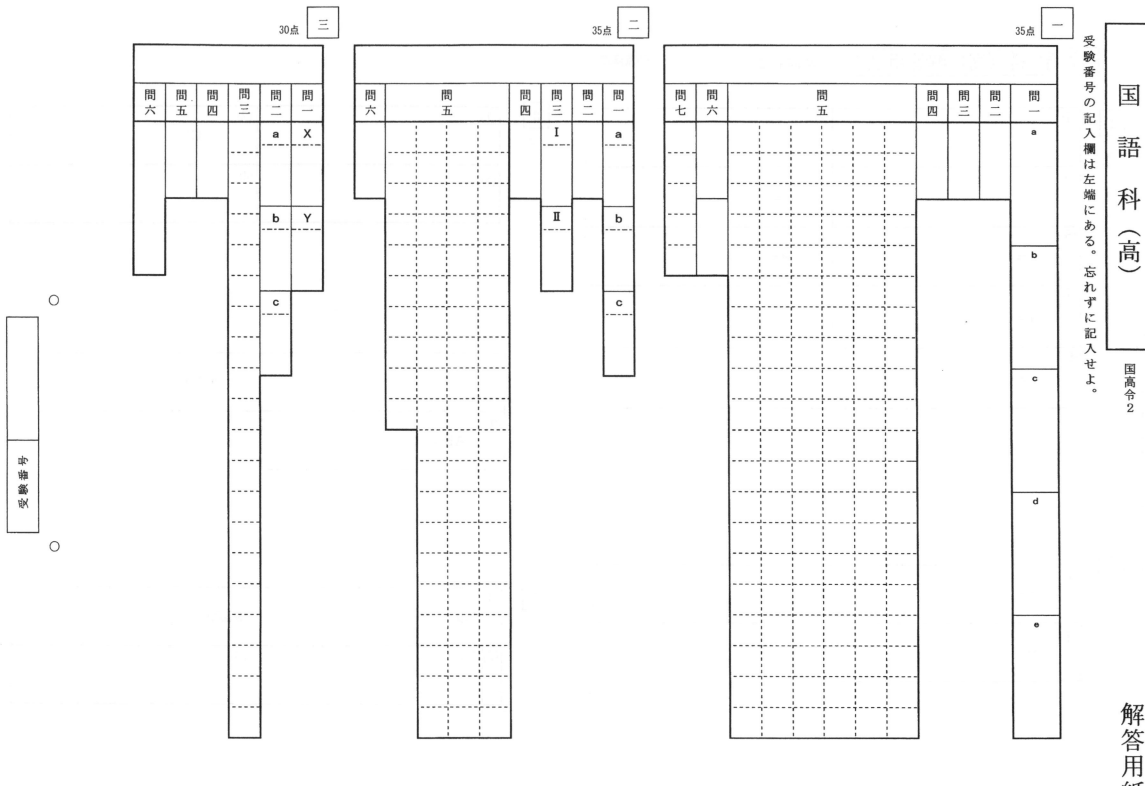

問6　下線部⑥に関して，日本の裁判制度について述べた文として正しいものを，次の中から一つ選んで記号で答えよ。

ア．すべての裁判は，地方裁判所・高等裁判所・最高裁判所の順で３回の審理がおこなわれる。

イ．裁判官は国民審査によるもの以外には，みずからの意に反して失職することはない。

ウ．刑事訴訟においては，検察官が起訴した犯罪被疑者が被告人となる。

エ．裁判員は20歳以上の希望者から選任され，刑事・民事訴訟の審理にあたる。

問7　下線部⑦に関して，消費者の声を直接聞き，また消費生活に関する情報提供などをおこなうため，市町村に設置されている機関の名称を答えよ。

問8　下線部⑧に関して，男性と女性が互いに人権を尊重しつつ，能力や個性を発揮できる社会を実現させるため，1999年に制定された法律の名称を答えよ。

6　高校３年生のＳさんは，コンビニエンスストアの加盟店を経営する父母と，大学を卒業して就職した兄，祖母の５人家族である。Ｓさんの自宅で交わされた次の会話文を読んで，下の問いに答えよ。

父：はぁー。

母：どうしたの，ずいぶん大きなため息じゃない？

父：消費増税が４カ月後に迫っているのに，長く①アルバイトで頑張ってくれたＡさんが「学業に専念するので辞めさせてほしい」と言ってきたんだよ。

Ｓ：新しいレジの取り扱いとか，たいへんそう。いまＡさんに辞められるのは痛いわね。

父：②商品によって異なる税率を自動で判別するレジを本部が送ってくれるから，そこは問題ないんだけど，彼には顔なじみの客も多いし，夜はほとんど店を任せていたからね。代わりに昼のアルバイトを新しく雇用して，私が夜のシフトに入ろうかと思っているんだ。

母：たしかに夜のアルバイトを新人に任せるのは不安だけど，私たちは夜は家で休みましょう。家には③介護の必要なおばあちゃんもいるんだから。

兄：はぁー，ただいま…。

Ｓ：なに？　帰るなり，お兄ちゃんもため息？

父：希望の企業に入社したばかりだというのに，④不景気な顔をしているな。何か悩みでもあるのか。

兄：いや，この時期は［⑤］の準備ですごく忙しくて，残業が続いて疲れているんだよ。会社の経営状況や配当金の説明文書をまとめたり，経営陣の選任の資料を作ったり。

Ｓ：あら，⑥4月には新しい法律が施行されて，残業とか規制されたんじゃないの。

兄：よく知っているね。さすが受験生。でも，法律は有給休暇の取得義務や残業時間の上限を定めたもので，残業そのものを禁止しているんじゃないんだよ。

母：くれぐれも無理しちゃだめよ。［⑦］って大切なのよ。

兄：わかっているよ。ところで，Ｓの受験勉強は順調なのか。たしか，経済学部志望だよな。

Ｓ：将来は，⑧銀行志望ですからね。おかげさまで，今のところ順調かな。来年の今ごろには大学生になって，お父さんのお店でアルバイトができるようになるから，だいぶ楽になるわよ。

問1　下線部①に関して，パートタイム労働者，派遣労働者などを総称して非正規労働者という。このような労働者について述べた文として最も適当なものを，次の中から一つ選んで記号で答えよ。

ア．日本での非正規労働者の割合は，現在では全労働者の60%を超えている。

イ．同一労働同一賃金の原則から，正社員と同じ賃金が保障されている。

ウ．短期の雇用契約により，企業側の一方的な事情のため解雇されることがある。

エ．小売店に外国人の非正規労働者を雇用することは，法律で禁じられている。

問2　下線部②に関して，このようなレジが必要とされたのは，税率が8%のまま据え置かれた商品と，税率が10%に改められた商品が同じ小売店で販売されることになったためである。このうち，税率が8%の商品を，次の中から一つ選んで記号で答えよ。

ア．持ち帰りの飲食料品　　イ．雑誌　　ウ．店内で食べる弁当類　　エ．酒類

問3　下線部③に関して，公的介護保険について述べた次の文Ｘ・Ｙの正誤の組み合わせを，下のア～エから選んで記号で答えよ。

Ｘ　20歳以上のすべての国民は，介護保険の保険料を支払う。

Ｙ　要介護認定を受けた場合，居宅の場合に限り介護サービスを利用できる。

ア．Ｘ－正　Ｙ－正　　イ．Ｘ－正　Ｙ－誤

ウ．Ｘ－誤　Ｙ－正　　エ．Ｘ－誤　Ｙ－誤

問4　下線部④に関して，Ｓさんの父は「元気や活気がない」という意味で「不景気」という言葉を使っているが，不景気の経済的な意味を説明した文として最も適当なものを，次の中から一つ選んで記号で答えよ。

ア．生産や消費が停滞し，通貨の流通が滞っている状態。

イ．物価が持続的に上昇しており，人びとの生活が苦しい状態。

ウ．在庫が過少となり，財やサービスの価格が低下している状態。

エ．政府の財政が悪化し，必要な公共財が不足している状態。

問5　空欄［⑤］にあてはまる語句を，兄の言葉をよく読んで答えよ。

問6　下線部⑥に関して，この法律は「［＊］を推進するための関係法律の整備に関する法律」といい，これにより労働基準法，パートタイム労働法，労働者派遣法などの法律の内容が改正された。空欄［＊］にあてはまる語を５字で答えよ。

問7　空欄［⑦］にあてはまる，「仕事上の責任を果たすとともに，家庭や地域など私的な生活をともに充実させること」を意味するカタカナ10字の用語を答えよ。

問8　下線部⑧に関して，銀行は受け入れた預金には利子を加えて引き出しに応じ，貸し出した資金には利子を加えて返済を求める。元金に対する利子の割合を何というか，漢字２字で答えよ。

問9　Ｓさんの家での会話はいつごろなされたものか，最も適当なものを次の中から一つ選んで記号で答えよ。

ア．平成30年4月　　イ．平成31年1月　　ウ．令和元年6月　　エ．令和元年10月

⑤ 社高令2

問3　下線部③に関して，戦前期の労働組合や労働運動について述べた文として正しいものを，次の中から一つ選んで記号で答えよ。

ア．日本で最初の労働組合は，大正時代になって結成された。

イ．大正時代には，労働組合の全国組織として日本労働総同盟が結成された。

ウ．労働運動を取り締まるため，第一次世界大戦前に治安維持法が制定された。

エ．労働運動の高まりとともに，第一次世界大戦後に工場法が制定された。

問4　下線部④に関して，第二次世界大戦勃発の直接のきっかけは，ドイツがある国へ侵攻したことにある。ある国とはどこか答えよ。

問5　下線部⑤について述べた文として正しいものを，次の中から一つ選んで記号で答えよ。

ア．外交問題の対立で政府を去った木戸孝允らが，自由民権運動を開始した。

イ．板垣退助の欧化政策に反対する井上馨らが，国会期成同盟を結成した。

ウ．西郷隆盛は鹿児島で愛国社を結成して自由民権運動を支持し，後に反乱を起こした。

エ．大隈重信は自由民権運動に同調し，明治十四年の政変で政府を追放された。

問6　下線部⑥に関して，次のできごとのうち，日露戦争後に起こったものを一つ選んで記号で答えよ。

ア．幸徳秋水らが大逆事件で処刑された。

イ．イギリスとの間ではじめて日英同盟を結んだ。

ウ．朝鮮国が国名を大韓帝国に変更した。

エ．伊藤博文が立憲政友会を結成した。

問7　下線部⑦に関して，日本やヨーロッパによる中国侵略について述べた文として正しいものを，次の中から一つ選んで記号で答えよ。

ア．イギリスは南京条約により中国から台湾を譲り受け，植民地とした。

イ．ロシアは遼東半島を日本から中国に返還させた後，旅順などを租借した。

ウ．日本は二十一カ条要求に基づいて，中国から南樺太を獲得した。

エ．フランスは中国から上海を譲り受け，長江流域を勢力範囲とした。

問8　下線部⑧に関して，国民党の指導者として1920年代後半に中国国内の統一を進める一方，中国共産党と対立した人物を，次の中から一つ選んで記号で答えよ。

ア．毛沢東　　イ．孫文　　ウ．蔣介石　　エ．周恩来

問9　下線部⑨に関して，日本の戦後改革や戦後の社会のようすについて述べた文として正しいものを，次の中から一つ選んで記号で答えよ。

ア．日本国憲法が制定され，司法権の独立が新たに条文に盛り込まれた。

イ．戦時体制のなかで解散していた政党が改めて結成されて，活動をはじめた。

ウ．戦争が終わると軍用食料が民間に配給され，食糧難は一気に解決した。

エ．復員などによる人口増加のため，国内の物価は急激に下落した。

問10　下線部⑩に関して，戦前は天皇が神であるという考え方のもとで神社政策が行われていたが，昭和天皇がみずから「［　＊　］宣言」を行い，この考え方を否定した。空欄［　＊　］にあてはまる語を答えよ。

5　次の文章を読んで，下の問いに答えよ。

あす1月13日は，国民の祝日の一つ「成人の日」である。この日には，それぞれの①市町村が主催して，成人式が執り行われるところも多い。あすの成人式は満20歳を迎える新成人を激励し祝福する行事として行われるが，この「成人」となる年齢が引き下げられることがすでに決まっている。

2018年6月，民法の改正案が②国会で決議された。これにより，改正民法が施行される2022年4月1日からは，18歳以上を成人とするようになる。実際のところ，世界の多くの国が18歳を成人としており，［　③　］でも18歳未満の人が子どもであると定義されている。今回の法改正で，成人についての考え方が日本と世界との間で一致することになった。また，日本ではすでに2016年6月の④公職選挙法改正によって，選挙権年齢が18歳に引き下げられており，こちらについても選挙権年齢と成人年齢が合致することになる。

成人年齢の引き下げにより，18・19歳の人は，それまで未成年者としてできなかったことができるようになる。たとえば，親権者の同意なくクレジットカードや携帯電話などを⑤契約すること，⑥訴訟を起こすことなどがあげられる。しかし，このことは悪徳商法などによる消費者トラブルを拡大させる危険性ももっている＊注。そのため政府は⑦相談窓口の充実や周知を図り，消費者問題の予防・解決のための施策に取り組んでいる。また，今回の民法改正では，女性が結婚できる年齢が16歳から18歳に引き上げられることも決まっている。改正によって，結婚できる年齢が男女ともに18歳以上に統一され，婚姻可能年齢についても⑧男女の平等が実現する。

このように，成人年齢の引き下げにともない，18・19歳の人にとっては成人として注意を要することも増えることになる。自分自身で考え，責任ある行動がとれるよう，様々な知識を身につける必要がある。

＊注：未成年者が親権者に無断で契約を結んだ場合，契約者本人や親権者の申し立てによって取り消すことができる。

問1　下線部①に関して，市町村における地方自治について述べた文として正しいものを，次の中から一つ選んで記号で答えよ。

ア．市町村議会は法律を制定する権限をもっている。

イ．市町村長は市町村議会の指名によって選出される。

ウ．市町村長は市町村議会を解散する権限をもたない。

エ．住民は市町村長や議員の解職を求めることができる。

問2　下線部②に関して，日本国憲法は国会を「国権の最高機関」であると位置づけている。なぜこのように定められているのか，「代表者」という語句を必ず用いて25字以内で説明せよ。

問3　空欄［　③　］にあてはまる，1989年に国際連合で採択された国際条約の名称を答えよ。

問4　下線部④に関して，公職選挙法によると，衆議院議員については定数465人のうち289人を［　X　］により，176人を［　Y　］により選出することと定めている。［　X　］・［　Y　］にあてはまる語をそれぞれ漢字4字で答えよ。

問5　下線部⑤について述べた文として正しいものを，次の中から一つ選んで記号で答えよ。

ア．契約は文書を交わすことで成立し，商品の店頭での売買は契約とはみなされない。

イ．契約成立後8日以内であれば，消費者側はどんな契約でも取り消しを求めることができる。

ウ．契約の内容に不当な項目があった場合には，その部分は無効となる。

エ．現金での決済のみが契約とみなされ，キャッシュレス決済は契約にはあたらない。

問10　下線部⑩に関して，徳川吉宗の政治改革について述べた文として正しいものを，次の中から一つ選んで記号で答えよ。

ア．吉宗が米価下落を防ごうとしたのは，幕府が年貢米を換金して支出にあてていたからである。
イ．吉宗は朝鮮通信使の待遇を簡素にすることで，支出を減らして財政再建をすすめた。
ウ．吉宗は高野長英に命じてサツマイモの栽培方法を研究させ，飢《き》饉《きん》などに対応した。
エ．吉宗は目安箱に投書された庶民の意見をまとめて公事方御定書を編集し，政治方針を公表した。

問11　下線部⑪に関する次の(1)・(2)に答えよ。

(1)　地租改正に際して発行された，土地の所有者を示す証明書を何というか答えよ。
(2)　(1)に記載されている，地租の算定基準を答えよ。

問12　下線部⑫に関して，明治から昭和にかけての貧農や小作農について述べた文として**誤っているもの**を，次の中から一つ選んで記号で答えよ。

ア．1880年代には，埼玉県秩父地方で貧農や小作農らが蜂起し，軍隊によって鎮圧された。
イ．1890年代には，貧農や小作農の子女が製糸工場などで過酷な労働を行った。
ウ．1920年代には男子普通選挙が行われたが，小作農には選挙権がなかった。
エ．1940年代には農地改革が進められ，多くの小作農が自作農になった。

C　小麦の原産地は，古代の⑬メソポタミア地方と考えられている。小麦は冷涼な地方でも栽培が可能なため，次第にヨーロッパにも栽培が広まった。11～13世紀のヨーロッパではキリスト教の修道会などを中心にさかんに開墾が行われ，人口も少しずつ増加した。

⑭16世紀になるとアメリカ大陸から大量の銀が流れ込み，ヨーロッパでは貨幣経済が浸透した。この中で，商業が著しく発達した西ヨーロッパに対し，小麦などの穀物の栽培の中心は東ヨーロッパに移った。ドイツやロシアでは地主貴族が成長し，⑮18～19世紀の両国の発展を支えた。

18世紀後期になると，世界的な寒冷化により各地で小麦の栽培が打撃を受けた。この状況下で中国では大規模な農民反乱が起こり，⑯清の国力が弱体化した。またフランスでは食糧難が革命運動を激化させた。

問13　下線部⑬に関して，メソポタミア文明について述べた文として正しいものを，次の中から一つ選んで記号で答えよ。

ア．メソポタミアとは，現在のイランとアフガニスタンを中心とする地域である。
イ．メソポタミア文明では，ナイル川の氾濫を利用した小麦の栽培が行われていた。
ウ．メソポタミア文明では，コロッセオ(闘技場)でオリンピア競技が行われた。
エ．メソポタミア文明では楔形文字が使用され，六十進法が使用された。

問14　下線部⑭に関して，16世紀にアステカ帝国やインカ帝国を滅ぼし，アメリカ大陸への侵略をすすめた国を答えよ。

問15　下線部⑮に関して，19世紀中期のドイツ地主貴族出身の政治家で，たくみな外交でドイツの統一と安定に寄与し「鉄血宰相」とよばれた人物を答えよ。

問16　下線部⑯に関して，次のⅠ～Ⅲのできごとは，いずれも19世紀の清の弱体化を示すものである。これらのできごとを年代の古い順に正しく並べたものを，下のア～カから一つ選んで記号で答えよ。

Ⅰ　日清戦争で清が日本に敗北した。
Ⅱ　清の南部を中心に太平天国の乱が起こった。
Ⅲ　清の北部を中心に義和団の乱が起こった。

ア．Ⅰ－Ⅱ－Ⅲ　　イ．Ⅰ－Ⅲ－Ⅱ　　ウ．Ⅱ－Ⅰ－Ⅲ
エ．Ⅱ－Ⅲ－Ⅰ　　オ．Ⅲ－Ⅰ－Ⅱ　　カ．Ⅲ－Ⅱ－Ⅰ

4　大正・昭和時代の日本で活躍した２人の「吉田茂」について述べた次の文章を読んで，下の問いに答えよ。

吉田茂といえば，日本の独立が認められた1951年の［　①　］平和条約に調印する姿が印象的な，第二次世界大戦後の総理大臣が思い出される。この吉田茂は戦前には外交官として活躍していたが，じつは同じ時期に内務省の官僚として活躍した，同姓同名の「吉田茂」がいた。

内務省の吉田茂は，明治時代末に東京帝国大学を卒業し，内務省に入省した。1923年には東京市の幹部職員となり，翌年の４月まで②混乱する東京の安定に力をふるった。1930年代には内閣書記官長(現在の内閣官房長官)に就任したり，戦時体制を整える近衛文麿内閣のもとで③労働組合に関する法律の制定を研究するなどの活動を行い，④第二次世界大戦勃発後の内閣では厚生大臣に就任したほか，太平洋戦争中も軍需大臣など重要な役職を歴任した。

外交官であったもう一人の吉田茂は，⑤自由民権運動で活躍した竹内綱の子として生まれ，後に吉田家の養子となった。⑥日露戦争勃発の年である1904年に東京帝国大学に進学し，卒業後に外務省に入省した吉田は，主に中国を担当した。このころ中国は⑦日本やヨーロッパ諸国によって半植民地状態にされており，後に⑧中国国民党の指導者が日欧から権益の回収をはかると，日本の中国権益を守るための会議に吉田も参加した。日中戦争がはじまると，親米派の吉田はドイツとの同盟強化を主張する軍部と対立し，内務省の吉田とは対照的に政治の中心から遠ざけられた。このため戦後になると吉田はマッカーサーの信頼を得て⑨戦後改革に尽力することになった。

２人の吉田茂は間違えられることが多く，二・二六事件の後には組閣に関わった外務省の吉田を呼び出すはずが内務省の吉田に連絡がいったという。後には，間違って届いた贈り物が生ものであった場合は，受け取った方が食べるという約束も交わされたという。また２人の吉田茂がともに仕事をする機会もあり，戦後には吉田茂首相のもとで，もう一人の吉田茂が⑩神社政策の交渉を行うことがあった。

問１　空欄［　①　］にあてはまる地名を答えよ。

問２　下線部②に関して，このときの東京の混乱について述べた文として正しいものを，次の中から一つ選んで記号で答えよ。

ア．米価の高騰に不満をもった民衆が，米屋の襲撃をくりかえした。
イ．大地震が東京を直撃し，地震にともなう大火災も発生した。
ウ．世界的な株価の急落が東京にも及び，世界恐慌に巻き込まれた。
エ．海軍青年将校らが首相を殺害し，政党政治に影響を与えた。

3 穀物に関する歴史について述べた次の**A**～**C**の文章を読んで，下の問いに答えよ。

A 日本列島で①米の栽培が本格的に始まったのは，縄文時代の末期と考えられている。米を調理する土器がつくられたり，『古事記』に稲作にまつわる神話が登場するなど，米は日本に深く根付いた。10世紀には，②米などを強引に徴税して私腹を肥やす国司が現れる一方で，③種《たね》蒔《ま》き用の稲を無利子で貸し出し人々から慕《した》われる国司もいた。

中世になると，同じ田地で米と麦を交互に栽培する［④］が広まった。麦や雑穀は農民の重要な栄養源となっており，⑤御成敗式目にも麦の年貢徴収を禁止する規定がある。また鎌倉時代後期になると，年貢を換金して銭で支払う代銭納が普及した。米の代銭納では，⑥京都近郊での換金を求める領主に対し，有力農民は地元で換金しようとしたり実際の換金時期を隠して9～10月頃に換金したなどと報告したため，不信感を持つ領主と有力農民の間で対立が起こり，⑦農民側は一致団結して領主に抵抗した。

代銭納の広がりにみられるように中世は貨幣経済が浸透したが，この中で米もまた通貨として使用されていた。特に戦国時代になると銭の流通が混乱し，価値が比較的安定している米が通貨の役割を果たすようになったと考えられている。⑧太閤検地で石高制が採用された背景として，このような事情が指摘されている。

問1 下線部①に関して，静岡県にある弥生時代の稲作遺跡として正しいものを，次の中から一つ選んで記号で答えよ。

ア．板付遺跡　　イ．登呂遺跡　　ウ．三内丸山遺跡　　エ．岩宿遺跡

問2 下線部②に関して，次の史料は，10世紀に尾張国の郡司や百姓が国司を告発した文書である。この文書から読み取ることのできる内容として**適当ではないもの**を，下のア～エから一つ選んで記号で答えよ。

史料(内容は一部抜粋し，わかりやすく現代語訳してある)

> 尾張国の郡司・百姓らが政府にお願いしたいこと
> 国司の藤原元命《もとなが》が3年間で行った違法な徴税や悪行の数々，あわせて31項目。
> 一　稲を違法に田1段あたり3斗6升も徴税した。
> 一　税として納める絹の割合を，田24段あたり1疋*注から約10段あたり1疋に変更した。
> 一　貧しい者に与えるべき稲を与えずに着服した。
> 一　元命が京都から帰ってくるたびに私的な家来を引き連れ，田地を実際よりも広く測量した。
> 願わくば，元命に代えて良い国司を派遣してもらいたい。よって31カ条の違法を報告する。

*注：疋《ひき》は長さの単位で，1疋は約22m。

ア．当時は，国郡の人口に応じて税が課されていた。
イ．稲の他に，布なども税として納められていた。
ウ．国司には，貧しい者を救済することが期待されていた。
エ．尾張国の郡司たちは，藤原元命を国司から解任するよう求めている。

問3 下線部③について，この種蒔き用の稲は，秋に利息をつけて返すのが一般的であった。このように，春に種蒔き用の稲を貸し出し，秋に利息をつけて返済させる制度を何というか答えよ。

問4 空欄［④］にあてはまる語句を答えよ。

問5 下線部⑤に関して，御成敗式目の内容や，式目を定めた執権について述べた文として正しいものを，次の中から一つ選んで記号で答えよ。

ア．御成敗式目は，武家社会の慣習や先例などにもとづいて作成された。
イ．御成敗式目には，地頭の職務として流鏑馬《やぶさめ》や笠懸などが定められた。
ウ．御成敗式目を定めた執権は，承久の乱で後白河上皇の軍を撃破した。
エ．御成敗式目を定めた執権は，浄土真宗の開祖である栄西を弾圧した。

問6 下線部⑥に関して，このときの領主側，農民側それぞれの考えと，米の換金をめぐる社会的な事情について述べた文として**適当ではないもの**を，次の中から一つ選んで記号で答えよ。

ア．京都は人口が多いため，米の需要が高く米が高い値で売却できると領主は考えた。
イ．米を生産地の市場で換金すれば，京都まで輸送する手間が省けると農民たちは考えた。
ウ．収穫期を過ぎて米が大量に市場に出回る9～10月は，米の値段が安くなりやすい。
エ．実際の米の売却代金が9～10月の市場価格よりも高ければ，差額分だけ領主が得をする。

問7 下線部⑦に関して，中世の日本において，農民や武士などが神仏に誓ったうえで一致団結して行動することを何というか，漢字2字で答えよ。

問8 下線部⑧に関して，太閤検地や石高制の採用について述べた文として正しいものを，次の中から一つ選んで記号で答えよ。

ア．検地帳に登録された農民は，田畑の広さに応じて兵役を負担した。
イ．武士は石高に応じた年貢を確実に徴収するため，城下町での居住が禁止された。
ウ．石高の「石」は石材を基準とする重さの単位で，全国の土地の生産力は年貢米の重さで表現された。
エ．秀吉は石高を統一的にはかるため，地域によって異なっていた長さや容積などの基準を統一した。

B 太閤検地のとき成立した石高制は，江戸幕府にも引き継がれた。諸大名は幕府に認められた石高に応じた軍役と，同じく石高に応じた土木・治水工事などを割り当てられた。このような工事のことを「お手伝い普請《ふしん》」とよぶ。さらに諸大名は，藩士の地方支配を認め，その支配の石高に応じた役割を藩士に命じた。こうして石高制は幕藩体制の基本となった。

ところで，幕府が諸藩に認めた表向きの石高(表高《おもてだか》)は，実際の石高(実高《じつだか》)とは異なる。諸藩はさかんに新田開発を行ったが，⑨開いた田地の石高は表高には反映されないことが多かった。

江戸時代の将軍で米と関係が深いのは，「米将軍」とよばれた徳川吉宗だろう。吉宗は⑩米価の下落を防ぎつつ幕府財政の立て直しや実学の奨励をすすめた。この改革の結果，吉宗は幕府財政を一時的に安定させることに成功した。

明治時代になると，⑪地租改正により税は米ではなく現金で納めることになった。しかし小作料は現物の米であることが多く，⑫小作人の生活は苦しくなっていった。

問9 下線部⑨について，大名が開発した新田を表高に反映しなかった理由として考えられることを，**B**の文章を参考にして30字以内で述べよ。

2 日本の農牧業と工業について述べた次の文章を読んで，下の問いに答えよ。

農牧業

日本では，地形や気候，消費地との距離などを考慮して，地域的特色を生かした農牧業が行われている。ⓐ鹿児島県・宮崎県など南九州では牧畜がさかんで，この両県の豚や肉用牛の飼育頭数は，いずれも全国の上位5位に入っている。また，ⓑ北海道では乳用牛の飼育や畑作物の生産が多い。一方，特色ある園芸農業としてⓒ愛知県における菊の生産などをあげることができる。

問1 下線部ⓐに関して，南九州の畜産について述べた文として最も適当なものを，次の中から一つ選んで記号で答えよ。

ア．シラス台地は米の栽培に適しており，米が家畜の飼料として利用されている。
イ．一年を通して降雨の少ない気候が，放牧や子豚の成育に適している。
ウ．大企業による牧場の直接経営が禁止され，地元の農家が自由な畜産を営むようになった。
エ．国内産食肉のブランド化が進められ，海外からの安い価格の食肉に対抗している。

問2 下線部ⓑに関して，北海道の農牧業について述べた文として**誤っているもの**を，次の中から一つ選んで記号で答えよ。

ア．北海道では，交通網や保冷輸送技術の発達で，新鮮さが重視される野菜の栽培がさかんになり，全国に野菜が出荷されるようになった。
イ．根釧台地では，1950年代に国の政策によって寒い地域でも栽培できる牧草と広い農地を生かして酪農の村がつくられた。
ウ．十勝平野の畑作地帯では，広い耕地を利用して品種改良されたサトウキビの栽培がさかんである。
エ．石狩平野は，明治時代から屯田兵や移住者によって土地改良が行われ，米の生産の中心地となっている。

問3 下線部ⓒに関して，次の(1)・(2)に答えよ。

(1) 豊川用水の整備をきっかけとして，菊の栽培がさかんになった愛知県の半島はどこか。半島の名称を答えよ。
(2) 愛知県の菊の栽培では，電灯の光を人工的にあてることで菊の成長を遅らせている。このような植物の成長を遅らせる栽培方法を何というか答えよ。

工　業

日本の工業種の中心は，第二次世界大戦前後の(　X　)工業から1950年代後半の(　Y　)工業へ，さらに1980年代からは(　Z　)工業へと変化し，これにともなって工業地帯や工業地域は太平洋ベルトに集中した。中心となる工業種の変化によって工業製品出荷額が最も高い地域も変化し，1970年代には京浜工業地帯が日本における出荷額の最も高い地域であったが，現在は［　ⓓ　］になっている。また，先端技術の発達によりⓔ工業地域の立地も海岸部中心から内陸へと広がり，交通網にも変化がみられるようになった。近年は新しい工業地域としてⓕ北陸の地場産業が注目されており，製品の輸出も行われている。

問4 文章中の(　X　)～(　Z　)にあてはまる工業種の組み合わせとして正しいものを，次のア～カから一つ選んで記号で答えよ。

ア．X―軽　Y―機械　Z―重化学
イ．X―軽　Y―重化学　Z―機械
ウ．X―機械　Y―軽　Z―重化学
エ．X―機械　Y―重化学　Z―軽
オ．X―重化学　Y―軽　Z―機械
カ．X―重化学　Y―機械　Z―軽

問5 空欄［　ⓓ　］にあてはまるものを，次の中から一つ選んで記号で答えよ。

ア．中京工業地帯　イ．阪神工業地帯　ウ．京葉工業地域　エ．瀬戸内工業地域

問6 下線部ⓔに関して，次の表は1990年と2017年の日本国内の貨物輸送の機関別輸送量の変化を示している。表のア～エは，航空・鉄道・自動車・船舶(内航海運)のいずれかを示しているが，このうち航空と鉄道にあてはまるものを，それぞれ選んで記号で答えよ。

	1990年	2017年
ア	27,196	21,663
イ	274,244	212,522
ウ	244,546	180,934
エ	799	1,068

単位：百万トンキロ

(矢野恒太記念会『日本国勢図会2019/20』より作成)

問7 下線部ⓕに関して，北陸地方で地場産業が発達した背景には，冬の間の農作業が難しく，農家の副業として工芸品の製造が発達したことがあげられる。このことについて，北陸地方の地場産業の製品とその生産地の組み合わせとして最も適当なものを，次の中から一つ選んで記号で答えよ。

ア．洋食器―金沢市　イ．めがねフレーム―鯖江市　ウ．漆器―高岡市　エ．縮《ちぢみ》―輪島市

① 社会科（高）

社高令2　（50分）

（注意）　解答はすべて解答用紙に記入せよ。

1　次の文章は，アフリカ大陸，および東南アジアの赤道付近に位置する国々に関して，その自然環境や宗教，農業について述べたものである。この文章を読んで，下の問いに答えよ。

赤道がほぼ中央を通過する①アフリカ大陸諸国は，第二次世界大戦以前，そのほとんどがヨーロッパ諸国の②植民地として支配を受けていた。そのため農業も植民地支配の影響が強く，③プランテーション農業がさかんで，独立した現在でもこの農業は引き続き行われている。しかしこのことは作物を生産する国々の④貿易上の問題にもなっている。

アフリカ大陸には高原が多く，近年では，高原上で新しい農業を行う国もみられる。その例として，⑤ケニアではバラの栽培が行われており，切り花が重要な輸出品になっていることがあげられる。

東南アジアでは油やしを原料とするパーム油や⑥天然ゴムなどの栽培が行われ，生産量の世界生産に占める割合が高い国が多くなっている。東南アジア諸国は［⑦］を結成し，産業の発達や貿易をさかんにする努力をしている。

問1　下線部①に関して，次の表は北アメリカ，南アメリカ，アフリカ，オーストラリアの各大陸に占める気候帯別面積の割合を示している。表の中からアフリカ大陸にあてはまるものを一つ選んで記号で答えよ。

	熱帯	乾燥帯	亜寒帯	寒帯
ア	16.9	57.2	…	…
イ	5.2	14.4	43.4	23.5
ウ	38.6	46.7	…	…
エ	63.4	14.0	…	1.6

単位：%

（二宮書店『データブック オブ・ザ・ワールド 2019年版』より作成）

問2　下線部②に関して，アフリカ諸国の主な使用言語には，ヨーロッパによる植民地支配や宗教の影響がみられることが多い。右の地図中の**ア**～**エ**の国々の主な使用言語のうち，3カ国はアラビア語で，1カ国は英語である。英語を主な使用言語とする国を，地図の中から一つ選んで記号で答えよ。

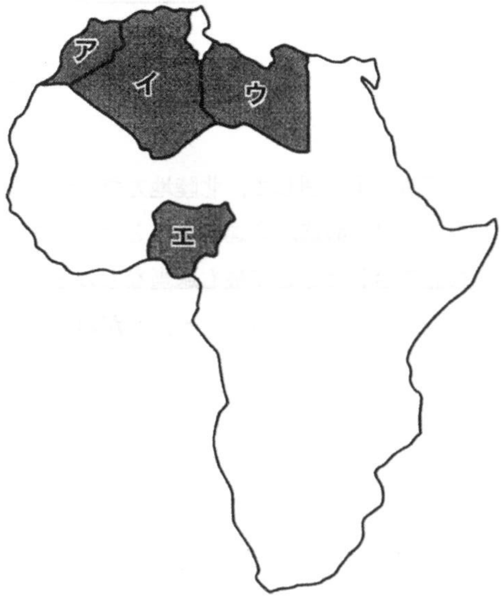

問3　下線部③に関して，次の(1)・(2)に答えよ。

(1)　プランテーションについて説明した次の文の下線部**ア**～**エ**のうち，**誤っているもの**を一つ選んで記号で答えよ。

> プランテーションとは，欧米諸国のア資本と技術を導入し，現地のイ安価な労働力を利用して，ウ小麦などの穀物を大規模にエ単一栽培する農業である。

(2)　アフリカ諸国の中には，プランテーション作物や鉱産資源など，特定の農作物や地下資源に経済が支えられている国家が多くみられる。このことに関して述べた文として正しいものを，次の中から一つ選んで記号で答えよ。

ア．天候に左右されず，農作物による安定した収入が見込める。

イ．農作物，鉱産資源ともに輸出品の国際価格の変動の影響を受けにくい。

ウ．アフリカでは人口減少が著しく，労働力の確保が課題となっている。

エ．鉱産資源の枯渇にともない，新しい産業の開発が求められている。

問4　下線部④に関して，ほとんどが発展途上国のアフリカ諸国は，先進国からより安い価格の農産物や加工製品を求められ，利益が少なくなることが多い。そこで，より適正な価格で取引を行うことで生産国の人々の生活と自立を支える取り組みが行われるようになった。この取引を何というか。カタカナ7字で答えよ。

問5　下線部⑤について述べた次の文X・Yの正誤の組み合わせを，下のア～エから一つ選んで記号で答えよ。

X　ケニアの大部分は赤道付近の高原上に位置し，年間を通じてバラの栽培に適した気候である。

Y　ケニアからヨーロッパ各都市へ航空便が就航しており，切り花の鮮度を保ったまま輸送できる。

ア．X－正　Y－正　　イ．X－正　Y－誤

ウ．X－誤　Y－正　　エ．X－誤　Y－誤

問6　下線部⑥に関して，次の(1)・(2)に答えよ。

(1)　天然ゴムの原産地は熱帯雨林気候区である。天然ゴムの原産地を，次の中から一つ選んで記号で答えよ。

ア．ナイル川河口部　　イ．アマゾン川流域　　ウ．長江流域　　エ．インダス川流域

(2)　次の表ア～オは，天然ゴム，パーム油，茶，バナナ，コーヒーの生産国上位5カ国と世界生産に占める割合を示したものである。このうち天然ゴムとバナナにあてはまるものを，それぞれ選んで記号で答えよ。

ア

国名	%
ブラジル	33
ベトナム	16
コロンビア	8
インドネシア	7
エチオピア	5

イ

国名	%
中国	40
インド	21
ケニア	8
スリランカ	6
トルコ	4

ウ

国名	%
インドネシア	51
マレーシア	34
タイ	3
コロンビア	2
ナイジェリア	2

エ

国名	%
インド	26
中国	12
インドネシア	6
ブラジル	6
エクアドル	6

オ

国名	%
タイ	34
インドネシア	24
ベトナム	8
インド	7
中国	6

（二宮書店『データブック オブ・ザ・ワールド 2019年版』より作成）

問7　空欄［⑦］にあてはまる地域的経済統合の名称をアルファベット5字で答えよ。

5 図1のように，豆電球L，抵抗値500Ωの抵抗R，電流計A，電源装置Eを直列接続し，豆電球Lに対して電圧計Vを並列接続した回路を組んだ。図2のグラフは，電源装置Eの電圧を0Vから少しずつ大きくして，電流計Aと電圧計Vの測定値の変化を調べ，豆電球Lにかかる電圧と豆電球Lに流れる電流の関係を表したものである。電流計Aにかかる電圧，電圧計Vに流れる電流，および導線の抵抗は考えないものとする。これについて後の問いに答えよ。ただし，割り切れない場合は，小数第1位を四捨五入して整数値で答えよ。

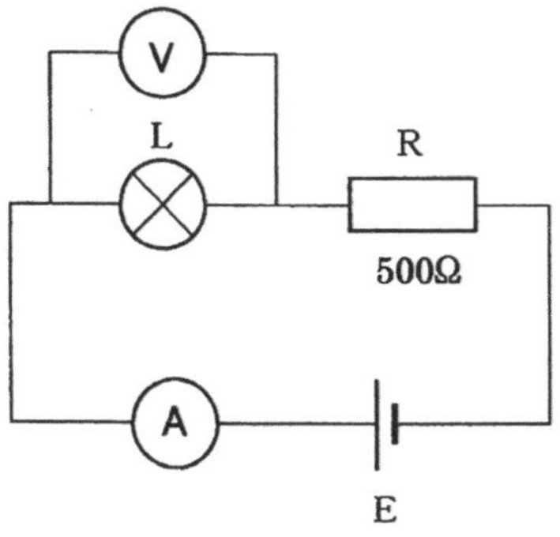

図1

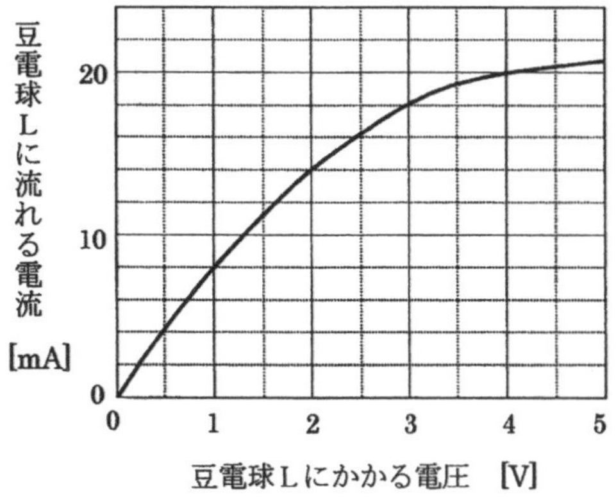

図2

問1　抵抗Rに流れる電流は抵抗Rにかかる電圧に比例するが，豆電球Lに流れる電流は図2のように豆電球Lにかかる電圧に比例しない。これは，豆電球Lにかかる電圧が大きくなると豆電球Lのフィラメントに流れる電流も増え，その電流により発生する熱のためフィラメントの温度が高くなって抵抗値が変化するためである。図2のグラフから，フィラメントの温度が高くなっていくと，豆電球Lの抵抗値は「大きくなっていく」，「小さくなっていく」のどちらであるといえるか。「大」または「小」で答えよ。

問2　図1の回路について，次の（1），（2）に答えよ。

（1）電源装置Eの電圧を調節して，電圧計Vが2.0Vを示したとき，

① 豆電球Lに流れる電流は何mAか。

② 豆電球Lの抵抗値は何Ωか。

③ 抵抗Rにかかる電圧は何Vか。

（2）電源装置Eの電圧を調節して，電流計Aが20mAを示したとき，

① 豆電球Lにかかる電圧は何Vか。

② 豆電球Lの抵抗値は何Ωか。

③ 電源装置Eの電圧は何Vか。

次に，豆電球L，同じ規格の豆電球M，電源装置E，抵抗R，電流計A，電圧計Vを用いて右の図3のような回路を組んだ。

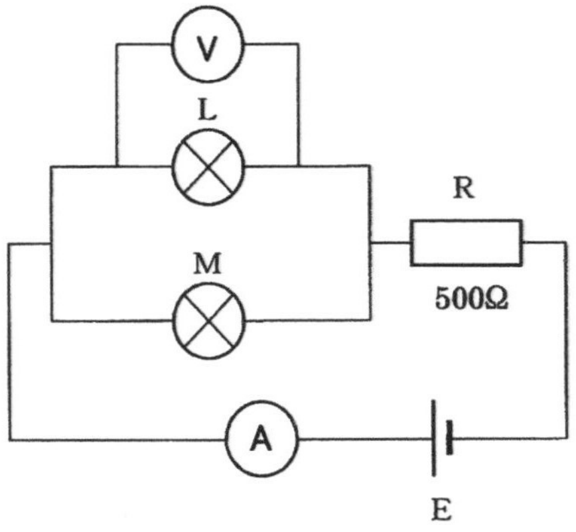

図3

問3　電源装置Eの電圧を調節して，電圧計Vが3.0Vを示したとき，

（1）電流計Aは何mAを示すか。

（2）電源装置Eの電圧は何Vか。

次に，豆電球L，M，同じ規格の豆電球N，電源装置Eを用いて右の図4のような回路を組んだ。これらの豆電球M，Nの消費電力をそれぞれ P_M，P_N とする。

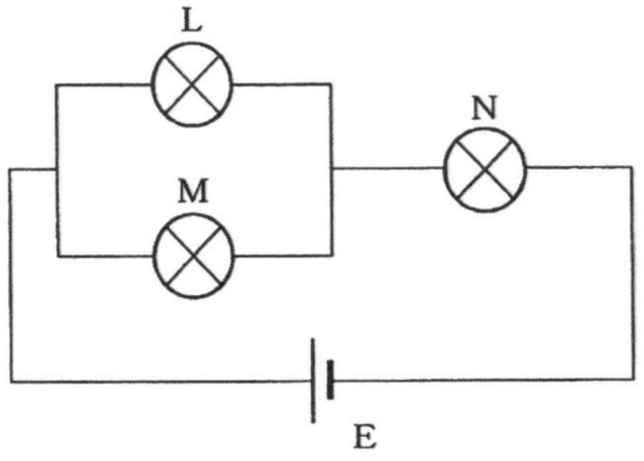

図4

問4　電源装置Eの電圧を0Vから少しずつ大きくしていくとき，P_N と P_M の比の値 $\frac{P_N}{P_M}$ はどのような値または範囲をとるか。正しい値または範囲を表しているものを次の**ア**～**キ**の中から1つ選んで，記号で答えよ。

ア　$0<\frac{P_N}{P_M}<\frac{1}{4}$　　**イ**　$\frac{P_N}{P_M}=\frac{1}{4}$　　**ウ**　$\frac{1}{4}<\frac{P_N}{P_M}<1$　　**エ**　$\frac{P_N}{P_M}=1$

オ　$1<\frac{P_N}{P_M}<4$　　**カ**　$\frac{P_N}{P_M}=4$　　**キ**　$\frac{P_N}{P_M}>4$

4 金属を用いた次の〔実験１〕～〔実験４〕について，後の問いに答えよ。

〔実験１〕　三角フラスコに亜鉛を入れ，塩酸を加えたところ，気体が発生した。

〔実験２〕　鉄粉と硫黄の粉末を乳鉢に入れ，乳棒を用いてよくかき混ぜたのち２つに分け，それぞれ試験管Ａ，Ｂに入れた。試験管Ａの混合物の上端を加熱し，少し赤くなったところで加熱をやめたが，混合物全体に反応が広がり，黒色の物質ができた。また，試験管Ｂは加熱することなく次の〔実験３〕で利用した。

〔実験３〕　〔実験２〕の試験管Ａ，Ｂに，それぞれ塩酸を数滴加えたところ，試験管Ａからは気体Ｘ，試験管Ｂからは気体Ｙが発生した。

〔実験４〕　マグネシウムの粉末をステンレス皿にうすく広げて加熱する実験を，４つの班が行ったところ，加熱前のマグネシウムの質量と加熱後の固体の質量の関係が下表のようになった。なお，１～３班ではマグネシウムは全て酸化マグネシウムに変化したが，４班では完全に反応が進まず，未反応のマグネシウムが残った。

	１班	２班	３班	４班
加熱前のマグネシウム(g)	1.29	2.25	3.51	5.07
加熱後の固体(g)	2.15	3.75	（ a ）	8.15

問１　〔実験１〕で発生する気体の捕集法を漢字で記せ。

問２　〔実験１〕で発生する気体と同じ気体が発生する実験はどれか。次の**ア**～**オ**の中から１つ選んで，記号で答えよ。

ア　銅にうすい硫酸を加える。
イ　酸化銀を加熱する。
ウ　炭酸水素ナトリウムを加熱する。
エ　水酸化バリウムと塩化アンモニウムを混合する。
オ　アルミニウムに水酸化ナトリウム水溶液を加える。

問３　〔実験２〕で生じる黒色の物質は何か。名称を答えよ。

問４　〔実験２〕において，加熱を止めた後も反応が続く理由を答えよ。

問５　〔実験３〕において，試験管Ａでおこる反応を化学反応式で記せ。

問６　〔実験３〕で発生した気体Ｙの性質として最も適当なものを次の**ア**～**オ**の中から１つ選んで，記号で答えよ。

ア　刺激臭があり，水でぬらした赤色リトマス紙を青色に変える。
イ　水に少し溶け，石灰水を白濁させる。
ウ　水に溶けにくく，非常に軽く燃えやすい。
エ　無色で，助燃性を示す。
オ　腐卵臭があり，有毒である。

問７　〔実験４〕でおこる変化を化学反応式で記せ。

問８　〔実験４〕の表中の（ a ）に適する数値を答えよ。

問９　〔実験４〕の４班の実験において，未反応のマグネシウムの質量は何ｇか。割り切れない場合は，四捨五入して小数第２位まで答えよ。

3　次の文章を読んで，後の問いに答えよ。

九州には現在も活動が盛んな火山が複数存在する。雲仙の普賢岳は1991年に大規模な噴火があり，現在も山頂に（　①　）が見られる。（①）の先端が崩壊し，火砕流が発生して大きな被害をもたらした。桜島は火山活動が活発で，小規模な噴火が断続的に起こっている。新燃岳や阿蘇山も桜島と同じようなタイプの火山である。[1]桜島の山肌は全体に灰色っぽく見えるが，普賢岳の山肌はそれよりも白っぽく見える。

火山活動の前兆として火山性の地震が観測されることがあるが，地震は火山活動だけではなく，[2]プレートや[3]活断層の動きによって生じるものもあり，その原因はさまざまである。ある場所で発生した地震は離れた場所でも観測することができ，最初に到達する地震波をＰ波，少し遅れて到達する地震波をＳ波という。Ｐ波による揺《ゆ》れを初期微動，Ｓ波による揺れを（　②　）という。[4]Ｐ波による揺れだけが続いている時間は初期微動継続時間といい，震源から観測地までの距離によって異なる。

問１　文章中の空欄（　①　），（　②　）に適する語を記せ。

問２　下線部１に関して，溶岩が固まってできた岩石のうち，灰色っぽいものと白っぽいものを次の**ア**～**カ**の中からそれぞれ１つずつ選んで，記号で答えよ。

ア　玄武岩　　**イ**　花こう岩　　**ウ**　斑れい岩　　**エ**　流紋岩　　**オ**　安山岩
カ　せん緑岩

問３　溶岩が固まってできた岩石について述べた文として適当なものをすべて選んで，記号で答えよ。

ア　粘り気が強く流れにくいマグマが冷え固まった岩石は，セキエイやキ石を多く含んでいる。

イ　粘り気が強く流れにくいマグマが冷え固まった岩石は，チョウ石やセキエイを多く含んでいる。

ウ　粘り気が弱く流れやすいマグマが冷え固まった岩石は，キ石やカンラン石を多く含んでいる。

エ　粘り気が弱く流れやすいマグマが冷え固まった岩石は，チョウ石やクロウンモを多く含んでいる。

問４　下線部２に関して，日本列島は４つのプレートが集まっているところにあるが，長崎県は何というプレート上に位置するか，その名称を答えよ。

問５　下線部３に関して，ある活断層が動いて地震が発生したときに，震央から東西南北に数十 km 離れた観測地点Ａ～Ｄの水平動地震計の記録から，最初に揺れた向きがＡ地点では西，Ｂ地点では東，Ｃ地点では南，Ｄ地点では北であることがわかった。この結果から推測される活断層の動きとして適当なものを次の**ア**～**エ**の中から１つ選んで，記号で答えよ。ただし，図中の矢印は上空から見た断層が動いた方向を表している。

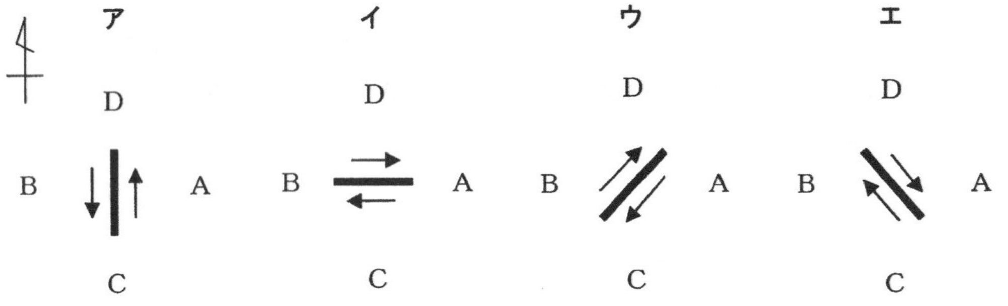

問６　下線部４に関して，次の（１），（２）に答えよ。ただし，Ｐ波の速度は **7.5 km/秒**，Ｓ波の速度は **4.0km/秒**とし，割り切れない場合は，四捨五入して小数第１位まで答えよ。

（１）震源距離が 150 km の地点での初期微動継続時間は何秒か。

（２）初期微動継続時間が 4.7 秒であれば，震源距離は何 km か。

(10) 右図のA点から小物体を静かに放して運動させたら，B点をなめらかに通過し，曲面上のD点で一瞬静止してから曲面をすべり下り始めた。A点を動き出してからD点で一瞬静止するまでの，小物体の速さと時間の関係を表すグラフとして適切なものはどれか。ただし，AB間の斜面とCD間の曲面はなめらかで摩擦はなく，水平面BC間には一定の大きさの摩擦力がはたらくものとする。

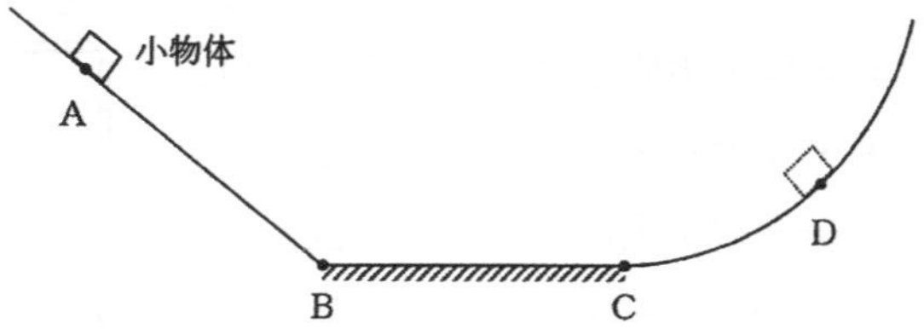

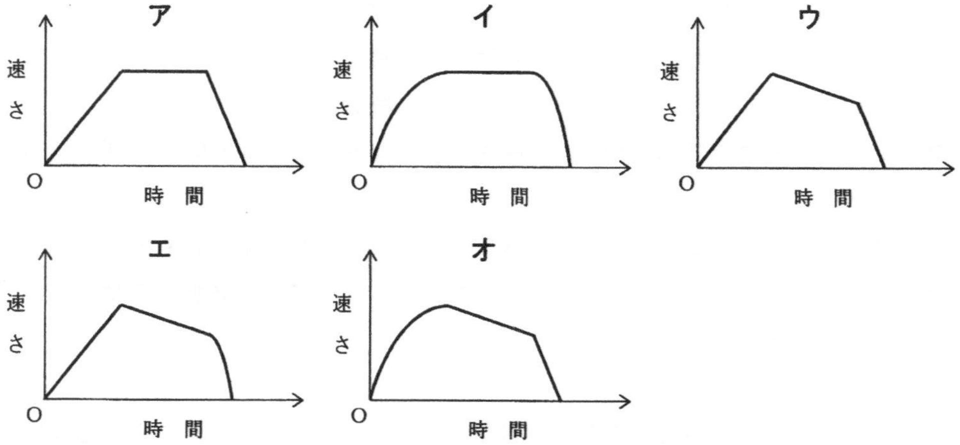

2 光学顕微鏡に関する次の文章を読んで，後の問いに答えよ。

顕微鏡を持ち運ぶときは，一方の手でアームをにぎり，他方の手で（ ① ）を支える。顕微鏡は（ ② ）日光のあたらない明るく（ ③ ）な場所に置き，（ ④ ）内にほこりが入らないよう，接眼レンズ，対物レンズの順にとりつける。レボルバーを回して最低倍率にしたあと，しぼりを開き，反射鏡を動かして視野の全体が明るく見えるようにする。プレパラートの観察物が対物レンズの真下にくるように，ステージの上に置き，クリップでとめる。横から見ながら（ ⑤ ）ねじを回し，対物レンズとプレパラートをできるだけ近づける。接眼レンズをのぞきながら（ ⑤ ）ねじを反対方向にゆっくりと回してピントを合わせる。高倍率にすると，見える範囲はせまくなり，視野の明るさは暗くなる。

顕微鏡に使用している対物レンズは焦点距離の短い凸レンズ，接眼レンズは焦点距離の長い凸レンズである。まず，対物レンズが，焦点のａ（ 内側 ・ 外側 ）にある観察物の拡大された倒立の（ ⑥ ）を（ ④ ）内につくる。この像は接眼レンズの焦点のｂ（ 内側 ・ 外側 ）に位置するので，接眼レンズを通して見ると，さらに拡大された正立の（ ⑦ ）が観察される。その結果，上下左右が逆に見えるのである。

問１　文章中の空欄（ ① ）～（ ⑦ ）に適する語を２文字で記せ。

問２　文章中のａ，ｂについて，適する語をそれぞれ選んで答えよ。

問３　下線部に関して説明した次の文章中の【 X 】・【 Y 】に適する整数または分数を答えよ。

縦横均等に配置された小さな光の集まりを顕微鏡で観察する場合を考える。接眼レンズ10倍，対物レンズ10倍のとき，光の粒が80個見えていたとする。レボルバーを回し，対物レンズを40倍にすると，見える範囲は【 X 】倍となるので，見える光の粒子は【 Y 】個となる。見える光の粒子が少なくなるので，視野の明るさは暗くなることがわかる。

① 理科（高） 理高令２ （50分）

（注意）解答はすべて解答用紙に記入せよ。

1 次の（１）～（10）の問いについて，それぞれの選択肢の中から適当なものを１つずつ選んで，記号で答えよ。

（１）植物に関して正しく述べたものはどれか。

ア スギナは根，茎，葉の区別がないコケ植物である。
イ シロツメクサの花は小さな花の集まりである。
ウ ツツジの花は花弁が１枚１枚離れている離弁花である。
エ タンポポの根は多数の細い根が広がっているひげ根である。
オ スズメノカタビラの根は主根を中心に，そこから側根がひろがっている。

（２）胃のレントゲン撮影に造影剤として使われる物質はどれか。

ア 塩化カルシウム　**イ** 炭酸水素ナトリウム　**ウ** 水酸化バリウム
エ 炭酸カルシウム　**オ** 炭酸ナトリウム　**カ** 硫酸バリウム

（３）右図が示す風向と天気の組み合わせとして正しいものはどれか。

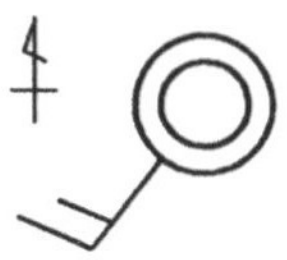

ア 北東の風・雨　**イ** 北東の風・曇り　**ウ** 北東の風・晴れ
エ 南西の風・雨　**オ** 南西の風・曇り　**カ** 南西の風・晴れ

（４）軟体動物の組み合わせとして正しいものはどれか。

ア ウニ・ミジンコ　**イ** ミジンコ・イソギンチャク
ウ イソギンチャク・ハマグリ　**エ** ハマグリ・マイマイ
オ マイマイ・カイメン

（５）代表的なプラスチックの名称とその略号として，**誤っているもの**はどれか。

	名称	略号
ア	ポリエチレンテレフタラート	PET
イ	ポリエチレン	PE
ウ	ポリ塩化ビニル	PEV
エ	ポリプロピレン	PP
オ	ポリスチレン	PS

（６）光源Ｓから発したレーザー光線が右図の方眼上に立てた鏡Ｐ，Ｑ，Ｒで反射を繰り返した。鏡Ｑを図の実線の位置から点線の位置までわずかにずらすと，レーザー光線が鏡Ｐに２回目，３回目に当たる点は，鏡Ｑをずらす前に比べて左右どちら向きに移動するか。

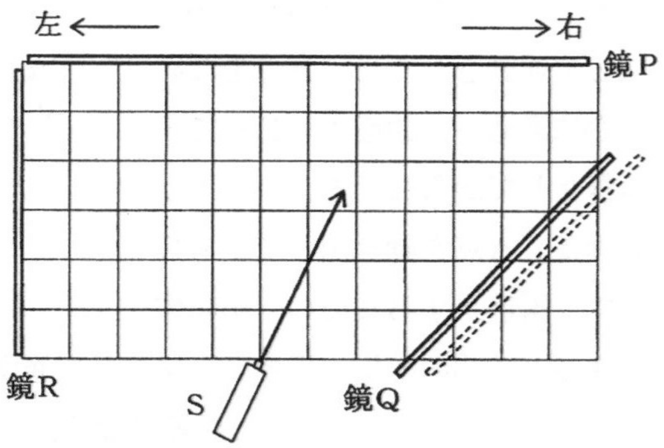

ア ２回目，３回目の点はいずれも右側に移動する。
イ ２回目，３回目の点はいずれも左側に移動する。
ウ ２回目の点は右側に，３回目の点は左側に移動する。
エ ２回目の点は左側に，３回目の点は右側に移動する。
オ ２回目の点は右側に移動し，３回目の点はＱをずらす前と同じ位置に戻る。

（７）酸素を多く含んだ血液が流れる血管の組み合わせとして正しいものはどれか。

ア 大動脈・肺動脈　**イ** 大動脈・肺静脈　**ウ** 大静脈・肺動脈
エ 大静脈・肺静脈

（８）炭素電極を用いて塩化銅水溶液の電気分解を行ったとき，陰極で起こる反応は次のどれか。

ア $H_2 \rightarrow 2H^+ + 2e^-$　**イ** $2H^+ + 2e^- \rightarrow H_2$
ウ $Cl_2 + 2e^- \rightarrow 2Cl^-$　**エ** $2Cl^- \rightarrow Cl_2 + 2e^-$
オ $Cu \rightarrow Cu^{2+} + 2e^-$　**カ** $Cu^{2+} + 2e^- \rightarrow Cu$

（９）天体について述べた文として**誤っているもの**はどれか。

ア 月食が起こるとき，月は太陽と地球の間にある。
イ 太陽の黒点は，周囲よりも温度が低い部分である。
ウ 星座は１日当たり約 1° 西のほうに動いて見える。
エ 明けの明星は東の空に見える。
オ 新月の２日後の月は夕方西の空に見える。

放送原稿

★教英出版編集部注
問題音声は教英出版ウェブサイトで。
リスニングＩＤ番号は解答集の表紙を参照。

問題A

1. W: What should we eat for dinner tonight, Bob?
   M: Let's have some pasta, Alice.
   W: That's a great idea. I'll start making a salad. You start cooking.
   M: Alright. Do we need to do any shopping?
   W: No. We have everything.

2. W: Excuse me. Could you tell me how to get to the police station?
   M: OK. You should first turn left over there by the library.
   Keep going straight until you see the City Park.
   The police station is just across the street.
   W: Thank you very much.

3. M: Ellen, I know you have homework, but could you make your own dinner tonight?
   W: No problem, Dad. Do you have to work late tonight?
   M: Yes. I have a lot to do. I may not get home until ten o'clock.
   W: I think you're working too hard these days, Dad.

4. M: Excuse me. Could you tell me how to get to Big N Stadium?
   W: Sure. You can take either the bus or the streetcar.
   M: I think I'll take the streetcar. How far is the streetcar stop from here?
   W: Oh, it's just around the corner.

5. W: What are you looking at, Dinesh?
   M: Oh, hi, Ami. These are some pictures of my trip to Italy.
   W: They're really nice. Did you take them yourself?
   M: Yes. I bought a new smartphone for the trip.

問題B

Charlie: Hey, Sam. Are you excited about our trip to Tokyo this year?

Sam: Hey, Charlie. I am so excited! It's going to be great to watch the Olympic Games in Tokyo. I'm a little worried about the heat, though. I hear that Tokyo can be quite hot in the summer.

Charlie: Yes. Japan can be very hot in the summer. I have to go back to the UK after the games finish. The day after the games end, I will fly back to London and go back to work. When will you go back to Sydney, Sam?

Sam: I'll go back to Sydney a week after the games end. I'll spend some time traveling around Japan. I'm going to travel by train down to Kyoto, Osaka, Hiroshima, and Fukuoka.

Charlie: I wish I could stay in Japan longer but my boss said I have to come back to work quickly. Also a friend of mine will have his 40th birthday soon after I arrive back.

Sam: Charlie, is this your first time to Japan?

Charlie: No, it's my third time. The first time I went to Japan was on a school trip. I was in high school. The second time was last year. I went for the Rugby World Cup.

Sam: Oh wow! How was the Rugby World Cup?

Charlie: It was fantastic. After the World Cup ended, I traveled around Japan a bit. I visited Kyoto, Osaka, Hiroshima, Kyushu, and Shikoku. But I didn't visit Hokkaido or Okinawa. How about you, Sam? Is this your first visit?

Sam: Yes, it is. I have heard so many great things about Japan, and have always wanted to go. I'm really looking forward to it. Charlie, do you think I should learn some Japanese before I go?

Charlie: That would be really good, but don't worry, Japanese people are so friendly and helpful. Many people speak English really well! And even if they can't speak English, they will try to help you. But please try to speak in Japanese. They'll be really happy that you are making an effort.

Sam: Sounds great. I'll try to learn as much Japanese as possible. Just 6 more months to go! I can't wait!

In the spring, another group of Jewish children arrived. Now there were 73 children and their teachers. The older boys and girls began to work on the farms again. In the summer, when it was hot, the children went swimming. There was a big river near Villa Emma. This was also a good place for meetings in the long summer evenings. Young people from the town met with young people from the Villa. Some became good friends, and some fell in love. But the young people had to [3] their meetings. They were afraid of the Italian police.

Did the police in Nonantola know about Villa Emma? Did they know that the young *Jews worked on Italian farms? Did they know that many Nonantolans met with the Jewish children and teachers? Did they know that Don Beccari and Dr. Moreali and many people in town were helping them? They almost certainly knew. But they did nothing. They said nothing to Don Beccari and Dr. Moreali. They said nothing to other people in town.

And then, suddenly, everything changed. In early September, 1943, the German army arrived in northern Italy. Now it was not a safe place for Jewish people. The German soldiers told the Italians to find all the Jews and send them to Germany. Everyone (　　4　　) the Nazi camps. They were killed in terrible ways.

In many towns, the Italians helped the Germans find all the Jewish people. But the people of Nonantola didn't. They wanted to save the children and teachers of Villa Emma. So they took them into their homes and hid them. In two days, Villa Emma was empty. All the children and their teachers were hiding with families in the town or in a Catholic school.

Now the German soldiers were in Nonantola. Everyone was afraid. The children and teachers were safe for the moment, but not for long. Everyone in Nonantola knew about Villa Emma. The police in Nonantola knew, too. In those first days, they kept the secret. They didn't tell the German soldiers about the Jews. But they couldn't keep the secret for much longer.

Don Beccari and Dr. Moreali talked about (5)<u>this terrible new problem</u>. They had to find a way to get all the children and teachers out of Italy. The only safe country now was *Switzerland. But Switzerland was not close to Nonantola. It was several hours away.

With the help of many people from Nonantola, they made a plan. It was very dangerous—for the Jews and for their helpers. A man who worked in the town hall made ID papers for the children and teachers. These papers didn't say they were Jewish. They said the children belonged to a school and were on a school trip.

Then the children and teachers began leaving in small groups. They went first by truck and then by train. Then they had to walk for miles. Finally, at night, they came to a river. It was wide and deep, but on the other side was Switzerland. The older children held the hands of the younger children. Night by night, and group by group, they all made the trip across the river.

All the children from Villa Emma lived in Switzerland until the end of the war. Then at last, in 1945, they went to Palestine.

〔出典：Linda Jeffries and Beatrice S. Mikulecky, *BASIC READING POWER 1 THIRD EDITION*, PEARSON Longman〕

【注】 Nonantola : ノナントラ、イタリア北部の地名　Jewish : ユダヤ人、ユダヤ人の
the Nazis : ナチ党、ヒトラーが指導した国家社会主義ドイツ労働者党
Palestine : パレスチナ　Israel : イスラエル
Yugoslavia : ユーゴスラビア：現在のセルビア、クロアチア、スロベニアなどで構成されていた国
Villa Emma : エマ邸、屋敷・邸宅の名前　Catholic : カトリックの
Jews : ユダヤ人　Switzerland : スイス

問１ 空所 [1] に入れるのに最も適当なものを**ア～エ**から１つ選び、記号で答えよ。
ア safe　**イ** poor　**ウ** dangerous　**エ** worried

問２ 下線部(2)の具体的な内容を、日本語で説明せよ。

問３ 空所 [3] に入れるのに最も適当なものを**ア～エ**から１つ選び、記号で答えよ。
ア go to　**イ** hide　**ウ** talk about　**エ** hold

問４ 空所(　4　)に入る適切な表現となるように、次の（　　）内に与えられた語を並べかえよ。解答は（　　）内のみを記せ。
(were / happened / Jews / knew / to / to / who / what / sent)

問５ 下線部(5)の具体的内容を、４０字以上６０字以内の日本語で説明せよ。ただし、句読点も１字に数える。

問６ 本文の内容に合うものを、**ア～ク**の中から３つ選び、記号で答えよ。
ア 40人のユダヤ人の孤児たちは、ユーゴスラビアで暮らしていたが、ドイツ軍が来たため、イタリアに移動してきた。
イ エマ邸(Villa Emma)に来た時から、生活や学業に必要なものには困らなかった。
ウ ノナントラの人たちは、ベッカーリ神父とモレアーリ医師のことを快く思っていなかった。
エ 孤児たちには、ノナントラの人と一緒に過ごす機会は全くなかった。
オ ノナントラの警察は、ユダヤ人孤児たちのことを知っていたが、何も口にしなかった。
カ ドイツ軍がイタリア北部に来たが、イタリア人は誰もドイツ軍に協力しなかった。
キ ノナントラの人の中には、孤児たちのために、ユダヤ人であることがわからない身分証明書を作ってくれた人がいた。
ク 孤児たちと教師たちはノナントラの人たちのおかげでスイスに逃れることができ、戦争の後もスイスで暮らし続けた。

③ 英高令２

問１ 空所 イ ～ ニ に入れるのに適当な動詞を次の語群から選び、必要に応じて語形を変えて答えよ。

[語群]

name	help	leave	sell	look	find

問２ 空所(1)には４語の表現が入る。最も適当な４語をそれ以降の本文から抜き出して答えよ。

問３ 下線部(2)について、このことを行っていた理由を日本語で答えよ。

問４ 下線部(3)が表している内容を具体的に日本語で答えよ。ただし、he が示す人物名（英語のままでよい）も明らかにして答えること。

問５ 下線部(4)の (ア)He, (イ)the man, (ウ)he の人物はそれぞれ誰のことであるか。それぞれが指している人物を英語で答えよ。

問６ 空所(5)に入れるのに最も適当な英語１語を答えよ。

4 次の英文を読んで、あとの問いに答えよ。

In July, 1942, 40 children arrived in *Nonantola, in northern Italy. These children were from Germany and other European countries. Some were young, some were older. They were all *Jewish. And they had no families. Their parents were dead—killed by *the Nazis in Germany. These children and the teachers with them wanted to go to *Palestine (the area where *Israel is today). But they couldn't get there because of the war. They lived in *Yugoslavia for more than a year. But then the Germans arrived, and the children had to leave. So they went to Italy to wait for the war to end.

In 1942 all Jewish people in Italy had to follow many rules. They couldn't work for non-Jewish people. They couldn't go into non-Jewish stores. They couldn't send their children to Italian schools. They couldn't go out after dark. But they were still [1] in Italy. The Italians didn't kill Jewish people.

In Nonantola, the children went to live with their teachers in *Villa Emma. Villa Emma was a big and beautiful house, but it was almost empty. There weren't enough tables and chairs for everyone. There weren't enough beds or blankets. There weren't enough plates or cups or spoons. And there were no books, paper, or pencils. School was important for these children and their teachers. Someday they wanted to have a new life in Palestine. They wanted to be ready for that life.

The teachers had some money from an Italian Jewish organization. With that money they could buy food for a few months. But they couldn't buy food for the whole winter. And they couldn't buy everything they needed at the Villa.

Soon after they arrived in Nonantola, they had a visitor. It was Don Arrigo Beccari, a priest from the church in town. He talked with the teachers and the children. He heard about how they left home two years earlier. He heard about the families of the children. He heard that some children cried at night, and that some children were not well. He saw how empty the Villa was.

Don Beccari went back to the town. He talked with his friend, Dr. Moreali, the town doctor. Don Beccari and Dr. Moreali knew everyone in town. And they knew all about their lives and problems. The people of Nonantola liked these two men very much.

The two men talked and talked about the children at Villa Emma. In the next few days, they found answers to many of the problems. Don Beccari found some beds, chairs, and tables at a *Catholic school. Soon a truck brought them to Villa Emma. Dr. Moreali went to see the sick children and gave them some medicine. Soon they were better. Don Beccari talked with some farmers. Soon the older boys and girls were working on farms. The farmers paid them with potatoes, eggs, or chickens. (2)<u>In this way</u>, they had food for the winter.

The fall and then the winter came to Villa Emma. Everyone in Nonantola knew about the children. Many people helped. They gave Don Beccari food, clothes, or toys to bring to the Villa. With help from the town, there was enough food all winter. There was also wood to keep the Villa warm.

2 次の会話文について、あとの問いに答えよ。

父：ただいま。

娘：あ、お父さん、おかえり。

父：おや、今日一日でだいぶ日焼けしたね。外で何かしたの？

娘：お父さん忘れたの？ 今日は遠足って言ってたでしょう。

父：ああ、そうだったね。ごみ処理場に行ったんだっけ。

娘：そう。湖に行く前に、朝からごみ処理場を見学したの。

父：どうだった？ (1)面白かったかい？

娘：もちろん。曜日によってごみの収集量が全然違うって話おもしろかったな。

父：そんなに違うのかい？

娘：うん、この町で出された分の年間平均を表にまとめてきたからこれを見て。

	日曜日	月曜日	火曜日	水曜日	木曜日	金曜日	土曜日
収集量		114トン	78トン	36トン	83トン	50トン	
回収ごみの種類		燃やせるごみ	プラスチックごみ	ペットボトル	燃やせるごみ	燃やせないごみ	
ごみを出す家庭の割合		78%	90%	54%	69%	38%	

父：これは面白いな。同じ燃やせるごみでも木曜日より月曜日が多いんだね。

娘：そう。やっぱり〔　A　〕。その分、平日よりも多くゴミが出るんじゃないかしら。それよりお父さん、火曜日で何か気づかない？

父：火曜日・・・７８トンで、９０％の家庭がごみを出している・・・あれ？ ７８％の家庭がごみを出している月曜日の方が重いぞ・・・でも、そりゃあそうか。プラスチックは軽いからね。

娘：正解。でも９０％ってすごいよねえ。

母：そりゃあそうですよ。

娘：どうして、お母さん？

母：だって、〔　B　〕。プラスチックはかさばるから、溜めておく場所にどんどん困っていくんだもの。

娘：なるほどそうか。あ、そうだお母さん、(2)プラスチックを洗う時にお湯を使わないで。

母：どうして？ 水じゃあ落ちないものがあるのよ。

娘：お湯を使うと石油を無駄にしてしまうんだって。水で洗っても取れないなら、そのまま燃やせるごみとして出してもらって、それを焼却した方が石油の節約になるんだって。

母：ふうん。なるほどねえ。気をつけます。

父：(3)地球を守るためにはいろんなことを知っておく必要があるね。

娘：うん。またいろいろ調べてみるよ。

問１　下線部(1)～(3)を英語に直しなさい。

問２　会話の内容が自然につながるように、空所〔　A　〕，〔　B　〕に入れるのに適当な内容を考え、**英語で**書きなさい。

3 次の英文を読んで、あとの問いに答えよ。

John Myatt was a painter in England. He didn't get much money from his job at an art school. He couldn't take another job because he had two little children. He needed a job that he could do at home.

Art was something he could do at home. But he was not a famous painter. His paintings did not sell for a lot of money. Then he remembered the *Picasso.

Some years before, a rich friend wanted to buy a painting by Picasso. It cost many thousands of dollars. John said, "Don't buy it. I'll make you a Picasso." So he did. He painted a picture that [イ] just like a real Picasso. His friend paid John a few hundred dollars and put it in his living room.

This was something John could do. He could paint just like any famous painter —like Picasso, *Van Gogh, *Matisse. So he decided to make money this way, with (1). (2)He signed his name on all of the paintings. He didn't want people to think they were really by famous artists.

Then a man [ロ] Drewe bought some of John's paintings. A short time later, he bought some more, and then more. He paid John well for them. John understood that Drewe was not putting all the pictures in his living room. But he didn't tell John (3)what he was doing, and John didn't ask.

After six years, John decided to stop [ハ] pictures to Drewe. (4)(ア)He didn't like (イ)the man, and (ウ)he had enough money. But it was too late. The police knew about Drewe. They soon came to John's house. Then he learned from the police what Drewe did with his paintings. He took John's name off them, and he sold them as paintings by famous artists. Everyone thought they were real. They paid a lot of money for them.

But they were John's paintings, so John had to go to *jail for four months. When he came out, he was famous, too. The newspapers wrote about him. People wanted to know how he did his paintings.

After that, he went to work for the police and helped them [ニ] copies of famous pictures. He also had a big show in London of his paintings. They were copies of famous pictures. Now, of course, they had his (5) on them. But he sold them all for a lot of money.

〔出典：Linda Jeffries and Beatrice S. Mikulecky, *BASIC READING POWER 1 THIRD EDITION,* PEARSON Longman〕

【注】 Picasso：ピカソ、 20世紀前半に活躍したスペインの画家

Van Gogh：ヴァン・ゴッホ、 19世紀後半に活躍したオランダの画家

Matisse：マティス、 20世紀前半に活躍したフランスの画家　　jail：刑務所

①

英　語　科（高）

英高令2　(60分)

（注意）解答はすべて解答用紙に記入せよ。

（リスニングテストに関する注意）

- **リスニングテストの放送は、試験開始から約10分後に始めます。**
- リスニングの放送時間は約10分です。
- 放送される英文を聞いて、それについての質問に答えるという形式です。
- 放送を聞きながら、メモを取ってもかまいません。

1 次のリスニング問題 (A), (B) にそれぞれ答えよ。

(A) これから放送される(1)～(5)のそれぞれの会話について、与えられている質問の答えとして最も適当なものをそれぞれ**ア～エ**の中から1つ選び、記号で答えよ。**会話はそれぞれ一度だけ読まれる。**

★教英出版編集部注
問題音声は教英出版ウェブサイトで。
リスニングID番号は解答集の表紙を参照。

(1) What will Alice do now?
ア Start shopping for food.
イ Start making a salad.
ウ Start eating dinner.
エ Start cooking pasta.

(2) Where is the police station?
ア It's on your left.
イ It's just past the city park.
ウ It's next to the city library.
エ It's across from the city park.

(3) What will Ellen's father do tonight?
ア Stay home.　　イ Cook dinner.
ウ Work until late.　　エ Study until 10:00.

(4) How will the man get to the stadium?
ア On foot.　　イ By car.
ウ By bus.　　エ By streetcar.

(5) What is Dinesh doing?
ア Looking at pictures of his trip.　　イ Taking pictures of Italy.
ウ Planning a trip to Italy.　　エ Buying a new smartphone.

(B) これから放送される比較的長い会話を聞き、(1)～(5)の質問に対する答えとして最も適当なものをそれぞれ**ア～エ**の中から1つ選び、記号で答えよ。**英文は2度読まれる。**

(1) Why are Sam and Charlie going to Tokyo?
ア They are going to Kyoto, Osaka, Hiroshima, and Fukuoka together.
イ They are going to travel to Sydney and London together.
ウ They are going to experience a hot summer.
エ They are going to watch the Olympic Games.

(2) What will Sam do after the Olympic Games end?
ア Sam will go back to Sydney soon after the games end.
イ Sam will travel to Kyoto, Osaka, Hiroshima, and Fukuoka by himself.
ウ Sam will go traveling with Charlie.
エ Sam will go back to London.

(3) Why does Charlie have to go back?
ア Charlie has to go on a school trip.
イ Charlie will go to the Rugby World Cup.
ウ Charlie has to go back to work.
エ Charlie has to go back because it will be his 40th birthday.

(4) Which of the following statements is true?
ア Charlie's first visit to Japan was for a school trip.
イ Charlie's first visit to Japan was for the Rugby World Cup.
ウ This will be Sam's second trip to Japan.
エ Sam has never wanted to visit Japan before.

(5) Which of the following statements is true?
ア Charlie thinks that Japanese people are not very friendly or helpful.
イ Charlie thinks that not many Japanese people can speak English.
ウ Charlie thinks that if Sam speaks in Japanese, Japanese people will feel happy.
エ Charlie thinks that the summers in Japan are really comfortable.

2 ある映画館では，通常大人1人2000円，子ども1人1600円料金がかかるが，1つの団体で大人だけまたは子どもだけで11人以上になる場合，団体割引を使うことができ，10人を超えた人数分の料金が x %引きになる。次の問いに答えよ。ただし，$0<x<50$ とする。

(1) 大人の団体15人で入館したとき，料金の合計は26000円であった。このとき，x の値を求めよ。

(2) 大人と子どもの料金の合計が15600円であったとき，割引はされていなかった。このとき，考えられる大人の人数をすべて求めよ。

(3) 大人だけの団体と子どもだけの団体が入館した。この2つの団体の合計の人数は20人で，大人の団体の料金と子どもの団体の料金のそれぞれの合計は5600円違っていた。このとき，考えられる x の値を求めよ。

3 放物線 $y=x^2$ 上に x 座標がそれぞれ -2，1である点A，Bをとる。点Aを通り，傾き1の直線を l とし，直線 l と放物線 $y=x^2$ の交点のうちAでない点をCとする。次の問いに答えよ。

(1) 直線ABの式を求めよ。

(2) 点Cの座標を求めよ。

(3) 3点A，B，Cを通る円と y 軸の交点の y 座標を求めよ。

(4) △ABCを直線BCを軸として1回転してできる立体の体積を求めよ。

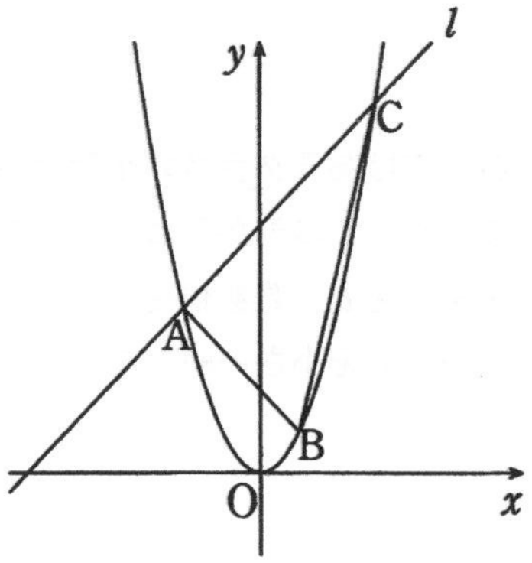

4 AB=12，BC=10，CA=8である△ABCにおいて，辺BC上にBD=6となる点Dをとり，辺AC上にAE=3となる点Eをとる。ADとBEの交点をFとするとき，次の問いに答えよ。

(1) DEの長さを求めよ。

(2) AF : FEを求めよ。

(3) AFの長さを求めよ。

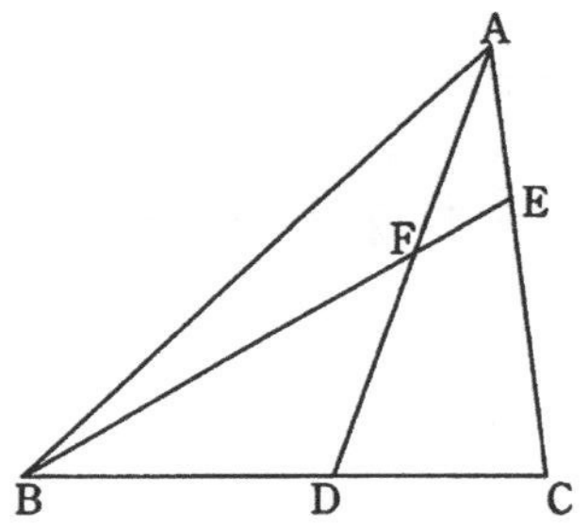

5 右の図1は，正四角すいO－ABCDを真上から見たときのものである。底面ABCDは一辺の長さが10の正方形であり，側面は4面ともすべて合同な二等辺三角形で，辺OAの長さが $5\sqrt{5}$ であるとき，次の問いに答えよ。

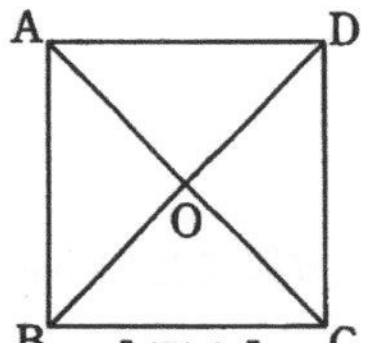

【図1】

(1) この正四角すいの体積と表面積を求めよ。

(2) さらに，この正四角すいを底面に平行な平面で切ってできる2つの立体のうち，四角すいではない方の立体を ⓪ とする。⓪ を真上から見た図が右の図2である。切り口の四角形が，一辺の長さが8の正方形EFGHであるとき，次の問いに答えよ。

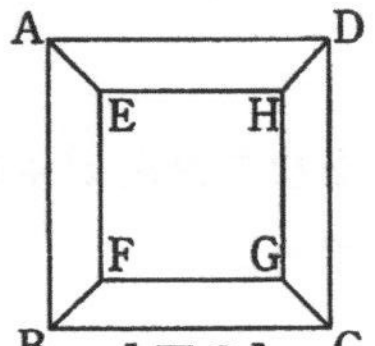

【図2】

(ア) 立体 ⓪ の体積を求めよ。

(イ) 辺ABの中点をMとする。図2の立体 ⓪ の表面上で点Mと点Hを結んだとき，最も短くなるときの長さを求めよ。

① 数 学 科 (高)

(70分)
数高令2

(注意) 円周率は π, その他の無理数は, たとえば $\sqrt{12}$ は $2\sqrt{3}$ とせよ。
解答はすべて解答用紙に記入せよ。

1 次の問いに答えよ。

(1) $\dfrac{-1^2}{7} \div \left(-\dfrac{3}{5}+\dfrac{5}{14}\right) \times \left(\dfrac{1}{2}-1\right)$ を計算せよ。

(2) $\dfrac{\sqrt{8}+\sqrt{44}}{\sqrt{32}} - \dfrac{\sqrt{11}-\sqrt{18}}{\sqrt{8}} - \sqrt{(-2)^2}$ を計算せよ。

(3) x^2y-x^2-4y+4 を因数分解せよ。

(4) 方程式 $2x+5y-7=x-y+9=-3x-27$ を解け。

(5) 2次方程式 $x^2+(a-1)x+a^2+3a+4=0$ が $x=2$ を解にもつような, a の値を求めよ。

(6) n を1以上9以下の整数とするとき, $\sqrt{\dfrac{72(n+4)}{n}}$ が整数になる n の値を求めよ。

(7) 座標平面上の2点 A($2a+5$, $4b+3$), B($3b+2$, $2a+7$)は, x 軸に関して対称である。このとき a, b の値を求めよ。

(8) 大, 小2つのさいころを同時に投げて, 出る目をそれぞれ a, b とする。
このとき, $a+b$ の値が3の倍数になる確率を求めよ。

(9) 右の図において, PA, PB は円の接線である。
このとき, 角 x の大きさを求めよ。

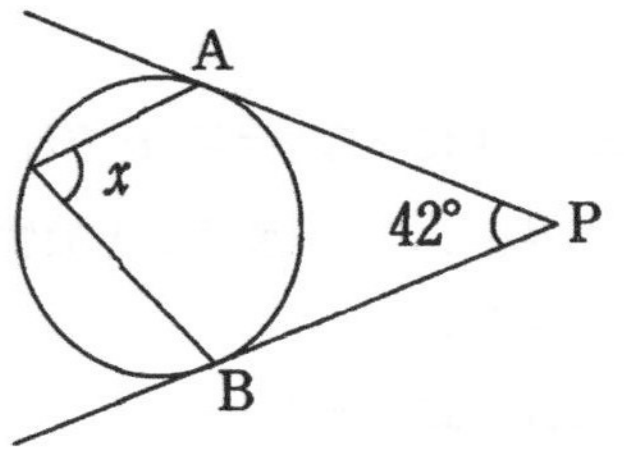

(10) 右の表はあるクラスの小テストの結果をまとめたものである。この表からわかるテストの点数の平均値を a, 中央値を b, 最頻値を c とする。
a, b, c を小さい順に左から並べよ。

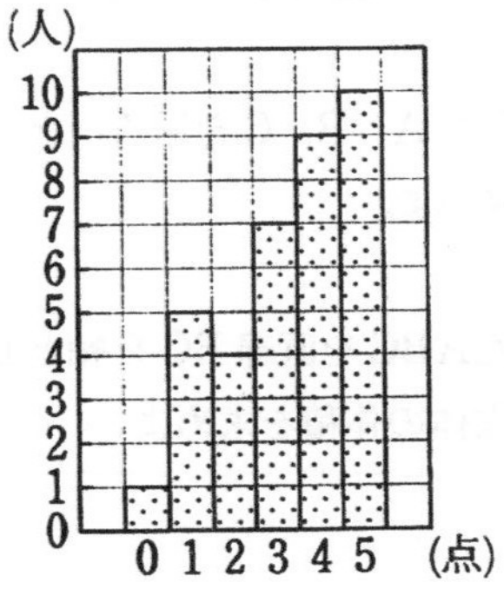

三　次の文章は『徒然草』の一節である。よく読んで、後の問いに答えよ。

※1応長のころ、※2伊勢の国より、女の鬼になりたるを率《ゐ》て（連れて）上りたりといふことありて、そのころ二十日ばかり、日ごとに、※3京・白川の人、鬼見にとて出《い》でまどふ。

「昨日は※4西園寺《さいをんじ》に参《まゐ》りたりし（参上した）。」

「今日は※5院へ参るべし。」

「ただいまはそこそこに。」

など言ひ合へり。まさしく見たりと言ふ人もなく、虚言《そらごと》と言ふ人もなし。上下ただ、鬼のことのみ X言ひやまず。

そのころ、※6東山より※7安居院《あぐゐ》の辺へまかりはべりしに（出かけましたが）、四条より上《かみ》さまの人（北にいる人）、1皆、北をさして走る。

「一条室町《むろまち》に鬼あり。」

と aののしり合へり。今出川《いまでがは》の辺より Y見やれば、※8院の御桟敷《おんさじき》のあたり、さらに通り得《う》べうもあらず（まったく通行できそうもなく）立ちこみたり。はやく（やはり）2跡なきことにはあらざめりとて、人を遣《や》りて見するに、bおほかた逢《あ》へる者なし。暮るるまでかく立ち騒ぎて、果ては闘諍《とうじやう》（けんかが）おこりて、cあさましきことどもありけり。

そのころ、おしなべて（一様に）、二、三日人のわづらふことはべりしをぞ、かの鬼の虚言は、3このしるしを示すなりけりと言ふ人もはべりし。

（注）
※1　応長のころ……一三一一年～一三一二年のころ。
※2　伊勢の国……現在の三重県の一部に相当する地域。
※3　京・白川……「京」は京都、「白川」は郊外だが実質的に都の一部。
※4　西園寺……京都の西北、現在の金閣寺の地にあった寺。
※5　院……上皇の御所《ごしょ》。
※6　東山……京都の東方に当る山。作者が一時住んでいた。
※7　安居院・四条・一条室町・今出川……いずれも京都の地名。
※8　院の御桟敷……一条室町に常設されていた、行事等を見物するための席。

問一　波線部X「言ひやまず」、Y「見やれば」の動作主は誰か。最も適当なものを次の**ア**～**オ**からそれぞれ一つずつ選び、記号で答えよ。

ア　鬼　**イ**　帝《みかど》　**ウ**　京の人々　**エ**　伊勢の人々　**オ**　作者

問二　傍線部a「ののしり合へり」、b「おほかた」、c「あさましき」の本文中における意味として最も適当なものを、次の**ア**～**オ**からそれぞれ一つずつ選び、記号で答えよ。

a　ののしり合へり
ア　口々に感想を述べ合っている
イ　口汚くけなし合っている
ウ　評判を高め合っている
エ　大声で騒ぎ合っている
オ　ひそひそと話し合っている

b　おほかた
ア　まったく
イ　大体
ウ　わずかしか
エ　確かに
オ　直接

c　あさましき
ア　不思議な
イ　あきれた
ウ　ずるがしこい
エ　通り一遍の
オ　いやしい

問三　傍線部1「皆、北をさして走る」とあるが、それは何のためか。二十字以内でわかりやすく答えよ。

問四　傍線部2「跡なきことにはあらざめり」とあるが、この部分の解釈として最も適当なものを次の**ア**～**オ**から一つ選び、記号で答えよ。

ア　かつて鬼がいたと言われる場所が、今はもうないということであるようだ
イ　鬼がいるという話は、まったく根も葉もないことではないようだ
ウ　跡形《あとかた》もなく鬼がいなくなってしまった、ということであるようだ
エ　証拠もないので、鬼がいるということは信じられない話であるようだ
オ　鬼になってしまったという女は実在した、ということではないようだ

問五　傍線部3「このしるしを示すなりけり」とあるが、これはどういうことか。その説明として最も適当なものを次の**ア**～**オ**から一つ選び、記号で答えよ。

ア　鬼の噂は、流行病の前兆であったということ。
イ　鬼の姿は、それを見た多くの人々を病気にしたということ。
ウ　鬼の噂は、政情不安を象徴する出来事であったということ。
エ　鬼の出現は、人々を悩みから解放する功徳《くどく》であったということ。
オ　鬼の噂は、それを聞いた人の病を軽くする御利益《りやく》があったということ。

問六　この文章の出典『徒然草』の作者名を漢字で答えよ。

問二　傍線部１「わざとのように浮かない顔をしていた」とあるが、それはなぜか。その説明として最も適当なものを次の**ア**～**オ**から一つ選び、記号で答えよ。

ア　彼女のことを考えはじめると気持ちが落ち着かず、朝食を食べる気もなくなるのに、食堂へ行ってきちんとご飯を食べなくてはいけないと思いはじめたから。

イ　彼女のことを考えはじめると気持ちが落ち着かなくなるが、たえず自分を観察するような視線の母にあやしまれないようにするためには必要なことだと思うから。

ウ　彼女のことを考えはじめると気持ちが落ち着かなくなり、こみあげてくるうれしさを押し殺しては、よくわからない自分の気持ちを確かめようと思っているから。

エ　彼女のことを考えはじめると気持ちが落ち着かなくなり、家を出る時間が気になり、うちの時計は正確なのか狂っているのかと思うと、いらだつ気持ちが起きてくるから。

オ　彼女のことを考えはじめると気持ちが落ち着かなくなるので、春の季節に気持ちがふさいでしまうのは、人を好きになるためではないかと思うようになったから。

問三　【　Ⅰ　】・【　Ⅱ　】にあてはまる語句として最も適当なものを次の**ア**～**オ**からそれぞれ一つずつ選び、記号で答えよ。

ア　わき目をふらずに

イ　目をはなさないように

ウ　あまり見すぎないように

エ　わざとのように

オ　息を切らして

問四　傍線部２「やっぱりどうしても彼女を好きなのがわかった」とあるが、なぜそういえるのか。その理由として最も適当なものを次の**ア**～**オ**から一つ選び、記号で答えよ。

ア　彼女の姿が見えると胸が高鳴るくせに、彼女が近づくと何ひとつ言葉を発することもできずに逃げだしてしまう臆病な自分だとわかったから。

イ　自分は彼女に話しかけられてもはきはきと返事ができないのに、彼女は自分に声をかけることをいつも忘れない、さわやかな人柄だから。

ウ　挨拶を交わしただけなのに、自分が電車に間に合うことができるよう心遣いをしてくれるほど、彼女は気が利いて自分を導いてくれるから。

エ　会いたくて仕方のない彼女に実際に会うと緊張してしまうが、そんな自分に寄り添ってくれる彼女を強く意識していることに気づいたから。

オ　通学中に会う彼女はまるで自分の弟のように世話を焼いてくれるので、自分も彼女に姉のような親しみを感じずにはいられないから。

問五　傍線部３「それを考えると彼の心は早くもしぼんでしまうのだった」とあるが、これはどういうことか。七十字以内で説明せよ。

問六　傍線部４「後悔にくるしみながら」とあるが、どういうことを「後悔にくるし」んでいるのか。その説明として最も適当なものを次の**ア**～**オ**から一つ選び、記号で答えよ。

ア　父が元気で帰ってうれしかったでしょうと彼女に言われ改めて喜びが込み上げてきたのに、少年は彼女がその父をなくし大学進学を断念する不幸な身の上になったことを慰めることはできずに終わってしまったこと。

イ　父が戦病死した彼女は、彼の父が生きて帰ってきたことを純粋に喜んでくれているのに、少年はわざとどうでもいいやという調子で父の生死の問題を扱うことが、彼女に気に入られることだと取り違えてしまったこと。

ウ　戦病死したのが彼女の父であり、自分の父は元気に帰ってきてくれてよかったと無意識のうちに比較している心の内が見すかされてしまっており、少年が自分は彼女を傷つけてしまっているのだと思い始めていること。

エ　彼女の父が南方で戦病死したことを母から聞いていたので、彼女に慰めの言葉をかけなくてはいけないと思いながらも、少年ははきはきした態度が取れずに彼女の気を引くようなことは何ひとつ言えずに終わったこと。

オ　彼女とじっくり話し合える機会だと張り切るあまりに、しなくてもよかった話までもしてしまったために、彼女に作り話までこしらえるいい加減な人間だという印象を与えて別れなくてはならなかったこと。

④

その晩も彼女は少年の家の前まで来ていた。すこしはなれると顔はもうよく見えなかった。彼女は何度も弟たちの名前を呼んだ。

彼は小さな男の子たちを相手にますますはしゃぎながら、夕闇をすかしてたえず彼女の姿をさがした。

彼女は待ちくたびれたように門柱にもたれて、生垣《いけがき》のあすなろうの葉を一枚ずつ摘みはじめた。小さくたたんだハンカチを片手に握りしめて、ほそい指で葉をむしっては鱗《うろこ》のようにばらばらにする。そしてそれをまたもと通りにくっつけようとするのだけれど、暗いので、ひどい近眼の人みたいに顔を葉に近づけるのだ。するとまるい癖のついた柔らかそうな髪のふさが頬にかかるので、そのたびに彼女の白い手がうごいて髪を耳のうしろへ持って行くのが見えた。海の上の空はすっかり暗くなっていた。それでもまだ小さな子供たちが息をきらして通りを走りまわったり、しきりにおたがいの名前を呼び合ったりしていた。

少年は何か話しかけなくては、と思った。だけど話すこともとっさには浮かんでこなかった。彼は大した考えもなしに先週から藤沢《ふじさわ》の映画館でやっているアメリカの動物映画の題名をいった。

「あの映画、二回も見ちゃった。」

「そうなの。」

彼女はとても驚いたというように彼の顔をのぞきこんだ。

「映画はあまり見ないわ。眼鏡をかけなきゃならないから。」

そして首をすくめて笑った。

それから彼女は少年の知らない宝《たから》塚《づか》か何かのスタアのことを女の子どうしでするようにあだ名で呼んで、

「むかし、あのひとに夢中だったけれど、いまはそれほどでもないわ。」

といった。

「そう。」

少年はあいづちをひとつ打つのにもおかしくなくらい力んでしまうので、相手が笑い出しはしないかと思った。

彼女は彼に学校がおもしろいかときいた。彼はどっちともうまく答えられなかった。

「高校へ行くと選択科目っていうのがあるのよ。私はいま数学と手芸をとってるの。でも勉強は好きじゃないから大学まで行くかどうかわからないわ。」

少年はそんな先のことまで考えたことはなかった。彼は黙っていた。

「うちは父がいないから。」

そういって彼女は口をつぐんだ。

彼女の父が東京でずっと会社員をしていたこと、それから兵隊にとられて南方で戦病死したことをいつか彼の母が話していた。彼は何かいおうとして言葉をさがした。

けれども彼女は一瞬後にはまた明るい顔つきになっていた。

「でもよかったわ。あなたのお父さまは元気で帰っていらして。そのときはうれしかったでしょう。」

少年は苦笑してみせた。そしてわざとどうでもいいやという調子で答えた。

「でもお父さんはね、生きて帰ってくるんじゃなかったって、そういってるよ。」

「だってそんなことはないわ。嘘よ、そんなの。」

そのとき通りのむこうの端で誰かが外燈《がいとう》をつけた。子供たちは一人のこらず姿を消していた。

「嘘よ。そんなの。」

彼女はもう一度そういってじっと彼の目を見つめた。外燈の光で今度ははっきり顔が見えた。

彼女が行ってしまってからも少年はいつまでもその場にぐずぐずしていた。自分がいった言葉のもの欲しさに気づいて、後悔にくるしみながらじっと外燈のあかりに目をこらした。

（阿部昭「あこがれ」）

（注）

※1 〝白百合〟……少女の通う女子校の名前。

※2 江ノ島……神奈川県藤沢市にある地名。

問一　二重傍線部a「心はおどった」、b「おかしな」、c「しきりに」の本文中における意味として最も適当なものを次のア～オからそれぞれ一つずつ選び、記号で答えよ。

a　心はおどった

ア　心配ではらはらした
イ　気をもんでやきもきした
ウ　得意になってうきうきした
エ　落ち着かないでそわそわした
オ　喜んでどきどきした

b　おかしな

ア　恥ずかしい
イ　ばからしい
ウ　妙な
エ　おもしろい
オ　あわれな

c　しきりに

ア　何度も
イ　時々
ウ　たがいに
エ　くちやかましく
オ　熱心に

オ　Eさん　そうだとすると、地学の先生は真実ではないことを教えていることになるのかな。そんなはずはないと思うけど…。筆者が述べるように、もし今後、確かではない理論を確かなものとして通用させたいのならば、私たち現代人は科学の限界を知り、科学の絶対性から解き放たれる必要があるようだね。そのためには、宗教や神話的発想も大切にすることが重要になってくるかもしれないね。古代人の世界像と現代人の世界像は大して変わらないのだからね。

カ　Fさん　確かに地学の先生の話は「嘘」ではないと思うわ。「嘘」ではないけれど、古代人の世界像がそうであったように、現時点での真理は、未来において覆《くつがえ》される恐れがあるということを筆者は伝えたかったのだと思うわ。だから、地学の先生の確信を持った発言も懐疑《かいぎ》的に聞くことが必要なのかもしれないわね。加速度的に実現不能と思われることを実現してきた科学だけど、その限界があることは古代人の思考と何ら変わらないのかもしれないね。

問七　Y に入る適当な語を本文中から抜き出し、五字以内で答えよ。

二　次の文章は阿部昭の小説『あこがれ』の一節である。これを読んで、後の問いに答えよ。

春がきたのだ、と少年は思った。春がきたことがこんなにうれしいことはいままでになかった!

彼はもう一度、鏡の中を見た。鏡にうつっている少年は[1]わざとのように浮かない顔をしていた。その顔はこういっているようでもあった。——僕にはほんとうのところよくわからない。あのひとを好きなのかどうか、これが好きだということなのかどうかも。わかっているのは、彼女のことを考えはじめるともう何にも手がつかないということだ。

少年はその顔で食堂へ行った。父はもう出かけたあとだった。

母と二人でする食事のさいちゅう、彼は何度も子供部屋の柱時計に目をやった。

彼は食べたくない。それでもなんとか食べようとするのは母にあやしまれないようにするためである。

母はたえず少年を観察している。

「あんたが勝手に起きてくれるから、おかあさん、とても助かる。」

「朝みんなとソフトボールをやるから。」

彼は口をうごかしながらいう。

「だから、早く行って場所をとらなきゃならないから。」

少年は母にうちの時計は正確かどうかときいた。母は狂っていても一、二分だといった。でもその一、二分が彼には問題だった。少年は毎朝※1〝白百合《しらゆり》〟の生徒たちが乗る※2江《え》ノ島《しま》行きの電車に合わせて家を出るのである。彼女はその十分前に玄関を出てくる。

おたがいの家は五十メートルと離れていないのにうまく出会うことはとても少なかった。少年は歩きながらしょっちゅう道の前とうしろに気をくばり、わざとのろのろ歩いたり急に思いなおして早足になったりした。そして駅へ着いてからほんの一、二分のあいだ、向かい側のホームにセーラー服の彼女が鞄《かばん》をさげて一人でぼんやり立っているのや同級生とおしゃべりしているのを、【　Ⅰ　】意識して見るのだった。

その朝、彼女がちょうど門から出てきたところへ少年が行った。少年の[a]心はおどった。まだ二十メートルもはなれていた。その二十メートルを彼はうつむいて歩いた。

彼女は門のそばの石垣にもたれるようにしていた。——頭をかしげて、年上らしい落ちついた目をして。

「おはよう。」

彼女のほうから大きな声でいった。

少年はもっと近づいてから、それも小さな声でしかいえなかった。彼は何かいわれてもただおどおどするだけだった。そしてひどく急ぎ足になった。

彼女は小走りしながら腕時計を見た。

「何分の電車に乗るの?　おくれそう?」

「さあ、どうかな。」

彼は逃げるようにして、【　Ⅱ　】とっとと歩いた。

「じゃあ走れば。いっしょに走ってあげる。」

そこで彼は走り出した。これは[b]おかしなことになったと思いながら。

彼女も走ったけれど、たちまち少年にひきはなされた。彼はかまわず走りつづけた。走りながら[2]やっぱりどうしても彼女を好きなのがわかった。好きだ。

彼はうしろも見ずに走った。

彼女は途中でのびてしまっていた。少年がふりかえると、手で小さなバイバイをして先に行けといった。

「おくれるといけないわ。」

で、彼はまた走らなければならなかった。

夕方学校から帰ってくると、少年はまっさきに通りへ出て、斜《はす》むかいの家の勝手口から目をはなさないようにした。雨さえ降らなければ彼の見張りは毎日かかさず同じ時刻におこなわれた。その時間になると彼女がちいさな弟たちを夕飯に呼びに出てくるからである。

彼女のすがたが見えると少年はもうじっとしていられないので、彼が相手にするには幼すぎるような子供たちと遊戯に熱中するふりをした。そのあいだも頭はひとつのことでいっぱいだった。——自分の気持を相手に知らせる決心がつくかしら。でもどうやって?　[3]それを考えると彼の心は早くもしぼんでしまうのだった。

だからである。ましてやわれわれが宇宙船に乗って宇宙の果てまで（この場合「果て」という概念が通用するかも疑問だが）航行し、その真偽《しんぎ》を確認することなどまず不可能であろう。

3その意味では、われわれ現代人もあの古代人が海岸から水平線を眺めてその世界像を思い描いていた状況とじつはあまり変わらないのである。われわれもこの地球上から望遠鏡によって得られた光や電波のデータを掻《か》き集め、それらをやはりわれわれがこれまで地球上で観察してきた現象から得られたいくつかの法則が、この宇宙全体にも普《あまね》く通用するものとの「前提のもとに」それに当てはめてみて、その結果から導きだされた宇宙像をとりあえず「正しいもの」としているにすぎないのである。つまり水平線を眺めていた古代人の眼が、多少先まで見通すことのできる望遠鏡に成り代わっただけであり、瓶から溢れてこぼれ落ちる水を見て得た法則が、この地球上におけるさまざまな実験によって得られた最新の物理法則にとって変わられただけのことなのである、と。

つまりわれわれがいま手にしているこのビッグバンという世界像も、科学者が現代の物理法則にさまざまな宇宙からの観測データを当てはめ、宇宙全体の姿というものを拡大解釈していったとき、この解釈が破綻《はたん》してしまう地点（時間）を宇宙の始まりとしているにすぎない。古代人がその視野の途絶《とだ》える地点、すなわち【Y】をこの世界の果てと考えたのと同様に、現代の科学者もわれわれの経験と法則が破綻する地点をこの世界の始点、すなわちビッグバンとしているにすぎないのである。古代人の視野の限界、【Y】が、現代人にとっての視野の限界、すなわちビッグバンなのである。

（三好由紀彦『哲学のメガネ』による）

問一　波線部a～eのカタカナを漢字に直せ。

a　キカン　**b**　トウハ　**c**　シンコク　**d**　ガイショウ　**e**　シンセン

問二　傍線部**1**「この宇宙の謎についても、かつての神話や宗教書で語られた天地創造の物語などもはや誰も信じないだろう」とあるが、それはなぜか。その説明として最も適当なものを次の**ア～オ**から一つ選び、記号で答えよ。

ア　宇宙の謎を解決したとしても、より精確でかつ正しい知識を学び続けていくことこそが現代の常識であるから。

イ　宇宙の謎について解決できるのは神話や宗教だと考えるのは、熱心な宗教者などの限られた者だけであるから。

ウ　現代の科学とその知見は、我々の生活を支配し実現不可能だと思われるようなことまでをも実現してきたから。

エ　現代の科学は、神話世界のことだと思われていた夢のようなことまでも次々と現実化し圧倒的な力を持つから。

オ　宇宙の誕生から未来そして終焉まで解き明かした科学は、我々の生活を豊かにし我々に恩恵を与えてきたから。

問三　【　X　】に入る文として最も適当なものを次の**ア～オ**から一つ選び、記号で答えよ。

ア　彼らは日常的な現象の中から法則を見つけて、それを想像力によって普遍的なものとすることで、その世界像を作り上げていったのである

イ　彼らは狭い世界の中にいながらも見えないことについて仮説を立て、検証していくことによって、その世界像を作り上げていったのである

ウ　彼らは日常生活を基盤にしながらも、神話的な発想を大切にまだ見ぬ世界に思いを馳《は》せることで、その世界像を作り上げていったのである

エ　彼らは自らの世界像構築のための矛盾を解決するため、普遍的な法則を見い出そうとすることで、その世界像を作り上げていったのである

オ　彼らは身近な現象から見い出した法則を、こんどは世界全体へと拡大解釈していくことによって、その世界像を作り上げていったのである

問四　傍線部**2**「お伽噺のように笑うべきものである」とあるが、その理由として最も適当なものを次の**ア～オ**から一つ選び、記号で答えよ。

ア　科学が明らかにした事実を信じて疑わない現代人にとって、何の根拠にも基づかない古代人の思考法は愚かだと感じるから。

イ　科学こそが正しい知識をもたらすと考える現代人からすると、その知見に基づかない古代人の世界像は馬鹿げたものに思われるから。

ウ　科学的知見が絶対的なものかどうかを疑う現代人といえど、宗教的発想に基づいている古代人の解釈は受け入れがたいものだから。

エ　宇宙の果てまでも明らかにした科学的思考からすると、神話に基づいた幻想的な古代人の世界像は荒唐無稽《こうとうむけい》に思われるから。

オ　現代人の思考も古代人の思考も大して変わらないと考えると、身近な現象から明らかになった科学的法則など信じられないから。

問五　傍線部**3**「その意味では、われわれ現代人もあの古代人が海岸から水平線を眺めてその世界像を思い描いていた状況とじつはあまり変わらないのである」とあるが、現代人が古代人と変わらないと言えるのは、現代人がどのようであるからか。百二十字以内で答えよ。

問六　二重傍線部「東京のある高校で、地学の先生が宇宙の始まりについて講義していた」とあるが、この講義内容について、本文を読んだ生徒が議論をしている。本文の内容に合致する生徒の発言を次の**ア～カ**から**二つ**選び、記号で答えよ。

ア　Aさん　地学の先生は、宇宙はビッグバンによって生まれたと断言しているけど、ビッグバン理論は古代人の世界像と同じように、今はもう破綻してしまっているんだよね。筆者は科学的な知見はどんどんと更新されて新しいものになっているという「今」の状況を示すことで、将来的に科学は様々な謎を解き明かすという予測を裏付けたんだよね。

イ　Bさん　ビッグバン理論には確かに問題はあるけれど、地学の先生は「近い将来その真実を知ることができるはず」と言っているのだから、破綻しているわけではないのよ。問題は、このビッグバン理論のように普遍的な真実と言えないものまでも、私たち現代人が妄信《もうしん》してしまっていることよね。私たち現代人が科学の知見について普遍的な真実か否《いな》かを見抜かなければ、筆者が警鐘《けいしょう》を鳴らしているように、人間は科学に操られてしまうことになりそうね。

ウ　Cさん　なるほどね。それなら、筆者の言う「より精確で、かつ正しい知識をもたらしてくれるのは科学である」という言葉には、実は「現代人は科学に支配される者となる」という批判が込められているということなんだね。でも、ビッグバン理論だって、さまざまな科学的な法則に基づいて明らかになったのだから「正しい」と言えるのだし、今後も科学は「正しく」新しい知識をもたらすに違いないよね。そういう意味では、筆者は、「正しさ」を求め、未知の領域に挑《いど》む現代科学の功績を讃《たた》えていると言えるよね。

エ　Dさん　本当にそうなのかしら。筆者は、ビッグバンを「視野の限界」とたとえていたわ。つまり、ビッグバンは「正しく」確かなものではないのよ。それと同様に、これから先、人類が宇宙の全てを解き明かす保証などどこにもないのだと思うわ。未知の領域に挑む現代科学は素晴らしいとは思うわ。でも、それによって宇宙の全てが分かると確信してしまっているのは、現代人の科学への過信と言っても言い過ぎじゃないかもしれないわね。

① 国語科（高）

（60分）

国高令2

（注意）解答はすべて解答用紙に記入せよ。

青雲高等学校

一　次の文章を読んで、後の問いに答えよ。

【シーン】高校の地学の授業で

東京のある高校で、地学の先生が宇宙の始まりについて講義していた。

「私たちが存在するこの宇宙はどのようにしてうまれたのか。それは約一三七億年前に起きたビッグバンによるものです。時間も空間もまだないような無の状態から突然、超高温・超高密度の火の玉のようなものが誕生し、それが急速に膨張していったのです。やがてその膨張が進むと温度や密度は低下していき、現在のような物質や星からなる宇宙が形成されました。たしかにこの理論にはまだ多くの問題点があります。しかしそのような問題も、これから得られる新たな観測結果や新理論の発見により解決されていくことでしょう。そして人類は近い将来、宇宙の誕生や全体像について、その真実を知ることがきっとできるはずです」

……でもこんな確信も、哲学のメガネをかけてみると思わず揺らいでしまうのだ。

一九五七年に人類がはじめて人工衛星を打ち上げてから半世紀あまり。いまや地球の周りには三千個以上の人工衛星が周回し、探査機が六〇億キロメートルも離れた小惑星から資料を採取して地球に[a]キカンするまでとなった。まさにこれから宇宙という未知の世界も、次々と人類が[b]トウハしていくに違いない。そして科学が地球上の物質や生命に関するさまざまな謎を解き明かしていくように、宇宙に関してもその誕生から未来、そして終焉《しゅうえん》まで解き明かすだろう——それが現代人のおおかたの考えではないだろうか。

たしかに現代の科学にとって不可能なことはないと思えるほど、その知識とそこから生まれた技術力は圧倒的である。もはや宇宙に限らず世界のあらゆる分野を科学的知見が支配し、動かしている。鉄道に自動車、そして航空機などさまざまな移動手段の発明はもちろん、電話やインターネットなどの通信技術、食品や衣料、生活用品などの大量生産、難病や[c]シンコクな[d]ガイショウに対する医療技術など、かつては夢のように思われていたことを科学は次々と実現しているのである。

ゆえに[1]この宇宙の謎についても、かつての神話や宗教書で語られた天地創造の物語などもはや誰も信じないだろう。もしいたとしても、熱心な宗教者などきわめて限られた人間だけである。宇宙の誕生やその全体像について、より精確で、かつ正しい知識をもたらしてくれるのは科学であるというのが現代人の常識である。

しかしはたして本当にそうなのだろうか。科学は絶対に正しく、この世界の真実を明らかにしてくれるのだろうか。神話や宗教が支配していた時代よりも、われわれは正しい世界観を持っていると本当に言えるのだろうか。

たとえばかつて多くの古代人は地球が平らで、海の果ては断崖絶壁でそこからは海水が滝のように下に流れ落ちていると考えていた。まだ水平線の向こうまで航海できる巨大な船も飛行機もなく、小舟でせいぜい入江の外に出て魚を獲るぐらいしかできない彼らにとって、そのような世界像を描くことはきわめて当然のことであった。しかし海を眺めながらそのような世界像を描くことしかできなかった彼らと、われわれ現代人とはいったいどこがどう異なるのだろうか。

まず彼らも身近で起きるこの世界のさまざまな現象を観察しながら、何かしら普遍的な法則を見いだそうとした。たとえば彼らが生活用水を貯めておくために作った大きな瓶《びん》には、川や泉から汲《く》んできた水がいつも貯められていたのだが、雨が降るたびにその水は瓶から溢《あふ》れ出し、地面へと流れ落ちていった。このとき彼らは、

「水が満たされた瓶にさらに水が注がれると、その瓶の外側へと水が溢れ出す。」

という法則を見いだしたはずである。現代人にとってはごく当たり前のこの現象も、人類の幼年期にある彼らにとってはじつに[e]シンセンであり、驚くべきものであったのだ。現代人からすればきわめて単純な法則ではあるが、しかし子供のような眼で世界をはじめて眺めた彼らにとっては、このことは一つの偉大な発見であったに違いない。

そして彼らはこの法則を、こんどははるかに膨大な量の水（海水）が貯まっている瓶、すなわち海へと応用したのである。つまりこの海という巨大な瓶に大量の雨が降り注いでも、水嵩《みずかさ》が増えて陸地に海水が押し寄せることがないのは、この瓶の外側、すなわちあの水平線の向こう側へと溢れた海水がどんどん流れ落ちているからではないのか。ゆえに海の果てはきっと瓶の縁と同じように切り立った断崖であり、だからこそ海水は雨がどれほど降ろうとも陸地に押し寄せることはないのだ、と。そしてその推測を裏付けるように、沖へと流されていった木はやがて水平線の向こうに消え、二度と戻ってくることはないではないか、と。

もちろんこれはあくまでも想像にすぎないのだが、しかし古代人の思考の流れは基本的にこのようなものだったろう。つまり【　X　】。

そしてたしかにその結果得られた古代人の世界像は、現代のわれわれからすればとんでもない誤りである。[2]お伽噺《とぎばなし》のように笑うべきものである。しかし、ではわれわれ現代人が手にしている世界像と比べてみたとき、いったい何がどう違うというのだろうか。

たしかにわれわれは海の果てが断崖絶壁などとは思わない。われわれは地球が丸いことを知っており、その姿は遙《はる》か上空の大気圏外からも確認している。そしてこの丸い地球が回転しながら太陽の周りを回り、さらに地球以外にもたくさんの惑星が太陽を周回していることも知っている。そしてこのような惑星系が数千億個集まったのが銀河系であり、さらに宇宙にはこの銀河系のような星の集団が無数にあるのだということも知っている。

しかしそのような知識を持ちながらも、われわれはこの宇宙の果てまでを完全に見通しているわけではない。とりあえず科学はいまのところ宇宙の大きさを七八〇億光年以上と見積もっているらしいが、これとてもどこまで真実か疑わしい。何故ならば、いかに高性能な望遠鏡といえどもその視野が届く距離には限界があるし、そのような望遠鏡も含め他のさまざまな、かつ不十分な測定方法を幾《いく》つも継ぎ足して見積もられたのが、先ほどの宇宙の大きさという数字